우리는 영혼과 신체의 결합물이 아니라 몸이다. 이성은 감정, 습관과 독립되어 작동하지 않고 얽혀 있다. 인간 존재의 통전성에 대한 존재론적 탐구는 과연 기독교 교육에 무엇을 의미하는가? 제임스 스미스는 이 물음에 하나의 모범 답안을 제시한다. 그는 메를로퐁티의 '습관-몸'과 부르디외의 '사회적 몸'에서 '체현된 교육'의 단서를 발견한다. '지성의 성화'가 아니라 '습관의 성화'를 말하는 이 책은 결국 '통전적 성화'가 무엇인지에 대해 명료하고도 일관성 있는 생각을 제시한다. 기독교를 대지를 경멸하는 종교로 이해했던 니체가 이 책을 읽었더라면 아마도 자신의 생각을 바꾸었을 것이다.

김남호 울산대학교 철학과 교수, 『철학자가 된 셜록 홈즈』 저자

오랫동안 한국의 여러 복음주의 교회나 선교단체에서는 성경의 가르침이나 신조, 교리 등을 개인에게 주입하면 그 사람을 바꿀 수 있다는 생각으로 여러 가지 훈련을 실행해 왔다. 하지만 그런 훈련들은 생각을 바꾸기만 하면 신자들의 삶의 양상이 자연스럽게 달라질 것이라는 소박한 주지주의에 그 뿌리를 두고 있다. 제임스 스미스는 이런 순진한 생각에 경종을 울리면서 '예전적 인간론'이라는 주제 아래 몸의 변혁-이야기-미학적 실천이 통합된 새로운 철학적·신학적 인간학을 제시한다. 이러한 시도는 우리의 삶의 양식을 근본적으로 변혁해 내기 위한 예전적 '태도 변경'의 가능성을 이론적으로 제시해 준다는 점에서 무척 유의미하다.

김동규 서강대학교 생명문화연구소 연구원, 『선물과 신비』 저자

『하나님 나라를 상상하라』에서는 이론에 앞서는 체험, 곧 세계-내-존재인 인간의 근원적 체험과 그 현장인 예배를 주목하면서 기독교, 특별히 개신교 내의 주지주의적 세계관으로 형성된 습관을 개혁하려고 한다. 저자는 우리가 예배에서 재형성되고 파송받아 세상에서 하나님 나라의 삶을 실천하게 하려는 교육학적·예전적 작업을 시도한다. 열광적 집회도 지적 욕구를 자극하는 세미나도 아닌, 일상적으로 드리는 예배를 통해 삼위 하나님이 자신의 모습을 따라 우리를 빚어내시고 이로 말미암아 세상을 재형성하신다는 제자도를 가르치는 열정적인 작품이다.

유해무 고려신학대학원 교의학 교수, 『우리는 무엇을 믿는가』 저자

솔직히 말하자. 이 책은 어렵다. 예배가 어떻게 작동하느냐는 질문에 답하기 위해 메를로퐁티와 부르디외를 비롯한 학자들의 이론을 펼쳐 놓는 일은 마치 자동차가 어떻게 움직이는지 알아보기 위해 보닛을 열어 보는, 심지어 엔진을 분해해 하나하나 살피는 격이라고 볼 수도 있다. 자동차 공학을 전공하지 않았어도 지금껏 운전을 잘해 왔는데 굳이 엔진의 작동 원리를 알아야 하는지 의문이 들듯, 책을 읽다 보면 난 그저 예배를 '더 잘 드리고 싶어' 책을 집었을 뿐인데 왜 난해한 학자들의 이야기 숲에서 길을 잃고 헤매야 하는지 고민에 빠질 수 있다. 그러나 조금씩 숲의 정취를 느끼며 걷다 보면 군데군데 쉬어가는 곳도 보이며, 마침내 숲의 반대편 끝에 다다르면 그동안 그리스도인을 자처했던 내게 중요한 것이 결여되어 있었음을, 이 지난한 엔진 분해 과정이 무의미하지 않았음을 느낄 수 있다. 예배를 통해 온 삶에 하나님 나라가 각인되어 지성과 욕망을 아우르는 전인이 주 예수의 제자로 변모하기 원하는 사람에게 일독을 권한다.

전성민 밴쿠버 기독교세계관대학원 학장, 『사사기 어떻게 읽을 것인가』 저자

『하나님 나라를 상상하라』는 제이미 스미스의 놀라운 책 『하나님 나라를 욕망하라』의 후속작으로 딱 맞는 책이다. 이번 책 역시 전작과 마찬가지로 학술적이지만 생생하고 도전적이며, 그러면서도 따뜻한 선언문이자 지침서다. 스미스는 그리스도인들을 예술적이고 상상력 넘치며 실용적인 자원으로 더 깊이 이끈다. 그리스도 안에서 우리의 마음뿐만 아니라 전 존재를 새롭게 하기 원한다면 이 자원들을 끌어내야 한다.

앨런 제이콥스 베일러 대학교

제이미 스미스의 대담하고도 창조적인 노력은 눈을 뗄 수 없을 정도로 고무적이다. 그리스도인들, 특별히 개신교인들에게 예배의 중심성을, 특별히 그들의 도덕적 삶에서조차 예배가 중심임을 일깨워 주는 스미스는 우리 경제의 지배적인 힘이 만들어 낸 오류와 거짓으로 점철된 이야기와 예전에 대한 예리한 통찰을 바탕으로 교회가 추동하는 예배의 교화를 주장한다. 이 사려 깊은 책은 덕의 습관에 뿌리내린 기독교적 상상력 회복에 제대로 관심을 기울이고 있다.

비겐 구로얀 버지니아 대학교

이 책은 우리의 사유를 자극하는 생산적 성찰로, 기독교 예배의 실천에 담긴 상상력을 빚어내는 힘에 대해 성찰한다. 스미스는 실천과 지각, 감정, 사유가 어떻게 상호 작용하는지, 어떻게 십자가 모양으로 빚어질 수 있는지 보여 주며 논증한다. 학문과 학문의 경계를, 학교와 교회 사이를 넘나드는 이상적인 책이다.

존 위트블릿 캘빈 칼리지와 캘빈 신학교, 캘빈기독교예배연구소

제이미 스미스는 복음이 일차적으로 우리의 두 귀 사이에서 일어나는 일이 아니라 우리 몸의 모든 움직임 속에서 일어나는 일임을 보여 준다. 이 움직임이 우리를 형성하며, 결국 이 움직임을 통해 우리는 세상을 형성한다. 나는 세속적 예전이 어떻게 우리를 형성하고 왜곡하는지, 기독교 예전이 어떻게 도움이 되는지에 관해 이보다 더 철저하고도 정교한 설명을 보지 못했다. 스미스의 책은 정교하지만 또한 즐거움을 준다. 책에는 위대한 시와 더불어 영화, 소설, 일상의 삶에서 나온 통찰이 가득하다. 스미스는 우리가 어떻게 우리의 자아 전부로 하나님을 만나는지, 하나님은 어떻게 우리가 무슨 일이 일어나는지 모를 때조차도 우리를 이끄시는지 보여 준다.

윌리엄 캐버너 드폴 대학교

'예전적 인간론'에 관한 이 놀라울 정도로 풍성하고도 매력적으로 읽히는 책을 통해, 스미스는 인간을 예배하는 동물로 이해할 때 인간 존재를 가장 잘 이해할 수 있다고 설득력 있게 주장한다. 이는 당장 종교적 형성, 예전, 교육에 관한 실천적 신학의 성찰과 종교란 무엇인지에 관한 철학적 이론화에 중요한 의미를 갖는다. 아울러 이 책에서는 여러 사람의 이야기를 놀라운 방식으로 뒤섞어 매력적이고도 생생한 대화로 발전시킨다. 칼뱅과 프루스트, 메를로퐁티, 아우구스티누스, 웬델 베리, 부르디외, 데이비드 포스터 월리스가 같은 방에서 인간 존재에 관해, 이 존재를 어떻게 생각하는지에 관해 대화를 서로 나눈다고 상상해 보라!

데이비드 켈시 예일 대학교 신학대학원

하나님 나라를 상상하라

IVP(InterVarsity Press)는
캠퍼스와 세상 속의 하나님 나라 운동을 지향하는
IVF(InterVarsity Christian Fellowship)의 출판부로
생각하는 그리스도인을 위한 문서 운동을 실천합니다.

Copyright ⓒ 2013 by James K. A. Smith
Originally published in English under the title
Imagining the Kingdom by Baker Academic,
A division of Baker Publishing Group
P.O. Box 6287, Grand Rapids, MI 49516, U. S. A.
All rights reserved.

Used and translated by the permission of Baker Publishing Group
through rMaeng2, Seoul, Korea.

This Korean edition copyright ⓒ 2018 by InterVarsity Press Korea
156-10 Donggyo-Ro, Mapo-Gu, Seoul 04031, Republic of Korea

이 한국어판의 저작권은 알맹2 에이전시를 통하여
Baker Publishing Group과 독점 계약한 IVP에 있습니다.
신 저작권법에 의하여 한국 내에서 보호받는 저작물이므로
무단 전재와 무단 복제를 금합니다.

하나님 나라를 상상하라

사회적 몸과 예배의 작동 방식

제임스 스미스 | 박세혁 옮김

IVP

잭슨에게

케임브리지의 습지에서,
    로웰의 숲에서,
    들판 위로 우뚝 솟은
    요크 대성당 근처 양 떼 사이로
    한참 동안 산책하던 시간을 기억하며.
너의 호기심과 수다가
    내 기쁨의 배경 음악이고,
너와의 사귐이
    내 마음의 노래란다.

　　　　　이 아름다운 형상들은
오래 와 보지 않은 동안 내게는
장님 눈에 비친 풍경 같지는 않았고,
종종, 홀로 방에 있거나 읍내와 도시의 소음 속에서,
나는 고단한 시간에, 그 형상들에게 신세졌다.
핏속에서 느껴지고 심장을 따라 느껴지고
또 좀더 맑은 내 마음속까지 들어가
고요히 되살아나는
달콤한 감흥을―또한 기억나지 않는
쾌감을. 어쩌면 그런 것들은
어떤 착한 이의 삶의 가장 좋은 부분에,
친절함과 사랑에서 우러난
그의 이름 없고 기억되지 않는 자잘한 행위들에
적지 않은 영향을 미칠 것이다. 그에 못지않게
그 형상들에 신세졌을지도 모른다고 나는 믿는다.
한결 더 숭엄한 측면을 지닌 또 다른 선물을,
불가사의한 짐,
이 알 수 없는 온 세상의
고단하고 지긋지긋한 중압감이 가벼워지는
그 행복한 기분을―애정이 부드럽게
우리를 이끌어, 마침내 이 육신의 숨결과
피의 순환조차 거의 멈춰
우리는 육체로는 잠들고
살아 있는 영혼이 되는
그 평온하고 행복한 기분을.
그런 기분 속에서 조화의 힘과
기쁨의 그윽한 힘으로 고요해진 눈으로
우리는 만물의 생명을 꿰뚫어 본다.

윌리엄 워즈워스, "틴턴 수도원에서 수 마일 떨어진 상류 지점에서 지은 시"(1798) 중에서.
『워즈워스 시선』(윤준 옮김, 지식을만드는지식), pp. 33-35. 번역물은 출판사의 허락을 받아
사용하였다.

차례

머리말　13
감사의 말　19
이 책을 읽는 법　23
서론: 감정의 교육_그리스도인의 행동에 관하여　29

1부 육화된 의미_배경으로서의 몸　71
　1장 에로스적 이해　73
　2장 사회적 몸　141

2부 성화된 지각　181
　3장 "우리는 살기 위해 자신에게 이야기를 들려준다"　183
　　_예배의 작동 방식
　4장 세계 회복하기/다시 이야기하기　259
　　_선교를 위한 기독교적 형성

인명 찾아보기　325
주제 찾아보기　330

일러두기
incarnate, incarnation은 대개 '육화된', '육화'로, 문맥에 따라 '성육신적', '성육신'으로 옮겼다.

머리말

소설가들은 종종 자신들이 만들어 낸 소설 속 인물들이 그들 나름의 삶을 갖는다고 말하곤 한다. 따라서 작가는 계획—줄거리, 인물에 대한 간략한 묘사, 이 모든 것이 어떤 결말에 이르게 되리라는 느낌—을 세우고 시작하지만 창작 과정은 놀라움으로 가득하다. 혼란스러운 창작 과정에 깊이 빠져든 후에야 비로소 그는 주인공이 **거기로 가야** 하고 **그**를 만나야 하고 **그** 말을 해야 한다는 것을 알게 된다. 창작자는 자신이 만든 우주의 주인이 아니다. 그 역시 그 세상의 수용자이며, 비록 처음에는 자신이 그것을 만들어 냈더라도 자신이 택한 그 길을 따라갈 수밖에 없다.

『하나님 나라를 욕망하라』(*Desiring the Kingdom*)의 머리말에서 나는 문화적 예전(Cultural Liturgies) 3부작을 소개하면서 2권과 3권은 학자들이라는 더 협소하고 전문적인 독자층을 대상으로 삼는 학술 논문이 될 것이라고 말했다. 1권에서 모형과 주장에 대한 이해하기 쉬운 개관을 제공하고, 2권과 3권에서는 이 주장의 특수한 양상들(2권에서는 철학적 인간론, 3권에서는 정치학)로 시야를 좁혀 깊게 살펴보겠다는 생각이었다. 『하나님 나라를 욕망하라』를 쓰고 나서 3년 동안 다양한 청중들과 내 핵심 주장을 공유하고 토론할 많은 기회를 얻었고, 그 결과 서로 연관된 두 가지 이유 때문에 원래의 계획을 수정하기로 했다.

첫째, 『하나님 나라를 욕망하라』는 내가 생각한 만큼 '이해하기 쉽지는' 않은 것으로 드러났다! 나는 1권이 상대적으로 대중적인 개관이라고 생각했지만, 보통 그렇듯이 학자들은 무엇이 이해하기 쉬운지를 제대로 판단하지 못하곤 한다. 물론 철학과 신학 분야의 동료 학자들은 다르게—어떤 경우에는 조금 특이하다고, 또 어떤 경우에는 다소 부정확하다고—보았지만, 『하나님 나라를 욕망하라』를 읽은 많은 사람은 그 책이 어려운 학술 서적이라고 생각했다. 그것은 혼종적인 책의 숙명이다. 즉, '대중적'인 책이 되기에는 독일 철학자 각주와 인용이 너무 많고, 본격적인 '학술서'가 되기에는 각주가 부족하고 창의적 여담이 너무 많다. 그럼에도 나는 그 사이 공간에서 살아가고—그 혼종성(hybridity) 안에 거주하고—궁극적으로 문화적 예전 3부작의 모든 책에서 그런 기조를 유지하기로 했다.

나는 어떤 의미에서 『하나님 나라를 욕망하라』가 가설적인 책이며, 적어도 수행적 모순의 위험을 감수하는 책이라는 것을 깨달았다.[1] 한편으로, 그 책에서는 우리가 일차적·근원적으로 지성보다는 상상력에 의해 우리의 세상이 만들어지는 **정서적**(affective) 동물이라고—인간은 이야기와 서사, 이미지, 창작(*poiesis*)물에 의존해 살아가는 욕망하는 피조물이라고—주장한다. 다른 한편으로, 그 책에서는 교훈적인 방식으로, 이론 차원에서 이런 주장을 펼치며 철학적 인간론을 제시한다. 『하나님 나라를 욕망하라』에서는 이런 기획의 한계를 인식하고 거기에 담긴 내적 긴장을 헤쳐 나가고자 예술과 문학에도

---

[1] 『하나님 나라를 욕망하라』를 비판하는 몇몇 사람들은 그것이 수행적 모순이 **아니라는** 점에 주의를 기울여야 한다. 분명히 나의 주장과 모형에서는 지적이거나 이론적인 성찰을 무시한 성찰 없는 무비판적 실천을 옹호하지 않는다. 『하나님 나라를 욕망하라』 자체가 이론 이전의 현실에 관한 **이론적** 성찰로서, 그 책에서는 우리의 체현된 세계-내-존재를 **성찰**해 보기를 권하며, 정서적 형성의 힘을 이해하고 다른 방식으로, 새로운 지향성을 지니고 실천에 다시 임할 것을 촉구한다. 4장 마지막 절 "성찰의 구속"에서 이 문제를 다시 다룰 것이다.

다소 손을 벌려 소설과 영화, 시에서 그 모든 내용이 어떻게 '그려지는지' 긴 여담을 늘어놓기도 했다. 하지만 위험은 여전하다.

이런 말을 하면서 마르셀 프루스트(Marcel Proust)를 인용하는 것이 우스워 보일지도 모르지만, 나는 젊은 프루스트가 비슷한 어려움에 직면했음을 발견했다. 『잃어버린 시간을 찾아서』(À la recherche du temps perdu) 이전의 초기 작품 중 하나에서 프루스트는 서로 다른 장르 사이의 틈에서 글을 쓰는 어려운 작업을 시도했다. 지금 우리에게는 『생트-뵈브에 대한 반론』(Contre Sainte-Beuve)으로 알려진 원고를 쓸 당시에 프루스트는 이렇게 썼다. "나는 이 글을 소설로 써야 할까 철학 논문으로 써야 할까? 나는 소설가인가?" 우리는 그가 소설가 아닌 다른 누구라고 상상하기 어렵지만(아마도 프루스트는 가장 소설가다운 소설가일 것이다), 이에 관해 프루스트가 쉽게 마음을 정하지 못했다는 사실이 흥미롭다. 그는 **형식**을 탐색하는 작가였다.

『생트-뵈브에 대한 반론』에서 다루는 주제들은 그 이유를 보여 준다. 그 책은 다음과 같은 껄끄러운 주장으로 시작한다. "시간이 갈수록 나는 지성을 덜 중요하다고 생각하게 된다."[2] 프루스트는 특히 기억에 대한 지성의 영향력이 제한적이라는 데(『잃어버린 시간을 찾아서』를 지배하는 주제)에 관심을 기울였다. 그렇기 때문에 과거를 '지적'으로 재구성하고자 할 때 과거가 지닌 환원 불가능한 '시적 정취'는 상실되고 만다.[3] 따라서 과거와 기억의 독특성을 존중하고자 한다면 다른 무언가, 과거 '사실'의 교훈적 재연이 아닌 다른 무언가가 필요하다. 하지만 여기서 프루스트는 아이러니와 긴장에 부딪힌다.

---

[2] Marcel Proust, *On Art and Literature, 1896–1919*, trans. Sylvia Townsend Warner (New York: Carroll & Graf, 1997), p. 19.

[3] 같은 책, p. 22. 계속해서 프루스트는 "이 과거[즉, 차에 적신 마들렌 향이 환기하는 과거], 우리 자신의 사적 본질과 비교하면 지성의 진리들은 거의 실재가 아닌 것처럼 보인다"라고 말한다(p. 24).

아마도 지성을 경시하는 내가 흔히 듣거나 책에서 읽는 상투적인 말과 모순되는 방식으로 지성이 우리에게 제안하는 성찰에 여러 페이지를 할애했다는 데 놀랄 것이다. 나의 날을 셀 수 있는 때에(사실 우리 모두 그렇지 않은가?) 지적 활동을 수행하는 것은 매우 하찮은 일인지도 모른다. 그러나 지성의 진리가 내가 지금 논하고 있는 감정의 비밀보다 덜 귀하다고 해도, 어떤 점에서는 그것 역시 그 나름대로 의미가 있다.[4]

따라서 이 성찰적 예술가는 자신이 이 굴레에 갇혀 있음을 깨닫는다. 프루스트가 바라듯, "하지만 이 책을 읽는 과정에서 이 책이 대단히 중요한 지적 문제를, 어쩌면 예술가에게 가장 중요한 문제를 다루고 있음을 깨닫게 될지도 모른다. 그것은 바로 내가 처음에 언급했던 지성의 상대적 열등함이다. **하지만 동시에 우리는 이 열등함을 입증하기 위해 지성에 의존할 수밖에 없다.**"[5]

『하나님 나라를 욕망하라』 역시 비슷한 곤경에 빠졌다. 나는 지성의 중요성을 상대화하는 철학적 주장—이론적 태도의 역할에 한계를 정해야 한다는 이론적 주장—을 해야 하는 이상한 처지에 놓였다. 하지만 다시 한번 프루스트는 이에 관한 생산적 곤경을 그대로 받아들인다. "지성이 최고의 왕관을 차지할 자격이 없다고 하더라도 오직 지성만이 그 왕관을 수여할 수 있다. 아울러 지성이 덕의 서열에서 2등에 불과하더라도 오직 지성만이 1등 자리가 본능에게 주어져야 한다고 선언할 수 있다."[6]

---

[4] 같은 책, p. 25. 여기서 프루스트가 문학 평론가인 생트-뵈브를 비판하고 있다는 점을 지적할 필요가 있다. 시대착오를 무릅쓴다면 우리는 그가 찰스 테일러(Charles Taylor)가 말하는 "풀어 쓰기 이단"에 경도된 "주지주의자"라고 묘사할 수 있다. 이에 관해서는 뒤에서 더 자세히 다룰 것이다. "풀어 쓰기 이단"에 대해서는 4장에 포함된 "의례의 구속"이라는 제목이 붙은 절에서 논할 것이다.

[5] 같은 책, p. 25, 강조는 추가됨.

[6] 같은 책, pp. 25-26.

프루스트는 궁극적으로 소설을 써서 이 긴장을 해소했다. 미래에는 나도 그렇게 할 수 있기를 바라지만 그것이 이 책에서 할 일은 아니다. 그럼에도 나는 문화적 예전의 핵심 주장과 조화를 이루는 방식으로―그리고 내 모형과 주장에서 상상력이 중심 역할을 한다는 것을 적어도 입증하는 형식으로―이 책과 다음 책을 써야 한다는 기분이 든다. 이 방향으로 나아가기 위한 작은 몸짓으로 나는 2권과 3권에서도 『하나님 나라를 욕망하라』의 목소리와 구성 형식을 유지하기로 했다. 따라서 독자들은 문학과 영화와 시와 나누는 대화를 통해 주장을 '그려 보이고자' 하는 노력을 계속해서 발견할 것이며, 나는 어려운 학술 논문에서 흔히 들을 수 있는 것보다는 조금 더 활기 있는 목소리를 전반적으로 유지하려고 노력했다.

원래의 계획을 수정하는―2권과 3권을 좁은 주제를 다루는 학술 논문으로 쓰지 않기로 한―두 번째 이유는 『하나님 나라를 욕망하라』의 후속편(들)을 기다리는 다양한 독자층이 있다는 것이다. 따라서 이 책(그리고 이어지는 3권)에 대한 계획을 조정한 것은 감사의 표현이기도 하다. 『하나님 나라를 욕망하라』는 내가 예상하지 못했던 곳에서 친구들을 발견했다. 그 책은 기독교 고등 교육과 신학계에서 폭넓게 논의되었지만, 감사하게도 목회자와 예배 인도자, 예술가, 초·중등 교육 과정 기독교 교육자들 역시 나의 주장과 모형을 열정적으로 받아들였다. 지난 여러 해 동안 이런 독자들과의 대화를 통해 내 본능을 연마할 수 있었고 그런 대화가 없었다면 불가능했을 방식으로 내 주장을 다듬을 수 있었다. 이 독자들과 토론자들 덕분에 나는 『하나님 나라를 욕망하라』에 담긴 주장이 어떻게, 어떤 지점에서 교회적·교육적 실천 분야에도 그대로 적용될 수 있는지를 깨닫게 되었다. 사실 이 실천가들은 내가 할 수 없는 방식으로 그 주장을 구체화할 수 있는 경우가 많다. 따라서 감사하는 마음에서, 또 계속해서 그들이 대화에 참여할 수 있기를 바라는 마음에서 나는 3부작 전체에서 1권의 형식과 목소리를 유지하기로 했다. 이런 이유로, 뒤에서는 여러 다른 독자층 각각에게 그들에게 맞는 진입 각도를 제공하기를 바라며 이 책을 '읽는 법'을 간략히 제시했다.

감사의 말

이 책을 낳는 오랜 시간 헤아릴 수 없을 정도로 많은 사람에게 빚을 졌다. 지난 몇 년 동안 나는 『하나님 나라를 욕망하라』에 대한 반응으로부터 촉발된 활발한 대화에 참여했다. 상상도 못했던 장소에서 상상도 못했던 이들과 대화를 나눴으며, 이 문제에 관해 내가 더 깊이 성찰할 수 있도록 도와준 수많은 토론자에게 깊이 감사드린다.

나는 캘빈기독교예배연구소(Calvin Institute of Christian Worship)에, 특히 존 위트블릿(John Witvliet)에게 큰 빚을 졌다. 그들은 꾸준히 격려하며 실질적인 지원을 베풀었고, 내가 이 문제에 관한 고민을 이어 가는 동안 나를 지탱하는 동시에 나에게 도전이 되는 실천 공동체를 제공해 주었다. 캘빈 칼리지(Calvin College) 철학과 동료들은 내가 여러 분야를 탐구하고 사실상 몇 년에 한 번씩 나 자신을 혁신할 수 있는 시간을 허락해 주었다. 또한 전문 철학자 집단뿐만 아니라 더 광범위한 청중을 대상으로 작업하는 철학자로서의 내 작업을 인정해 주었다. 은사의 다양성을 인정하는 그들에게 감사드린다. 나는 이 연구를 위한 적합한 공간인 캘빈 칼리지의 신설 학과 '회중 및 목회학과'에서도 즐겁게 가르치고 있다. 이 모든 것은 이런 작업을 폭넓게 지원하는 캘빈 칼리지—내가 둥지를 틀고 있는 공간인 동시에 뼛속까지 나에게 영향을 미치는 공동체—의 학풍 덕분이다. 캘빈 칼리지에서 보낸 10년이 하나님이 나를 사랑하신다는 사실을 가장 명백히 나타내는 증거라고 생각한다. 나 같은 시골뜨기가 이처럼 지적으로 왕성하며 뿌리가 깊은 곳에서 살아갈 기회를 얻었다는 것에 진심으로 감사드린다. 내가 이곳에서 가르치게 되었다는 사실이 아직도 놀랍고 앞으로도 그럴 것이다. 특히 그동안 내가 가르친 학생들에게 감사드린다. 그들의 호기심과 열정, 진지한 탐구 덕분에 나도 호기심과 열정, 진지함을 유지할 수 있었다. 그들 중 일부는 이제 친구가 되었으며, 그들이 자신의 소명을 추구하는 것을 볼 수 있다는 것은 기쁜 일이다.

『하나님 나라를 욕망하라』가 출간된 후 이 속편이 나오기까지, 나는 친구이자 동료인 데이비드 스미스(David Smith)와 기독교적 실천과 교육에 관한 여러 해에 걸친 공동 연구를 진행하는 기쁨을 누렸다. 이 연구를 통해 나는 이 주제에 관한 성찰을 친구들의 대학 공동체로 확장할 수 있었다. 이 공동 작업의 결과물―『교육과 기독교적 실천: 믿음과 배움의 재구성』(Teaching and Christian Practices: Reshaping Faith and Learning)―은 말하자면 속편에 대한 예고편, 교육을 다루는 문화적 예전 기획의 1.5권이다. 더 최근인 2011년 여름에는 두 세미나, 즉 토론토 대학교(University of Toronto)의 트리니티 칼리지(Trinity College)에서 진행한 대학원 세미나와 캘빈 칼리지의 기독교 학문 세미나(Seminars in Christian Scholarship at Calvin College)에서 주최한 연구 세미나를 통해 이 책의 내용을 현장에서 실험해 볼 기회가 있었다. 두 세미나 모두 사려 깊은 학제 간 대화를 위한 놀라운 실험 공간이었으며 나에게 엄청난 유익이 되었다.

완성 직전의 원고를 읽고, 비록 내가 언제나 따른 것은 아니지만 유익한 의견을 제공해 준 친구들에게 감사드린다. 존 위트블릿, 데이비드 스미스, 마이클 걸커(Michael Gulker), 카일 베넷(Kyle Bennett), 밥 코볼로(Bob Covolo), 클레이 쿡(Clay Cooke) 등이 그들이다.

자신이 사용했던 "하나님 나라를 상상하라"(Imagining the Kingdom)라는 제목을 함께 사용하도록 기꺼이 허락해 준 톰 라이트(Tom Wright)에게 감사드린다. 우리 두 사람은 동시에 그리고 독자적으로 이 제목을 떠올렸다[톰은 세인트앤드루스(St. Andrew's) 취임 강연에서 이 제목을 사용했다]. 서로 모르는 사이에 우리 두 사람 모두 이언 맥길크리스트(Iain McGilchrist)의 생산성 있는 책 『주인과 심부름꾼』(The Master and His Emissary)을 읽고 있었기 때문일 것이다.

이제는 친구가 되었으며 여전히 나의 작업을 응원해 주는 베이커 아카데믹(Baker Academic)의 직원들에게 언제나처럼 감사를 전한다. 지원과 격려를 아끼지 않았던―그리고 인내심과 융통성을 보여 준―밥 호색(Bob Hosack)과 브라이언 볼저(Brian Bolger), 스티브 에어스(Steve Ayers), 바비 조 헤이보어(Bobbi Jo Heyboer), 제러미 웰스(Jeremy Wells), 브라이언 다이어(Bryan Dyer), 트리니티 그레이저(Trinity Graeser)에게 특히 감사드린다.

이 책을 위한 배경 음악은 에이빗 브라더스(Avett Brothers), 멈포드 앤드 선스(Mumford & Sons), 조니 플린(Johnny Flynn)의 〈어 라룸〉(A Larum), (이름까지 딱 들어맞는) 더 헤드 앤드 더 하트(The Head and the Heart)의 동명 타이틀 앨범, 더 내셔널(The National)의 〈하이 바이올렛〉(High Violet) 등이다.

『하나님 나라를 욕망하라』를 쓰기 시작했을 때와 비교해 우리 가족이 얼마나 많이 바뀌었는지를 생각하면 그저 놀라울 뿐이다. 10대가 네 명이나 되는 가족이 어떤 모습일지 그때는 상상조차 못했고, 부모가 친구가 될 수 있다는 신비에 늘 감사하다. 이제는 내가 솔직하게 터놓고 이야기할 수 있는 친구가 된 막내아들 잭슨에게 이 책을 바친다. 아버지로서 더 이상 무엇을 바랄 수 있을까?

이 책은 길고 어려운 한 해의 마지막에 마무리되었다. 그 기간에 나는 시편의 탄원시를 읊조리면서 하나님께 따져 물었다. "하나님, 어디에 계십니까?" 언제나 그분은 조용히, 길이 참으시고, 끈질기게 속삭이시며 은혜롭게 나를 일깨워 주셨다. 바로 신실하게 곁에 있는 디애나를 통해서 말이다. 나는 개신교 신자지만 결혼은 언제나 내게 성례전일 것이다. 디애나는 내가 상상할 수 있는 모든 것을 넘어서는 은혜의 수단이기 때문이다.

이 책을 읽는 법

『하나님 나라를 욕망하라』처럼 이 책의 주장은 학계와 교회 모두를 겨냥하며, 따라서 이 책은 둘 사이에 던지는 혼종적인 것이다. 물론 이는 이 책이 그 사이에 빠져 양쪽 모두를 실망시킬 운명에 처해 있음을 의미하기도 한다. 즉, 실천가에게는 너무 학문적이고 학자에게는 너무 대중적일 수 있다. 나는 어느 쪽도 포기하지 않기 위해 양쪽 모두를 화나게 할 위험을 기꺼이 감수하기로 마음먹었다. 하지만 이로 인해 각기 다른 독자가 각기 다른 어려움을 겪을 수 있음을 감안해 서로 다른 (하지만 연관된) 독자층에 도움이 될 만한 지침을 제공하고자 한다.

실천가에게

문화적 예전 기획의 궁극적 텔로스는 실천의 갱신이며, 따라서 많은 점에서 나의 궁극적인 청중은 실천가들이다. 여러분은 기독교 교육자, 목회자, 예배 인도자, 캠퍼스 사역자, 예배 예술에 참여하는 사람들이다. 여러분은 여러분의 목회와 교육에 관해 성찰하며 새로운 모형과 은유, 이론에 개방적이다. 하지만 여러분은 '이론을 위한 이론'에 관심이 없다. 따라서 어떤 의미에서 이 책은 여러분에게 꽤 많은 것을 요구한다. 특히 이 책 전반부에서는 여러분에게 프랑스 이론가들(메를로퐁티와 부르디외)을 해설하면서 예전적 인간론을 위한 토대를 마련하는 부분을 헤쳐 나가기를 요구한다. 여러분이 이 부분에서 이 따금씩 조바심을 느낄 수도 있음을 충분히 이해한다. 하지만 1부의 고된 훈련이 2부에서 전개할 더 실질적인 논의를 위해 꼭 필요하다고 생각한다. 1부는 2부에서 마실 물을 얻기 위해 이론적 우물을 파는 작업이라고 볼 수도 있다. 혹은 1부가 예배와 예전적 형성의 **어떻게와 왜**를—더 일반적으로는, 기독교 교육과 기독교적 형성에 담긴 함의를—다시 생각하고 이해하기 위한 이론적 도구 상자를 제공한다고 볼 수도 있다. 모리스 메를로퐁티(Maurice Merleau-Ponty)와 피에르 부르디외(Pierre Bourdieu)는, 시사하는 바가 크고 도발적이며 어떤 점에서는 시적인, 습관화와 형성에 대한 이론적 모형을 제공한다. 나는 그저 흥미로운 인용문을 가져다 쓰기보다는 그들의 작업을 해설함으로써 그들이 제안하는 내용의 맥락과 '큰 그림'을 펼쳐 보이려 했다. 이를 통해 여러분은 내가 어떻게 그리고 왜 그들의 작업이 기독교적 형성과 교육의 전망에 대한 함의를 지닌다고 생각하는지를 이해할 수 있을 것이다. 하지만 각주는 건너뛰어도 무방하다.

  1부에서는 여러분의 인내심을 붙잡아 두기 위해 두 가지 노력을 했다. 첫째, 여러 곳에서 나는 논의를 멈추고 메를로퐁티와 부르디외의 이론이 우리가 기독교 예배의 실천에 관해 생각하는 방식에 어떤 함의를 갖는지 몇 가지 질문을 제기했다. 이런 질문들이 이론적 성찰이라는 긴 여정에서 잠시 쉬어 가는 휴게소—체현의 현상학(phenomenology of embodiment)이 예배 계획 및 예전적 형성과 어떻게 연결되는지 생각해 볼 수 있는 관조적 휴식 시간—가 되길 바란다. 이 질문들을 2부에서 더 본격적으로 탐구할 주제가 적힌 약속어음이라고 생각해도 좋다. 둘째, 두 사람의 주장과 이론을 예증해 주는 영화와 문학 작품을 소개했다. 본문 여기저기에 배치해 놓았으니 현상학의 복잡한 논의를 흡수하느라 눈이 침침해지기 시작할 즈음에 여러분의 에너지와 관심을 새롭게 해 줄 〈혹성탈출: 진화의 시작〉(Rise of the Planet of the Apes)에 관한 짧은 글을 만날 수 있을 것이다.

2부는 이 책에서 '여러분을 위한' 부분—예전적 인간론이 기독교 예배와 형성을 이해하는 데 어떤 함의를 갖는가를 탐구하는 부분—이다. 물론 2부는 구체적인 방법을 다루는 지침서가 아니다. 2부에서는 실천적 관심에 더 집중하기를 바라긴 하지만, 성찰적인 방식으로 큰 그림을 염두에 두고 그렇게 하고자 했다. 2부에서 나의 목표는 1부에서 제시한 '세계-내-존재'(being-in-the-world)에 대한 철학적 분석이 어떻게 우리가 형성의 문제를 바라보는 방식을 재구조화하며 예배가 작동하는 방식에 대한 새로운 이해를 만들어 내는가를 보여 주는 것이다. 이를 통해 세속적 예전의 영향력과 형성적 힘에 대한 새로운 종류의 비판적 관심이 촉발될 것이다. 하지만 기독교 예배와 예배 계획에 관한 새로운 지향성 역시 촉발될 것이다. 이를 통해 다시 교육 분야에서 독특한 기독교적 교육의 형식에 관해 새로운 지향성이 촉발될 것이다. 두 분야 모두에서 『하나님 나라를 상상하라』의 주장과 분석이 『하나님 나라를 욕망하라』의 핵심 주장을 심화시키고 더 정교하게 다듬어 줄 수 있기를 바란다.

학자에게

이 책은 분명—어조와 텔로스(궁극적으로 기독교 실천의 갱신) 때문에—학술 논문이 **아니다**. 그럼에도 나는 종교 철학 분야의 대화를 진전시킬 수 있는 독창적이며 건설적인 제안이 이 책에 심겨 있다고 생각한다. 확실히 나의 주장은 종교 철학과 종교 사회학 분야의 연구 주제를 내포하고 있다.

특히 학자들이 메를로퐁티에 대한 나의 논의를 프랑스 현상학과 종교 철학 사이의 지속적인 대화에 대한 참여로 읽어 주기를 바란다. 에마뉘엘 레비나스(Emmanuel Levinas)와 자크 데리다(Jacques Derrida), 장뤽 마리옹(Jean-Luc Marion) 등의 작업을 활용해 온 이 대화는 대체로 하나님에 관한 철학—계시와 타자성, 초월, '현상' 등의 주제를 다루는—이었다. 이것은 활발하고도 중요한 연구 주제다. 그러나 이것이 **종교** 현상학—종교적 **실천**에 대한 현상학적 분석—을 촉진하지는 않았다. 나는 여기서 소개한 모형이 철학과 예전의 교차점에서 이뤄지는 대화에, 어쩌면 예전의 철학이 출현하는 데 기여하기를 바란다.¹ 또한 여기서 소개한 예전적 인간론은 사회과학, 특히 종교와 종교 현상에 대한 사회과학적 설명에 대해서도 함의를 지닌다.²

---

1 이것은 니콜라스 월터스토프(Nicholas Wolterstorff)가 "Analytic Philosophy of Religion: Retrospect and Prospect", in *Inquiring about God: Selected Essays*, ed. Terence Cuneo (Cambridge: Cambridge University Press, 2009), 1:17–34에서 종교 철학에 대한 '전망'으로 제시했던 부분이다. 또한 Steven Kepnes, *Jewish Liturgical Reasoning* (New York: Oxford University Press, 2007)이나 테런스 큐니오(Terence Cuneo)가 "If These Walls Could Only Speak", *Faith and Philosophy* 27 (2010): pp. 123–141에서 제시한 내용인 예배에서 사용하는 성상에 관한 철학적 분석에 대해 생각해 보라. 예전적 실천을 진지하게 받아들이는 종교 철학 분야의 흐름에 대한 고찰로는 James K. A. Smith, "Philosophy of Religion Takes Practice: Liturgy as Source and Method in Philosophy of Religion", in *Contemporary Practice and Method in the Philosophy of Religion: New Essays*, ed. David Cheetham, Rolfe King (London: Continuum, 2008), pp. 133–147를 보라. 또한 *Experience and the Absolute: Disputed Questions on the Humanity of Man*, trans. Mark Raftery-Skehan (Bronx, NY: Fordham University Press, 2004) 등에서 장이브 라코스트(Jean-Yves Lacoste)가 발전시킨 부류의 예전적 현상학을 살펴보라. 혹은 "Liturgy and Coaffection", trans. Jeffrey L. Kosky, in *The Experience of God: A Postmodern Response*, ed. Kevin Hart and Barbara Wall (Bronx, NY: Fordham University Press, 2005), pp. 93–103에서 라코스트가 제시한 기도의 현상학에 대해 생각해 보라. 라코스트의 기획에 대한 유익한 소개로는 Joseph Rivera, "Toward a Liturgical Existentialism", *New Blackfriars* (2012): pp. 1–18를 보라.

2 종교 사회학을 위한 함의에 대한 간략한 소개로는 James K. A. Smith, "Secular Liturgies and the Prospects for a 'Post-Secular' Sociology of Religion", in *The Post-Secular in Question*, ed. Philip Gorski, David Kyuman Kim, John Torpey, and Jonathan VanAntwerpen (New York: New York University Press, 2012), pp. 159–184를 보라. 또한 나는 내 예전적 현상학—'세속적 예전' 분석을 포함하는—이 '암묵적 종교'와 '세속적 신앙'에 대한 영국 학자들의 논의와도 대화를 이룰 수 있다고 생각한다. Edward Bailey, *Implicit Religion: An Introduction* (London: Middlesex University Press, 1998), Bailey, *Implicit Religion in Contemporary Society* (1996; repr., Leuven: Peeters, 2006), Bai-

『하나님 나라를 상상하라』에 담긴 주장과 분석 중 일부는 다듬어서 관련 분야 학술지에 논문으로 실을 수 있을 것이다. 내가 계속해서 더 전문적인 대화를 위한 연구를 진행할 수도 있다. 하지만 지금은 이 혼종적인 책 안에 나의 학문적 제안을 심어 두기로 했다. 그러므로 나는 동료 학자들에게 이 책의 여담을 너그럽게 이해해 달라고 부탁한다. 아울러 여러분이 각주에 주의를 기울여 준다면 고마울 것이다. 자세한 문제는 페이지 하단으로 내려 보내 거기서 대화를 이어 가려고 했다. 더 광범위한 독자층을 위해 일부 유보 조건과 미묘한 차이에 대한 논의를 삼가야 했음을 여러분이 기억해 주기를 부탁드린다. 내가 다루는 중요한 책들은—물론 여러분이 '필수적'이라고 생각하는 일부 문헌을 비롯해—각주에 등장하지 않는다. 여러분이 이 책을 '사물 그 자체로' 돌아가는 현상학적 연습으로 읽고, 이 책이 말하지 않는 것이 아니라 말하는 것에 기초해 그 주장을 평가해 주기를 권하고 싶다.

---

ley, *The Secular Faith Controversy: Religion in Three Dimensions* (London: Continuum, 2001)를 보라. 더 대중적 차원에서는 Alain de Botton, *Religion for Atheists: A Non-believer's Guide to the Uses of Religion* (London: Hamish Hamilton, 2012)을 생각해 보라.『무신론자를 위한 종교』(청미래).

서론: 감정의 교육

그리스도인의 행동에 관하여

따라서 개신교인들은 칼뱅을 따라서 교회의 실천이 인간의 칭의를 달성하는 것과 아무런 관계가 없으며, 인간의 성화와—가장 중요한 의미에서—하나님의 활동 및 능력과 전적으로 관계가 있다고 주장할 수 있다.[1]

예배의 목적 그리기

어렸을 때 그는 교회가 끝나기를 기다릴 수가 없었다. 앤드루에게 예배의 시작은 마지막을 향한 60분 동안의 카운트다운일 뿐이었다. 정말이지, 몇 번이고, 목사가 회중을 예배로 부르면 그는 월터 미티[Walter Mitty, 공상 속에서 모험을 펼치는 소설 『월터 미티의 은밀한 생활』(The Secret Life of Walter Mitty)의 주인공—옮긴이]처럼 공상을 시작했다. 오래되고 고리타분한 목회자의 말—"시편 기자는 우리에게 우리의 목적을 상기시키며 우리를 예배로 부릅니다…"—은 앤드루의 상상 속에서 로켓 발사 장치의 지직거리는 소리로 바뀌었다.

---

[1] Matthew Myer Boulton, *Life in God: John Calvin, Practical Formation, and the Future of Protestant Theology* (Grand Rapids: Eerdmans, 2011), p. 226.

치익. "아폴로, 시스템 준비 완료, 오버?" **치익.**

뚜두. "음, 알겠다, 휴스턴. 시스템 전부 정상 작동중. 발사 준비 완료, 오버." **뚜두.**

치익. "발사 3분 전. 주 엔진 점화, 오버?" **치익.**

"알겠다, 휴스턴. 준비 완료, 오버."

"발사 1분 전. 발사 준비."

"발사 10초 전, 9초, 8초, 7초, 6초, 5초, 4초, 3초, 2초, 1초…발사. 발사 완료!"

운이 좋으면 앤드루는 헌금 시간 즈음에 미항공우주국(NASA) 몽상에서 깨어났을 것이다. 하지만 죄 고백 직전에 지구로 귀환하는 경우가 많았다. 예배가 끝날 때까지 아직도 45분이나 남았다는 뜻이다. 이런!

이제 주보는 단조로운 시간의 흐름이 담긴 일람표가 된다. 죄 고백? 확인. 사죄의 확신? 확인. 율법 낭독? 확인. 신조 암송? 확인. 목회 기도와 신자들의 기도? 온 세상을 위해서 기도할 태세인 장로님 때문에 **오래** 기다린 후에야 확인. 성경 봉독? 확인. 설교? 기다리고…기다리고…또 기다려서…마침내 확인! 이제 거의 끝나간다! 헌금? 확인! 잠깐. 구제를 위한 두 번째 헌금? 아, (마침내) 확인. 송영(이제 우리는 감질나게 끝에 도달하고 있다), 확인! 또 기도, 확인! 앤드루는 이제야 다 끝났다고 느낀다. (7절까지 있는!?) 찬송가, 마침내, 확인. 이제 결승선까지 30초 전, 모두가 자리에서 일어난다. 예배의 끝이 눈에 들어온다. 축도, 그렇지! 자유다!

이제 앤드루는 쿠키와 주스가 있는 아래층으로 거의 발사되듯 돌진하는 여덟 살짜리 딸 엘리자베스에게서 갇혀 있던 열망을 보며 싱긋 웃음을 짓는다. 하지만 지금 그는 예배의 마지막을 전혀 다르게 바라보고 있다. 앤드루는 그것을 구속받지 않는 자유를 향해 돌진하는 순간이라고 생각하지 않는다. 오히려 예배의 마지막이 **보냄**이고, 예배 마무리에 자리한 축도는 위임이며, 예배의 '마지막'은 텔로스(*telos*)와 목적(*goal*)이라는 의미에서 그들이 다음에 하는 일, 즉 문을 열고 세상 속으로 들어가는 것과 밀접하게 결합되어 있음을 깨달았다. 앤드루는 생각한다. '예배가 끝난다고 우리가 풀려나는 건 아냐.' 그저 약속이나 행사를 마치고 해산하듯이 '나가도 되는' 게 아니다. 그리스도와의 연합을 통해 삼위일체 하나님의 삶 속으로 이끌려 들어간 후에 우리는 **보냄받는다**. 기독교 예배의 마지막에 우리는 책임을 부여받는다. 예언자들이 살아 계신 하나님을 만났을 때처럼, 삼위일체 하나님과 만날 때 우리는 위임과 명령을 받고 세상 속으로 보내진다. "가서 부활하신 그리스도의 증인으로서 성령의 능력으로 **행하라**. 당신의 이웃에게 다가오는 나라의 시민이 되기를 권하라." 우리가 예배에서 행한 것은 세상 역사 전체의 시연인 동시에 장차 올 나라를 위한 예행연습이다. 기독교 예배의 마지막은 우리로 하여금 피조물의 시작으로, 에덴동산에서 우리가 위임받은 사명으로, 하나님의 형상을 지니고 있으며 하나님의 선한—하지만 이제는 깨어진—피조물을 돌보고 가꾸어야 할 책임이 있는 그분의 대리자로서의 사명으로 되돌아가게 한다.

이제 앤드루는 예배의 마지막(end)이 예배의 **목적**(end)임을 깨닫고 있다. 기독교 예배의 정점은 마침/보냄(s/ending)이다. 이 이미-아직의 시간에 예배의 마지막과 목적과 **텔로스**는, 사람을 변화시키는 이 만남을 마친 후 하나님의 증인이자 그분의 형상을 지닌 사람으로서 보냄받는 것이다. 기독교 예배는 우리의 '내적' 삶을 다시 채우는 사적 재충전을 위한 종교적 충전소가 아니다. 예배는 그저 영원과 관련한 문제를 잘 정돈하기 위해 행해야 할 의무가 아니다. 월요일부터 금요일까지 세상 속에서 하는 일로부터 벗어나 우리 영혼 안에 있는 '종교적' 구역을 채워 주는 특별히 격된 '경험'도 아니다. 예배는 일주일에 한 번씩 현실을 벗어나 도피주의적으로 고립된 곳으로 물러나는 피정이 아니다. 오히려 우리는 예배를 통해 '참된 세상' 안으로 이끌려 들어간다.[2] 예

---

2 로드니 클랩(Rodney Clapp)이 지적하듯이, "하나님의 은혜는 자연적으로 인식하는 무언가가 아니다. 그것은 자연에서 관찰한 현상을 조합해서 만들어 낸 이론이 아니다. 오히려 그것은 하나님이 자비 가운데 우리를 향해 찾아오신 결과다. 우리가 그 자비를 받아들이고 그 자비에 참여할 때 창조와 세상, 죄, 화해, 하나님 나라는 범주들—우리가 '실재'를 있는 그대로 이해한다고 주장할 때 사용하는

배는 바로 바른 것들을 당연히 여기는 법을 배우는 공간이다.³ 바른 것들을 당연히 여김으로써 우리는 장차 올 세상을 증언하고, 변화시키시는 성령의 능력으로⁴ 피조물을 향한 하나님의 갈망에 따라 그분의 세상을 만들고 다시 만들 수 있다. 예배 안에서 감각적인 방식으로 우리를 만나 주시는 성령의 능력 주시는 역사가 없다면 우리는 이런 사명을 결코 감당할 수 없을 것이다.

그렇기 때문에 앤드루는 예배가 어서 끝나기를 바라는 엘리자베스의 마음을 이 중요한 만남에 대한 천진난만한 반응으로 이해한다. 그리고 어렸을 때 자신에게도 같은 마음이 있었음을 기억한다. 그저 따분함으로부터 해방된다고 느끼는 엘리자베스와 달리, 앤드루는 이제 예배 마지막에 어떤 성화된 양가감정―일종의 거룩한 모호함―을 경험한다. 한편으로, 그는 은혜롭게 선포되는 복을 간절히 사모하는 마음으로 받는다. 다른 한편으로, 그는 사명에 대한 책임감을 느낀다. 이것은 값싼 은혜가 아니다. 보냄받기 위해 성령으로 충만한 변화를 경험하는 공간이다. 보냄받은 우리는 가서 제자 삼고, 예루살렘과 사마리아와 땅끝까지 이르러 증인이 되며, 문화를 만드는 사람이 됨으로써 하나님의 형상을 지닌 사람이 되라는 창조의 명령을 다시 한번 수행한다. 주일에 예배가 끝난 다음에, 예배는 월요일에 우리의 문화적 노동 안으로 넘쳐흘러 들어간다. 그리고 앤드루는 하나님의 은혜와 성령의 능력으로 이 보냄보다 앞서 일어난 모든 일이 그를 보냄받은 증인이 되도록 변화시키기

범주들―이 우리에게 주어진다. "The Church as Worshiping Community: Welcome to the (Real) World", in *A Peculiar People: The Church as Culture in a Post-Christian Society* (Downers Grove, IL: InterVarsity, 1996), p. 97. 『구별된다는 기쁜 의미』(서로사랑).

3 "하나님은 예배를 통해 그분의 백성이 바른 것들을 당연히 여기도록 훈련시키신다." Stanley Hauerwas, Samuel Wells, "The Gift of the Church and the Gifts God Gives It", in *The Blackwell Companion to Christian Ethics*, ed. Stanley Hauerwas and Samuel Wells (Oxford: Blackwell, 2006), p. 25.

4 John D. Witvliet, "The Cumulative Power of Transformation in Public Worship: Cultivating Gratitude and Expectancy for the Holy Spirit's Work", in *Worship That Changes Lives: Multidisciplinary and Congregational Perspectives on Spiritual Transformation*, ed. Alexis Abernathy (Grand Rapids: Baker Academic, 2008), pp. 41-58를 보라.

를 바라고 기도할 뿐이다.

기독교 교육의 목적과 예배의 목적 / 예배의 목적으로서의 기독교 교육의 목적

교회와 기독교 대학의 갱신—기독교 예배와 기독교 교육의 갱신—은 인간을 '예전적 동물', 즉 예배하지 **않을** 수 없으며 근본적으로 예배의 실천(practices, 관행)에 의해 형성된 피조물로 이해하는 데 달려 있다. 이런 예전이 이처럼 형성적인 이유는 바로 기독교적이든 '세속적이든'[5] 이런 예전이 우리가 무엇을 **사랑하는가**를 빚어내기 때문이다. 우리가 사랑하는 것이 곧 우리다.[6]

이런 인간 모형을 주장하는 것은 이것이 궁극적으로 그리스도인의 **행동**에 대한 적합한 설명을 제공하기 때문이다. 이것은 문화 분석을 위한 새로운 렌즈를 만드는 것으로부터 시작된다. 이러한 예전적 인간론은 **실천**—오랜 시간에 걸쳐 우리의 욕망과 가장 근본적인 갈망을 조용하면서도 무의식적으로 준비시키고 빚어내는, 체현된 공동체적 반복 행위, 의례, 일상적인 일—이 지닌 형성적(변형시키는 혹은 왜곡하는) 힘을 인식함으로써 문화 분석과 비판의 초점을 다시 맞춘다. 그리고 나는 예전적 실천이 이런 실천적 힘을 지니고 있음을 인식하기 때문에 두 핵심 기관, 즉 교회와 기독교 대학 안에서 기독교적인 예전적 형성에 관한 지향성을 고취하는 데 건설적 관심을 기울이고 있다. 이 두 기관만 중요하기 때문이 아니라, 이 두 기관이 지향적인 기독교적 형성을

---

5 역설적으로 들리는 '세속적 예전'이라는 개념에 관해서는 James K. A. Smith, *Desiring the Kingdom: Worship, Worldview, and Cultural Formation* (Grand Rapids: Baker Academic, 2009), p. 88n20를 보라. 『하나님 나라를 욕망하라』(IVP).

6 서론에서 『하나님 나라를 욕망하라』의 논지를 간략히 말하긴 하지만, 나는 이 책 대부분에서 독자가 1권 내용에 익숙하리라고 가정하고 있다.

위한 독특한 공간이며 둘 다 보냄을 위해 존재하기 때문이다. 학생들은 '졸업식'(commencement, 영어로 '시작'을 뜻하기도 한다-옮긴이)을 통해 학교를 떠나며, 예배자들은 축복과 권면을 받고 예배를 떠나며 세상을 **위해** 세상 속으로 보내진다. 두 경우 모두에 우리는 **선교**를 위해 형성된 다음 보냄받는다. 교회와 대학에 초점을 맞추는 것은 배타적 선택이 아니라 전략적 선택이다. 두 기관 모두 하나님의 선교(missio Dei)에서 핵심 기관이다.

기독교 대학은 혼종적 기관이다. 전혀 다른 두 생태계 안에 동시에 뿌리내리고 있다. 한편으로, 기독교 대학은 **대학**, 즉 교육과 연구에 참여하는 대학과 대학교들의 연결망 일부를 이루는 고등 교육 기관이다. 기독교 대학의 형태와 삶의 많은 부분은 고등 교육이 어떤 모습이어야 하는가에 관한 더 광범위한 인식을 반영한다(그리고 인가를 감독하는 단체들은 우리가 속한 생태계의 이런 측면을 강화한다). 다른 한편으로, 기독교 대학은 교회와 기독교 선교를 위한 다양한 기관들로 이뤄진 생태계 안에 자리한 **기독교** 기관이다. 따라서 기독교 대학은 (적어도) 이 두 생태계가 교차하는 지점에 위치해 있으며, 기독교 고등 교육의 독특한 사명과 책무를 만들어 내는 것은 바로 이 혼종성이다.

그렇기 때문에 나는 『하나님 나라를 욕망하라』에서 기독교 대학의 사명을 단순히 정보(information)의 확산이라는 관점이 아니라 더 근본적으로 형성(formation)의 훈련이라는 관점에서 이해해야 한다고 주장했다. 기독교 대학은 그저 사상을 정신이라는 그릇 안에 집어넣고 일자리를 찾기 위해 필요한 자격을 갖추게 하는 곳이 아니다. 기독교 대학은 **형성적** 교육—지식을 제공할 뿐만 아니라 세상에 대한 우리의 근본적 지향을 빚어내는 통전적 교육—을 제공한다. 플로베르(Flaubert, 『감정 교육』이라는 소설을 쓴 프랑스의 소설가-옮긴이)를 조금 틀어서 말하자면 이것이 '감정 교육'(sentimental education)이다.

기독교 대학 졸업생들은 새로운 지적 저장고와 사유 기술을 갖춘 다음 하나님이 지으신 선한(하지만 깨어진) 세상 속으로 보냄받는다. 하지만 이상적으로는 새로운 습관과 욕망, 덕을 갖추고 기독교 대학으로부터 보냄받는다. 그들은 이제 하나님과 그분의 나라를 사랑하는—하나님을 사랑하고 하나님이 피조물에게 원하시는 바를 욕망하는—습관을 갖추고 있을 것이며, 그런 모습을 갖추고 세상에 참여할 것이다. 학생들을 엄격하고 비판적으로 가르치고자 한다면, 우리는 그들을 아우구스티누스가 "사랑의 바른 질서"라고 부른 것을 갖춘 사람으로 만들어야 한다. 다시 말해서, 기독교 교육의 목적(텔로스)은 **행동**이다. 기독교 대학은 학생들이 다가오는 하나님 나라의 대사로서 **보냄받는** 공간이다. 그들은 그리스도의 화해 사역을 반영하는 구속적이며 화해시키는 문화적 과업을 수행하도록 위임받았다. 바로 이런 의미에서 기독교 대학은 하나님의 선교에 적극 동참한다.[7] 기독교 대학 졸업생들은 하나님의 선한 피조물을 가꾸고, 타락한 세상을 새롭게 하기 위해 노력하며, 세상이 어떻게 바뀔 수 있는지를 증언하고, 불의의 홍수로 망가진 세상 속에서 신선한 올리브 열매를 맺음으로써 하나님의 형상을 지닌 사람으로 우리의 책무를 수행하도록 준비되고 빚어진 사람이다.[8] 우리는 그저 구경꾼이나 관찰자를 교육하는 게 아니라 **행동하는** 사람들—앤디 크라우치(Andy Crouch)가 오랜 개혁주의 전통을 되풀이하며 "문화를 만드는 이들"(culture-makers)이라고 묘사했던 사람들—을 교육하고 있다.[9]

행동이라는 기독교 교육의 목적(텔로스)은 바로 기독교 예배의 목적이기도

---

[7] Christopher J. H. Wright, *The Mission of God: Unlocking the Bible's Grand Narrative* (Downers Grove, IL: InterVarsity, 2006)를 보라. 『하나님의 선교』(IVP).

[8] 참고. Calvin Seerveld, *Bearing Fresh Olive Leaves* (Toronto: Tuppence, 2000).

[9] Andy Crouch, *Culture Making: Recovering Our Creative Calling* (Downers Grove, IL: InterVarsity Press, 2008). 『컬처 메이킹』(IVP). 물론 사유 역시 일종의 행동이며 의도적 행동에는 성찰이 필수적이다. 나의 논점은 생각을 덜 해야 한다는 게 아니라, 우리의 행동과 '문화 만들기'가 언제나 이미 우리가 '생각하는' 바 **이상**의 것에 의해 추동된다는 사실이다.

하다. 둘 모두 선교 사명을 표현하는 일이기 때문이다. 역사적 기독교 예배의 마지막에 일어나는 일은 축도—축복—이며, 이 축도는 평안히 가서 주님을 사랑하고 섬기라는 명령이기도 하다. 축복은 권면이기도 하며, 원래 에덴동산에서 인류가 받은 복과 명령을 되울린다. 생육하고 번성하여 땅에 충만하라. 긍휼한 마음으로 피조물을 다스리라. 피조물이라는 정원을 가꾸라(창 1:27-31; 2:15).

따라서 기독교 예배의 마지막(ending)은 보냄(sending)이다. 말씀과 성례전을 통해 하나님을 만난 후 우리는 성령으로 변화되고 새로워지고 힘을 얻어 인류의 원래 소명, 즉 하나님의 피조물 안에 잠재된 모든 가능성을 길러 냄**으로써** 하나님의 형상을 지닌 자가 되어 이제는 깨어지고 타락한 세상을 새롭게 하고 회복시키라는 사명을 다시 한번 수행할 수 있게 된다. 우리를 그리스도와의 연합으로 이끌어 들인 다음 기독교 예배의 '마지막'은 기독교적 **행동**, 즉 바르게 질서 잡힌 문화적 노동, 하나님의 세상을 만들고 다시 만드는 피조물로서의 책무를 위해 우리를 보내는 것과 밀접한 연관이 있다.[10] 우리는 **만드는 사람들**이 되기 위해 (다시) 만들어진다.[11] 그렇기 때문에 나는 기독교 대학의 사명과 책무가 기독교 예배의 실천과 밀접한 연관이 있다고 본다. 기독교 대학과 교회는 다른 기관이지만 둘은 동일한 목적, 동일한 목표를 갖고 있다. 그 목적은 바로 하나님의 백성을 그리스도와의 연합으로 이끌고, 그렇게 함으로써 그들을 행동하는 사람들—말씀을 행하는 사람들—로 빚어내고

---

10 J. 토드 빌링스(Todd Billings)가 잘 요약하듯이, "하나님과 연합하여 행동한다—율법에 순종한다—는 것은 곧 참으로 온전하게 인간이 되는 것이다." Billings, *Union with Christ: Reframing Theology and Ministry for the Church* (Grand Rapids: Baker Academic, 2011), p. 110. 『그리스도와의 연합』(기독교문서선교회).

11 Smith, *Desiring the Kingdom*, pp. 205-207를 보라.

형성하고 훈련하고 준비시키는 것이다.¹²

따라서 기독교 교육과 형성을 충실히 설명하기 위해서는 적절한 행동 철학이 필요하다. '기독교 지성'에만 초점을 맞추는 최근 논의에서는 이 주제를 거의 다루지 않는다. 우리는 사유에 관해 사유하느라 한 세대를 흘려보냈다. 하지만 우리의 '대중적' 설명과 (잘못된) 자기 인식에도 불구하고 우리는 **생각**을 통해 행동에 도달하지 않는다. 우리 행동의 많은 부분은 합리적 숙고와 의식적 선택의 결과가 아니다.¹³ 우리 행동의 많은 부분은 사상이나 결론에 의해 '밀려 나오지' 않는다. 오히려 우리의 성품으로부터 흘러나오며 어떤 의미에서는 하나의 **텔로스**에 대한 끌림에 의해 우리 안으로부터 '당겨져 나온다.' 만약 우리가—그리고 만약 기독교 대학 졸업생들이—갱신과 구속적 문화를 만드는 일에 참여하는 이들로서 세상 속에서 **행동**하는 "하나님 나라의 일등 시민"¹⁴이 되고자 한다면, 세상에 관해 바르게 **생각**하도록 우리의 지성을 훈련시키는 것만으로는 부족하다. 우리의 상상력을 바로잡는 훈련도 필요

---

12 여기서 방향성에 주목하라. 기독교적 행동은 기독교적 사귐에 기초한다. 따라서 기독교적 행동은 '우리의' 독립적·영웅적 노력이 아니다. 빌링스는 "중생에 영향을 미치는 하나님의 은혜"의 다른 "정도 혹은 차원"에 관한 프란시스쿠스 유니우스(Franciscus Junius)의 관점을 논하면서 이 점을 지적한다. 칭의와 성화 모두 "그리스도와의 연합"을 통해 선물로 받는다. 칭의는 선물이고 성화는 노력으로 이룬 성취인 것이 아니다. 그리스도와의 연합의 구별되지만 분리될 수 없는 양상은 '새 피조물로부터 흘러나오는 행동', 성령의 능력으로 우리가 하나님과 이웃을 사랑하는 삶을 살기 시작한 결과다"[Franciscus Junius, *De libero hominis arbitrio, ante et post lapsum*, in W. J. van Asselt, J. M. Bac, and R. T. te Velde, eds., *Reformed Thought on Freedom* (Grand Rapids: Baker Academic, 2010), p. 106. Billings, 같은 책, p. 108에서 재인용]. 이 책에서 나는 예전을 통한 습관 형성에 대해 설명하고 이를 통해 성령께서 **어떻게** 우리에게 그렇게 행동하도록 능력을 부어 주시는가를 보여 줌으로써 이 주장을 확장하고자 한다.

13 이런 문제들에 관한 이해하기 쉬운 개관으로는 Daniel Kahneman, *Thinking, Fast and Slow* (New York: Farrar, Straus & Giroux, 2011)를 보라. 『생각에 관한 생각』(김영사). 더 자세한 논의로는 John A. Bargh, "Bypassing the Will: Toward Demystifying the Nonconscious Control of Social Behavior", in *The New Unconscious*, ed. Ran R. Hassin, James S. Uleman, and John A. Bargh (New York: Oxford University Press, 2005), pp. 37-58를 보라.

14 Cornelius Plantinga, *Engaging God's World: A Reformed Vision of Faith, Learning, and Living* (Grand Rapids: Eerdmans, 2002), p. 110. 『기독지성의 책임』(규장).

> **생각해 볼 문제: 갈망이 행동으로 이어진다**
>
> 행동과 창의적인 문화적 노력은 격언보다는 전망에 의해, 규칙보다는 텔로스에 의해 생성된다. 『어린 왕자』의 저자인 앙투안 드 생텍쥐페리(Antoine de Saint-Exupéry)가 한 것으로 알려진 말은 이러한 직관적 통찰을 잘 포착하고 있다. "배를 만들고 싶다면, 사람들에게 목재를 수집하라고 다그치며 그들에게 과업과 책무를 할당하지 말고 그들에게 끝없이 거대한 바다를 동경하는 법을 가르치라."

하다. 우리 안에서 하나님 나라를 지향하는 행동을 '이끌어 내는' 텔로스에 대한 전망에 우리 마음이 사로잡혀야 한다. 그렇기 때문에 나는 『하나님 나라를 욕망하라』에서 사람들에게 기독교 '세계관'을 제공한다는 목표가 교회와 기독교 대학의 사명으로는 부적합하다고 주장했다.[15]

이것은 세계관 접근 방식이나 지적 성찰이 틀렸다는 주장이 아니라 그것이 부적합하다는 주장이다. 이런 부적합성은 그것이 전제로 삼고 있는 성숙하지 못한 인간론에서 기인한다. 이러한 교육관은 충분히 근원적이지 못하다. 우리 정체성의 뿌리까지 도달하지 못하기 때문이다. 이런 인간 모형―그

---

15 『하나님 나라를 욕망하라』에 담긴 나의 주장에 대한 몇 가지 우려와 비판에 대한 더 직접적인 대답으로는 James K. A. Smith, "Worldview, Sphere Sovereignty, and *Desiring the Kingdom*: A Guide for (Perplexed) Reformed Folk", *Pro Rege* 39, no. 4 (June 2011): pp. 15-24와 Smith, "From Christian Scholarship to Christian Education [Response to a Review Symposium on *Desiring the Kingdom*]", *Christian Scholar's Review* 39 (2010): pp. 229-232, Smith, "Two Cheers for Worldview: A Response to Thiessen", *Journal of Education and Christian Belief* 14 (2010): pp. 55-58를 보라.

리고 그에 상응하는 교육관—은 지성적 측면에만 집중함으로써 정서적 측면의 중요성을 소홀히 하며 과소평가한다. 이런 모형은 우리가 무엇을 생각하고 믿는가에 초점을 맞춤으로써 우리가 무엇을 **사랑하는가**가 중요하며 핵심적이라는 사실을 놓치고 있다. 우리는 정보(information) 확산으로서의 교육에 초점을 맞춤으로써 기독교 교육이 사실은 형성(formation)의 기획이라는 점을 놓치고 있다. 다시 말해서, 이 주장의 핵심에는 반환원론 및 인간과 기독교 교육(더 광범위하게는 기독교적 형성)에 대한 더욱 통전적인 이해가 자리 잡고 있다.

따라서 나는 『하나님 나라를 욕망하라』에서 문화적 예전 기획의 핵심을 이루며 종교개혁자들의 수호성인인 성 아우구스티누스에게 영향받은 세 가지 서로 연관된 제안을 내놓았다. 첫째, 우리의 정체성을 형성하고 세상에 대한 우리의 지향성을 지배함에 있어서 사랑의 중요성과 상상력의 우선성을 강조하는 대안적 인간론을 제시했다. 둘째, 교육 역시 우리의 사랑과 욕망을 형성하는('지향하게 하는') 것에 관한 문제이며, 그런 형성은 '예전'—욕망의 교육인 다양한 '세속적' 예전을 포함해—이라고 부를 수도 있는 체현된 공동체적 의례를 통해서 이뤄진다고 강조했다. 셋째, 형성에 있어서 예전적 실천의 우선성을 감안할 때, 기독교 교육의 책무가 기독교 예배와 예전적 형성이라는 교회적 실천 안에 다시 자리 잡게 해야 한다고 주장했다. 다시 말해서, 우리는 예배와 세계관, 교회와 대학을 다시 연결해야 한다.

분명히 말하지만 이것은 세계관 자체를 거부하는 게 아니다.[16] 내 주장을 이 패러다임에 대한 '비판적 지지'로 생각해 달라. 하지만 나는 세계관 접근법이 여전히 기독교 교육을 어떤 **관점**, 세상을 **바라보는** 방식을 보급하는 것

---

16 나는 *Letters to a Young Calvinist: An Invitation to the Reformed Tradition* (Grand Rapids: Brazos, 2010)에서 '세계관'이 유익하다고 분명히 인정했다. 『칼빈주의와 사랑에 빠진 젊은이에게 보내는 편지』(새물결플러스).

으로 이해하는 경향을 띠는 한, 이런 접근법의 최선의 형태에 대해서조차 우려를 거두지 않는 것이 마땅하다고 생각한다. 여기서 나의 비판은 세계관이 틀렸다는 것이 아니라 적합하지 않다는 것이다. 세계관은 우리(와 우리 학생들)가 세상 안에서 **행동하는** 자가 아니라 일차적으로 세상의 **구경꾼**이라고 상상하는 접근 방식이다. 그러나 기독교 교육의 목적이 닐 플랜팅가(Neal Plantinga)가 "하나님 나라의 일등 시민"이라고 부른 사람들을 형성하는 것이라면, 우리는 시민으로서 우리의 행동이 일차적으로 인지적 성찰, 심지어 우리의 '관점'에 기초해 있지 않으며, 대부분의 경우 습득된 습관, 무의식적 욕망, 지성보다 앞선 성향에 기초해 있음을 이해해야 한다. 따라서 우리의 교육은 이런 욕망과 성향이 형성되는 방식과 조화를 이루고 있어야 한다. 우리가 고도로 발전되고 명확한 '세계관'을 갖고 있더라도 그런 '관점'과 놀라울 정도로 모순된 방식으로 **행동**할 수 있다.

예를 들며 이 점을 설명해 보자. 지난 여러 해 동안 아내 디애나의 꾸준한 전도를 통해 나는 식품 생산과 소비의 지배적 체계가 불의하며 건강에도 유해하다는 것을 점점 더 확신하게 되었다. 디애나는 '좋은' 식생활—건강에 유익하고 정의로운 식생활, 지역의 텃밭과 농장에서 수확한 재료로 만든 음식 즐기기, 우리의 번영에 이바지하는 음식 먹기—을 위해 노력하며 이런 확신을 실천하고 있다. 이를 위해 아내는 텃밭을 열심히 일구고 온 가족을 부엌으로 불러 항상 맛있는 요리를 만든다(엄청나게 고맙다!). 또한 나는 바버라 킹솔버(Barbara Kingsolver)와 마이클 폴란(Michael Pollan), 특히 웬델 베리(Wendell Berry) 같은 작가에게 영향을 받으며 이들이 이런 문제에 관해 사유할 때 필요한 최선의 관점을 제공한다는 것을 지적으로 확신하게 되었다. 실제로 나는 많은 점에서 그들의 관점을 내 것으로 삼으려고 노력해 왔다.

하지만 식료품점에 가는 길에 재미있는 일이 일어났다. 나는 내 생각과 내 행동 사이에 큰 간극이 있음을 깨달았다. 어느 날 웬델 베리의 아름다운 산문집 『온 삶을 먹다』(*Bringing It to the Table*, 낮은산)를 탐독하던 중에 이 사실이 내게 훅 들어왔다. 책을 읽다가 핵심 주장을 곰곰이 생각하려고 책에서 머리를 드는 순간 갑자기 추악한 아이러니와 마주친 것이다. 나는 코스트코(Costco) 푸드 코트에서 웬델 베리의 책을 읽고 있었다. 이 말에는 잘못된 점이 너무 많아서 어디서부터 시작해야 할지 모를 정도다. 사실 '코스트코 푸드 코트'는 웬델 베리가 그리는 지옥의 여섯 번째 원을 일컫는 줄임말일지도 모른다.

그렇다면 내 생각과 내 행동 사이의—이런 관념에 대한 나의 열정적인 지적 동의와 현재 행동 사이의—이 간극을 어떻게 설명할 수 있을까? 왜 나는 마이클 폴란의 주장을 **믿지만** 여전히 맥도날드의 드라이브 스루로 차를 몰고 들어갈까? 이것이 바로 이 책의 핵심에 자리한 직관이다. 폴란과 베리는 나의 지성을 설득하는 데는 성공했지만, 나의 습관을 바꾸어 놓는 데는 성공하지 못했다. 아니, 성공할 수 없을 것이다. 왜냐하면 세상 안에서 내 행동과 세상에 대한 나의 지향은 대부분 **실천**에 의해 빚어진 성향에 의해 지배를 받기 때문이다.

『하나님 나라를 욕망하라』의 인간론에는 행동에 관한 철학—무엇이 인간의 행위와 행동을 추동하거나 야기하는가에 관한 암묵적 전제—이 내재되어 있으며, 이런 행동에 관한 철학은 기독교 교육, 더 광범위하게는 기독교적 형성의 목적과 책무와 밀접한 연관이 있다. '세속적 예전'과 의도적인 기독교 예배의 형성적 힘을 이렇게 설명해 내는 일이 대단히 시급하다. 세상에 대한 우리의 지향—또한 세상 안에서 우리의 행동—은 의식보다 앞선 습관과 행동 양식의 지배를 받으며 이러한 습관은 실천의 **환경**에 의해 형성되기 때문이다. 이것은 찰스 테일러(Charles Taylor)가 "주지주의적"(intellectualist)¹⁷ 혹은 "결정론적" 모형이라고 부른 것과 대조를 이룬다. 이런 모형에서는 '사유'를 행동의 원인으로 과대평가하는 경향이 있다. 이는 정교하지 못한 결정론을 뜻하지 않는다. 또한 반성적·의도적·의식적 '선택'의 역할을 배제하지도 않는다. 그러나 이런 모형—인지과학 분야의 최근 연구 성과에 의해 뒷받침되는—은 행동에서 추론적 사유의 역할을 상대화한다. 더 적극적인 의미에서 이런 모형은 의식보다 앞선 차원에서 행동을 조종/추동하는 '적응 무의식'을 빚어내는 데 있어서 환경(그리고 그에 수반하는 실천)의 중요한 영향력을 강조한다. 따라서 우리는 우리의 욕망을 빚어내는 데 있어서 환경과 실천의 형성적 역할에 더 많은 주의를 기울여야 하며, 우리 행동의 그토록 많은 부분을 뒷받침하는 세상에 대한 우리의 습관적 지향도 인식해야 한다.

이런 상황에 대응할 때 사람들에게 그들이 무엇을 하고 있는가를 **더 많이 생각하라**고 압력을 가하는 것만으로는 부족하다. 만약 내가 마이클 폴란의 말을 지적으로 확신하게 되었지만 맥도날드의 드라이브 스루로 차를 몰고 가는 기존의 성향을 여전히 지니고 있다면, 계속해서 **생각하는 것**이 해결책이 될 수는 없다. 그런 접근 방식은 유지될 수 없으며, 따라서 궁극적으로는 부적절하다. 사유로 성향을 이겨 내는 방식으로는 해결될 수 없다. 중요한 것은 새로운 습관을 습득하는 것이다.

음식이나 먹기와 연관된 실천에 관한 예를 통해 이 점을 논증해 볼 수 있다.¹⁸ 『나는 왜 과식하는가』(*Mindless Eating*)에서 코넬(Cornell)의 영양학자 브라이언 완싱크(Brian Wansink)는 무의식 차원에서 우리의 입맛과 식생활을 형성하는 습관과 실

---

17 이런 설명에서는 우리의 행동이 의식적·정신적 사유의 결과—**그것에 관해 생각한** 결과—라고 생각한다. 다음 부분에서 이를 더 자세히 설명할 것이다.
18 나는 먹기의 실천을 습관화에 관한 더 광범위한 주장을 뒷받침하는 사례 연구로만 제시하고 있지만, 음식에 관한 구체적 관심은 성경에서 말하는 하나님 나라의 전망과도 직결된다. 이에 관한 예리한 분석으로는 Norman Wirzba, *Food and Faith: A Theology of Eating* (Cambridge: Cambridge University Press, 2011)을 보라.

천이라는 관점에서 미국인들 사이에 만연한 비만증을 설명한다.[19] 의식보다 앞선 차원에서 우리의 지향을 형성하는 실천과 환경이 음식과 음식 제도에 대한 우리의 지향을 훈련시킨다. 그런 다음 우리는 이렇게 잘못 형성된 욕망과 깊게 뿌리내린 습관에 근거해 규칙적으로 행동한다. 우리는 '그것에 관해서 생각하지 않으며' 먹는다는 의미에서 '생각 없이' 먹는다. 따라서 이 문제에 대한 해결책은 지식을 습득하는 것—이성이 욕망을 이겨 내고 비판적 성찰이 성찰 없는 습관을 이겨 낼 수 있도록 비판적 **사유**를 장려하는 것—이라고 생각할지도 모른다. 그러나 이것은 완싱크가 처방하는 해독제가 아니다. 그는 생각하며 먹는 것이 해결책은 아니라고 분명히 주장한다. 코스트코에서 웬델 베리의 책을 읽는 것처럼 '그것에 관해서 생각하는 것'은 언제나 부적절할 수밖에 없다. 우리의 행동 대부분은 의식적·의도적 사고 과정의 산물이 아니기 때문이다. 완싱크는 방대한 심리학 연구 자료를 활용하면서 우리가 '언제나' 의식적으로 생각할 수 있는 동물이 아님을 논증한다. 따라서 건강하지 못한 생각 없는 식생활에 대한 적절한 대응은 생각을 **많이** 하면서 먹기가 아니라 **건강하게** 생각 없이 먹기, 다른 (무의식적) 습관을 형성하기 위한 환경과 실천 바꾸기다. 비판적 성찰이 아무런 역할을 못한다는 뜻이 아니다. 사실 완싱크는 사람들에게 그들의 실천을 바꾸기를 촉구하기 위해 하나의 **주장**을 제시하며, 사람들이 그의 주장에 어느 정도 **설득되었을** 때만 그런 접근 방식이 효과를 발휘할 것이다. 하지만 그 설득의 결과는 사람들이 식사할 때마다 음식에 관해 **생각하게** 되는 것이 아니라 그들의 환경과 실천을 바꾸고 이로써 다른 습관을 받아들이고 옛 습관을 버리게 되는 것이다. 이로써 '생각 없이' 먹는 그들의 식생활조차도 건강한 식생활이 될 것이다. 그들은 '그것에 관해 생각하지 않으며' 잘 (그리고 정의롭게) 먹을 것이다. 하지만 그들에게 물어본다면 왜 그렇게 먹는지 설명할 수 있을 것이다. 그들의 새로운 식습관

---

[19] Brian Wansink, *Mindless Eating: Why We Eat More Than We Think* (New York: Bantam, 2007). 『나는 왜 과식하는가』(황금가지).

은 '제2의 천성'이 될 것이다.

　세계관 접근 방식에서는 마치 먹기에 관한 바른 관점만 얻으면 충분한 것처럼, 무질서하게 생각 없이 먹는 것에 대한 적절한 대응이 생각을 **많이** 하며 먹는 것이라고 가정한다. 마찬가지로 교육에 대한 주지주의적 모형에서는 '세속적 예전'의 무의식적 형성에 대한 적절한 대응은 비판적 성찰, 즉 그것을 더 많이 생각하기, 우리가 무엇을 하고 있는가 생각하기라고 가정한다. 물론 그런 성찰과 사유는 중요하며 유익하다. 완싱크가 지적하듯이 성찰은 분명 우리가 궁극적으로 다른 습관과 성향을 습득하겠다는 목표를 이루기 위해 다른 환경에 몰입하고 다른 실천에 몰두하게 만들 수 있다. 마찬가지로 기독교 세계관에서 설명하는 내용은 유익하다. 실천에 관해 생각함으로써 우리의 일상과 의례를 자세히 검토하는 성찰의 기회를 얻을 수 있기 때문이다. 사실 문화적 예전 기획 전체가 그 자체로 우리의 실천을 성찰해 보자—우리가 몰입하는 문화적 실천에 관한 기독교적 '관점'을 찾아보자—는 제안이다. 『하나님 나라를 욕망하라』의 주장은 우리에겐 세계관보다 **더 적은 것**이 아니라 **더 많은 것**이 필요하다는 것이다. 기독교 교육은 그것이 동시에 습관의 형성일 때 비로소 온전한 교육이 될 수 있다. 그런 형성은 지성의 훈련만으로 혹은 지성에 일차적으로 초점을 맞추어서는 이뤄질 수 없다. 체현된 공동체적 실천의 반복적 형성을 동반할 때 비로소 이뤄질 수 있다. 그리고 기독교 예배의 실천은 그런 형성적 실천의 '핵심'에 초점을 맞추고 있다.

지성의 자리 정하기: 행동을 위한 교육

내 기획의 핵심에 자리한 예전적 인간론은 '사유'를 상대화하고 '지성'의 자리를 다시 정하기 때문에 세계관 비판을 포함한다. 그러나 세계관 담론에 대한 비판은 세계관 자체에 대한 비판이 아니며 사유 자체에 대한 거부도 아니다. 오히려 핵심은 기독교 고등 교육에서, 심지어 교회 안에서도 우리가 사유의 중요성을 과대평가하는 경향을 지니고 있다는 것이다.[20] 학문적 탁월성을 그다지 강조하지 않는 기독교 대학과 대학교에서 열심히 일하고 있는 많은 이는 북미 기독교에서 사유가 과대평가되고 있다는 말을 들으면 깜짝 놀랄 것이다. 사실 그 반대가 참인 것처럼 보인다. 복음주의적 경건이 우리 문화를 괴롭히는 반지성주의라는 병폐를 강화시키는 경향이 있다. 이런 상황에 대한 대응책은 더 적은 사유가 아니라 더 많은 사유를 장려하는 것—'마음'이라는 감상과 마음의 정서로 물러나기보다는 지성의 중요성을 강조하는 것—일 테다. 간단히 말해서, 합리주의적 혹은 주지주의적 인간 모형을 비판함으로써 『하나님 나라를 욕망하라』가 반지성주의의 계략에 말려드는 것처럼 보일 수 있다.[21] 사실 어떤 이들은 내 모형을 따르면 우리가 종일 예배실에서 시간을 보내거나 기독교 대학이 영광스런 주일 학교가 되어 버릴 것이라고 걱정하는 것처럼 보인다. 하지만 그런 걱정은 세계관과 관련해 예배를 강조하는 나의 입장을 오해한 데서 기인한다.[22] 특히, 그렇게 걱정하는 이들은 예배가 기독교

---

20 나는 이것이 바로 톰 울프(Tom Wolfe)가 그의 소설 『나는 샬럿 시몬스입니다』(*I Am Charlotte Simmons*)에서 묘사하는 미국 고등 교육의 현실이라고 생각한다. 이에 관한 논의는 *Desiring the Kingdom*, pp. 118-121를 보라.

21 이런 맥락에서 반지성주의라는 비판은 이상하다. 나는 *Desiring the Kingdom*의 첫 페이지(p. 17n2)에서 이를 분명히 거부했을 뿐만 아니라 그 책 자체도 그다지 읽기 쉬운 책이 아니기 때문이다. 그 책에서는 교육에 대한 독특하고도 통합적인 기독교적 '관점'을 명확히 제시하기 위해 다양한 사상을 엄밀한 방식으로 검토하고 있으며, 독자에게 하이데거(Heidegger)와 아우구스티누스, 테일러, 부르디외와 같은 이론가의 복잡한 이론을 숙고하기를 요구한다. *Desiring the Kingdom*에 대한 그런 비판적 해석이 옳다면, 독자들은 왜 내가 굳이 그런 모험에 시간을 투자했는지 의아해할 것이다. 아마도 이는 그런 해석이 이 책을 읽는 최선의 방식이 아니라는 뜻일지도 모른다.

22 내가 예배와 세계관 사이의 이분법적 관계를 강하게 주장하는 듯한 인상을 줄 수도 있음을 인정한다. 하지만 이미 지적한 여러 이유 때문에 나는 내가 이 관계를 이분법적으로 만들고 있다고 생각하지 않는다. 이에 관해서 나는 이런 (잘못된) 인상이 이언 맥길크리스트가 *The Master and His Emissary: The Divided Brain and the Making of the Western World* (New Haven: Yale University Press,

교육을 위해 필요하며 중요한 조건이라는 나의 주장을 예배가 기독교 교육을 위한 **충분**조건이라는 주장으로 해석하는 것처럼 보인다(또한 나는 기독교 고등 교육에 초점을 맞추기는 하지만, 여기에는 제자도라는 더 광범위한 의미에서의 기독교 교육도 포함된다). 하지만 나는 물리학 실험실을 부수고 예배실을 확장하자고 주장하지 않는다. 문학 강의실을 파괴하고 일주일 내내 그저 교회 안에 머물러 있자고 주장하지도 않는다. 또한 나는 어디에서도 기독교 대학이 **사상**을 다루는 사업이 아니라고 주장한 적이 없다! 당연히 기독교 대학은 사상을 다루는 사업이다. 문제는 기독교 대학에서 사상만을 유통하느냐는 것이다. 내가 거부하는 것은 후자다.

주장의 핵심을 기억하자. 우리는 우리가 사랑하는 바에 의해 규정되는 예전적 동물이기 때문에, 또한 우리의 사랑과 욕망이 형성적 실천에 의해 갖추어지고 빚어지기 때문에, 기독교 교육—교회에서건 학교에서건 대학에서건—의 통전적 모형은 **욕망의 교육**을 포함해야 한다. 그런 교육은 정보(information)를 확산하는 통로에 그치지 않는다. 욕망의 교육은 형성(formation)을 위한 전략이다. 이 모형에서 기독교 교육은 기독교 사상을 보급하거나 기독교적 '관점'을 제공하는 데만 초점을 맞추지 않는다. 그보다 더 깊이 파고든다. 관찰자나 방관자들을 위한 교육에 그치지 않고 **행위자들**, 즉 행동하는 사람들을 위한 교육이어야 하기 때문이다. 기독교 교육은 생각하는 사람을 만드는 데 만족할 수 없다. **행동하는 사람**을 만들어 내는 것을 목표로 삼아야 한다. 그런 형성은 지성을 위한 내용을 제공할 뿐만 아니라 인간 행동의 중심으

2010), pp. 6-7에서 지적한 것과 비슷하다고 생각한다. "균형을 바로잡는 일을 하고 있기 때문에 때로는 내가 분석적 담론이라는 도구에 대해 회의적인 것처럼 보일지도 모른다. 하지만 나의 말을 통해서 내가 이성을 포기하거나 언어를 깎아내리는 이들을 절대로 옹호하지 않는다는 사실이 명백해지기를 바란다.…나는 이성이 전혀 판단을 받지 않는 과도하며 잘못된 합리주의에 맞서 싸우고자 할 뿐이다." 『주인과 심부름꾼』(뮤진트리).

로 기능하는 습관과 욕망의 집합체에도 영향을 미친다. 인간 행동과 행위를 추동하는 중심은 **생각할 필요도 없이**, 이를테면 수면 아래에서 작동하는 사랑과 갈망, 습관의 집합체다.[23] 이런 사랑과 갈망, 습관은 우리의 세계-내-존재를 방향 지으며 추동한다. 형성의 초점은 통전적이다. 그 목적이 기독교적 **행동**이기 때문이다. 여기서 중요한 것은 우리가 세상에 관해 어떻게 생각하는가가 아니라 우리가 세상 속에서 어떻게 살 것인가—우리가 어떻게 **행동할 것인가**—다. 우리가 사랑하는 것이 곧 우리인 까닭은 바로 우리가 사랑하는 것을 우리가 **행하기** 때문이다.

오해를 불러일으키는 것은 바로 행위자를 형성하겠다는 이 궁극적 목적이다. 많은 기독교 고등 교육 모형이 (그리고 제자도에 관한 많은 설명이) 인간을 '생각하는 사물'로 보는 근대적 인간관을 반영하며 인식 문제에 집착한다. 이런 모형들은 기독교를 일군의 교리와 신념, 사상으로 보기 때문에 암묵적·기능적으로 기독교 교육을 지식의 획득으로 축소시킨다. 또한 행동을 합리적 사고의 결과물로 잘못 이해하는 미숙하며 잘못된 행동 철학을 전제하는 경향이 있다. 따라서 교육에 대한 대부분의 기독교적 설명은 우리가 무엇을 어떻게 아는가에 초점을 맞추는 은폐된 인식론이 되고 만다. 그러나 『하나님 나라를 욕망하라』에서 이미 간략히 설명했듯이, 이것은 인간 행동에 대한 케케묵은 이론이며 기독교 신앙을 합리주의적으로 환원하는 것에 불과하다. 나는 인식론이 아니라 행동 철학에 주된 관심을 기울이고 있기 때문에, 비판자들은 지식을 탈중심화하고 상대화하는 나의 주장이 마치 지식 거부인 것처럼 해석한다. 하지만 내 목표는 지성을 깎아내리는 것이 아니다. 오히려 이론적 성

---

[23] 그러나 1장의 논의를 통해 알 수 있듯이 이것들이 **의도적**이지 않다는 뜻은 아니다. 우리가 단지 본능에 속하는 생물학적 반사 작용에 관해서만 이야기하는 것도 아니다. 그런 습관은 습득된 것이며 의도적이다. 메를로퐁티가 보여 주듯이, 이것들은 본능과 지성 '사이에' 존재한다.

찰이 세상에 대한 근본적이며 이론보다 앞선 지향이라는 더 폭넓은 시야 안에 자리 잡게 하는 것이다.[24] 이를 근거로 기독교 신앙에 대한 인지적 이해에 집착하는 이들은 지성을 상대화하는 것이 어쨌든 지성을 거부하는 것이라고 성급하게 결론 내리지만, 이런 결론은 타당하지 않다. 오히려 이 기획은 세상에 대한 주지주의적이지 않으며 지성보다 앞선 지향의 중요성을 고려하고, 이것이 세계 안에서 우리의 존재를 빚어내고 지배하는 모든 방식을 이해하며, 그렇게 함으로써 교육이라는 범주 안에 들어간다고 간주하는 것을 확장해 보자는 것이다. 지성의 자리를 정해 주는 것(그리고 지성을 상대화하는 것)은 반지성주의가 아니다. 합리성조차도 **신실해야** 하며, 단련하고 훈련하며 습관화해야 함을 강조하는 것이다.[25]

우리가 인식하든 그렇지 않든 교육은 이처럼 이론 이전의 영역에서 작동한다. 욕망의 교육은 우리의 습관과 감정, 상상력을 형성하며, 따라서 세상에 대한 우리의 지향을 만들고 빚어낸다. 따라서 기독교 교육이 통전적이며 형성적이기 위해서는 지성보다 훨씬 더 많은 것에 주의를 기울여야 한다. 그렇기 때문에 나는 기독교적 실천, 특히 기독교 예배의 실천 안에 '담겨 있는' 독특한 '이해'가 존재한다고 강조한다. 우리의 사랑이 훈련되고 단련되며 빚어지고 형성되는 것은 바로 이런 실천을 통해서다. 그리고 어느 정도까지는 그

---

[24] 철학적으로 나는 내 기획이 "인식론을 극복하라"는 찰스 테일러의 촉구와 "정신적인 것이라는 신화"에 대한 휴버트 드레이퍼스(Hubert Dreyfus)의 비판과 같은 맥락 안에 자리 잡고 있다고 생각한다. Charles Taylor, "Overcoming Epistemology", in *Philosophical Arguments* (Cambridge, MA: Harvard University Press, 1995), pp. 1–19; Hubert L. Dreyfus, "Overcoming the Myth of the Mental: How Philosophers Can Profit from the Phenomenology of Everyday Expertise", *Proceedings and Addresses of the American Philosophical Association* 79 (2005): pp. 47–65를 보라. 이 주제에 관해서는 이후에 더 자세히 다룰 것이다.

[25] 바로 이런 이유로 우리는 '지적 덕목'을 논할 수 있다. 관련된 논의로 어니스트 소사(Ernest Sosa)는 *A Virtue Epistemology: Apt Belief and Reflective Knowledge* (Oxford: Clarendon, 2007), p. 1에서 "지식의 두 차원, 즉 동물적 차원과 반성적 차원"에 대해 이야기하면서 이 둘 모두가 "독특한 인간의 성취"라고 설명한다.

런 실천 안에서만 이 일이 일어날 수 있다. 지성에 주의를 기울이는 것으로는 분명 부족하다. 실천 안에만 담겨 있으며 (오랜 시간에 걸쳐) 그런 실천에 몰입함으로써만 흡수할 수 있는 환원 불가능하며 독특한 이해가 존재하기 때문이다. 그리고 우리의 행동을 추동하는 것은 바로 이러한 의식적이지 않은 이해다. 나는 이 '의식적이지 않은 이해'에 초점을 맞춘다. '의식적인' 지식이 중요하지 않다고 생각해서가 아니라 오랫동안 우리가 후자에 초점을 맞추며 전자에 대한 관심을 소홀히 해 왔다고 생각하기 때문이다.

이 두 번째 책에서는 이런 주제에 초점을 맞춰 예전적 인간론의 양상을 더 깊이 천착함으로써 기독교적 행동 철학을 설명하고자 한다. 여기서는 (1) 내가 상상력이라고 부르는 것을 중심으로 우리의 행동과 행위를 '추동'하는 의식적이지 않으며 이론보다 앞선 요소를 이해하고, (2) 세상에 대한 우리의 습관화된 지향의 신체적 형성을 설명하며, (3) 이러한 '의미의 신체적 토대'에 뿌리내리고 있으며 인간 행동을 안내하고 유발하는 일종의 선이론적 나침반 역할을 하는 이야기의 중요성을 인식한다. 간단히 말해서, 마음에 이르는 길은 몸을 통하는 것, 몸에 이르는 길은 이야기를 통하는 것이다.[26] 그리고 이것

---

[26] [Francesca Murphy, *God Is Not a Story: Realism Revisited* (Oxford: Oxford University Press, 2007)를 따르며] 이 주장을 '이야기 신학'이라고 거부하면서 실재론에 대한 인식적 우려를 제기하는 것으로는 문제가 해소되지 않는다. 이런 태도는 대개 거짓 이분법, 즉 이야기 **아니면** **실재**라는 이분법에 기초해 있다. 여기서 이야기의 중요성에 관한 나의 주장은 일차적으로 인식에 관한 주장이 아니며 존재론적 의미를 회피하려는 전략도 아니다('이야기'에 관해 말할 때 나는 그것을 '허구'와 동일시하지 않는다). 핵심은 우리가 아는 바가 '실재'와 맞닿을 수도 있고 그렇지 않을 수도 있는 이야기 안에 고립되어 있다는 것이 아니다. 오히려 핵심은 우리가 **이야기를 통해**(storiedly) 실재를 안다는 것―그리고 우리가 그런 방식으로 세상을 헤쳐 가도록 태어났다는(창조되었다는) 것―이다. 우리는 '지시 관계'(reference)에 대한 우려에 마음을 빼앗기지 않도록 저항해야 한다. 이에 관해 (그리고 사실 여러 가지 면에서) 나는 제임스 우드(James Wood)가 *How Fiction Works* (New York: Farrar, Straus & Giroux, 2007)에서 제시한 소설에 대한 설명에 영향을 받았다. 『소설은 어떻게 작동하는가』(창비). '실재론'의 문제를 논하면서 그는 이렇게 지적한다. "브리기드 로우(Brigid Lowe)는 소설이 우리에게 (철학적 의미에서) 무언가를 **믿으라고** 요구하지 않고 (예술적 의미에서) 무언가를 **상상하라고** 요구하기 때문에 소설의 지시성(referentiality)에 관한 물음―소설이 세상에 관해 참된 진술을 하는가?―은 잘못된 물음이라고 주장한다. '당신의 등에 내리쬐는 햇볕을 상상하는 일은 내일 날씨가 화창하리라고 믿는 것과

이 바로 예배가 작동하는 방식이다. 기독교적 형성은 성령께서 이루시는 상상력의 회심이다. 성령께서는 일종의 서사적 마법 걸기를 통해—서사적 동물인 우리의 뼛속까지 파고들어 우리의 세계-내-존재를 방향 짓는 배경이 되는 이야기 안으로 이끄심으로써—우리의 가장 근원적인 욕망을 이끌어 내신다. 성육신하신 우리 하나님은 우리가 있는 곳에서 계속해서 우리와—상상하는 습관의 동물인 우리와—만나 주신다. 따라서 우리는 "성령의 습관화"인 구체적 의례와 실천 안에 살도록 초대받음으로써 삼위일체 하나님의 삶 속으로 들어가도록 초대받는다.[27] 성자께서 성육신—육신을 입으신 말씀께서 육신인 우리와 만나심—하시듯이 성령께서는 변화시키는 성령의 능력의 통로인, 만질 수 있으며 체현된 실천을 통해 우리와 만나신다. 성령께서는 우리에게 하나님 나라의 습관을 다시금 심어 주시기 위해 우리의 신체성에 질서를 부여하신다. 기독교 예배의 물질적 실천은 영적 자기 관리를 위한 훈련이 아니라 우리의 성화를 위해 우리의 은혜로우신 하나님이 스스로를 낮추셔서 거하시는 창조의 수단이다. 따라서 예전적 형성은 기독교적 행동을 위해 우리의 지각을 성화하며, 기독교 예배는 일차적으로 하나님이 행동하시는 자

는 전혀 다른 행위다. 전자의 경험은 거의 감각적이지만, 후자는 완전히 추상적이다. 이야기를 할 때 교훈을 가르치기를 바랄 수도 있기는 하지만, 우리의 일차적 목적은 상상력을 통한 경험을 만들어 내는 것이다"[p. 237, Brigid Lowe, *Victorian Fiction and the Insights of Sympathy* (London: Anthem, 2007)에서 재인용, 강조는 원문의 것]. 여기서 문제는 개연성의 구조를 만들고 활성화하는 것이다. "여기서 가설적 개연성—있을 법함—은 중요하지만 무시되는 관념이다. 개연성이란 믿기지 않는 상상에 맞서 믿을 만한 **상상**을 옹호하는 것과 관련이 있다.…예술가의 책무는 우리로 하여금 이것이 일어났을 수도 있다고 믿게 만드는 것이다"(p. 238, 강조는 원문의 것). 인식에 집착하는 이들은 기독교 예배와 연관해 그런 용어를 사용하는 것을 우려할 것이다. 하지만 나의 주장은 기독교 예배가 우리의 상상력을 훈련시키고 조정함으로써 세상에 대한 우리의 지향을 빚어낸다는 것이다. 스탠리 하우어워스(Stanley Hauerwas)와 샘 웰스(Sam Wells)가 말했듯이, "예배를 통해서 우리는 옳은 것을 당연히 여기는 법을 배운다"("The Gift of the Church"). 따라서 나는 우드와 더불어 "'실재론'과 그것이 만들어 낸 전문적 혹은 철학적 시비는 주의를 산만하게 만드는 부류처럼 보인다"고 주장할 것이다(*How Fiction Works*, p. 244).

27 Craig Dykstra, *Growing in the Life of Faith: Education and Christian Practices*, 2nd ed. (Louisville: Westminster John Knox, 2005), pp. 63–64.

> **생각해 볼 문제: 어려운 길이 유일한 길일 때 그 길 배우기**
>
> 경구와 촌철살인의 대가 마크 트웨인(Mark Twain)은 실천을 통해서만 얻을 수 있으며 다른 방식으로는 설명할 수 없는, 환원 불가능한 이해에 관한 이 주장을 예증하는 오싹한 이미지를 제시한다. "꼬리를 잡고 고양이를 옮겨 본 사람은 다른 방식으로는 배울 수 없는 무언가를 배운다."[1]
>
> ---
>
> 1 Garrison Keillor, review of *The Autobiography of Mark Twain*, vol. 1, ed. Harriet Elinor Smith (Berkeley, CA: University of California Press, 2010), in *New York Times*, December 19, 2010, Sunday Book Review, p. 6에서 재인용.

리다. 매튜 볼튼(Matthew Boulton)이 기독교적 형성에 대한 장 칼뱅(John Calvin)의 전망에 대해 논하면서 말했듯이, "교회의 실천은 근본적으로 상승과 초월이라는 인간의 행위가 아니라 하강과 적응이라는 하나님의 행위다."[28] 그러나 성육신하시는 하나님이 내려와 이러한 실천 안에 거하시는 목적은 우리를 들어 올려 그리스도와 연합시키시기 위함이다.[29] 이렇게, 즉 상상력이라는 우리의 세계-내-존재의 핵심을 빚어내는 물질적 실천을 통해 우리 마음은 주께 들리고 하나님 나라를 지향하도록 조정된다.

---

28 Boulton, *Life in God*, p. 227.
29 상승과 그리스도와의 연합이라는 주제에 관한 더 자세한 논의로는 Laura Smit, "'The Depth Behind Things': Toward a Calvinist Sacramental Theology", in *Radical Orthodoxy and the Reformed Tradition: Creation, Covenant and Participation*, ed. James K. A. Smith, James H. Olthuis (Grand Rapids: Baker Academic, 2005), pp. 205-228와 Julie Canlis, *Calvin's Ladder: A Spiritual Theology of Ascent and Ascension* (Grand Rapids: Eerdmans, 2010), J. Todd Billings, *Union with Christ: Reframing Theology and Ministry for the Church* (Grand Rapids: Baker Academic, 2011)를 보라.

하지만 우리는 **세속적** 예전도 이런 식으로 작동한다는 점을 인식할 필요가 있다. 세속적 예전 역시 우리의 상상력을 부추김으로써 우리의 행동을 근본적으로 통제하는 체현된 이야기를 통해 우리의 무의식적 충동과 욕망을 이끌어 낸다. 그리고 기독교 예배의 실천이 성령의 임재와 전혀 다른 이야기에 의해 특징지어지듯이, 세속적 예전조차도 '자연적'이지 않다. 세속적 예전은 '통치자들과 권세들'에 의해 부추겨진다.[30] 바로 **대항적** 형성의 필요성 때문에, 의도적인 기독교적 형성—따라서 지향적인 기독교 예배—이 피조물로서 우리의 특성으로 인해 운동미학(kinaesthetics)과 시학에 기초하고 있음을 깨닫는 일이 매우 중요하다.

신체성과 상상력, 이야기 사이의 상호 작용이 이 책의 논의를 규정한다. 나의 목표는 프랑스 철학(메를로퐁티, 부르디외)과 사회 심리학, 인지과학 분야의 연구 성과를 활용하여 운동미학과 시학의 중요성을 설명하는—궁극적으로 **행동**을 만들어 내는 형성의 집합체로서의 몸과 이야기의 연관 관계를 이해하고 설명하는—예전적 인간론을 제시하는 것이다. 이를 위해서 『하나님 나라를 욕망하라』의 욕망에 대한 설명을 상상력에 대한 설명으로 보충할 필요가 있다.

하나님 나라 상상하기

"시골 농장 출신 소년은 어떻게 자신이 군인이 되어 세계의 다른 지역으로 가 전혀 알지 못하는 사람들을 죽여야 한다고 확신하게 되었을까?"[31] 그는

---

[30] *Desiring the Kingdom*, p. 93n5.
[31] William Cavanaugh, *Theopolitical Imagination* (London: T&T Clark, 2002), p. 1.

그저 **설득된** 것이 아니다. 분명 하나의 이상을 받아들이기는 했지만 그가 하나의 사상에 가담한 것은 아니다. 그가 헌신하는 이상(국가, 자유, 신)은 그가 **아는** 무언가가 아니다. 그가 **사랑하는** 무언가다. 이것은 저울을 기울게 만들고 군인이 되는 것이 '합리적'으로 보이게 만드는 어떤 새로운 지식을 습득하는 문제가 아니다. 그런 문제가 아니라, 시골 농장 출신 소년은 신화 안으로 징집을 당했기 때문에 군인이 되어 자신의 이익이 아닌 다른 누군가의 이익을 위해 멀리 떨어진 땅에서 알지 못하는 적과 싸우게 되었다. 그는 자신이 알지도 못하는 차원까지 그의 뼛속까지 스며든 이야기와 자신을 동일시한다. 그가 '설득당해' 갖게 된 신념은 그가 도달한 결론이라기보다는 그가 들이마신 감수성이다.[32] 그는 정서적 교육의 산물이다.[33]

윌리엄 캐버너(William Cavanaugh)는 이 책의 초점이기도 한 무언가를 설명하기 위해 이런 불편한 질문을 제기한다. 이 시골 농장 출신 소년은 지성의 영역이 아니라 상상력 차원에서 '설득당했다.'[34] 징집—우리의 정체성, 욕망, 사랑, 갈망을 불러 모으는—의 역학은 지성이 아니라 상상력 차원에서 작동

---

[32] 바로 이 때문에 우리는 에이어(A. J. Ayer, 논리실증주의를 대표하는 영국의 철학자—옮긴이)보다 제인 오스틴(Jane Austen)으로부터 이런 역학에 관해 더 많은 것을 배울 수 있다. 오스틴에 관해서는 Alasdair MacIntyre, *After Virtue*, 2nd ed. (Notre Dame: University of Notre Dame Press, 1984), pp. 181–187, 239–243와 Peter Leithart, *Jane Austen* (Nashville: Thomas Nelson, 2010)을 보라. 『덕의 상실』(문예출판사). 여기서 다루는 여러 주제가 오스틴이 쓴 두 고전의 제목, 즉 『설득』(*Persuasion*)과 『이성과 감성』(*Sense and Sensibility*)과도 밀접한 연관성이 있다는 점은 주목할 만하다.

[33] 이것이 바로 젊고 감수성이 예민한 프레데릭 모로(Frédéric Moreau, 플로베르가 쓴 『감정 교육』의 주인공—옮긴이)에 대한 플로베르의 묘사가 뜻하는 바인 것처럼 보인다. 모로는 그랑제콜(les grand écoles, 프랑스의 엘리트 교육 기관—옮긴이)에서 교육을 받았기 때문이 아니라 파리지앵의 삶의 온갖 관능적인 공간에 몰입했기 때문에 자신이 의도한 것과 전혀 다른 사람이 되었다. 그런 의미에서 톰 울프의 『나는 샬럿 시몬스입니다』는 현대판 『감정 교육』이다.

[34] 캐버너는 찰스 테일러와 비슷한 방식으로(하지만 그보다 앞서) *Imagined Communities: Reflections on the Origin and Spread of Nationalism* (London: Verso, 1991)에 실린 "사회적 상상"에 대한 베네딕트 앤더슨(Benedict Anderson)의 설명을 원용한다. 『상상의 공동체』(나남). 테일러가 앤더슨에게 빚지고 있는 사회적 상상에 대한 논의는 *Desiring the Kingdom*, pp. 63–71를 보라.

한다. 여기서 내가 '상상력'이라고 말할 때 이것이 단순히 창의적이거나 환상적인 무언가—창의적으로 꾸며낸 것—를 뜻하지는 않는다. 조물주 같은 "고안"[35]이나 단순한 "가장"[36] 행위를 염두에 둔 것도 아니다. 아이들에게 "상상력을 사용해 봐!"라고 말할 때처럼 허구인 무언가, '가짜인' 무언가를 상상하는 것을 말하는 게 아니다. 내가 말하는 상상력은 인지보다 앞선 차원에서, 몸과 너무도 밀접하게 연관되어 있기 때문에 근본적으로 **미학적인** 영역에서 세계를 이해하는 유사 능력에 더 가깝다.[37] 몸을 지닌 피조물로서 세상에 대

---

[35] 여기서 나의 주장은 상상력을 일차적으로 **우리의** 자율적 능력—**우리가** '생각해 낼 수 있는 것'의 표현—이라는 견지에서 이해해서는 안 된다는 것이다. 이에 관해 (그가 "성례전적 상상력"이라고 부른 것과 대비되는) 상상력에 대한 근대적 관념에 대한 윌리엄 데스몬드(William Desmond)의 비판은 시사하는 바가 크다. "계몽주의와 낭만주의에서 우리는 자율성의 문화를 확인할 수 있다. 물론 상상력의 자율성이 더 열광적인 반면, 이성의 자율성이 더 산문적이고 차분하다는 차이가 있기는 하다. 그럼에도 두 종류의 자율은 일차적으로 우리 자신과 우리의 능력과 연관이 있다. 자율(*auto-nomos*)—자아-법. 이 상황은 그 자체로 모호하다. 계몽주의적 이성 안에 합리주의적 권력 의지가 존재할 수 있듯이, 낭만적 상상력 안에는 미학적 권력 의지가 존재할 수 있다." William Desmond, *Is There a Sabbath for Thought? Between Religion and Philosophy* (Bronx, NY: Fordham University Press, 2005), p. 137. 나는 상상력을 전적으로 '수동적'이거나 '수용적'인 것으로 간주하기를 원하지 않지만 (나는 우리가 세상을 '받아들이는' 것과 다른 방식으로 상상할 수 있는 능력이 필수적이라고 생각한다), 상상력이 어느 정도는 '반응적' 성격을 지닌다는 점을 인식하는 것이 중요하다고 생각한다. "종합하는 능력"인 동시에 "혁신하는 능력"으로서의 상상력에 대한 설명으로는 Frank Schalow, "Methodological Elements in Heidegger's Employment of Imagination", *Journal of Philosophical Research* 23 (1998): pp. 113–128를 보라.

[36] 나는 '가장'으로서의 상상력에 대한 철학적(특히 분석철학적) 설명에 여전히 만연해 있는 인지주의도 거부한다. 특히 숀 니콜스(Shaun Nichols)가 "단일 기호 가설"(single code hypothesis)이라고 묘사한 것을 거부한다. 이 가설은 상상력이 명제적 사유의 또 다른 양식일 뿐이라고 이해하는, 상상력에 대한 표상주의적 접근 방식이다. 이러한 설명에 따르면 "명제적 상상은 '가장 표상'과 관계가 있으며" 그런 표상은 "신념과 정확히 동일한 내용을 지닐 수 있다." (상상력의) 그런 가장 표상과 신념 사이의 "핵심적 차이"는 "표상의 **내용**에 의해 주어지지 않는다. 오히려 상상에 관한 현대 이론에서는 가장의 표상이 **기능** 면에서 신념 표상과 다르다고 주장한다"["Just the Imagination: Why Imagining Doesn't Behave Like Believing", *Mind & Language* 21 (2006): p. 460, 강조는 원문의 것]. 이 모형에서 상상력은 여전히 '신념'과 같은 종류인, 일차적으로 표상적 현상으로 간주된다. 고전적 논의로는 Gregory Currie, "Pretence, Pretending, and Metarepresenting", *Mind & Language* 13 (1998): pp. 35–55를 보라. 더 최근의 논의로는 *The Architecture of the Imagination: New Essays on Pretence, Possibility, and Fiction*, ed. Shaun Nichols (New York: Oxford University Press, 2006)에 수록된 연구를 보라. 나는 이러한 상상력의 명제화(인지주의적 환원론)에 반대하며 상상력이 지향성이라는 주된 정서적 '능력' 혹은 양식이라고 주장한다.

[37] 마크 존슨(Mark Johnson)이 *The Meaning of the Body: Aesthetics of Human Understanding* (Chi-

한 우리의 지향은, 우리의 몸으로 흡수하는 세계에 대한 '이미지'를 비롯해 우리의 몸을 움직이게 만드는 연료로부터 시작되고 그 연료 덕분에 유지된다.[38] 이런 설명에서 상상력은 우리로 하여금 세상을 우선 정서적인 방식―가스통 바슐라르(Gaston Bachelard)가 "상상력의 현상학"에서 "시적 층위"라고 부른 것―으로 이해하게 만드는, 일종의 중간 단계의 조직화 혹은 종합 능력이다.[39] 지각 자체와―즉, 내 앞의 '대상'을 인식하고 그것에 주의를 기울이는 행위로서의 지각과―구별되어야 하는, 인지보다 앞선 지각이 존재한다. 따라서 만약 우리가 교실에 있고 내가 미적 대상의 예로 당신이 앉아 있는 의자로 당신의 주의를 환기한다면, 이제 당신은 그 의자를 대상으로서 지각한다. 하지만 당신은 줄곧 그 의자에 앉아 있었기 때문에 어찌되었건 그 시점까지 이것을 하나의 의자**로서** 지각하고 있었다. 그 교실에 들어가자마자 당신이 생각하지도 않은 채, 의식보다 앞선 차원에서 그저 '발생한' 공간에 대한 자동적 이해가 존재했다. 마찬가지로 당신의 침실 **안에** 있는 것과 쉽게 잠을 이루지 못할 때 당신의 침실**을** 의식하는 것 사이에는 차이가 있다. 후자의 경

---

cago: University of Chicago Press, 2007)에서 사용하는 의미에서 그러하다(이후에는 인용할 때 *MB*로 표기함). 존슨은 "이성과 논리가 우리의 환경 안에서 그리고 환경과 더불어 일어나는 상호 작용으로부터 생겨나고", 우리의 몸에 의해 조종되며, 상상력은 이러한 신체성과 밀접하게 연결되어 있다고 주장한다(p. 13). 『몸의 의미』(동문선).

38 이런 설명이 일종의 경험주의이며 기본적으로 *nihil in intellectu nisi prius fuerit in sensu*(먼저 감각에 의해 지각되지 않는 한 지성 안에는 아무것도 없다)라는 경험주의적 공리의 재진술이라는 점을 인정한다. 그러나 이 공리는 아리스토텔레스[『영혼에 관하여』(*De anima*, 궁리)에서 제시하는 상상력에 대한 그의 설명]만큼이나 오래된 것이다. 아마도 가장 흥미로운 것은 *Sermo Dolbeau* 25에서 이 원리를 암시하는 아우구스티누스의 언급일 것이다. "당신의 몸의 감각을 통과하지 못한 것은 그 어떤 것도 당신의 정신으로 생각하지 못한다"(고전 2:9에 대한 주석). In *Sermons*, The Works of Saint Augustine, part 3, vol. 11, trans. Edmund Hill, ed. John E. Rotelle (Hyde Park, NY: New City Press, 1997), p. 367.

39 Gaston Bachelard, *The Poetics of Space*, trans. John R. Stigloe (Boston: Beacon Press, 1969). "그러므로 영혼과 짝을 이루는 시적 층위는 우리의 현상학적 연구의 대상이 되어야 한다"(p. xx). 『공간의 시학』(동문선). 여기서 내가 '상상력'이라고 부르는 것은 바슐라르가 ("형상적 상상력"과 구별되는) "질료적 상상력"이라고 묘사하는 것과 가장 비슷해 보인다.

우 그 방은 보통 때와 다른 방식으로 당신의 의식적 자각 안으로, 말하자면 치고 들어온 셈이다. 대부분의 시간 동안 그것은 '거기' 있었지만 배경으로만 존재했다. 그것에 대한 당신의 지향은 다른 차원에서 기능하고 있다. 나는 '상상력'이란 세상을 이처럼 무의식적으로 '이해'하는 일상적인 능력을 명명하는 하나의 방식이라고 주장한다.[40]

비슷한 방식으로 존 캐그(John Kaag)는 상상력을 "유기체가(더 구체적으로는 인간이) 지성의 창의적 힘을 통해 계속해서 변하는 환경을 극복해 가는 역동적 과정"이자 "전반적으로 인간에게 공통되며 우리의 사회적이고도 자연적인 환경 속에서 '우리의 일을 해내 가기' 위해 필수적인 창의적이면서도 신체적인 지성의 과정"으로 더 폭넓게 정의함으로써 상상력과 예술의 편협한 연관성을 제거하려고 노력한다.[41]

따라서 우리는 체험적으로(heuristically) '상상력'이라는 용어를 세상을 헤쳐 나가고 이해할 때, 의식적 성찰이라는 탐지기 아래에서 작동하는 방식으로, 구체적으로는 그 성격상 본질적으로 미학적인 방식으로 세상을 헤쳐 나가고 이해할 때 우리가 사용하는 일종의 능력을 가리키는 말로 사용할 것이다. 필

---

[40] 관련된 논의로는 Frank Schalow, "Imagination and Embodiment: The Task of Reincarnating the Self from a Heideggerian Perspective", *International Studies in Philosophy* 36 (2004): pp. 161–175을 보라. 여기서 내가 설명하고자 하는 바는 프란치스코 바렐라(Francisco Varela)의 "행위화"(enaction) 개념과 비슷하다. 내가 이해하기로 이 개념은 "유기체의 인지적 삶을 여전히 '표상적' 대응으로 간주하여 지각이 일차적이며 모든 유효한 인지의 주된 원천이자 충동이라고 보는" 경향이 있는 편협한 표상주의를 거부한다. Francisco Varela and Natalie Depraz, "Imagining: Embodiment, Phenomenology, and Transformation", in *Buddhism and Science: Breaking New Ground*, ed. B. Allan Wallace (New York: Columbia University Press, 2003), p. 200. 표상주의에서는 우리를 정보 처리 기계로 환원한다. 대조적으로 "행동화는 감각 운동적 결합의 조정을 암시하지만 끊임없는 흐름 속에서 의미 있는 세계의 대상으로 만들어 가는 지속적인 내생적 활동을 확정하지는 않는다"(같은 곳). 이는 상상력의 **우선성**을 가리킨다. "본질적으로 일상적 지각은 감각 운동적으로 제약된 상상력이다. 상상력은 지각의 한계적 혹은 부수적 부작용이 아니며, 삶 자체에 핵심적이다"(p. 202).

[41] John Kaag, "The Neurological Dynamics of the Imagination", *Phenomenology and Cognitive Science* 8 (2009): pp. 184–185.

케네슨(Phil Kenneson)이 설명했듯이, 상상력은 단순히 고안한다는(inventive) 의미보다는 '생산적'(productive)이다. 즉, 그것은 "이해할 수 있는 '전체'를 수용하고 구성하는 인간의 복잡한 사회적 능력"이다.[42] 시골 농장 출신 소년에게 국가나 자유, 국가를 위해 멀리 떨어진 참호 속에서 죽는 것이 '이치에 맞는' 것은, 그것이 증거에 기초해 도달한 타당한 결론이어서가 아니라 그것에 체감적(visceral) '논리'를 제공하는 세상에 대한 근본적 지향을 그가 흡수했기 때문이다. 그는 눈물이 슬픔을 뜻함을 '아는' 것과 동일한 방식으로, 혹은 시나 그림을 '이해하는' 법을 '아는' 방식으로 이것이 자신이 해야 할 일임을 '안다.'

그 시골 농장 출신 소년의 상상력은 세속적 예전에 의해 징집되었다고 말할 수 있다.[43] 군인이 되기 위해서는—그리스도인이 되는 것과 마찬가지로—실천이 필요하다. 상상력의 형성은 예전의 결과다. 이번 책에서는 그것이 **어떻게** 발생하는가에 관한 역학을 더 신중하고도 깊게 살펴보는 것—이야기를 통해 몸에 영향을 미치고 이를 통해 사유와 성찰을 비롯한 인간 전체에 영향을 미치는 작용으로서의 '설득'의 역학을 이해하는 것—에 초점을 맞출 것이다. 예전적 형성—기독교적이든 세속적이든—을 적절하게 설명하기 위해서는 상상력의 중요성에 주의를 기울여야 한다. 이 책에서 보여 주듯이, 그렇게 하기 위해서는 우리 신체성의 복합적 특징에 주의를 기울여야 한다. 또한 이 신체성이 바로 우리를 서사적 동물로 만든다.[44] 따라서 예전적 형성의 역

---

[42] Phil Kenneson, "Gathering: Worship, Formation, Imagination", in Hauerwas and Wells, *Blackwell Companion to Christian Ethics*, p. 56.

[43] 물론 기독교에 관해서도 비슷한 질문을 할 수 있다. 어떻게 시골 농장 출신 소년이 기독교 신앙을 위해 순교자로서 죽겠다는 확신을 갖게 되었을까? 대답은 동일하다.

[44] 인간이 예전적 혹은 서사적 '동물'이라는 말은 (인간이 '합리적 동물'이라는 아리스토텔레스의 설명과 마찬가지로) 우리가 몸을 지닌 물질적 존재임을 강조하는 철학적 줄임말이다. 이 점에서 토마스 아퀴나스(Thomas Aquinas)의 해석에 관한 알래스데어 매킨타이어(Alasdair MacIntyre)의 주장은 지금 우리의 기획과도 밀접한 관계가 있다. 그가 지적하길, 일부 비평가들은 "우리의 합리성과 동물성 사이의 관계에 관해 적절한 질문을 던지지 못했다. 그들은 우리의 몸이 동물의 몸과 동일성과 연속성을 지닌 동

학—"신학정치적 상상력"에 대한 캐버너의 설명이 암시하는 역학—을 설명하기 위해서는 신체성과 이야기의, 운동미학과 시학의 연관 관계를 인식하고 이해해야 한다.

이를 하나의 공리로 공식화해 볼 수 있다. 예전은 몸을 통해 상상력을 소환하는 압축되고 수행된 서사기 때문에, 적합한 예전은 운동미학과 시학을 전제해야 한다. 따라서 시골 농장 출신 소년이 어떻게 '설득'되었는지 혹은 순교자가 어떻게 '확신'을 갖게 되었는지, 그토록 많은 사람이 어떻게 소비주의와 국가주의, 자아도취의 군대로 조용히 징집되었는지—혹은 어떻게 그리스도인들이 그리스도의 몸이 되는, 진부하고 지루하기까지 한 실천에 의해 '만들어지는지'—를 설명하고자 한다면, 예배가 어떻게 작동하는지를 설명해야 한다. 이를 설명하기 위해서는 우리의 서사성이라는 신체적 기초까지 뚫고 들어가 상상력을 빚어내는 과정에서 미학과 서사가 가진 힘과 역학을 이해해야 한다. 따라서 예전적 인간론을 위해서는 우리의 신체성을 설명하는 기독교적[45] 현상학(운동미학)이 필요하며, 이것은 우리의 미학적 본질을 설명하는 기독교적 현상학(시학)을 위한 기초가 될 것이다.

물적 몸이라는 사실의 중요성을 과소평가했으며, 현재의 삶에서 우리가 단지 몸을 지니고 있을 뿐만 아니라 우리가 곧 우리 몸이라는 당연한 사실을 제대로 인식하지 못했다"[*Dependent Rational Animals: Why Human Beings Need the Virtues* (Chicago: Open Court, 1999), p. 6]. 같은 쪽에서 매킨타이어는 철학이 우리의 동물성을 기억하도록 돕는 촉매로서 메를로퐁티의 현상학을 높이 평가한다.

나는 서사적 지식의 환원 불가능성에 관한 엘러노어 스텀프(Eleonore Stump)의 짧은 글에 큰 도움을 받았다. "The Problem of Evil: Analytic Philosophy and Narrative", in *Analytic Theology: New Essays in Philosophical Theology*, ed. Oliver Crisp and Michael Rea (New York: Oxford University Press, 2009), pp. 251-264. 하지만 나는 메를로퐁티가 지적한 서사와 신체성을 연결시킴으로써 그녀의 논지가 더 심화되고 보강될 수 있다고 생각한다. 이것이 뒤에서 내가 해야 할 작업이다.

45 이것이 철학적 설명이라는 말은 자연주의적 설명이라는 뜻이 아니다. 피조물인 우리에게 주어진 조건이며 창조주의 선물이기도 한 신체성의 특징과 조건에 주의를 기울이고자 할 뿐이다. **피조물** 뒤에 관해 말한다는 것은 기독교 신학과 신앙고백의 범주 안에서 말한다는 것이다. 그러나 이것은 우리를 예전적 동물로 만드는 피조물 됨의 조건이 우리를 우상숭배적 동물로 만들 수도 있는 것과 동일한 조건임을 뜻한다. 그렇기 때문에 기독교 예배와 세속적 예전은 전혀 다른 방향을 지향하지만 인간의 동일한 '구조'에 영향을 미친다.

왜 이것이 중요한가? 이것이 어떻게 도움이 될 수 있을까? '예배가 어떻게 작동하는가'를 이렇게 설명할 때 그 결과는 무엇인가? 이것은 그저 학문적 작업이며 신비인 것을 설명하려는 시도에 불과한 것 아닐까? 혹은 더 나쁘게는 그런 설명이 성령의 사역을 자연화하고 사실상 하나님을 주변화시키는 것은 아닐까? 이 기획이 실제로 제자도 및 기독교적 형성의 본질적 실체에 어떤 함의를 지니는가? 운동미학과 시학은 기독교 교육과 영성 형성이라는 현실적 어려움과 무슨 관계가 있는가?

이러한 철학적 성찰에는 대단히 중요한 실천적 함의가 있다. 예배가 어떻게 작동하는가를 주의 깊게 생각해 볼 때 그리스도의 몸을 건설적으로 도울 수 있는 두 가지 구체적인 결과를 얻을 수 있다. 첫째, (우리가 생각을 통해 행동에 이른다고 오해하게 만드는) 우리의 순진한 '주지주의'를 제거하고 세속적 예전이 어떻게 작동하는지 인식함으로써, 잘못된 형성(de-formation)의 역학과 보이지 않는 곳에서 작동하는 유혹의 역학을 이해할 수 있게 된다. 이로써 동화에 더 잘 저항할 수 있게 된다. 둘째, 예배의 신체적 기초와 이것이 예배의 미학적 혹은 서사적 양상과 밀접한 연관을 지닌다는 점을 이해할 때 우리는 기독교 예배의 형식에 새로운 지향성을 부여하게 될 것이다. 우리는 역사적 기독교 예배의 실천 안에 담긴 암시적(서사적) 지혜를 새롭게 받아들이고, 의미의 신체적 토대와 인간 이해(human understanding)의 근본적 미학을 이해함으로써 예배의 갱신을 추구할 것이다. 내 주장의 중요한 함의는 교회의 증언과 복음 선포, 그리스도의 몸의 형성에서 예술이 중요하다는 것이다. 나는 모리스 메를로퐁티와 피에르 부르디외의 작업을 재료 삼아 체현의 현상학을 설명하겠지만, 신체성과 이야기의 밀접한 연관성을 감안할 때 이것이 문학에서 훨씬 더 생생하게 '묘사된다'는 것은 놀라운 일이 아니다. 따라서 "에로스적 이해"에 대한 메를로퐁티의 설명을 해설하기 전에, 나는 우리의 상상력을 촉발시

생각해 볼 문제: 〈다운튼 애비〉 속 세계관 형성

영국 드라마 〈다운튼 애비〉(*Downton Abbey*)에서는 우리에게 낯선 두 세계를 그린다. 즉, 20세기 초 영국 귀족이 살아가는 '위층' 세상과 그들의 필요를 충족시키는 하인들이 살아가는 '아래층' 세상이다. 각 세상에는 엄격한 규율과 의례가 존재한다. 특권 계급의 책임(noblesse oblige)으로 특징 지어지는 '귀부인'과 '신사'를 빚어내기 위한 일군의 의례, 질서와 예의라는 이상을 구현하는 고분고분한 하인을 만들기 위한 의례와 질서가 존재한다. 형성적 의례를 지닌 다른 두 세계에는 세상에 대한 행동 양식을 표현하며 만들어 가는 그 나름의 예복과 복장도 존재한다. 그들의 몸에는 '잉글랜드'의 여전히 봉건적인 이상이 새겨져 있다. 메리 크롤리 부인 역을 맡은 배우 미셸 도커리(Michelle Dockery)는 예복과 사회적 이상, 몸과 세계관 사이의 이러한 연관성을 교묘하게 지적한다. 그녀는 〈다운튼 애비〉를 위한 의상 때문에 자신의 자세가 영구적으로 바뀌었다고 말하면서 이렇게 논평한다. "당신은 코르셋이 어떻게 당신의 세계관―당신이 숨을 쉬고 음식을 먹는 방식―을 형성하는지를 정말로 이해할 수 있게 된다. 나는 이것이 역사적으로 여성들이 남성들보다 더 많은 것을 성취하지 못한 하나의 이유라고 생각한다. 여성들은 숨도 제대로 쉴 수 없었다!"

---

1 Rebecca Mead, "Downton Fever", *New Yorker*, January 16, 2012, p. 21. 그의 말은 그저 재치 있는 말처럼 들릴지도 모르지만, 이는 우리가 누구이며 어떤 존재가 되어야 하는지를 규정하고 우리를 그런 사람으로 만들어 갈 수 있는 동일한 형성의 역학이 잘못된 형성(*de*-form)과 억압을 초래할 수도 있음을 상기시킨다. 그러나 이러한 잘못된 형성에 대한 해독제는 형성 자체의 거부가 아니라 우리를 바르게 형성하는 실천, 우리가 번영할 수 있도록 우리를 형성하는 실천을 장려하는 것이다.

키기 위해 소설가 데이비드 포스터 윌리스(David Foster Wallace)의 작품에서 이 주제를 어떻게 그리고 있는지 살펴보고자 한다.⁴⁶

『무한한 농담』(Infinite Jest)의 저자 데이비드 포스터 윌리스는 대개 돈 드릴로(Don DeLillo)나 토머스 핀천(Thomas Pynchon)과 같은 포스트모던 소설가로 분류된다. 윌리스 소설의 세계는 무자비할 정도로 환멸로 가득하다. 미국 연예 소비문화의 진부함을 배경 삼아서 마약에 쩌든 중독과 자살의 세계를 그린다. 하지만 저자는 2005년 케넌 칼리지(Kenyon College)에서 졸업생들에게 이렇게 말했다.

하루하루 힘겹게 살아가는 어른의 삶 속에 무신론 같은 건 없습니다. 예배하지 않는 삶 같은 건 없어요. 모두가 예배하죠. 우리가 할 수 있는 유일한 선택은 무엇을 예배하는가입니다. 어떤 종류의 신이나 예배할 영적 대상, 그게 예수 그리스도건, 알라건, 야훼건, 위카의 어머니 여신이건, 사성제건, 어떤 불가침의 윤리 원칙이건 간에 어떤 대상을 선택하는 중요한 것은, 당신이 이런 것 말고 다른 무언가를 예배한다면 그것이 무엇이든 당신을 산 채로 집어삼킬 것이기 때문입니다. 돈과 물질을 예배한다면, 즉 거기에

---

46 윌리스는 문학의 강력한 영향력을 더 화려하게 묘사한다. 예를 들어, 자신의 초기 소설 『제도의 빗자루』(The Broom of the System)에 관해 데이비드 립스키(David Lipsky)와 나눈 대화에서 윌리스는 이 소설이 이론에 집착하고 있으며("그 책은 다 **머리**와 관련된 내용이다. 그렇지 않은가?"), 그 결과 "끔찍할 정도로 재미없게 읽히는" 실험 소설이라는 광범위한 비판을 받게 되었다고 안타까워한다. David Lipsky, *Although of Course You End Up Becoming Yourself: A Road Trip with David Foster Wallace* (New York: Broadway Books, 2010), p. 36. 하지만 그런 다음 그는 "지적인" 소설과 "뱃속이 마법에 걸린" 것처럼 느끼게 하는 흥미진진한 책을 대조한다. "이 책 정말 재미있군. **밥 먹지** 말고 당장 읽어야겠어." 문학의 효과를 "뱃속에 걸린 마법"으로 본다는 말은 소설이 작동하는 방식에 체감적 성격이 존재한다는 뜻이다. 실제로 이어지는 대화에서 은유는 약간 더 아래로 이동한다. 윌리스는 "미적 경험"이 궁극적으로 "에로스적"이라고 지적하며, 바셀름(Barthelme)의 소설이 자신에게 "마음의 발기"를 일으켰다면서 그 책을 높이 평가한다 (p. 72).

삶의 참 의미를 둔다면 당신은 절대로 충분히 가질 수 없을 겁니다. 절대로 충분히 가졌다고 느끼지 못할 겁니다. 이것이 진리입니다. 여러분의 몸과 아름다움과 성적 매력을 예배하세요. 그러면 여러분은 언제나 추하다고 느낄 것이고, 시간이 흘러 늙기 시작하면 사람들이 결국 여러분을 묻기 전까지 여러분은 한 백만 번은 죽게 될 겁니다. 어떤 점에서 우리 모두는 이미 이것을 알고 있습니다. 신화와 격언, 상투적인 말, 진부한 이야기, 경구, 우화가 이 진리를 말하죠. 이 진리가 모든 위대한 이야기의 얼개라고. 중요한 것은 날마다 이 진리를 의식하면서 사는 겁니다. 힘을 예배하세요. 여러분은 약하다고 느끼고 두려워하게 되며, 두려움을 제어하기 위해 다른 이들을 지배하는 힘이 더 많이 필요하다고 생각할 겁니다. 여러분을 똑똑해 보이게 만드는 지성을 예배하세요. 결국 여러분은 스스로 멍청이, 사기꾼인 것처럼 느낄 것이며 항상 들킬까 두려워할 겁니다.

이런 형태의 예배가 교활한 것은 그것이 악하거나 죄인 게 아니기 때문입니다. 이 예배는 무의식적입니다. 기본으로 설정되어 있습니다. 여러분은 서서히 이런 예배에 빠져들 것이며, 여러분이 그러고 있다는 걸 충분히 자각하지도 못하는 사이에 이 예배는 여러분이 무엇을 보는지, 어떻게 가치를 판단하는지를 날마다 점점 더 규정하게 될 겁니다.[47]

월리스의 소설에 나오는 '세계'는 성례전적 우주가 아니다. 『무한한 농담』은 플래너리 오코너(Flannery O'Connor)와 워커 퍼시(Walker Percy)가 그리는 마법 걸린 영적 세계와는 전혀 다르다. 실제로 월리스가 그리는 세계의 '내재주의'는 거의 숨이 막힐 지경이다. 그러나 그는 우리의 급진적 내재성조차도 예배를 피할 수는 없다고 주장

---

[47] "Plain Old Untrendy Troubles and Emotions", *The Guardian*, September 20, 2008, p. 2. 이 강연은 *This Is Water: Some Thoughts, Delivered on a Significant Occasion, about Living a Compassionate Life* (New York: Little, Brown, 2009)로 출간되기도 했다. 『이것은 물이다』(나무생각).

한다. 오히려 우리는 우리를 빚어내고 우리가 소중히 여기는 바를 무의식적으로 결정하는 의례에 몰입한다.『무한한 농담』에서는 엔필드 테니스 학교에서 이뤄지는 형성을 통해 이 점을 끊임없이 예증한다. 이 학교에서는 강도 높은 신체적 훈련을 통해 청소년들을 사실상 테니스 기계로 만들어 간다. 정예 테니스 선수는 태어나는 게 아니라 만들어진다. 그들은 세계에 대한 감각과 다름없는 '경기에 대한 감'을 자동적으로 갖추게 해 주는 의례를 통해 만들어진다. 상급생 중 하나인 트뢸치(!)가 어린 선수들에게 말하듯이, 여기서 핵심은 '반복'이다.

> 처음부터 끝까지 항상. 순전히 반복의 무게가 오장육부로 내려갈 때까지 같은 응원 구호를 반복해서 듣는 거야. 한 발로 축을 삼고 다른 한 발을 뻗은 다음 스트로크를 하는 똑같은 동작을 계속 반복하는 거지.…반복되는 움직임과 동작이 쌓이고 또 쌓여서 무의식처럼 너의 깊은 곳에 내려앉게 돼. 반복을 통해 그것이 네 몸에 내려앉고 스며들지. 초당 횟수처럼. 기계적인 언어야. 네가 숨 쉬고 땀 흘리게 만드는 자율 신경계.…생각하지 않고도 할 수 있을 때까지 연습해.[48]

실제로 트뢸치는 이러한 의례적이며 신체적인 자동화를 "다양한 문화 속에 존재하는 성인 의례"와 비교한다(*IJ*, p. 118). 또한 훈련 담당 강사 중 하나인 슈티트는 이것이 단순히 테니스의 문제가 아니라고 말한다. "운동선수들은 기본적으로 시민 의식을 위한 훈련을 한다"(*IJ*, p. 82). 이것은 중요한 통찰이다. 테니스는 그저 테니스에 그

---

[48] David Foster Wallace, *Infinite Jest* (1996; repr., New York: Back Bay Books, 2006), pp. 117–118, 이후에는 인용할 때 *IJ*로 표기함. (문법에 얽매이지 않는 월리스의 표현에 주목하라.) 트뢸치는 계속해서 심리학자 티모시 윌슨(Timothy Wilson)이 '자동화'라고 부를 만한 과정을 묘사한다. 즉, 어떤 과업이 일단 자동화되면 이것이 의식 안에 더 의도적인 행동을 할 공간을 열어 준다(즉, '자아의 고갈'을 막아 준다). "그것이 몸 안에 깊숙이 스며들 때까지 기다려. 그러면 이것이 네 머리를 자유롭게 해 줄 거야. 기계적인 동작이 가라앉은 다음에는 머릿속에 더 이상 그런 동작을 위해 있을 필요가 없는 드넓은 공간을 갖게 되는 거야"(같은 책, p. 118).

치지 않는다.

이 신체적 형성의 '비밀'은 술 취한 제임스 인캔덴자가 열 살짜리 아들 짐에게 하는 독백을 통해 드러난다.

> 아들아, 너는 열 살이야. 이건 열 살짜리에게는 받아들이기 힘든 소식이란다. 네 키가 거의 180센티미터라도, 뇌하수체에 기이한 일이 있을 수 있어도 말이야. 아들아, 너는 하나의 몸이야. 그녀는 그 민첩한 과학 영재의 지성을 그토록 자랑스러워하고 쉴 새 없이 자랑하지. 아들아, 그건 신경 발작일 뿐이란다. 네 머릿속의 생각은 네 머리가 돌아가는 소리일 뿐이야. 머리도 여전히 몸일 뿐이란다. 짐. 이걸 기억해. 머리는 몸이야. (*IJ*, p. 167)

그는 자신의 몸 안에서 잘 살아 보려고 했지만 실패했으며 테니스 훈련으로 자기 몸을 규율할 수 없었다고 이야기했고, 이후에는 코트에서 마지막으로 실패했던 장면을 이야기하는데 종교에 관해 언급하지 않을 수 없었다.

> 거칠게 채찍을 내려치듯이 코트 뒤쪽으로 찔러 넣은 다음 온 신경이 고동치고 불타오른 것 같은 내 몸은 공중으로 날아올랐고 결국 무릎을 찧고 말았어.···내 몸무게 전체가 무릎에 가해졌고 관성 때문에 꺼칠꺼칠하고 뜨거운 사포 같은 표면 위로 마치 관상 기도를 흉내 내듯이 앞으로 미끄러졌어.···내 라켓은 빙글빙글 돌아 어딘가로 날아갔고 라켓을 들지 않은 내 팔은 고행하며 기도하는 수도사처럼 내 앞으로 미끄러져 갔어.··· 종교적인 순간이었지. 난 몸이 된다는 게 무엇인지 알게 되었어, 짐. 몸은 딱 힘없는 나일론 스타킹 같은 것으로 싼 고기일 뿐이었지. (*IJ*, pp. 168-169)

이것이 종교에 대한 반명제—'영혼'에 대한 암시조차 없는 철저하게 탈주술화된 유물론—라고 생각하고 싶어 하는 마음이 들 수도 있다. 그러나 제임스가 암시하듯 신체적 훈련에 대한 이런 묘사는 거의 수도원주의적이다.[49] 일반적으로 삶으로 실천하는 종교의 예전적 형성은 계몽주의 개신교(그리고 그 후예인 복음주의 개신교)를 연상시키는 주지주의적 영지주의가 아니다. 그것은 신체성과 물질성에 대해 어떤 거부 반응도 보이지 않으며, 종교를 신념과 명제라는 인지적 영역으로 축소시키지도 않는다. 역사적인 종교적 예전에 함축된 지혜는 우리가 곧 우리의 몸이라는(물론 우리는 몸 이상의 존재이기도 하지만) 아버지 제임스의 '종교적' 깨달음을 울리고 있다.

이 소설에서 의례적 형성과 변화와 관련된 또 다른 공간은 AA(익명의 알코올 중독자들), NA(익명의 마약 중독자들), CA(익명의 코카인 중독자들) 등 다양한 '익명'의 프로그램이 제공되는 재활 시설인 에닛 하우스다. 물론 이곳은 소설의 세계 안에서 명시적인 영성이 드러나는 공간이기도 하다.[50] 화자가 경험으로부터 지적하듯이, "이 익명의 공동체에서는 결국 하나님에 관한 이야기를 피할 수 없다"(*IJ*, p. 998n69). 하지만 여기서 흥미로운 것은 단지 '하나님'이 등장한다는 **사실**이 아니라 **어떻게** 그런 이야기가 등장하는가다. 여기서 월리스가 말하는 "종교적 충동"[51]은 "우리가 무언가에 우리 자신을 내주고 싶어서 도저히 견딜 수 없는 지경"이라는 사실이다. 소설의 세계 속에서 이것은 다양한 중독과 주의를 분산시키는 것들(마약과 다양한 오락거리)에 우리 자신을 내주는 형태를 취할 수도 있고, 다양한 규율(테니스와 AA)에 자신을 내주는 형태를

---

[49] 여기서 '거의'라는 말이 중요하다. 영지주의와 달리 수도원주의적 형성은 신체성을 대단히 중요하게 여기지만, 제임스 인캔덴자의 환원론적 물질주의("고기")에 저항한다. 다음 장에서 우리는 메를로퐁티가 비슷한 우려를 하고 있음을 살펴볼 것이다.

[50] 월리스는 데이비드 립스키와 이 책에 관한 대화를 나누면서 AA가 종교의 대용물 기능을 한다고 분명히 말한다. "이 책에서 AA에 관한 이야기는 대개 평계일 뿐이다. 도스토옙스키 같은 이들 이후에 나온 모든 책에서는 사람들과 하나님의 관계의 관해 이야기하기가 대단히 어려워졌다." 그러나 그는 『무한한 농담』이 "일종의 뒤틀린 종교적 충동"을 이해하려는 노력이었음을 인정한다. *Although of Course*, p. 82.

[51] 같은 곳.

취할 수도 있다.⁵²

　이야기 속에서 하나님이 등장하는 것은 AA의 규율을 통해서다. 이 점은 AA의 실천에 일종의 암묵적인 예전적 인간론이 작동하고 있으며, 소설 속에서 체현되고 육화된 실천과 더불어 '종교적인' 것이 등장하는 한 그런 인간론이 간접적으로 『무한한 농담』 안에서도 작동하고 있음을 말해 준다. 예를 들어, 화자는 "AA와 NA, CA의 하나님은 그/그녀/그것이 당신을 도와줄 때까지 당신에게 그/그녀/그것을 믿으라고 요구하지 않는다"라고 여러 차례 지적한다(*IJ*, p. 201).⁵³ 따라서 AA의 유사 영성은 주지주의적 기획이 아니다. 그것은 지식(믿는 바)의 문제라기보다는 **실천**(행하는 바)의 문제다. 구원이 바른 정보의 문제라고 생각하는 중독자들에게 걸림돌이 되는 것은 바로 이 프로그램의 비주지주의적 형식이다. 이 걸림돌을 예증하는 인물은 AA의 의례를 경멸하며 [〈뻐꾸기 둥지 위로 날아간 새〉(*One Flew over the Cuckoo's Nest*)의 대니얼 하딩(Daniel Harding)을 떠올리게 하는] 주지주의 입장을 취하는 제프리 데이다. 그는 "그래

---

⁵² 립스키와 나눈 대화에서 우리는 이 점에 관한 월리스 자신의 해설을 들을 수 있다. "따라서 나는 이것이 우리가 무언가에 우리 자신을 내주고 싶어서 도저히 견딜 수 없는 지경이라는 사실과 관계가 있다고 생각한다. 달려들고, 또 달아나며, 어떻게든지." (이 말이 아우구스티누스의 『고백록』 첫 구절을 탁월하게 요약했다는 점에 주목하자. "당신께서는 우리가 당신을 향하도록 만드셨기에, 우리 마음은 당신 안에서 쉬기까지 안식할 수 없습니다.") 그러나 월리스는 계속해서 이렇게 말한다. "그리고 결국에는 당신 자신을 훨씬 더 철저하게 대면하게 만드는 일종의 탈출—이를테면 플래너리 오코너 식으로—을 감행하는 방식이 있다. 그리고 '나에게 7달러를 달라. 그러면 당신의 이름이 데이비드 윌리스임을, 당신 뺨에 뾰루지가 났음을, 당신의 가스 요금 청구서의 만기가 되었음을 잊어버리게 해 주겠다'라고 말하는 **다른 방식이 있다**"(Lipsky, *Although of Course*, p. 81). 전자의 '내줌'은 **훈련**이지만, 후자는 **주의를 다른 곳으로 돌리려는** 노력에 불과하다. 흥미롭게도 계속해서 월리스는 후자에 대해 설명하면서 그것을 루이스의 『나니아 연대기』(*Chronicles of Narnia*)에 나오는 '터키 과자'에 비유한다(p. 84).

⁵³ 후일 재활 기간 중에 그가 했던 말을 참고하라. "하나님은 당신이 하나님이 존재하는가를 믿는가 그렇지 않은가 하는 문제가 그/그녀/그것이 당신에 관해 갖고 있는 관심의 목록에서 매우 낮은 순위를 차지할 뿐이라고 생각할지도 모른다"(*IJ*, p. 205). 이 말이 그리스도인의 귀에는 거슬리게 들릴 수도 있으며, 그 자체로 문제가 없는 것도 아니다. 그러나 우리는 이 말을 "믿기 전에 속해 있다"라는 뜻으로 이해할 수도 있다. 이것은 자신의 유명한 내기에서 하나님의 존재에 관한 명제에 동의할 수 없더라도 당신 자신에 대한 믿음을 '키우기' 위해 미사에 참석할 수 있다고 주장하는 파스칼의 주장과도 크게 다르지 않다. [아울러 피어스 페티스(Pierce Pettis)의 노래 "하나님은 당신을 믿는다"(God Believes in You)에 나오는 가사가 떠오른다. "당신이 그분을 믿지 않는다고 맹세하지 (그때도) / 하나님은 당신을 믿는다네."]

서 46살 먹고 진부한 것들로 사는 삶을 배우려고 여기 오다니"라며 투덜댄다. "내 의지와 삶을 진부한 것들을 향한 관심으로 돌리기. 느긋하게 하기. 중요한 것 먼저 하기" 등(*IJ*, p. 270). 지성은 형성(변화)이 이뤄지는 일차적인 영역이 아니기 때문에 이런 환경에서는 그가 자부하는 자신의 우월한 지성을 소중히 여기지 않는다는 것에 그는 분노한다. 데이는 그것이 그가 **해결**해야 하는 무언가, **이해**하기만 하면 되는 무언가이기를 원한다. 그는 **지식**으로 중독에서 해방되기를 원한다. 그는 기본적으로 '내가 무엇을 알아야 하는지 나에게 말해 달라'고 말한다. 따분한 모임과 매일 반복해야 하는 프로그램은 집어치우자. 그냥 나에게 정보를, 내게 필요한 지식을 달라. "그러니까, 참석하라고 하는 **미래**의 모임에서 전달받을 내용을 **지금**, 이 모임에서 전달해 주면 안 될까요. 모호한 미래나 보여 주는 모임에 참석하라고 자꾸 권하지 말고요"(*IJ*, p. 1001). 데이는 이 모임이 필수 정보를 전달하는 수단, 어떤 명제적 계시를 제공하는 자리라고 생각한다. 그는 거기서 **얻는** 것이 아니라 거기 **가는** 것 자체가 구원이라는 사실을 놓치고 있다.

하지만 그 모임에 참석할 때 그의 주지주의는 일련의 상투어구 때문에 더 충격을 받는다. 그는 그것을 믿고 싶지만 믿을 수 없다고 항의한다. 그러나 믿을 수 없다는 걱정 속에는 여전히 주지주의가 남아 있다. 그래서 에닛 하우스의 멘토 돈 게이틀리는 데이에게 AA 프로그램은 관념적으로 설명할 수 없다고 경고한다.

"여기서 효과가 있다고 들었던 구호는 **분석**-마비라는 구호예요." [게이틀리가 대답한다.]
 "오, 그렇군요. 오, 좋습니다. 절대로 당신의 삶의 기초라고 그들이 주장하는 것의 타당성에 관해서 **생각**하지 마세요. 오, 그것이 무엇**인지** 묻지 마세요. 그것이 미친 짓은 아닌지 묻지 마세요. 숟가락이 오면 크게 벌리기만 하세요."
 "내가 보기에 이 구호는 프로그램에 관한 지적 형식의 내용을 주장하는 정해진 방식이 없다는 뜻이에요. 이기기 위해 항복하라. 갖기 위해 내주라. 당신이 이해하는 대로

의 하나님. 그걸 지적 관념처럼 생각하면 안 돼요. 이봐요, 내 말을 믿어요. 나도 그랬으니까. 당신은 이마로 탁자를 망가뜨릴 때까지 그것을 분석하고 저 뒤로 나가 병이 있는 곳으로 갈 이유를 찾아낼 수 있어요. 아니면 여기 머물면서 견뎌 내고 당신이 할 수 있는 최선을 다할 수도 있고요." (*IJ*, p. 1002)

이 점에서 화자는 데이에게 공감하지만, 화자의 경험은 다른 것들을 인식하게 한다.

이런 단순한 조언은 그저 상투적인 말을 늘어놓는 것처럼 들린다. 그렇게 들린다는 점에서는 데이의 말이 옳다. 그렇다. 제프리 데이가 자신에게 보이는 대로 생각하고 계속 살아간다면 그는 분명히 죽고 말 것이다. 게이틀리는 이미 수십 명이 이곳을 거쳤다가 일찍 떠나 저 바깥으로 되돌아간 후 결국 감옥에 가거나 죽는 것을 보았다. 만약 데이가 운이 좋아 도무지 어떻게 할 수 없는 상황에 이르러 결국 한밤중에 사무실로 와서 도저히 견딜 수 없다며 소리를 지르고 게이틀리의 바짓가랑이를 붙잡고 엉엉 울면서 제발 도와달라고 애걸한다면, 게이틀리는 데이에게 상투적으로 들리는 지침들이 훨씬 더 깊고 실제로 **행하기**도 훨씬 더 어렵다고 말할 수밖에 없을 것이다. 그저 말하는 대신 실천해 보고 그대로 사는 게 훨씬 더 어렵다. (*IJ*, p. 273, 강조는 원문의 것)[54]

분석은 인간의 변화에 영향을 미치지 못한다. 지성은 인간 욕망과 행동의 '추동자'가 아니기 때문이다. 월리스의 철학적 인간론은 그보다 훨씬 더 정서적이다. 케년 칼리지 연설에서 지적하듯이, 중요한 것은 우리가 무엇을 생각하는가가 아니라 우리가 무엇을 **예배하는가**다. 그리고 『무한한 농담』에서는 예배를 사랑과 연결한다. 정부

---

[54] 월리스가 「살롱」(*Salon*)과 했던 인터뷰를 통해 우리는 데이가 재활 시설에서 월리스 자신이 했던 경험을 근거로 창작한 인물이라는 것을 알고 있다. 그리고 월리스는 이 상투적인 프로그램이 효과가 있다는 사실에 특히나 당혹스러워 했다. D. T. Max, "The Unfinished", *New Yorker*, March 9, 2009, p. 54를 보라.

관리인 스티플리와 남 퀘벡 휠체어 암살단 단원인 마라트 사이의 초현실적인 대화에서 두 사람은 **사랑**—구체적으로 여인에 대한 사랑—이 최근에 일어난 전쟁의 원인이었는지 논쟁을 벌인다. 대화하던 중 스티플리는 "광적으로 애국적인 휠체어 암살단"이라고 말한다. 잠시 멈춘 후 마라트는 이렇게 대꾸한다.

"미국에서 당신네들이 쓰는 '광적'이라는 말. 거기선 그게 라틴어 '성전'에서 왔다는 걸 가르쳐 주나? 문자적으로는 '성전에서 예배하는 사람'이라는 뜻이지."

"오, 이런. 또 시작이군." 스티플리가 말했다.

"말하자면 당신이 말하는 이 **사랑**, 타인 씨의 위대한 사랑은 **집착**일 뿐이야. 타인은 광적으로 집착하지. 우리의 집착은 우리의 성전, 우리가 예배하는 것이야. 안 그래? 우리가 자신을 바치는 대상, 우리의 믿음을 쏟는 대상:⋯우리 모두가 광적인 사람 아니겠어?⋯집착하는 대상을 신중히 고르게. 광신의 성전을 매우 조심해서 고르게."

(*IJ*, pp. 106-107)

마라트의 설명에 따르면 중요한 것은 우리가 **예배하는가 그렇지 않는가**가 아니라 **무엇을 예배하는가**다. 예배는 사랑과 밀접한 연관이 있기 때문이다. 두 용어는 기본적으로 치환 가능하다. 계속해서 그는 "당신이 사랑하는 것이 곧 당신이다"라고 말한다. 따라서 이것은 형성의 물음, 욕망의 교육에 관한 물음을 제기한다. "누가 당신네 미국 아이들에게 성전을 고르는 법을 가르치지? 무엇을 두 번 생각하지 않아도 될 정도로 사랑해야 한다고 가르치지?⋯이 선택이 다른 모든 것을 결정하기 때문이야. 그렇지 않나? 당신이 **자유로운** 선택이라고 말하는 다른 모든 것이 여기에서 나오지. 당신의 성전은 무엇일까?"(*IJ*, p. 107)

월리스의 『무한한 농담』에서는 나의 제안—'주지주의'를 대체하는 인간론, 체현된 의례의 형성적 힘에 대한 주목, 특히 사랑과 연관된 예배의 중심성—과 조화를 이루는 몇몇 직관적 통찰을 정서적으로 묘사한다. '우리가 사랑하는 것이 곧 우리다'라는 말은 곧 '우리가 예배하는 것이 곧 우리다'라는 뜻이다. 이것은 아우구스티누스 전통에서 오랫동안 이어져 온 주장이다.[55] 그리고 그 사랑/예배가 우리의 이른바 자유로운 선택을 빚어낸다. 우리의 '성전'이 다른 모든 것을 결정한다. 이것이 바로 우리가 **예전적** 동물이라고 주장할 때 내가 강조하고자 하는 통찰이다. 우리는 어떤 근본적인 방식으로 우리가 예배하는 바에 기초해 세상을 만들어 가고 그 안에서 행동한다.

---

55 이 점은 내가 일찍이 했던 주장, 곧 '예배'가 하이데거가 말하는 '염려'(care)와 비슷하다는 주장과도 맥이 닿는다. 우리는 『존재와 시간』(*Being and Time*)을 출간하기 전에 그가 했던 강연을 통해 '염려'에 대한 하이데거의 분석이 사랑, 즉 카리타스(*caritas*)에 대한 아우구스티누스의 설명에 크게 의존한다는 것을 알고 있다. 아우구스티누스는 사랑과 예배가 밀접하게 연결되어 있다고 본다(*City of God*, 19.24-26를 보라). 따라서 염려와 예배를 연결해서 생각하는 것은 지나친 비약이 아니다.

1부 육화된 의미

배경으로서의

몸

예전적 인간론은 운동미학과 시학—'의미의 신체적 토대'에 대한 이해(운동미학)와 이 신체적 행동이 우리를 이야기에 의해, 상상력에 의해 지향되도록 훈련시킨다는 인식(시학)—에 뿌리내리고 있다. 1부에서 우리는 체현된 지향성을 주장하는 두 핵심 이론가, 즉 현상학자 모리스 메를로퐁티와 사회 이론가 피에르 부르디외를 간략히 살펴볼 것이다. 그들의 작업은 습관 형성의 역학을 파악하고 설명하고자 할 때 도움을 줄 수 있는 이론적 도구와 개념 사전을 제공하며, 더 구체적으로는 예전적 형성의 본질에 대한 통찰을 제공한다. 이 두 이론가는 인간 본성을 다른 방식으로 상상해 보도록 도와줌으로써 상상력의 우선성을 이론적으로 이해할 수 있게 해줄 것이다.

1장 에로스적 이해

정동(affect)이란…움직임을 향해, 생각과 확장을 향해 우리를 움직이도록 만들 수 있으며, 마찬가지로 힘-관계가 거의 드러나지 않는 방식으로 변하고 있는 와중에도 (마치 중립 지역에 있는 것처럼) 우리를 붙잡아 둘 수도 있고, 도무지 다루기 어려운 세상에 압도된 채로 우리를 내버려 둘 수도 있는 그런 힘—의식적인 앎 이면에 있거나 그것과 나란히 존재하거나 대개는 그것과 **전혀 다른** 체감적 힘, 감정을 넘어서고자 하는 생명의 힘—을 가리키는 말이다. 정동은 몸이 세상의 완고함과 주기, 그것의 유인만큼이나 거부에도 지속적으로 몰입하고 있음을 보여 주는 끈질긴 증거다.[1]

이야기(를 통한) 인식

우리 행동의 상당 부분은 의식적 성찰의 산물이 아니다. 오히려 우리 행동의 상당 부분은 세상에 대한 우리의 열정적 지향으로부터 흘러나온다. 우리가 어떻게 세상을 지각하도록 훈련받았는가에 영향을 받는다.[2] 간단히 말해서,

---

1 Gregory J. Seigworth, Melissa Gregg, "An Inventory of Shimmers", in *The Affect Theory Reader*, ed. Melissa Gregg and Gregory J. Seigworth (Durham, NC: Duke University Press, 2010), p. 1. 『정동 이론』(갈무리).

2 Iain McGilchrist, *The Master and His Emissary: The Divided Brain and the Making of the Western World* (New Haven: Yale University Press, 2010)에서는 이것이 자유 의지의 상실처럼 들린다고 우려

우리의 행동은 우리가 어떻게 세상을 **상상하는가**로부터 나온다.[3] 우리가 행하는 바는 우리가 누구인가, 우리가 어떤 종류의 사람이 되었는가에 의해 추동된다. 그리고 우리 성품의 형성은 우리를 사로잡는 이야기, 우리 뼛속까지 내려앉은 이야기―우리가 삶의 목적이라고 생각하는 것, '좋은 삶'을 이루는 것을 '그려서' 보여 주는 이야기―에 크게 영향을 받는다. 우리는 우리가 흡수한 이야기 **안에서** 살아간다. 우리는 우리를 사로잡은 드라마 속 등장인물이 된다. 따라서 우리 행동 중 많은 부분은 무의식 차원에서 우리의 상상력을 사로잡은 일종의 대본을 행동으로 옮긴 것이다. 그리고 그런 이야기들이 우리의 상상력을 사로잡는 까닭은 바로 이야기가 우리의 감정을 훈련시키기 때문이

하는 이들에게 답한다. 이 주장과 이를 뒷받침하는 모든 증거가 "우리가 날마다 하는 행동에서 의식이 중요한 역할을 함을 부인하는 것처럼 보인다"고 우려하는 이들에게 대답하는 그의 말은 단호하지만 고무적이다. "정말이지 그렇다. 하지만 이 논쟁에 기여한 이들 중 한 사람이 지적하듯이, 이것은 '내가 무언가를 결정하고자 할 때, 내 정신의 의식적인 부분을 사용해서 그렇게 하겠다는 의지를 발휘해야 한다'라고 생각하는 이들에게만 문제가 된다. 어쩌면 나의 무의식도 속속들이 '나'일지 모른다. 사실 그편이 더 나을 것이다. 왜냐하면 삶의 극히 작은 부분만이 의식적이기 때문이다"(pp. 186-187). 나는 거기에다 주의사항을 하나 더하고자 한다. 우리는 무의식이 고정된, 생물학적이기만 한 실재라고 가정해서는 안 된다. 그 자체가 형성되고 습득된 것이며, 나는 나의 무의식을 재-형성하는 실천에 스스로 몰입하기를 **선택**할 수 있다.

[3] 나의 제안은 행동에 대한 주지주의적 이론을 무비판적으로 전제하는 [혹은 휴버트 드레이퍼스가 '심성주의'(mentalism)라고 부르는 것을 전제하는] 행동 철학의 지배적 패러다임에 암묵적으로 반대한다. 즉, 행동 철학 분야에서 일어나는 대부분의 논의에서는, '행동'으로 **간주**되는 것을 신념의 지배를 받는 의식적·의도적 선택의 결과에 해당하는 행위로 제한하는 도널드 데이빗슨(Donald Davidson)의 견해와 비슷한 것을 받아들여 왔다. 다른 모든 행위나 움직임은 비자발적 본능에 따른 것이라고 보거나 단순한 반사적 반응으로 환원한다. 이 패러다임에 대한 대표적인 연구로는 Alfred R. Mele, ed., *The Philosophy of Action* (Oxford: Oxford University Press, 1997)과 Arthur Danto, *Analytical Philosophy of Action* (Cambridge: Cambridge University Press, 1973)을 보라. 밀리(Mele)가 편집한 책에서 김재권(Jaegwon Kim)은 이것을 "신념-욕망'으로 행동을 설명하는 익숙한 방식"이라고 묘사한다(*Philosophy of Action*, p. 257). 여기서 행동은 특정 상황에 관한 신념과 특정 목적을 지향하는 욕망을 지니며, 그 결과 그 신념에 입각해 해당 목표를 성취하기 위해 행동을 실행하는 합리적 행위자에 의해 야기된다. 따라서 모든 행동에는 '그에 대한 이유'가 있으며, 그렇게 설명될 수 있는 움직임만 '행동'으로 간주된다.

나는 이 패러다임이 지나치게 단순한 구별에 근거해 작동한다고 주장한다. 즉, 이 패러다임에서는 의식적·의도적·선택적 행동인지 **아니면** 신체적 반사 신경과 본능인지를 지나치게 구별한다. 앞으로 살펴보겠지만, 메를로퐁티는 (그리고 그를 따라서 테일러와 드레이퍼스도) 제3의 공간 같은 곳이 존재한다고 본다. 이것은 곧 마땅히 '행동'으로 부를 만한 많은 것을 지배하고 추동하는 신체적 노하우다.

며, 이런 감정은 실제로 우리가 세상을 지각하는 방식을 좌우한다. 이와 관련해 우리는 인지과학과 신경과학 분야에서 최근에 내놓은 연구를 살펴볼 필요가 있으며, 이를 통해 상상력과 이야기의 중요성을 더 잘 이해할 수 있다.

우리는 어쩌다 결국 물질적 환경에 둘러싸인 몸 안에 갇히게 된, 비신체적이며 정교한 기계가 아니다. 오히려 우리는 우리의 집, 우리의 환경, 우리의 거처인 물질세계 안에서 행동하는 존재, 행하는 존재, 만드는 존재, 얽혀서 살아가는 존재다. 균형 잡힌 예전적 인간론으로 행위 주체성(agency)에 대한 철학적 이론뿐만 아니라 선택과 행동에 대한 일상적인 '대중적' 관념을 지배하는 기능적 주지주의도 대체해야 한다. 흔히 반지성주의 때문에 비판받는 기독교 공동체조차도 사실 우리가 **생각하는** 바가 우리가 **행하는** 바를 바꿀 것이라고 믿는 한 암묵적 행동 철학을 가지고 있다는 점에서 주지주의적이다.[4] 하지만 우리가 생각하는 존재이기에 앞서 행동하는 존재라면? 우리의 행동이 우리가 생각하는 바에 의한다기보다는 우리가 사랑하는 바에 의해서 추동되고 생성된다면? 그리고 그런 사랑이 의식의 탐지기 아래서 작동되는 층위에서 형성되는 것—그럼에도 습득된 형성의 산물이며 단순히 '고정된 구조'의 양상이 아닌 것—이라면? 그렇다면 기독교적 형성과 제자도를—따라서 기독교 교육의 통전적 전망까지도—제대로 설명하기 위해서 우리를 그런 종류의 행위자로 만드는 습관화의 역학을 이해해야 한다. 이 책의 목표는 인간 행동의 **피조물적**[5] 조건, 즉 우리의 신체성, 유한성, 사회성, 우리 세계-

---

[4] 한 기독교 잡지에 실린 성경 구절 암송 프로그램 광고는 이런 태도를 직접적으로 묘사한다. 이 광고에는 미간을 찌푸린 한 남자의 사진 위로 이런 문구가 적혀 있다. "당신이 생각하는 것이 곧 당신이다." 이 광고에서는 성경 구절을 주기적으로 주입하면 행동이 바뀌리라고—지식을 입력하면 거룩함이 산출되리라고—주장한다. 물론 성경 암송은 좋은 것이다. 그럼에도 나는 여전히 이것이 실천의 형성적 힘을 얕보는—따라서 과소평가하는—순진한 행동 철학을 전제하고 있다고 주장한다.

[5] 이와 관련해 나는 이 기획이 *The Fall of Interpretation: Philosophical Foundations for a Creational Hermeneutic*, 2nd ed. (Grand Rapids: Baker Academic, 2012)에서 시도했던 기획과 일맥상통한다

내-존재의 복잡성—우리가 우리의 세상을 '지향'하는 다양한 방식—을 진지하게 받아들이는 기독교적 행동 철학을 제시하는 것이다. 내 주장의 핵심에는 성육신하시며 우리에게 적응하시는 하나님이 이러한 피조물적 조건들 **안에서**, 그런 조건들을 **통해서** 우리를 만나신다는 확신이 있다. 하나님의 계시가 우리의 유한성이라는 해석학적 조건에 맞춰 스스로 적응하듯이, 변화시키시는 하나님의 성령께서 유한한 습관의 피조물인 우리를 있는 그대로 만나 주신다. 거룩하게 하시는 성령께서 스스로 낮아지셔서 서사적이고 상상하는, 의례적인 동물인 우리를 만나 주시고, 우리에게 성화를 위한 실천과 예전을 제공하신다.

나는 여기서 내가 **행하는** 바가 내가 **생각하는** 바의 산물이라고 전제하는 '주지주의적' 행동 이론을 반박한다.[6] 이러한 주지주의적 이론에서, 나는 상황을 바라보고, 할 수 있는 선택을 생각하고, 내 책임과 여러 가능한 결과를 따져 본 다음, 그러한 심사숙고의 결과인 행동을 하겠다고 의식적으로 선택한다. 이런 설명으로 보면 행동은 의도적·정신적·합리적 과정의 결론이다.

고 생각한다. 『해석의 타락』(대장간). 이 책에서 나는 해석의 피조물적 조건을 개관했다. 두 연구 모두 창조와 성육신에 대한 신앙고백적 이해에 근거한 기독교 **철학**의 작업이며, 이 확신에 비추어 우리의 유한성과 신체성이라는 물질적 조건에 주의를 기울인다. 이러한 기독교 철학적 기획이 '신학' 자체와 어떻게 구별되는지는 같은 책, pp. 7-8을 보라. '자연 신학'에 대한 바르트주의적 우려에 관해, 나는 내 기획이 '자연 신학'보다는 '자연에 관한 신학'에 더 가깝다고 본다. 이 둘의 구별에 관해서는 David Moseley, "'Parables' and 'Polyphony': The Resonance of Music as Witness in the Theology of Karl Barth and Dietrich Bonhoeffer", in *Resonant Witness: Conversations between Music and Theology*, ed. Jeremy S. Begbie and Steven R. Guthrie (Grand Rapids: Eerdmans, 2011), pp. 240-270, 특히 pp. 259-264를 보라.

6 나는 '주의주의'라는 용어를 찰스 테일러가 "To Follow a Rule...", in *Bourdieu: Critical Perspectives*, ed. Craig Calhoun, Edward LiPuma, Moishe Postone (Chicago: University of Chicago Press, 1993), pp. 45-60, 특히 pp. 45-49에서 이 용어를 사용한 방식에 따라 사용하고 있다. 여기서 꺼낸 문제에 관한 더 전문적이며 철학적인 논의로는 James K. A. Smith, "Secular Liturgies and the Prospects for a 'Post-Secular' Sociology of Religion", in *The Post-Secular in Question*, ed. Philip Gorski, David Kyuman Kim, John Torpey, Jonathan VanAntwerpen (New York: New York University Press, 2012), pp. 159-184를 보라.

문제는, 우리의 행동과 행위가 이런 식으로 이뤄지는 경우가 거의 없음을 이제 알게 되었다는 것이다. 이런 주지주의적 행동 이론의 근본적 문제는, '보기'와 '평가하기'를 두 개의 분리된 과정이라고 전제한다는 것이다. 다시 말해서, 우리가 먼저 '사실'을 확인하고, 적용될 수 있는 관련된 '도덕적' 원리를 숙고한 다음, 선택하여 그 결과로 행동한다고 전제한다. 그러나 사실 지각과 평가는 대단히 복잡하게 얽혀 있다. 나는 어떤 장면을 받아들이자마자 그것에 관해 '생각'하기도 전에 이미 내가 가지고 있는 성향에 근거해 그 장면을 판단한다. 지각 자체가 이미 평가로서, 나로 하여금 나의 성품과 '열정의 지향'의 형성에 따라 특정한 방식으로 행동하게 만든다. 데이비드 브룩스(David Brooks)는 그의 중요한 책 『소셜 애니멀』(The Social Animal)에서 이렇게 요약한다.

보기와 평가하기는 두 개의 분리된 과정이 아니다. 둘은 연결되어 있으며 기본적으로 동시에 이뤄진다. 지난 30년 동안의 연구는 어떤 이들은 다른 이들보다 더 노련하게 지각하는 법을 스스로 터득한다는 것을 말해 준다. 좋은 성품을 지닌 사람은 **상황을 바르게 바라보는 법**을 스스로 배우거나 주변 사람들에게서 배웠다. 그녀가 무언가를 바르게 바라볼 때, 그녀는 이미 유리한 위치를 점한 셈이다. 그녀는 머릿속에서 그녀가 특정한 방식으로 행동하게 만드는 무의식적 판단과 반응의 연결망 전체를 곧바로 작동시킨다.[7]

주지주의적 편견 때문에 우리는 윤리적 행동을 포함한 행동의 본성을 오해하고 있다. 우리는 '행동을 위한 교육'을 위해서는 먼저 관련된 규칙과 공리를 우리 머릿속에 집어넣고, 그런 다음 행위자가 상황과 관련한 사실을 모아

---

[7] Brooks, *The Social Animal: The Hidden Sources of Love, Character, and Achievement* (New York: Random House, 2011), p. 127, 강조는 추가됨. 『소셜 애니멀』(흐름출판).

서 바른 결정—개인적 행동이든 정책 결정의 문제든—을 할 수 있게 해 주는 비판적 사고의 기술을 가르쳐야 한다고 전제하는 경향이 있다. 그런 다음 우리는 질문을 던지거나 진퇴양난에 빠진다. 예를 들면 이런 것이다. 가난한 도심 학교들의 어려움을 해결하기 위해 무엇을 해야 하는가? 그러나 이런 주지주의적 패러다임에서 놓치고 있는 것은, 우리가 이른바 문제에 관한 사실을 단순하게 지각하지도 않고 직접적이고 연역적인 방식으로 원리와 공리를 실천하지도 않는다는 사실이다. 이것은 먼저 '사실'을 모으는 것에 관한 문제가 아니다. 그저 관련된 도덕적 규칙을 의식적으로 적용하는 법을 아는 것에 관한 문제도 아니다. 상황을 **지각**하자마자 이미 평가가 이뤄진다. 그 상황에 대한 우리의 자세와 입장이 **설정**된다. 도심의 공교육 상황을 알게 되자마자 내가 그 상황을 어떻게 바라볼지가 이미 정해져 있다. 나는 내가 이미 갖고 있는 정서적 성향에 의해 지배되고 빚어진 상황을 '받아들인다.' 맥길크리스트는 이렇게 지적한다. "한 사람의 감정은 인지적 판단에 대한 반응이나 그 위에 더해지는 무언가가 아니라 그 반대다. 즉, 정서가 먼저고 사고는 나중이다. 몇몇 흥미진진한 연구에서는 정서적 판단이 인지 과정의 산물에 의존하지 않음을 확인시켜 준다."[8] 정서와 감정은 내가 그 상황을 특정한 종류의 상황으로 인식하게 만드는, 내가 이미 가지고 있는 '배경'의 일부다. 따라서 맥길크리스트는 정서를 단순한 개별적 감정이 아니라 "세상에 주의를 기울이는 (혹은 주의를 기울이지 않는) 방식, 세상과 관계 맺는 (혹은 맺지 않는) 방식, 세상을 향한 입장 혹은 성향—궁극적으로 세상에서 '존재하는 방식'—으로 정의한다.[9] 이는 신체적 지각의 우선성 때문이다. 마크 존슨(Mark Johnson)은 이것을

---

[8] McGilchrist, *The Master and His Emissary*, p. 184.

[9] 같은 곳.

"의미의 신체적 토대"라고 부른다. 우리 몸은 지적이지 않으면서도 의도적인 방식으로 세상을 **지향**한다. 맥길크리스트는 "존재의 본질적 핵심은 피질하 영역과 관련이 있다"라며 도발적으로 요약한다. "감정과 몸은 경험의 환원 불가능한 핵심에 자리 잡고 있다. 감정과 몸은 그저 인식을 돕는 일을 하는 데 그치지 않는다. 감정은 단순한 부가물, 생각에 맛을 입히는 첨가물이 아니다. 그것은 우리 존재의 핵심에 자리 잡고 있으며, 이성은 감정이라는 핵심으로부터 발산되어 **감정**을 제한하고 제어하려고 노력한다. 감정이 이성이라는 핵심으로부터 발산되는 게 아니다."[10] 온 인격체가 세상을 지각하고 해석하며, 이 과정에서 우리의 물질적 신체성의 구체적인 형태가 중요한 역할을 한다.

그것을 하나의 상황으로 '받아들인다'는 것은 이미 그 상황 자체와 얽혀 있는 여러 종류의 명령이나 의무를 느끼고 지각한다는 것이다. 다시 말해서, 내가 그런 상황 속에서, 그런 상황에 대해 해야 한다고 느끼는 바는 그 상황을 초월하는 원리에 의해 결정되지 않고 그 상황 안에 있는 것으로 경험되는 요소에 의해 결정된다. 지각된 상황은 이미 나에 대한 명령을 동반한 채로 (혹은 그렇지 않은 채로) 나에게 다가온다. 그런 상황에서 내가 느끼는 명령은, 설령 그것이 '명백한' 것으로 경험될지라도 다른 정서적 '훈련'을 받은 사람에게는 전혀 다르게 느껴질 수 있다. 따라서 도심의 공립 학교 문제에 대해 한 사람은 그 상황을 즉시 그리고 '명백히' 규율―공적 자원을 '적절히 관리'하는 동시에 '빈곤의 문화'로 특징지어지는 게으름과 맞서 싸우는 정책―이 필요한 상황으로 볼 것이다. 또 다른 사람은 차별의 역학과 그런 억압을 낳는 구조적 억압을 '바라보며' 개인의 능력을 길러 주는 사업과 구조적 정책 변화가 필요하다고 느낄 것이다. 모두가 각자의 상황에서 이미 지니고 있는 정서적

---

[10] 같은 책, p. 185, 강조는 원문의 것.

배경에 비추어 '사실'을 바라볼 것이다.[11]

이제 우리는 이것이 더 광범위한 차원에서 어떻게 작동하는가를 서서히 이해하게 된다. 우리는 어떤 세상 속에서 살고 있는가? 이것은 **누구의** 세상인가? 누가 나의 이웃인가? 나는 내 형제를 지키는 사람인가? 세상에 대한 우리의 정서적 수용—지성에 저장된 정보에 의해 지배되는 것만큼이나 (혹은 그보다 더 많이, 적어도 그러기 **전에**) '감정의' 훈련에 의해 지배되는 세상 이해—은 이런 물음에 암묵적으로 답한다. 이것을 암묵적 '물음'에 대한 암묵적 '대답'이라고 보는 것조차도 이미 이 문제를 지나치게 강의처럼 접근하는 것이다. 오히려 우리가 은혜로우신 창조주의 풍성하지만 깨어진 선물인 세상에서 **혹은** 결핍과 경쟁이라는 폐쇄적인 체계 안에서 살게 하는 이야기를 통해 이해하는 세상에 대한 '느낌'을 가지고 있다고 말해야 한다. 그 결과 나는 '자연스럽게' 다른 이들을 이웃으로, 그들의 얼굴 자체가 초월적인 **요청**을 일으키는 하나님의 형상을 지닌 존재로 바라보는 성향을 갖게 되거나 경쟁자, 위협, 나의 자율성에 대한 부담으로 '받아들일' 것이다. 이러한 정서적·감정적 '배경'은 그런 맥락을 바라보기 전에 내가 이미 지니고 있는 성향이나 경향의 일부다. 나는 이런 감정적 맥락에 기초해 그 상황을 특정한 방식으로 **바라보도록** 훈련받았을 뿐만 아니라, 특정한 방식으로—결정의 결과가 아니라 내가 습득한 성향, 이미 내가 특정한 방향으로 '기울게' 하는 습관에 따른 일종의 '자연적' 경향으로서—**행동**하는 성향이나 경향을 이미 지니고 있다.

따라서 선하고 의롭고 덕스러운 행동을 낳는 것은 단순히 적절한 규칙이나 원리를 보급하는 일에 관한 문제가 아니다.[12] 이것은 더 근본적으로 정서

---

11 이것은 어떠한 '소여'나 '실체'도 없다는 말이 아니다. '사실'로 간주되는 '소여'와 자료의 선택 자체가 이러한 정서적 훈련에 의해 만들어지고 결정된다는 뜻일 뿐이다. 맥길크리스트의 말처럼, "세상을 향한 지향이 먼저다. 모든 인식은 그러한 지향보다 더 늦게, 그 결과로 이뤄진다"(같은 책, p. 184).

훈련—사람들이 '상황을 바르게 바라보도록' 훈련시키는 것—에 달려 있다. 이를 위해서는 상황을 바르게 받아들이고 잘 평가할 수 있도록 그들의 **감정**을 훈련시켜야 한다. (내가 '상상력'과 연결시키는) 우리의 감정적 지각 장치는 서사에 의해 '훈련'받는다. 나는 도심의 공교육 상황에 관한 이야기와 서사, 그림을 암묵적·정서적으로 흡수하고, 나 자신에게 빈곤이나 인종, 세속성에 관해 이야기하는 법을 배운다. 나는 미국공영라디오방송(NPR)이나 폭스 뉴스(Fox News), (아마도!) 다른 이들의 증언, 직접 경험으로부터 접한 이야기들을 감정적으로 흡수한다. 나의 직접 경험조차 내가 흡수한 이야기에 의해 훈련받고 위치 지어진다. 그리하여 나는 아마도 내가 스스로에게 결코 말하지 않았을 것들을 가지고 이미 이 공간에, 이 대화에 들어와 있다. 앞으로 살펴보겠지만, 이런 식의 '이야기를 통한' 교육은 우리의 신체성과 밀접하게 연결되어 있다.

감정이 내적 평가와 외적 평가의 양식이라는 점을 강조하는 마크 존슨은 이러한 상호 작용을 탁월하게 설명한다.[13] 따라서 "주요한 신경과학자들은 내적 환경에 대한 유기체의 평가에서 감정이 핵심 역할을 한다는 점에 동의한다"(MB, p. 54). 그리고 이 평가는 다시 환경과 우리 몸의 상호 작용을 통제하

---

[12] 물론 우리는 규칙과 원리를 명시적으로 진술할 수 있지만, 그것은 세상 안에 암묵적인 것을 명시적으로 만드는 일이 될 것이다. 그런 규칙과 원리는 행동을 낳는 데 있어서 우리가 흔히 전제하는 방식대로 작동하지 않을 것이다. 하우어워스가 생생하게 묘사하듯이, "어떤 윤리에 대해서도, 심지어 가장 보수적인 윤리에 대해서도, 차 뒷좌석에서 10대가 하는 행동에 그 윤리가 어떤 영향을 미칠 수 있는가를 판단 기준으로 삼아서는 안 된다. 거기서 일어나는 일은 공식적으로 어떤 '윤리'를 가르쳤는가와는 무관하게 일어나는 경우가 많다." Stanley Hauerwas, "Sex in Public: How Adventurous Christians Are Doing It", in *The Hauerwas Reader*, ed. John Berkman, Michael Cartwright (Durham, NC: Duke University Press, 2001), p. 490.

[13] 우리는 '느낌'(feeling)과 '감정'(emotion)을 구별해야 한다. "정서적 반응은 우리가 어떤 감정을 **느낀다**는 것을 의식하는 것보다 훨씬 전에 일어날 수 있다." Mark Johnson, *The Meaning of the Body: Aesthetics of Human Understanding* (Chicago: University of Chicago Press, 2007), p. 59, 강조는 원문의 것, 이후에는 인용할 때 *MB*로 표기함. 느낌은 의식적이지만 감정은 무의식적이다. 그리고 '의식'은 하나의 연속선상에서 작동한다.

는 데 핵심 역할을 한다. 한편으로, 예를 들어 내 몸은 내가 위협을 의식하기도 전에 그 위협을 감정적으로 '안다.' 혹은 누군가가 추파를 던지는 것을 의식하지도 못한 채 알아차릴 수도 있다. 이것은 감정 차원에서 이뤄지는 일이다. 다른 한편으로, 감정은 외적 상황을 판단하기 때문에 이러한 '내적' 감독에서 중요한 역할을 한다. 어떤 의미에서 감정은 우리를 대신해 판단한다. "**무엇**이 우리에게 의미가 있으며 **어떻게** 그것이 의미가 있는지는 근본적으로 우리가 세상을 경험하고 그 안에서 행동하는 사이에 우리 몸의 상태를 지속적으로 감독하는 데 달려 있다"(MB, p. 57). 그리고 감정이 이런 감독을 수행하기 때문에 우리의 경험과 행동은 감정에 달려 있다. 감정은 우리 경험의 초월적 조건 중 하나다. "감정은 우리가 세상과 접촉을 유지하는 일차적 수단이다. 감정은 지금 일어나고 있는 일의 의미를 이루는 중요한 부분이다"(MB, p. 65). 데이비드 브룩스가 강조하듯이, 감정은 상황을 지각할 뿐만 아니라 **평가하는** 판단 양식이다. 존슨이 설명하는 감정의 해석 기능은 우리가 흔히 교육, 특히 기독교 교육의 목적이나 성과라고 생각하는 바와 대단히 비슷하게 들린다.

우리가 어떤 감정을 느낄 때 우리가 처한 상황에 대해 거의 무의식적으로 판단이 이뤄지며, 우리가 최선의 상태에서 기능하는 경우에는 항상성을 회복하고 우리 경험의 질을 풍성하게 하기 위해 그 상황을 변화시키기 위한 조치를 이미 취하는 경우가 많다. 의식적 성찰이 거의 혹은 전혀 없을 때도 우리는 우리가 처한 상황을 이미 특정 관점에서 **지각하고 이해했다.** 다시 말해서, 우리가 거의 [의식적으로] 통제하지 못하는 감정과 느낌의 과정 때문에 우리의 세상(우리의 상황)이 깨어 있는 모든 순간에 의미 있게 우리 앞에 다가온다. 그러나 **상황은 가장 중요하고 근원적이며 기초적인—우리 경험의 기본적 윤곽을 형성하는—방식으로 우리에게 의미가 있다.** 상황은 성찰 이전 차원에서 우리에게 무엇이 중요한지, 어떤 사

물과 사건, 사람이 의미가 있는지를 규정한다. (*MB*, p. 66, 강조는 원문의 것)¹⁴

우리는 감정 차원에서 하나의 상황**으로** 구성된 '상황' 안에 언제나 이미 들어와 있다. "우리는 새로운 가능성을 향해 열려 있으며 시간이 지남에 따라 변형되는, 계속 자라며 변해 가는 상황 안에서 그 상황을 통과하며 살아간다. 이것이 바로 인간의 의미가 작동하는 방식이며 그 어떤 것도 우리의 몸 없이, 혹은 우리가 그 안에 자리 잡고 살아가며 우리와 더불어 변해 가는 환경과 우리의 신체적 상호 작용 없이 일어나지 않는다"(*MB*, p. 83). 우리의 행동(action)은 언제나 상연(*enaction*)—신체성과 환경이 어울려 추는 춤의 일부, 우리의 합리적 성찰만큼이나 (혹은 그보다 더!) 우리 상황에 대한 우리의 감정적 판단에 의해 지배되며 추동되는 상호 작용의 양식—이다. 그리고 이러한 감정적 판단은 환원 불가능한 성격을 지니기 때문에 "우리의 관념이나 상징, 규칙, 양식으로 체현된 의미와 이해, 추론을 적절하게 이해하거나 파악할 수 있다고 생각해서는 안 된다. 상황에 대한 요약과 암시, 예측을 포함해 우리가 처한 상황은 **체현된 상황**이다"(*MB*, p. 83, 강조는 원문의 것).

(내 주장의 궁극적 결론은, **기독교적** 행동을 위한 교육을 위해서는 무의식 형성에, 세상에 대한 우리의 지각을 빚어내는 감정을 훈련하는 데 초점을 맞춰야 한다는 것이다. 그리고 그런 훈련이 서사를 통해서 일어난다면, 기독교적 행동을 위한 교육을 위해서는 기독교적 이야기에 참여하게끔 틀을 잡은 교육이 필요하다. 우리는 **예배**라는 말을 그러한 서사적 실천을 가리키는 약어로 사용한다.)

---

14 존슨은 유용하게도 감정이 우리 '안에' 있지 않고 상황, 즉 유기체와 환경 사이의 상호 작용을 특징짓는 현실 속에 자리 잡고 있다는 존 듀이(John Dewey)의 주장을 환기한다. 따라서 "나는 두렵다"라고 말할 때, 이것은 사실 "이 **상황이** 두렵다"라는 뜻이다(*MB*, p. 67, 강조는 원문의 것). 감정은 "**우리 안에** 있는 동시에 **세상 안에** 있다. 사실 감정은 우리가 계속해서 환경과 접촉을 유지하는 가장 널리 퍼진 방식 중 하나다"(*MB*, p. 67, 강조는 원문의 것).

여기서 내 주장은 문학 비평 분야의 매혹적인 새 작업, 구체적으로는 인간 의식에 대한 서사의 중요성—우리가 세상을 헤쳐 가는 방식에서 이야기의 중요성—을 강조하는, 문학과 인지과학의 교차점에서 이뤄지는 연구와 교차한다.[15] 이야기는 '감정적으로 미리 초점을 맞추는' 수단으로서 세상에 대한 우리의 암묵적 '이해'를 빚어낸다. 이는 서사가 정서 차원—메를로퐁티가 '선술어적'(antepredicative) 노하우라고 부르는 것, 말하자면 몸에 의해 처리되는, 생각을 거치지 않는 앎—에서 작동하기 때문이다. 마치 상상력이 우리의 오장육부에 '더 가까운' 것처럼, 이것은 우리의 뼛속에 자리 잡고 있는 세상 이해다. 마음에는 이성이 전혀 알지 못하는 이성이 있다. 다시 말해서, 마음은 할 이야기를 가지고 있으며 이야기 듣기를 좋아한다. 마음은 서사가 어머니의 젖인 양 서사를 들이마신다.

그렇기 때문에 세상에 대한 우리의 가장 근원적이고 열정적인 지향은 이야기에 의해 훈련되고 빚어진다. 우리의 감정을 훈련하고 단련하는 것은 이야기이며, 감정은 다시 우리의 지각을, 따라서 우리의 행동을 규정한다. 호건(Hogan)은 이렇게 요약한다.

> 어느 정도까지 개별적인 감정적 경험과 결과는 감정에 대한 우리의 관념, 특히 우리 감정의 원형과 우리 원형의 서사에 의해 형성된다. 우리는 감정을 위한 조건을 끌어낸다는 관점에서, 따라서 이야기에 비추어, 그런 경험에 반응하는 과정에서 경험을 해석한다. 우리는 특정 사건(예를 들어, 배우자의 행동)을 그저 그 자체로 보

---

15 예를 들어, Brian Boyd, *On the Origin of Stories: Evolution, Cognition, and Fiction* [Cambridge, MA: Harvard University Press, 2009, 『이야기의 기원』(휴머니스트)]과 Patrick Colm Hogan, *The Mind and Its Stories: Narrative Universals and Human Emotion* (Cambridge: Cambridge University Press, 2003), Jenefer Robinson, *Deeper than Reason: Emotion and Its Role in Literature, Music, and Art* [Oxford: Oxford University Press, 2005, 『감정, 이성보다 깊은』(북코리아)]를 보라.

지 않는다. 우리는 그것을 연관된 원형과 비슷한 것으로 바라보며, 이것이 우리의 감정적 반응을 좌우한다. 그뿐만 아니라, 감정에 반응할 때 우리는 우리 자신을 표준화된 서사적 순서 안에 배치한다.[16]

이것은 인간 행동―도덕적으로 적합한 행동을 비롯해―의 복합하고 진술되지 않는 배경을 이해할 수 있도록 도와준다. 이를테면 행동의 '배후' 혹은 '이면'에 연역적 추론이나 반성적 성찰이 반드시 존재하는 것은 아니다. 더 많은 경우에, 또한 더 근본적으로는 상황을 지각하자마자 즉시 활성화되는 일군의 진술되지 않는 (그리고 진술할 수도 없는) 성향과 경향이 존재한다. 그런 지각 자체가 이미 판단, '이해', **감정적으로** '알고 있는' 해석이기 때문이다. 그 장면은 특정한 정서적 색조로 채색되며, 이 색조는 다시 나로 하여금 특정한 방식으로 반응하는 경향을 띠게 만든다. 상황에 대한 이 감정적 지각은 단순히 본능적이며 생물학적인 반사 작용이 아니다. 그것은 습득된 습관이자, 패러다임을 이루는 이야기 안에서 그 이야기를 통해 학습된 열정의 지향의 산물이다. 그리고 세상에 대한 지각을 훈련시키고 방향 짓는 이야기와 서사들은 체현된 무의식의 심층적 근원을 건드린다. 나는 몸으로 이런 이야기들을 배운다.

기독교 예배와 기독교 교육은 근대성의 주지주의에 포로로 사로잡혀 이러한 몸/이야기 사이의 밀접한 결합―상상력과 서사, 신체성 사이의 불가분의 관계―의 중요성을 과소평가해 왔으며, 그로 인해 기독교 예배의 역사적 실천이나 체현된 영적·수도원적 훈련의 유산 안에 담겨 있는 고대 기독교의 성

---

[16] Hogan, *The Mind and Its Stories*, pp. 242-243. 호건은 엠마 보바리를 일종의 '이중 사례'로 간주한다. 즉, 엠마 보바리라는 인물은 연애 소설에 의해 형성된 행복에 대한 이상을 지니고 있는 한편, 소설 『보바리 부인』(*Madame Bovary*) 역시 독자에게 "감정 교육"을 시킨다(pp. 245-246).

례전적 지혜를 잊어버리고 말았다. 우리는 이것을 이해하지 못했기에 기독교 전통이 지닌 고유한 형성적 자원을 무시해 왔다. 그 결과 우리는 상상력을 이끌어 내기보다는 지성을 설득하는 데 초점을 맞추는, 제자도와 기독교적 형성의 불완전한 모형을 추구하는 경우가 많았다. 그뿐만 아니라, 이를 소홀히 해 온 데다가 우리의 인간론이 부족했기 때문에, 우리는 어느 정도로, 어떤 범위까지 세속적 예전이 이야기에 의한 형성을 좋아하는 우리의 체현된 성향을 암묵적으로 이용**해 먹는**지를 깨닫는 데 실패했다. 이는 그리스도인들이 소비주의와 국가주의, 다양한 모습의 이기주의에 동화된 이유를 설명하는 한 방법이 된다. 이런 '주의'들은 모두 매우 탁월하게 체현된 이야기들을 가지고 있다. 악마는 가장 좋은 예전을 가지고 있다.

이런 상황에 대한 적절한 대응은 우리의 **실천**을 바꾸는 것—복음의 이야기를 의도적으로 구현하며 다가오는 하나님 나라의 전망을 상연함으로써, 우리의 뼛속으로 스며들어 우리의 지각을 위한 배경, 우리의 성향을 위한 근거, 세상 속에서 우리의 (대개 생각하지도 않고 행하는) 행동을 위한 기초가 되는 예전과 의례, 훈련을 다시 활성화하고 갱신하는 것—이다. 갱신된 실천이 목표이므로, 우리는 그저 전설 같은 과거로 되돌아갈 수도, 낯선 실천을 강요할 수도 없다. 우리의 실천을 갱신하고 다시 방향 지을 **욕망**을 만들어 내기 위해서는 이것이 **왜** 필요한지 이해하도록 도와주는 성찰에 마땅히 참여해야 한다. 따라서 목표는 실천적이지만, 그 목표에 이르는 길은 이론적이다. 프루스트가 일깨우듯이, 지성만이 지성의 이차적 성격을 입증할 수 있다. 예전적 인간론의 윤곽을 그림으로써, 우리는 **왜** 역사적 기독교 예배와 영성 형성이 구체적으로 체현된 모습을 지녔는지를 새롭게 이해해야 한다. 다시 말해서, 철학적 인간론 분야에서 까다로운 이론적 훈련을 함으로써 예배 계획과 영성 형성, 기독교 교육을 위한 새로운 지향성을 만들어 내야 한다. **왜**를 이해하게

생각해 볼 문제: 우리가 사는 세상에 대한 실존적 지도

소설로 위장한 토머스 울프(Thomas Wolfe)의 자전적 이야기 『거미줄과 바위』(The Web and the Rock)에서 우리는 조지 웨버의 실존적 여정을 따라간다. 세계 곳곳을 여행하는 작가인 웨버가 자신의 작은 고향에 돌아왔을 때 그에게는 고향이 훨씬 더 작게 느껴진다. 일종의 체감적 지리에 대한 관심, 즉 객관적이거나 '지도 같지' 않고 오히려 암묵적이며 직관적인 공간 이해가 소설 전체를 관통한다. 소설 첫머리에서 울프는 우리가 실존적으로 세상의 지도를 그려 내고 세상을 만들어 가는 것, 즉 체현된 노하우라고 할 만한 것을 포착한다.

그는 사실 잔인할 정도로 분열적인 어린 시절을 보냈다. 본능적으로 혐오스럽고 역겨운 감각을 느낄 수밖에 없는 환경과 가정에서 자라야 했기 때문에 그는 늘 자신이 원하는 색으로 그려진 또 다른 우주를 갈망했다. 그리고 그가 싫어하는 것이 좋고 훌륭한 것이며 그가 은밀히 갈망하는 것이 악하고 가증스러운 것이라는 말을 끊임없이 들었기 때문에 그는 오랫동안 그를 괴롭히게 될 개인적 죄책감을 갖게 되었다. 그는 **공간**에 대한 자신의 감각, 나중에 그의 안에서 그토록 강해지게 된 특정 장소에 대한 느낌이 어린 시절의 이런 연상 작용으로부터—'좋은' 공간과 '나쁜' 공간이 있다는 그의 압도적인 신념 혹은 편견으로부터—온 것이라고 생각했다. 그가 어렸을 때 이런 느낌이 너무나도 강해져서 그가 살아가는 작은 세계 안에는 이런 편견의 색채를 띠지 않은 거리나 집, 골짜기나 비탈, 뒷마당이나 골목길이 하나도 없을 정도였다. 마을에는 그가 도저히 걸을 수 없는 거리들이 있었고, 심한 혐오감과 불쾌함을 느끼지 않고 지날 수 없는 집들이 있었다. 열두 살이 되었을 무렵, 그는 강력하고도 본능적인 애정과 불쾌함을 느끼는 장소로 이뤄진, 자신이 사는 우주를 그린 지도 같은 것을 만들었다.[1]

---

[1] Thomas Wolfe, *The Web and the Rock* (New York: Sun Dial, 1940), pp. 10-11.

함으로써 **어떻게**에 관한 새로운 지향성을 만들어 내야 한다.

영성 형성과 예전적 실천에 관한 역사적 기독교의 지혜 속에는 이야기와 몸, 상상력 사이의 운동미학적 연결성이 암시되었다. 그러나 이 장에서는 단순히 역사적 자료에서 이를 발굴해 내기보다는 메를로퐁티의 체현의 현상학을 논함으로써 우리가 이미 육화된, 성례전적 지혜를 지니고 있음을 상기시키고자 한다. 상상력과 지각, 몸, 서사 사이의 상호 작용을 메를로퐁티보다 더 잘 보여 준 사람은 없었다.

욕망의 지리학: 본능과 지성 사이

모리스 메를로퐁티의 『지각의 현상학』(*Phenomenology of Perception*)은 몸이 어떻게 '아는가'에 관한 고전적 설명이다. 메를로퐁티는 이러한 신체적 앎을 '지각'이라고 부른다. 하지만 이를 표준 인식론과 지식 설명으로 나타내려 한다면 그가 말하는 '지각' 개념이 거기에 잘 들어맞지 않음을 금세 깨닫게 될 것이다. 왜냐하면 우리의 표준 인식론에서는 우리가 실제로 살아가는 세상이 아니라 만들어 낸 세상에 대한 지도를 제공하기 때문이다. 메를로퐁티의 기획은 "사물 그 자체"로 돌아가라는 후설의 현상학적 공리로부터 출발한다. 목표는 '객체'와 '주체', '사상'으로 이뤄진 단정하고 깔끔한 세계를 만들고서 이런 것들을 '세계'라고 착각하기보다는 우리의 혼란스럽고 복잡한 세계-내-존재를 현상학적으로 설명해 내는 것이다. 메를로퐁티는 "사물 그 자체로 돌아간다는 것은, 지식보다 앞서며 지식이 언제나 **말하는** 세계, 마치 숲이나 평원, 강이 무엇인지를 미리 아는 우리에게는 지리가 시골 지역에 대한 기호-언어에 불과한 것처럼 그것과의 관계에서는 모든 과학적 체계화가 추상적이며 파생적인 기호-언어에 불과한 그 세계로 돌아가는 것이다"라고 조언한다.[17] 그렇다면 지각의 현상학을 제시한다는 것은 철학적 지성 위에 서려는 시도다. 즉, 우리가 이론을 세우기 전에 세상을 헤쳐 가는 방식을 제대로 설명하는 이론을 제시하려는 시도다.[18]

세상 안에 자리 잡고 있으며(embedded) 또한 체현된(embodied), 세상에 대한 우리의 지각은 '객체'를 지각하는 '주체'가 처리한 '지식'과는 전혀 다르다. 메를로퐁티는 전통적 인식론에서 제시하는 설명—이제 경험에 대한 우리의 '대중적' 관념에까지 스며든(PP, pp. 63-64)—이 **파생적임**을 상기시킨다. 그것은 코치가 칠판에 쓴 X와 O 같은 기호와 미식축구 경기장에서 실제로 일어나는 일 사이의 차이와 비슷하다. X와 O로 그린 도식은 유용한 허구이자 체험적 추상 관념으로, 이것으로는 공격선에서 수비선을 돌파할 기회를 마련하기

---

[17] Maurice Merleau-Ponty, *Phenomenology of Perception*, trans. Colin Smith (London: Routledge, 1962), pp. ix-x. 이후에는 인용할 때 PP로 표기함. 『지각의 현상학』(문학과지성사).

[18] 메를로퐁티는 이것을 젊은 시절의 하이데거를 되풀이하는 용어로 설명하면서, 자신의 기획을 "자연적 태도"의 현상학이라고 부른다. 나는 *Speech and Theology: Language and the Logic of Incarnation*, Radical Orthodoxy (London: Routledge, 2002), pp. 82-112에서 이러한 방법론적 지향을 더 자세히 논했다.

위해 블로킹을 할 때 실제로 벌어지는 상황의 복잡성에 다다르기 어렵다. 미식축구 초보자가 자신은 플레이북을 공부했으니 어떻게 해야 할지 알고 있다고 생각한다면, 그는 18야드 선에 서서 크게 후회하게 될 것이다. 메를로퐁티가 '지각'이라고 부르는 것은 '지식'—플레이북 안에서 깔끔하고 명쾌하게 펼쳐진 X와 O—의 기만적 단순성과 대조를 이루는 현장의 불분명하고 모호하며 거친 현실이다.[19] 그는 대체로 함축적이지만 에두르는 방식으로 이렇게 설명한다.

> 현실은 조밀하게 짜인 직물이다. 가장 놀라운 현상을 구체화하기 전에, 혹은 우리 상상력의 가장 그럴듯한 허구를 거부하기 전에 우리의 판단을 기다리지 않는다. 지각은 세계에 관한 과학이 아니며, 심지어 하나의 행위, 즉 하나의 입장을 의도적으로 취하는 행위도 아니다. 그것은 모든 행동이 튀어나오는 배경이며, 그것을 전제로 모든 행동이 이뤄진다. 세상은 내가 그것이 만들어지는 법칙을 가지고 있는 대상이 아니다. 그것은 나의 모든 생각과 나의 모든 명시적 지각의 자연적 배경이며 그것을 위한 장이다. 진리는 '내면의 인간' 안에만 '존재하는' 것이 아니다. 더 정확히 말하자면, 내면의 인간이란 존재하지 않으며, 인간은 세상 안에 존재하고 오직 세상 안에서 자신을 안다. (PP, pp. xi-xii)

---

19 메를로퐁티는 후설이 "행동의 지향성, 즉 판단의 지향성 및 우리가 자발적으로 입장을 취할 경우의 지향성과⋯기능적 지향성(fungierende Intentionalität), 즉 세상과 우리 삶의 자연적·선술어적 일치를 만들어 내고 객관적 지식보다는 우리의 욕망과 평가와 우리가 보는 풍경 안에서 더 분명히 드러나며 우리의 지식이 정확한 언어로 번역하려고 노력하는 텍스트를 제공하는 지향성"을 구별한다고 지적한다(PP, p. xx). (이 책처럼) *Phenomenology of Perception*에서는 "기능적" 지향성을 철학적으로 설명하고자 한다. 하지만 바로 그 이유 때문에 메를로퐁티는 **분석**의 한계를 지적한다. "우리 안에서 끊임없이 진술되는 세상과 우리의 관계는 분석에 의해 더 명확해질 수 있는 것이 아니다. 철학은 그것을 다시 한번 우리 눈앞에 제시하여 우리의 승인을 요구할 수 있을 뿐이다"(PP, p. xx). 여기서 우리는 현상학의 방법론적 독특성을 발견한다. 현상학의 과제는 '일어나고 있는 일' 앞에서 균형 잡힌 **설명**을 하는 것이며, 그 정당성은 그런 설명이 철학 이전의 우리 경험에 비춰 볼 때 얼마나 설득력 있는가에 달려 있다(참고. PP, p. ix).

지각은 서툴고 경솔한 판단이 아니다.[20] 그것은 전혀 다른 무언가이며, 판단과 분석, '지식'을 가능하게 하는 배경이다. 메를로퐁티는 "세상은 내가 생각하는 바가 아니라 내가 그 안에서 살아가는 바"라고 경고한다(PP, p. xviii).

메를로퐁티는 우리의 '혼종성'이라고 부를 수 있는 것, 즉 우리가 천사와 동물 사이에 자리 잡은 육화된 존재—정신과 몸을 지닌 존재—라는 점에 주의를 기울인다.[21] 그는 세상에 대한 우리의 태도를 주지주의[22]라거나 단순히 자극에 대한 생물학적 반사 작용이라는 식으로 설명하려 하지 않는다. 우리의 세계-내-존재는 본능과 정신 **사이**에 있다. 체현된 지각에 대한 이러한 설명에서는 우리를 몸이라는 매개체 안에 담겨 있을 뿐인 정신으로 환원하는 데카르트적 '생각하는 사물'주의와 우리의 모든 행동과 지각을 그저 자극에 대한 생물학적 반응으로 환원하는 환원론적 동물주의 모두를 반박한다. 나는 그저 추상적으로 **생각하며** 세상을 헤쳐 나가지 않지만, 본능적 반사 신경에 따라 이리저리 움직이는, 인상의 수동적 포로에 불과한 존재도

---

[20] 여기서 다시 메를로퐁티는 단순한 분석이 체현된 지각의 풍성한 복잡성에 낯설고 지나치게 단순화된 범주를 강요한다고 비판한다. "분석적 성찰은 모든 지각이 사유의 혼란스러운 형식이라고 보는 순전히 퇴행적인 교리일 뿐이다"(PP, p. 44). 체현된 지각은 기초 지식에 그치지 않는다. 그것은 전혀 다른 무언가다. "이해의 우주 안에서 그에 필적할 만한 것이 없는 지각 대상의 의미가 존재한다"(PP, p. 54). "현상을 정확히 번역하고자 한다면 이해를 전적으로 개혁하는 일이 필요하다"(PP, p. 56).

[21] 이것이 바로 워커 퍼시(Walker Percy)의 소설 *Love in the Ruins: The Adventures of a Bad Catholic at a Time Near the End of the World* (New York: Farrar, Straus & Giroux, 1971)에서 의사인 톰 모어가 피하려고 하는 환원론이다. 모어는 존재론적 타락 측정기를 갖추고 "천사성"이나 "동물성"(혹은 "야수성") 정도를 측정할 수 있다. 그는 "난 알게 되었어. 6도 이상으로 측정될 경우, 대개 그것은 그 사람이 자신과 자신을 둘러싼 세상으로부터 스스로를 너무나도 추상화해서 사물을 이론으로 보고 자신을 그림자로 본다는 것이고, 그건 말하자면 사랑스러운 일상적 세계로 재진입할 수 없게 된다는 의미라는 걸"이라고 말한다(p. 34). 하지만 그는 "여전히 의학계에 보이는 것만이 실재라는 별난 미신이 남아 있기 때문에" 의학이 동물주의로 빠지기 쉽다고도 생각한다(p. 29).

[22] 메를로퐁티는 주지주의에 대한 테일러의 비판의 촉매제가 되었다. *Phenomenology of Perception*의 앞부분 몇 장에서는 경험주의적 환원론과 합리주의적 주지주의 모두를 해체한다. "주지주의는 이러한 지각의 삶을 다루는 것과 동일하지 않다. 그것에 미치지 못하거나 지나쳐 버린다"(PP, p. 45). 사실 메를로퐁티는 주지주의와 경험주의가 서로에 대한 일종의 거울 이미지로서 동일한 '편견'에 둘러싸여 지각의 혼종성을 존중하지 못한다고 본다.

아니다.²³ 나는 천사가 아니지만, 곤충도 아니다(*PP*, p. 90). 나는 단순히 몸 안에 실린 정신이 아니며, 환경에 수동적으로 반응하는 생물학적 장치의 다발도 아니다.

따라서 메를로퐁티는 우리에게는 몸과 정신의 이분법에 사로잡히지 않고 우리가 '사이에 있음'(betweenness)²⁴과 이 '사이에 있음'이 가진, 의식보다 앞선 독특한 지식을 제대로 설명해 내는 인간 모형이 필요하다고 주장한다. 우리는 그저 '주체'가 아니며, 단순히 '객체'도 아니다.²⁵ 우리는 몸을 입고 세상 속에서 살아가는 존재다. 따라서 메를로퐁티는 이 풍성함과 복잡성을 존중하기 위해 "세계-내-존재"라는 하이데거의 신조어를 채택한다. 우리가 세계-내-존재를 **가지고** 있는 것이 아니다. 우리가 **바로** 세계-내-존재—환경 안에 자리한 체현된 존재로서 지식보다 앞서며 몸 안에 자리 잡고 있는 일종의 지향성을 통해 환경을 헤쳐 나가는 행위자—다. 메를로퐁티는 이것을 "의식보다 앞선 지식"(preconcious knowledge)이라고 부른다. 적합하며 균형 잡힌 행동 철학을 발전시키고자 한다면 의식보다 앞선 지식을 이해해야 한다.

메를로퐁티의 말처럼, 우리는 습관을 통해 세계-내-존재로 살아가는 방식을 만들어 가며, 이것을 우리 몸 안에 지니고 있다. 이것은 의식적 성찰과

---

23 메를로퐁티는 우리의 반사 반응조차도 단순히 수동적이며 '맹목적'인 과정이 아니라고 강조한다. "그것은 상황의 '방향'에 맞춰 적응하며, '지리적 배경'이 우리에게 영향을 미치는 것처럼 '행동의 배경'을 향한 우리의 지향을 표현한다"(*PP*, p. 91). 따라서 우리의 반사 신경조차도 그것이 우리가 세상을 '겨냥'하는 방식이라는 의미에서 '지향적'이다. "반사적 반응은 객관적 자극으로부터 생겨나지 않으며, 도리어 그 자극을 향해 움직이고, 심리학적 동인으로서 단독으로 받아들일 때는 소유할 수 없고 상황으로 받아들일 때만 소유할 수 있는 의미를 그 자극에 부여한다"(*PP*, pp. 91-92).
24 이언 맥길크리스트도 동일한 지적을 한다. "우뇌"의 이해가 만들어 낸 세상은 "좌뇌"의 분석과 추론에는 적용되지 않는 "사이에 있음"에 의해 특징지어진다(*The Master and His Emissary*, p. 31).
25 그는 우리에게 이러한 이분법을 물려준 데카르트 철학의 어휘로 이것을 설명한다. 즉, 인간은 단순히 생각하는 사물(*res cogitans*)도, 단순히 공간을 차지하는 실체(*res extensa*)도 아니다. "세계-내-존재"는 "모든 3인칭 과정[과] 모든 1인칭 형식 혹은 지식과 구별된다"(*PP*, p. 92).

객관화보다 앞서며 이를 회피하는 차원에서 '알려지는' 방식이다.[26] "몸은 세계 안에서 존재하는 수단이며, 살아 있는 피조물로서 몸을 지닌다는 것은 특정 환경 안에 **더불어** 참여하는 것, 특정 목표와 자신을 동일시하고 이를 위해 계속해서 헌신하는 것을 뜻한다(PP, p. 94, 강조는 추가됨). 내 몸은 그저 중립적인 공간을 관통해서 움직이는 사물이 아니다. 오히려 내 몸은 세계를 형성하며 구성하는 '실천의 장'에 의해 둘러싸여 있다. 잔을 들 수 있는 것은 나에게 손이 있고 그 잔에 손잡이가 있기 때문이다. 심지어 내가 그 '잔'을 들 수 있는 것'으로' 보는 것도 아니다. 이것은 지나친 대상화다. 그 잔은 나에게, 내 몸에게는 들 수 있는 것이다. 계단이나 바위는 오를 수 있는 것이다. 나의 실천의 장이 이미 그것을 오를 수 있는 것으로 구성하기 때문이다. 따라서 우리는 생리학적 구조로서의 몸과 오랜 시간에 걸쳐 구축된 "습관-몸"을 더 이상 분리할 수 없다(PP, p. 95).

'의식보다 앞선 지식'으로 '아는' 것은 바로 이 '습관화된 몸'이다. 이것이 삶의 방식을 위한 공간이다. 이 점은 몸의 생리학적 변화가 세상에 대한 습득된 지향을 지닌 습관화된 몸을 바꾸지 못하는 사례를 통해 예증된다. "어떤 주체들은 그들이 사는 '세상'을 바꾸지 않은 채 거의 눈먼 상태에 이를 수 있다. 그들이 도처에서 객체들과 충돌하는 모습이 보일 수 있지만, 그들은 더 이상 시각적 특성에 열려 있지 않음을 깨닫지 못하며, 그들의 행동 구조는 바뀌지 않고 그대로 유지된다. 반면에, 다른 환자들은 자신의 세계를 이루는 요소가 제거되자마자 자신의 세계를 잃어버린다. 그들은 그것이 불가능해지기도 전에 습관적 삶의 방식을 포기하며, 세계와의 감각적 접촉을 잃어버리

---

26 메를로퐁티는 이를 설명하기 위해 "환각지"(phantom limbs) 현상을 길게 논한다. 이 현상은 우리가 습관에 의해 세계-내-존재의 신체적 양식에 얼마나 익숙해지는지 예증한다. "팔이 남아 있다고 착각한다는 것은 팔로만 가능한 모든 행동의 가능성에 그대로 열려 있다는 말이다. 즉, 팔이 잘리기 전에 누렸던 **실천의 장**을 그대로 지니고 있다는 말이다"(PP, p. 94, 강조는 원문의 것).

기도 전에 스스로 미숙한 병자가 되어 세계와의 필수적 접촉을 차단한다"(PP, p. 92). 후자의 환자들이 스스로 볼 수 없다고 '결정'할 때, 그들은 더 이상 세상 속에서 자신의 길을 헤쳐 가는 법을 알지 못한다. 의식보다 앞서며 습관화된 그들의 지식을 더 이상 활용하지 않는다. 그들은 세상으로부터 뒷걸음질 친다. 전자의 환자들이 지닌 환경에 대한 지향은 너무나도 습관화되어 있어서 더 이상 세상을 헤쳐 나갈 몸이 없음을 깨닫지 못한다. 메를로퐁티는 두 경우 모두로부터 우리의 '세상'이 그저 자극의 외부적 원천에 그치지 않는다는 결론을 끌어낸다. 그 반대로, "우리의 '세상' 안에는 자극으로부터 비교적 독립된 일종의 일관성이 존재하며, 이 일관성 때문에 우리는 세계-내-존재를 일군의 반사 작용으로 취급할 수 없다. [그리고] 우리의 자발적 생각으로부터 비교적 독립된 실존의 맥박 안에 있는 일종의 에너지가 존재하며, 이 때문에 우리는 그것을 의식의 **행위**로 취급할 수 없다"(PP, p. 92, 강조는 원문의 것). 정말로 "내 몸은 세상의 중심이다"(PP, p. 94).

따라서 몸은, 환원 불가능하며 명료하게 진술될 수도 없지만 우리의 세계-내-존재에 근본적으로 **지향을 제공하는**, 일종의 습득되고 습관화된 지식 혹은 노하우를 지닌다. 메를로퐁티는 이러한 고통스러운 예를 환기한다. "우리는 그에게서 회신을 기다리다가 다시는 회신을 받지 못하리라는 것을 깨닫고 나서야 친구의 부재나 죽음을 이해한다. 따라서 처음에 우리는 굳이 이 침묵을 알아차릴 필요가 없도록 아예 묻기를 피한다. 이러한 없음을 마주칠지도 모르는 우리 삶의 다른 영역을 회피한다. 하지만 이 사실 자체가 우리가 이를 직관적으로 알고 있음을 뜻한다"(PP, p. 93). 무엇이 혹은 누가 그것을 '알고' 있는가? 나는 그것을 생각하지 않는다. 나는 그것을 생각하지 않으려고 노력하며 내가 그러고 있다는 것을 깨닫지도 못한다. 그럼에도 나는 나의 '유령' 친구에 대한 체현된 지식과 기대를 계속 지니고 있다. 습관 차원에서 나는 여전히 친구가 집에 있거나 전화를 받기를 기대한다. 수백 번 그를 만났듯이 예배당에서 계단을 올라오는 그와 마주치리라는 기대를 아직 버리지 않았다. 세상에 대한 나의 습관적 지향이 그의 부재와 충돌하여 내 기대가 좌절되었을 때 비로소 나는 그의 부재를 '깨닫는다.' 아무 생각 없이 패커스(Packers, 위스콘신 주 그린베이를 연고지로 둔 미식축구팀—옮긴이) 경기에 관한 문자 메시지를 쓰기 시작하다가 마치 처음인 것처럼 그가 회선 반대쪽에 없으며 앞으로도 없을 것임을 깨닫는다. 그제서야 내 지식은 의식적인 것이 된다.

이것은 어떤 종류의 지식인가? 몸은 어떻게 아는가? 내 몸은 어떻게 **배우는가**? 그리고 기독교 신앙 역시 우리의 '습관-몸' 안에 새겨진 이런 종류의 '삶의 방식'이라면? 예수의 제자가 된다는 것이 우리가 "우리를 우리의 책무 안으로 던져 넣는 힘"(PP, p. 94)에 의해 특징지어지는 것을 의미한다면? 성령의 역사가 우리의 세계-내-존재를 방향 짓는 '실존의 맥박 안에 들어 있는 일종의 에너지'를 형성(form)하고 개혁(reform)하며 변화(transform)시키는 것이라면? 그리스도께서 내가 사는 세상의 중심인 이 몸을 완전히 바꾸어 놓으시는 모습은 어떠할까? 메를로퐁티가 말하는 체현의 현상학은 이런 물음에 답하고 예배가 어떻게 작동하는지를 새롭게 이해하기 위한 자료를 제공해 준다.

〈빛나는 별이여〉에서 묘사하는 세상에 대한 느낌

『하나님 나라를 욕망하라』에서 지적했듯이, 여기서 내가 주창하는 예전적 인간론은 계몽주의 유산에서 배태된 합리주의에 맞선다는 의미에서 '낭만적'이다.[27] 예전적 인

---

[27] James K. A. Smith, *Desiring the Kingdom: Worship, Worldview, and Cultural Formation* (Grand Rapids: Baker Academic, 2009), pp. 77-80, 123-124를 보라. '낭만적' 신학에 관련된 논의로는 John

간론의 통전성 강조와 감정이나 심미적인 것에 대한 낭만주의의 재평가 사이에는 유사점이 있다. 둘 다 이성보다 직관의 우선성을, 합리적인 것보다 심미적인 것의 우선성을 주장한다.[28] 그리고 메를로퐁티처럼 둘 다 세상과 우리의 신체적·감각적 관계에는 환원 불가능성이 존재한다고 주장한다.

제인 캠피언(Jane Campion)의 영화 〈빛나는 별이여〉(Bright Star)에서는 낭만주의의 직관을 강력히 구현하고 있다. 특히 이 영화는 위대한 낭만주의 시인 중 한 사람인 존 키츠(John Keats)를 다루고 있기 때문이다. 어떤 점에서, 영화에서는 내가 메를로퐁티의 이론적 작업으로부터 설명해 내려고 하는 바를 **연기로 보여 주고**(perform) 있으며, 영화에 대한 비판적 성찰을 통해 우리는 메를로퐁티의 철학적 인간론을 구성하는 요소들을 이해할 수 있을지도 모른다. 특히, 키츠의 시와 캠피언의 영화 사이의—그의 시구와 그녀의 이미지 사이의—상호 작용을 숙고함으로써, '세상에 대한 느낌'으로서의 앎이 환원 불가능함을 어느 정도 이해할 수 있을 것이다.

영화를 움직이는 서사적 엔진은 키츠가 사랑하는 두 대상, 즉 시와 파니 브론 사이의 상호 작용이다. (둘 사이의 치열한 공방에서 심판 역할을 하는 사람은 키츠의 친구인 찰스 브라운인데, 그 역시 시를 사랑하기에—그리고 키츠의 재능을 높이 평가하기에—이 삼각관계에서 방어하는 쪽이 된다.) 키츠의 시는 말(diction)을 자연에 대한 사랑과 열정적으로 섞어 언어가 새로운 불로 타오르게 하며 세상의 아름다움뿐만 아니라 깨어짐을 정직하게 노래한다. 키츠는 너무나도 현대적으로 느껴져서 현대의 독자는 그의 시가 1800년대 초에 쓰인 것임을 금세 잊어버리고 말 것이다. "나이팅게일에게 부치는 송시"(Ode to a Nightingale)의 한 연을 생각해 보라.

Milbank, "The New Divide: Romantic versus Classical Orthodoxy", *Modern Theology* 26 (2010): pp. 26-38를 보라.

28 중요한 차이점이 있다. 낭만주의에서는 개인과 자율성에 대한 계몽주의의 강조를 계속 유지한다. 낭만주의에서는 이것이 표현주의로 나타났을 뿐이다. 아우구스티누스에게 진 빚 때문에, 기독교의 예전적 인간론에서는 두 '자율주의' 모두 거부한다.

멀리 사라져, 녹아, 나뭇잎 사이에서,

그대가 결코 알지 못했던 것,

이 세상의 피로, 열병, 초조를 아주 잊어버렸으면,

여기서 사람들이 앉아 서로의 신음 소리를 듣는다네.

중풍 환자는 몇 개 남은, 슬픈, 마지막 희끗한 머리카락을 흔들어 대고,

젊은이는 창백해져, 유령처럼 마르다 죽는다네.

단지 생각할 수 있는 것은, 가득 찬

슬픔과 납덩이처럼 무거운 눈의 절망,

미녀는 빛나는 눈을 지속시킬 수 없어,

새로운 사랑은 내일을 넘어 그들을 그리워할 수 없다네.[29]

이 시어들은 소리 내어 읽어야 하는 말, 공기 중에 구체화되어야 하고 혀로 만져야 하는 말이다. 키츠 시학의 핵심은 세상을 환기한다—**아니, 만들어 낸다**—는 것이며, 그의 시는 알아차릴 수밖에 없는 가촉성(可觸性, tangibility)을 환기한다. 키츠에게 시는 그저 관념을 전달하는 도구적 수단이 아니다. 시는 그 자체의 목적—단순히 거쳐서 여행하는 세상이 아니라 그 안에서 **살아가는** 세상에 대한 그 나름의 환원 불가능한 이해—을 지닌다. 〈빛나는 별이여〉에서 키츠와 파니 브론이 나누는 중요한 대화는 이 점을 잘 보여 준다.

"나는 아직 시를 어떻게 알아야 할지 모르겠어요." 파니가 고백한다.

키츠는 나지막이 머뭇거리며 독백하듯 대답한다. "시는 감각을 통해 이해해야 해요.

---

[29] John Keats, "Ode to a Nightingale", st. 3, in *Essential Keats*, ed. Philip Levine (New York: Ecco, 1987), pp. 101-102. 『키츠 시선』(윤명옥 옮김, 지식을만드는지식), pp. 129-130. 번역물은 출판사의 허락을 받아 사용하였다.

호수에서 잠수하는 목적은 호숫가로 헤엄쳐 가기 위해서가 아니라 호수 **안에** 있기 위해서, 물의 느낌을 만끽하기 위해서죠. 호수를 아는 게 아니에요. 생각을 넘어 경험하는 거죠. 시는 신비를 받아들이도록 영혼을 달래고 격려하죠."

그가 쏟아 놓은 말에 깜짝 놀랐지만 파니는 상냥하게 대답한다. "나는 신비를 사랑해요."

시는 세상에 의해 생겨났지만 그 자체로 **세상이기도** 하다. 그리고 우리는 우리 나름의 방식대로 그 안에서 살아간다. 그것은 우리가 '만끽하는' 무언가—그 안에서 살아가고 반추하는 무언가—다. 시는 당신이 흠뻑 잠겨서 한동안 시간을 보내고 그 안에서 쉬는 무언가다. 이것은 '진짜' 세상으로부터의 도피가 아니다. 시는 **이** 세상을 살아가는 다른 방식이며, 세상에 관해 다른 방식으로는 절대로 배울 수 없었을 무언가를 배우는 공간이다. '생각을 넘어선 경험'이며, '감각을 통한' 독특한 '이해'다.

캠피언의 영화를 비판하는 크리스토퍼 릭스(Christopher Ricks)의 글은 키츠의 미학적 전망과 기획을 잘 짚어 낸다. 나는 바로 그의 비판이 틀린 **방식** 때문에 그 비판이 유익하다고 생각한다. 릭스는 "키츠의 예술(그의 시만큼이나 그의 편지에서)에 관해서는 '묘사'라는 말조차도 그의 놀라운 성취를 담아내기에 부족하다. 그의 상상력은 묘사에 국한되지 않기 때문이다. 오히려 다채로운 육체적 상상 덕분에 그의 상상력은 현실을 만들어 낸다"라고 요약한다.[30] 감독 제인 캠피언은 분명 이런 미학적 기획에 사로잡혔을 것이다. 캠피언 역시 세상을 만들어 내는 데 관심이 있다. 하지만 그녀의 매체는 시가 아니라 영화다. 그녀는 언어가 아니라 이미지를 전달한다. 하지만 그녀의 영화는 단순히 그것을 재현해 내는 것이 아니라 감각을 통한 이해, 생각을 넘어선 경험을 만들어 내려는 미학적 노력을 통해 키츠의 예술에 바치는 헌사다(그렇

---

[30] Christopher Ricks, "Undermining Keats", *New York Review of Books* 56, no. 20 (December 17, 2009): p. 46.

기 때문에 영화의 줄거리는 이 영화의 핵심이 아니다).[31]

흥미롭게도 릭스는 비평을 하면서 이 점을 놓치고 있다. 대신 그는 캠피언이 이미 그림 같은 키츠의 언어에 이미지씩이나 더해 주어 키츠를 '약화'시키고 있다고 비판한다. 영화에 대해 릭스는 이렇게 명령한다.

〈빛나는 별이여〉와 같은 영화에서 이미지는 끊임없는 자기 부인 행위일 수밖에 없다. 즉, 위대한 작가가 탁월한 방식으로—언어라는 선택된 매체만으로—우리에게 상상하고 그려 보게 한 것으로 이미지들을 재현해 내려는 불가능한 작업일 수밖에 없다. 그 나름대로 경쟁하는 이미지를 제공하는 영화는 존경이나 경의를 표하고자 했던 상상의 행위를 무의미하게 만들 것이다. 시인들의 기예 중 하나는 몸의 눈이 아니라 정신의 눈으로 보는 것을 그려 낸다는 것이다.[32]

다시 말해서, 마치 키츠의 시가 시각적 이미지의 도움이 필요하기라도 한 것처럼 키츠가 시로 이미 그려 낸 것을 캠피언이 카메라로 촬영해서는 안 된다는 것이다. 그것은 그의 송시를 설명이 첨가된 그림책으로 만들어 버리는 일이다. 릭스가 보기에 캠피언은 마치 영화가 키츠의 시에 부족한 무언가를 채우려는 듯—캠피언의 예술이 시 예술을 돕고, 심지어는 구조할 수 있는 것처럼—그의 시를 보충하려 함으로써 오히려 키츠의 시를 약화시키고 말았다.

그러나 릭스는 완전히 틀렸다. 그가 틀린 것은 키츠를 과소평가하고 캠피언을 오해했기 때문이다. 릭스의 문제는 그가 예술—시와 영화 모두—에 대한 재현주의적(representationalist) 모형에 여전히 갇혀 있다는 것이다. 따라서 그는 키츠의 목표를

---

31 나는 웨스 앤더슨(Wes Anderson) 감독의 모든 작품에도 비슷한 미학이 작동하고 있다고 생각한다.
32 같은 곳.

일차적으로 **그려 내기**—'보기'—로 이해한다. 하지만 키츠는 그보다 더 포괄적인 목표를 갖고 있다. 즉, (모든) 감각으로 이해하고, 세상에 대한 **느낌**, 우리가 만끽하고 그 안에서 살아가는 감수성과 감각을 불러일으키는 시어를 써내는 것이다. 그리고 캠피언이 사용하는 매체는 다르지만 그녀가 가진 미학적 전망은 꼭 같은 것이다. 캠피언은 존 키츠의 이야기를 단순히 '재현'하여 키츠의 시어에 부족한 무언가를 시각적으로 보충하려고 하지 않는다. 오히려, 키츠의 시와 캠피언의 영화는 미학을 세상에 대한 '이해'로 환원할 수 없음을 알고 있는, 낭만적 미학의 이상을 성취하고자 하는 두 가지 다르지만 비슷한 형식이다. 캠피언은 관객에게 그저 존과 파니를 '보라'고 권하지 않는다. 관객에게 그들의 세상, 그들의 경험 안에서 살아 보고 그들과 더불어 느끼라고 권한다. 따라서 〈빛나는 별이여〉는 그 나름대로 대단히 풍성한 경험이다. 색과 소리, 빛과 그림자, 움직임과 쉼이 어우러져 만들어 내는 광시곡이다. 캠피언은 배우들이 특정 감정을 단순히 '표현'하기보다는, 그것을 말로 설명할 수 없는 가운데 우리가 즉각적으로 '알고' '이해하는' 세상에 대한 태도를 구현하는 방식으로 연기하도록 지도했다. 풍성한 물질성을 보여 주는, 멀리서 넓게 촬영한 풍경이 미세한 손의 떨림을 보여 주는 장면, 석고처럼 흰 가슴을 스치듯이 비추는 장면, 입꼬리가 살짝 내려가는 장면으로 보충된다. 렌즈의 구도는 우리가 전에 한 번도 본 적이 없지만 즉시 알아차릴 수 있는 방식으로 세상을 **만들어 낸다**. 이 영화에서는 음향 역시 중요하다. 미니멀리즘 현악 사운드 트랙에 오래된 의자의 삐걱거리는 소리, 자갈로 포장된 길을 달리는 말발굽 소리, 길고 의미심장한 침묵이 더해진다. 이 모든 것이 우리가 살아가는 세상을 감싸고 있는 소리의 분위기를 만들어 낸다. 이 영화 속 장면에 관해 "이것이 무슨 의미지?"라고 물어서는 안 된다. 이 영화는 **다른** 무언가를 의미하지 않는다. 관념을 '표현'하거나 '메시지'를 전달하려고 하지 않는다. 그 자체를 **의미한다**. 보여 줌으로써 **의미한다**. 그리고 일단 그 안에서 살아 보라는 권유를 받아들인다면, 당신은 다른 방식으로는 알 수 없었던 무언가를 '이해'하게 될 것이다.[33] 릭스의 비판은 캠피언의 시각적 시학이 그 나름의 환원 불가능성을 지니며 그 자체로서 '낭만적' 예술 작품이라는 사실을 놓치고 있다.

나의 몸, 나의 지평

내 몸은 나에게 하나의 '사물'이 아니다. 여러 물건 중 하나, 즉 도구나 기구처럼, 심지어 다른 사람의 몸처럼 '보거나' '만지는' 무언가가 아니다. 내 몸은 내가 가지고 있는 무언가가 아니라, 그 자체가 나다. 내 몸은 세상 안에서 살아가는 '나'다. 이는 대부분의 경우 내 몸은 내가 의식하는 무언가가 아님을 의미한다. 오히려 내 몸은 내 의식을 가능케 하는 조건이다. 항상 유지되는 나의 **배경**이다. 마크 존슨은 우리 몸의 구조 자체가 그 기능상 우리에게 몸을 잊어버리라고 부추긴다고 지적한 바 있다. 이상하게도, 우리에게 이원론자가 되라고 부추기는 것은 바로 우리의 몸이다. "우리 삶의 경험 자체가 정신과 육체를 대립시키는, 불가피해 보이는 이원론을 강화한다. 우리는 우리 몸이 작동하는 것을 무시하려고 노력할 필요가 없다. 오히려 우리 몸은 의미와 경험을 가능하게 하는 활동을 하는 중에 우리로부터 스스로를 숨긴다"(*MB*, p. 4). "우리 몸이 제대로 기능하기 위해서는 세상 속에서 사물을 경험하는 우리의 활동 속에서 우리의 신체 기관과 작용이 뒤로 물러나고, 심지어는 숨어 있어야 한다." 그래야만 우리에게 다양한 가능성이 주어지고 우리가 세상에서 유동적이고 자동화된 경험을 할 수 있기 때문이다. 따라서 존슨은 레더

---

33 물론 이는 또한 캠피언의 영화의 '진실'이 나의 설명이나 요약으로 환원될 수 없음을 뜻한다. 산문적 설명을 통해 나는 독자에게 이 영화를 보고, 이를 통해 캠피언이 창작해 낸 바를 경험하라고 권하고 싶을 뿐이다.

(Leder)가 제시한 원리를 환기한다. "내가 어떤 신체 기관을 통해서 지각하는 한 그 기관은 그것이 드러내는 지각의 장으로부터 물러나 있어야 한다. 나는 내 비강 조직의 냄새를 맡거나 내 귀의 소리를 듣거나 내 미뢰를 맛보지 못하며 그런 기관으로, 그런 기관을 통해 지각한다." 따라서 몸은 결코 우리 앞으로 나설 수 없는 배경—경험의 준거틀과 조건을 이루는 "신체적 구조"—이다(MB, p. 5). 이는 "우리의 잠재된 데카르트주의의 신체적 기초"를 설명해 준다(MB, p. 6).

비슷한 방식으로 메를로퐁티는 몸의 "항구성이 세상 안에서의 항구성이 아니라 나에 대한 항구성"임을 강조한다. 그것이 언제나 내 가까이에 있고 언제나 나를 위해 거기에 있다는 말은 그것이 결코 내 앞에 없으며, 내 눈앞에 펼쳐 놓을 수 없고, 내 지각에 대해 주변적인 상태로 남아 있으며, 나와 **함께** 있다는 말이다"(PP, p. 104).³⁴ 몸은 사물의 세계 가운데 있는 한 사물이 아니다. 그것은 내가 사물의 세계를 경험할 수 있게 해 주는 가능성의 배경이자 지평이다. "내 몸이 세계를 보거나 만질 수 있는 한 내 몸은 보이지도 않고 만져지지도 않는다. 그것이 하나의 사물이 되지 못하게 하고 언제나 '완벽히 구성된' 것으로 존재하는 까닭은 **몸이 곧 사물이 존재하는 수단**이기 때문이다. 몸이 보고 만지는 바로 그것인 한 몸을 만질 수도 없고 볼 수도 없다"(PP, p. 105, 강조는 추가됨). 우리의 몸은 단순히 우리의 정신을 담는 그릇이 아니라 우리가 세상과 "소통하는 수단", 즉 "우리의 모든 경험 안에 잠재해 있으며 그 자체로 언제나 현전하며 모든 결정하는 생각보다 앞선 지평"이다(PP, p. 106).

여기서 메를로퐁티의 묘사는 우리 경험이 우리로 하여금 세상을 특정한

---

34 메를로퐁티는 계속해서 이렇게 말한다. "다시 말해서, 나는 내 몸으로 외부 사물을 관찰한다. 나는 그것을 다루고 조사하고 그 주위로 걸어 다니지만 내 몸 자체는 내가 관찰하는 하나의 사물이 아니다. 그렇게 할 수 있으려면 그 자체로는 관찰 불가능한 두 번째 몸을 사용해야 한다"(PP, p. 104).

방식으로 이해하고 아찔할 정도로 다채로운 감각 인상을 하나의 '세상'으로 설계하게 만드는 '배경'에 비추어 우리 경험이 '구성'된다고 보는, 경험에 대한 현상학적 설명을 전제한다. 내 경험 몰입을 통해 나에게 찾아오는 '주어진' 직관적 자료의 유입은 나의 '지평'이라는 맥락 안에서 무언가로 '결합'(구성)된다. 어떤 의미에서는 지금 거의 압도적인 양의 '소여'(직관)가 나에게 다가오고 있다. 이를테면 엄청난 양의 감각 자료가 밀려와서 내 몸 전체에 인상을 남긴다. 내가 이러한 직관의 유입을 다룰 수 있는 세상으로 즉각 '구성'해 낼 수 있는 것은 오랜 시간에 걸쳐 습득한 특정한 '배경' 전제와 습관을 지니고 있기 때문이다. 여기에는 잔이 있고, 저기에는 바리스타가 있으며, 저쪽에는 문이 있고, 머리 위로는 음악이 흐르며, 사람들은 왁자지껄 대화를 나누고 있고, 갓 내린 수마트라 커피의 향이 이 모든 경험을 가득 채우고 있다. 이런 현상들은 내가 그것들을 무언가로 구성하는 한 '존재'한다. 그리고 이러한 구성(결합)은, 이 모든 경험에 틀을 부여하며 그 구성을 용이하게 하는 맥락을 제공하는 '지평들'을 요구한다.[35]

그러나 나는 이곳으로 걸어 들어오면서 이를 전혀 **생각**하지 않았으며, 방금 앞에서 이 문장들을 쓰기 전까지 단 1초도 이를 **생각**하지 않았다. 구성은 현재 작동하는 의식보다 앞선 차원에서 이뤄진다. 그것은 하나의 '행동'이 아니다. 그것은 결정이 아니다. 숙고가 필요 없다. 마르틴 하이데거(Marin Heidegger)가 이미 지적했듯이, 구성 작업의 많은 부분은 내가 무언가를 **행하는** 사이에, 무언가를 성취하려고 노력하는 사이에 그 자리에서(*in situ*) 이뤄지며, 따라서 그런 구성은 지적이라기보다는 실용적(pragmatic)이다. 대부분의 경우

---

[35] 당신의 '배경' 안에서 사용 가능한 레퍼토리에 비추어 이해할 수 없기 때문에 구성할 수 **없었던** '소여'를 마주쳤던 경험을 회상할 수 있다면, 이러한 구성의 역할을 이해할 수 있을 것이다. 영화 〈부시맨〉(*The Gods Must Be Crazy*)의 첫 장면에서 아프리카 원주민들의 경험 안으로 떨어진 코카콜라 병을 생각해 보라.

나는 '사물'을 단순히 관찰할 무언가로 구성하지 않는다. 오히려 나는 사물을 프라그마타(*pragmata*)—내가 일종의 초연한 구경꾼이 아니라 연관된 **행위자**로서 세상을 헤쳐 나갈 때 **사용**할 것들—로 구성한다. 따라서 이 커피숍으로 들어올 때 나는 의자와 탁자를 '보지' 않았다. 나는 여기 글을 **쓰러** 왔으며, 의자에 **앉아** 탁자 위에 나의 랩톱을 **두었다**. 앉기와 두기는 나의 추론 능력을 1초도 사용할 필요가 없는 구성 행위다. 경험의 '지평'(나의 배경을 이루는 기대)은 나의 세상을 구성하기 위해 내가 의식적으로 환기하거나 '생각'할 필요가 없는 무언가다. 그것은 생각하지 않아도 작동한다. 나는 흔히 정의하는 방식의 논리나 심지어 '지식'과 전혀 관계없는 차원에서 나의 세상을 '이해'한다. 이런 식으로, 메를로퐁티는 내가 주지주의와 전혀 관계없는 '지성'으로 나의 세상을 헤쳐 나간다고 추측한다(*PP*, p. 147).

그러나 이런 지평과 배경은 고정불변의 소여가 아니다. 이러한 구성을 가능하게 만드는 몸이라는 생물학적 무대에 어느 정도 소여가 존재하지만, 나의 배경 지평은 오랜 시간에 걸쳐 습득된 것이다. 나의 지평은 역사를 지니고 있으며 나의 세상을 특정한 방식으로 이해하는 습관화와 성향, 경향의 축적을 나타낸다. 나의 지평은 사회적이며 공유된 것일 수밖에 없지만—사실, 나는 그것을 **다른 이들에게서** 얻는다—그것은 선험적이거나 보편적이지 않다. 같은 직관적 자료의 유입이 전혀 다른 방식으로 이해될 수 있으며, 이는 일상적인 것으로부터 도덕적인 것에 이르기까지 모든 것에 대해서도 마찬가지다. 내가 변기로 이해하는 소여가 뒤샹(Duchamps)에게는 예술 작품으로 이해될 수도 있다. 보도에 서 있는 노숙자를 보면서 즉시, 전혀 생각하지 않고도 사회의 게으른 기생충으로 이해할 수도 있고 정신 건강 체계의 실패를 보여 주는 안타까운 증거로 이해할 수도 있다. 나의 '배경'이란 바로 내가 다른 이들에게서 물려받고 받아들인, 세상을 이해하는 가능한 방식들의 축적이다. 사실, 훨씬 더 강력한 의미에서 나의 '배경'은 나에게 특정한 방식으로 나의 세상을 이해하는 경향을 갖게 하는 축적된 습관과 성향이다. 그리고 뒤에서 주장하듯이, 기독교 예배는 어떤 의미에서 이해의 훈련이다. 그것은 나의 구성 지평을 재형성함으로써 오랜 시간에 걸쳐 '배경'을 변화시키는 효과를 발휘하는 하나님과의 만남이다.

이 논의에서 메를로퐁티의 기여는 우리 경험이 몸 안에서, 몸에 의해 수행되는 무언가라는 점을 훨씬 더 깊이 이해할 수 있게 한 것이다. 구성은 일종의 정신적 무의식에 의해 수행되는 것이 아니다. 몸 자체가 언제나 이미 나의 세상을 구성하고 있다. 몸이 세상 안에 자리 잡고 있기 때문이다. 메를로퐁티가 결론 내리길, "의식으로서 존재한다는 것 혹은 **경험으로서 존재한다**는 것은 세상과 몸, 다른 사람들과의 내적 소통을 유지한다는 것, 그들 옆에 존재하는 대신 그들과 **함께** 존재한다는 것이다"(PP, p. 111, 강조는 원문의 것). 우리 경험에 주의를 기울이고 우리의 신체성을 진지하게 받아들일 때, 우리는 "이미 만들어진 사물들 사이에서 움직이는 객관적 사고 아래에서, 그것이 없이는 어떠한 객관적 지식도 존재할 수 없는, 사물들 위에 생긴 첫 번째 틈"을 만난다(PP, p. 111). "사물들 위에 생긴" 이 틈은 앞서 우리가 언급한 "세상의 중심"이다. 생각하지 않고도 **아는**, 살아 있는 몸이다(PP, p. 149).

메를로퐁티는 어떻게 우리가 **공간**과 관계를 맺는가를 고찰함으로써 이 독특한 신체적 태도―이러한 비-객관적 '앎'―를 강조한다. 그는 "공간과의 일종의 공존으로 환원할 수 있는 공간에 대한 지식이 존재하며, 그것은 설명을 통해 전달될 수 없지만 무의미한 것이 아니다"라고 말한다(PP, p. 121). 그는 자신의 공간 경험을 예로 들면서 설명한다. "집에서 돌아다닐 때 나는 화장실 쪽으로 걸어가면 침실 근처를 지난다는 것과 창문을 보면 내 왼쪽으로 벽난로가 보인다는 것을 **생각하지 않고도 안다**. 이 작은 세상 속에서 모든 몸짓과

생각해 볼 문제: 병아리 성 감별과 비의식적 지식

데이비드 브룩스의 『소셜 애니멀』에서는, 세계-내-존재에 대한 메를로퐁티의 설명을 확증하는 인지과학과 심리학의 최근 연구 성과—특히 우리가 어느 정도까지 비의식적 차원에서 우리의 세상을 '아는가'에 관한—를 탁월하게 포착해 낸다. 인지적 무의식은 결코 완전무결하지 않지만 분명히 그 나름의 지혜, 그 나름의 '노하우'를 활용한다. 사실 우리의 의식적 활동의 많은 부분은 무의식에 대한 기능적 확신에 기초한다. 브룩스는 이에 관한 놀랍고도 인상적인 예를 인용한다.

> 이러한 지각의 기술이 놀라울 정도로 섬세할 수도 있다. 많은 양계 농장에서는 전문적인 병아리 감별사를 고용한다. 훈련받지 않은 사람에게는 갓 태어난 병아리가 똑같이 보이지만, 감별사들은 새로 부화한 병아리들을 보면 그것이 암컷인지 수컷인지를 알 수 있다. 노련한 감별사들은 한 시간에 8백에서 천 마리의 병아리를 보고 99퍼센트의 정확도로 성별을 판별해 낸다. 그들은 어떻게 감별해 낼까? 그들은 당신에게 아무런 대답도 못할 것이다. 암컷과 수컷은 뭔가 다르며, 그들은 보면 그 차이를 안다.[1]

---

[1] David Brooks, *The Social Animal: The Hidden Sources of Love, Character, and Achievement* (New York: Random House, 2011), p. 241.

지각은 수많은 가능한 좌표와의 관계 속에서 즉각적으로 파악된다"(*PP*, p. 149, 강조는 추가됨). 나는 "선술어적으로"—설명보다 앞서, 또 설명 없이도—공간을

안다(*PP*, p. 149). "나에게 나의 아파트는 밀접히 연관된 이미지들[혹은 표상들]의 묶음이 아니다. 그것은 '내 손 안에' 혹은 '내 다리 안에' 연관된 주요 거리와 방향을 지니고 있는 한, 그리고 내 몸에서 지향하는 선이 그것을 향해 뻗어 가는 한, 나를 둘러싼 익숙한 영역으로 남아 있다"(*PP*, p. 150).

세상을 하나님의 피조물로 대하며 그 안에서 살아가기 위해서 공간에 대해 비슷한 '선술어적' 지식이 필요한 것은 아닐까? 어떻게 우리는 세상에 대한 그런 이해, 그런 '느낌'을 흡수하듯 받아들일 수 있을까? 창조 교리를 아는 것으로는 충분하지 않을 것이다. 우리가 세상을 피조물로 대하며 그 안에서 살아가기 위해서는 더 깊은 재습관화가 필요하다. 그리고 뒤에서 내가 주장하듯이, 그것은 기독교 예배라는 체현된 실천을 통해 일어난다.

슈나이더의 세계-내-존재: 사례 연구

신체적 지능이라는 개념을 이해하기 위해 메를로퐁티가 주목한 특별한 사례-뇌 손상으로 인해 세상에 대한 지향의 변화를 경험한 참전 용사 슈나이더의 사례-를 살펴보자. 슈나이더의 신체적 태도의 **비정상성**은, 그렇지 않았다면 우리가 당연히 여기고 알아차리지 못했을 **정상적** 세계-내-존재를 부각한다. 여기서 흥미로운 점은, 슈나이더가 '주지주의적' 인간 모형과 일치하는 방식으로 세상을 헤쳐 나간다는 사실이다. 그는 **생각**을 통해 **모든 것**을 헤쳐 나간다. 그는 자신의 몸조차도 대상화한다. 그는 정보를 처리하는 존재로서 세상 속에서 살아간다. 슈나이더는 주지주의의 입양아, 살아 숨 쉬는 데카르트주의적 주체다. 하지만 물론 메를로퐁티는 이것이 우리가 정상적으로 경험을 다루는 방식이 **아니며**, 따라서 주지주의적 인간 모형의 오류와 한계를 드러낸다는 것을 보여 줄 것이다.

슈나이더에게는 **사이**에 있는 무언가가 없다. 그의 혼종성에서는 무언가가 잘못되어 있다. "몸이 자신을 위해 움직임을 수행하기를 바랄 때 그는 마치 미리 써 둔 글을 보지 않으면 한 마디도 할 수 없는 강연자와 같다"(PP, p. 126). 그는 생각할 수 있으며 움직일 수 있다. 그러나 그에게는 둘 사이의 정상적인 '노하우'가 제대로 작동하지 않는다. 메를로퐁티는 "그에게 결핍된 것은 움직이는 능력이나 생각이 아니며, 우리는 이를 통해 3인칭 과정으로서의 움직임과 운동의 재현으로서의 생각 사이에 무언가가 존재함을 깨닫는다"라고 결론 내린다(PP, pp. 126-127). 이처럼 "사이에 있는 무언가"를 그는 "운동 지향성"—의도적 처리 과정 없이 몸이 세상을 '겨냥'하고 세상을 '의미'하는 방식—이라고 부른다. 예를 들어, "내가 친구에게 가까이 오라고 손짓할 때",

> 나의 의도는 내 안에 준비된 생각이 아니며 나는 내 몸 안에서 그 신호를 지각하지 않는다. 나는 세상을 가로질러 신호를 보낸다. 내 친구가 있는 쪽으로 신호를 보낸다. 내 몸짓 안에서 우리 사이의 거리, 그의 동의나 거부가 즉시 읽힌다. 움직임이 뒤따르지 않는 지각은 존재하지 않는다. 이 둘이 다양한 모습의 전체를 이루는 하나의 체계를 형성하기 때문이다. 예를 들어 누군가 내 말을 듣지 않을 것임을 깨닫고 내가 몸짓을 달리할 경우 이것은 두 개의 구별되는 의식적 행위가 아니다. 여기서 일어난 일은, 상대편이 꺼리는 것을 보고, 어떤 생각도 개입되지 않은 채 이 상황에서 조바심을 드러내는 나의 몸짓이 나타났다는 것이다. (PP, p. 127)

이 운동 지향성—본능과 지능을 연결시키는 체현된 지성—이 결핍되어 있기 때문에 슈나이더의 **모든** 경험은 과학적 관찰의 거리와 추상을 지닌다. 또한 이는 우리가 보통은 이런 식으로 세상 속에서 살아가지 **않는다**는 점을 강조할 뿐이다. 예를 들어,

그 환자에게 클립이 보이지 않는 쪽으로 만년필을 보여 줄 경우 그의 인식 단계는 다음과 같다. 그 환자는 이렇게 말한다. "그것은 검고 푸르며 반짝거려요. 흰 띠가 붙어 있고, 꽤 길어요. 막대기 모양이에요. 일종의 도구일 것 같네요. 반짝거리며 빛을 반사하고 있어요. 색이 들어간 유리일 수도 있겠네요." 그런 다음 만년필을 더 가까이 보여 주고 클립이 있는 부분을 그 환자 쪽으로 돌린다. 그는 계속해서 말한다. "그건 연필이나 만년필일 겁니다." (그는 자신의 윗옷 주머니를 만진다.) "필기를 하기 위해 여기에 넣고 다니죠." (PP, p. 151)

여기서 주지주의적 인간 모형에서는 사실상 우리 모두가 경험을 이런 식으로―빛의 속도이기는 하지만―처리한다고 주장한다는 점을 지적해 둘 필요가 있다. 하지만 메를로퐁티의 주장은 슈나이더가 주지주의적 경험 처리에 있어서 그저 **느릴** 뿐이라는 것이 아니다. 오히려 우리가 대개는 이렇게 '주지주의적으로' 경험을 처리하지 않는다는 것이다. '운동 지향성'은 세계-내-존재의 특징을 이루는 세상 속 '지능'의 다르고 환원 불가능한 방식을 가리키는 줄임말이다.

슈나이더에게 결핍된 것은 우리의 일상 경험 속에서 작동하는 바로 그것, 즉 의식이라는 덮개 아래에서 작동하는 "지향호"(志向弧, intentional arc)다. "의식의 삶―인지적 삶이나 욕망의 삶, 지각의 삶―은, 우리를 둘러싸고 우리의 과거, 우리의 미래, 인간으로서 우리가 처한 환경, 우리의 신체적·이데올로기적·도덕적 상황을 투사하는, 더 정확히는 우리의 존재를 이 모든 양상 안에 자리 잡게 하는 결과를 낳는 '지향호'에 대응된다"(PP, p. 157). 의식에 대응하는 이 지향호는 자극에 대한 수동적 수용성에 그치지 않는다. 그것은 일종의 **의도적** 지향성으로, 세상을 겨냥하고 '세상'을 투사하며 우리 경험에 의미를 부여하여 우리 자신이 '어떤 상황' 안에 처해 있음을 깨닫게 한다. 바로 이런 의미에서 메를로퐁티는 이러한 운동 지향성이 사물을 존재하게 만든다고 주장한다. 그는 이 '운동성'을 지향성의 가장 기본적인 형태라고 설명하기도 한다. "우선, 의식은 '나는 그것을 생각한다'라는 문제가 아니라 '나는 할 수 있다'라는 문제다." 따라서 "움직임은 움직임에 관한 생각이 아니며, 신체적 공간은 그것을 생각하거나 표상한 공간이 아니다"(PP, p. 159). 오히려 나는 운동 지향성의 이 질서에 따라 이미 '이해한' 배경 안에서 움직인다.

이제 우리는 의식에 관한 다른 모형이 행동에 전혀 다르게 접근하는 방식을 만들어 낸다는 것을 이해하기 시작한다. 행동은 의도적이지만, 이는 내가 지적으로 성찰하는 과정을 통해 나 자신에 대한 의식적 '지향'을 상정했기 때문이 **아니다**. 오히려 내 행동은 내가 겨냥하는 목적과 계획에 따라 수행되었기 때문에 의도적이다. 그러나 이 '겨냥'과 방향성은 근본적으로 세상에 대한 나의 체현된 태도 안에 담겨 있다. 나의 행동은 내 머릿속에서 수행한 삼단 논법의 결론이 아니라 운동 지향성의 표현으로서 '이해'될 수 있다.[36] 그는 이렇게 주장한다. "의식은 몸이라는 매개체[37]를 통해 사물을-지향하는-존재 (being-towards-the-thing)다. 몸이 움직임을 이해할 때, 즉 그것을 '세상' 속으로 통합시킬 때 움직임이 습득되며, 몸을 움직이는 것은 그것을 통해 사물을 겨냥하는 것이다. 그것은 사물들의 부름에 대해 응답하도록 허용하는 것이며, 이는 모든 표상과 독립적으로 이뤄진다"(PP, pp. 159-161). 우리의 몸은 세상을 만드는 동시에 세상에 응답한다. 그리고 표상이나 숙고 과정과 독립적이지만

---

36 메를로퐁티에게 운동 지향성이 단순한 '운동 기억' 이상임을 지적할 필요가 있다(PP, pp. 161-162).

37 메를로퐁티조차도 여기서 사용 가능한 용어와 관련해 어려움을 겪는다. 물론 앞서 제시된 그의 주장을 감안할 때 몸이 단순한 '매개체', 몸이 아닌 **다른** 무언가의 도구일 리가 없다. 그가 다음 문장에서 주장하듯이, 몸이 '이해'한다. 그의 주장은 우리가 **바로** 우리 몸이라는 것—동시에 우리 몸 **이상**이기도 하다는 것—이다. 여기서 '매개체'라는 말을 사용할 때 나는 이 말을 사전적 정의의 한계까지 밀어붙이고 있다. 또한 이는 그가 몸의 '이해' 등에 관해 말하려고 할 때 거리를 두며 인용하는 표현(scare quotes)을 자주 사용하는 이유를 설명해 준다.

생각해 볼 문제: 〈혹성탈출〉에서 그리는 운동 지향성

운동 지향성에 대한 메를로퐁티의 설명은 '주지주의'—인간을 일종의 합리적 추론 과정을 통해 세상을 헤쳐 나가는 '생각하는 존재'로 보는 인간론—에 대한 비판이다. 주지주의에서는 단 한 종류의 '지능'만 존재한다고 생각하며 우리의 모든 행동을 의도적 사고 과정의 산물로 본다. 주지주의자들은 우리가 **생각**을 통해 행동에 이른다고 본다. 메를로퐁티의 주장은, 주지주의가 우리가 세상을 이해하는 다른 방식들—더욱 체감적인 차원에서 세상을 지향하는 '지능'의 다른 양식들—을 제대로 인식하지 못했다는 것이다. 몸은 그 나름의 방식으로 '안다.' 그리고 나의 신체성을 이루는 모든 요인이 내가 세상을 구성하는 배경의 일부를 이룬다. 예를 들어, 내 눈이 허리 높이에 자리 잡고 있다면, 나는 전혀 다른 세상 속에서 살 것이다. 지각의 신체적 조건이 무엇을 '지능'으로 간주할 것인가에 관한 틀을 제공한다.

그러나 주지주의는 할리우드조차도 깨기 어려운 습관이다. 최근 흥행한 영화 〈혹성탈출〉에서는 말을 할 수 있으며 결국에는 인간을 지배하게 되는 유인원 집단의 '부상'(浮上)을 그리면서 이런 유의 주지주의를 내놓는다. 이 영화의 줄거리는 '지능'의 신체적 조건을 무시하며 합리성을 몸과 분리된 채 뇌를 기반으로 한 능력으로 이해한다. 따라서 단순히 뇌 기능을 강화하는 약물만으로 유인원은 **인간처럼 높은** '지능'을 갖게 된다. 즉, 도구를 조작하고, 사회적 신호를 판독하며, 동정심을 보여 주고, 궁극적으로는 말까지 할 수 있게 된다. 이는 단순히 그 약이 그들을 더 **똑똑**

하게 만들었기 때문에 유인원들이 인간과 같은 '지능'을 갖추게 되었으며, 원하기 때문에 말할 수 있게 되었음을 암시한다.

그러나 이것은 최선의(혹은 최악의) 형태의 주지주의다. 지능이 '정신'의 중심에 있으며 우리의 행동에 낙수 효과를 발휘한다고—마치 '더 똑똑해지기만' 하면 우리의 세계-내-존재를 변화시킬 수 있는 것처럼—가정하기 때문이다. 이런 설명에서는 우리의 세계-내-존재의 신체적 조건을 망각하고 있다. 인간은 두 눈으로 보는 시각, 직립 자세, (잘 알려져 있듯이) 마주 보는 엄지손가락'을 지니고 있으며, 이 모든 것 덕분에 보행 습관을 갖게 되었기 때문에 '지능적으로' 세상을 헤쳐 나간다. 또한 인간은 말하기에 도움이 되는 턱과 치아, 혀를 가지고 있다. '똑똑하게 만드는 약'을 아무리 많이 먹어도 말을 할 수 없게 만드는 턱과 혀의 제약을 극복할 수는 없다. 따라서 아이러니하게도 유인원이 인간의 지능으로 올라서는 것을 묘사하는 영화에서는 **인간의** 세계-내-존재의 신체적(동물적)[1] 토대를 잊어버리고 있다.

---

[1] ('예전적 동물' 혹은 '상상하는 동물'의 경우처럼) **동물**이라는 용어는 우리의 신체성을 일컫는 철학적 방식일 뿐이며, 이는 우리가 본질적으로 영혼이나 정신이 아니라 아리스토텔레스가 "합리적 동물"이라고 부른 체현된 생각하는 존재라는 뜻이다. 우리는 천사가 아니다. 메를로퐁티와 존슨은 우리에게 합리성을 우리의 동물성 **안에**, 우리의 신체성 안에 두라고 요구한다. 알래스데어 매킨타이어도 같은 주장을 한다. "세상을 향한 우리의 신체적 태도는 본래 동물적 태도다"(*Dependent Rational Animals*, p. 49). 그리고 우리는 이런 동물성이나 신체성을 초월하지 못한다. "언어-사용자가 됨으로써 우리가 부모와 다른 이들의 안내를 받아 그런 태도를 재구조화하고, 우리의 신념을 다듬고 새로운 방식으로 교정하고, 우리 활동의 방향을 바꿀 때도 **우리는 결코 우리의 동물적 본성과 유산으로부터 독립된 존재가 될 수 없다**.…우리의 두 번째 본성, 곧 문화적으로 형성된 언어를 사용하는 본성은 우리의 첫 번째 동물적 본성의 부분적인, 하지만 부분적일 수밖에 없는 변형일 뿐이다"(같은 곳, 강조는 추가됨).

여전히 '이해할 수 있으며' 여전히 '의미' 있는 방식으로 그렇게 한다. 따라서 우리의 행동은 추론의 결과가 아니다. 메를로퐁티는 "운동성은 말하자면 의식의 시녀가 아니다"라고 강조한다. 몸은 지성의 통제 센터에서 내려오는 명령을 기다리지 않는다. 많은 점에서 몸은 환경에 대한 습관적 지향성을 흡수했기 때문에 어디로 가고 무엇을 해야 하는지 이미 '알고' 있다.

위에서 내가 '상상력'이라고 부른 것은 신체성과 습관, 지향성과 이해가 만나는 지점에 자리 잡고 있다. 메를로퐁티는 여기에 더 전문적인 명칭을 부여해 프락토그노시아(*praktognosia*), '노하우'(know-*how*)라고 부른다. "움직임에 대한 우리의 신체적 경험은 특정한 지식의 예가 아니다. 그것은 우리에게 세상과 사물에 다가갈 수 있는 길, '프락토그노시아'를 제공하며, 이것을 본원적인 것으로, 어쩌면 일차적인 것으로 이해해야 한다. 내 몸은 나의 '상징적' 혹은 '객관화 기능'을 사용하지 않아도 내 몸의 세상을 지니거나 이해한다"(*PP*, p. 162). 프락토그노시아는 '세상에 다가가는' 이러한 **본원적이며 일차적**인 접근 방식을 가리킨다. 이를 통해 나는 담론적·명제적 처리 과정에 의존하지 않고도 세상을 '이해'한다. 나의 움직임과 내가 환경을 헤쳐 가는 방식은 내가 아는 바를 적용하거나 내가 아는 바로부터 실천적으로 연역해 내는 방식이 아니다. 그것은 그 자체로 독특한 지식 혹은 이해로, 본원적이며(즉, 독특하고 환원 불가능하며) 일차적이다(즉, 우리가 대개 '지식'으로 간주하는 것을 뒷받침하며 가능하게 한다). 따라서 운동성 혹은 운동 지향성은 "의미를 부여하는 기본적 능력(*Sinngebung*)³⁸을 지닌다. 설령 차후에 공간에 대한 사고와 지각이 운동성과 공간적 있음으로부터 자유롭다고 하더라도, **우리가 공간을 지각하기 위해서는 먼저 우리가 우리 몸에 의해 그것으로 던져져야만 한다**"(*PP*, p. 164, 강

---

38 앞에서 "구성"(constitution)이라고 번역한 후설의 용어.

조는 추가됨).

이러한 체현된 노하우, 체감적 지식을 이해할 때 비로소 우리는 **습관**이 어떻게 습득되는지 이해할 수 있다. 그러한 습관은 예전적 인간론의 중심이다. 방금 지적했듯이 세상을 이해하고 구성하는 우리의 성향 자체가 습관―특정 지평을 배경 삼아 일정한 방식으로 세상을 지각하는 성향―이다. 더 나아가 예전적 인간론의 핵심에는 우리의 **행동**을 통제하고 생성하는 데 습관이 핵심 역할을 함을 이해하는 태도가 자리 잡고 있다. 덕(그리고 악덕)이 행동에 대한 기독교적 설명의 핵심에 자리 잡고 있는 한, 우리는 **습관**의 영역에 들어와 있다. 메를로퐁티의 체현된 인간론이 함의하는 바를 참으로 받아들인다면, 우리는 습관의 습득에 관한 우리의 (잘못된) 전제에 이의를 제기해야 한다. 실제로 "육체적 구조의 재배열과 갱신으로서의 습관의 습득은 전통 철학에 큰 어려움을 제기한다. 전통 철학에서는 언제나 종합을 지적 종합으로 이해하는 경향이 있기 때문이다"(PP, p. 164). 다시 말해서, 인간을 근본적으로 생각하는 사물로 본다면, '습관'은 언제나 일종의 지적 성취―생각의 산물―가 될 것이다. 습관은 지성의 행위로 생겨난다고 생각할 것이다. 그러나 이것은 잘못되었을 뿐만 아니라 부적절한 것으로 드러난다. 예를 들어, 나는 분석과 성찰로―'이론'이 실천을 도와줄 수는 있겠지만―무용가의 습관을 습득할 수 없다. 무용가의 프락토그노시아는 배우는 것이 아니라 알아내는 것이다.[39] 그리고 이는 운동 기능에만 국한되지 않는다. "우리가 운동 습관에 관해 지금까지 말했던 것은 모든 습관에 적용될 수 있다. 사실 모든 습관은 움직임과 지각의 문제다. 앞서 말한 것처럼 습관은 명시적 지각과 실제 움직임 사이에 자

---

[39] 메를로퐁티 자신이 지적하듯이, "새로운 춤의 공식이 일반적 운동성의 특정 요소를 받아들이기 전에, 말하자면 그것에 맞춰진 움직임의 특징을 먼저 지니기 마련이다. 흔히 말하듯이, 움직임을 '알아차리고' '이해하는' 것은 몸이다. 습관의 습득은 의미의 포착이지만, 운동적 의미의 운동적 포착이다"(PP, p. 165).

리 잡고 있기 때문이다"(*PP*, p. 175). 습관의 습득은 지성을 벗어나고 넘어선 차원에서 이뤄진다. 그럼에도 그것은 여전히 습득, 즉 우리가 습득하고 **배운** 체현된 지향이다.

메를로퐁티가 도발적으로 주장하듯이, "습관은 우리의 세계-내-존재를 팽창시키는 우리의 능력을 표현한다"(*PP*, p. 166).[40] 이러한 습관은 "지식의 한 형태도 아니며 비자발적 행동도 아니다"(*PP*, p. 166). 이 통찰이 핵심이다. 다시 한 번 메를로퐁티는 우리에게 **사이**, 즉 우리의 세계-내-존재의 중간 공간—본능과 지능 사이, 반사 신경과 반사 작용 사이에 있는—을 인식하기를 촉구한다. 따라서 습관은 통상적 의미에서 '지식'이 아니다. 하지만 생각 없고 수동적인 고깃덩어리의 **반**작용에 불과한 것도 아니다. 습관은 "손 안에 있는 지식으로서 신체적 노력을 기울일 때만 발현되며 그런 노력과 분리된 채로 공식화될 수 없다"(*PP*, p. 166). 물론 우리가 '지식'을 생각할 때 일반적으로 생각하는 바를 감안하면 이런 주장은 이해하기가 어렵다. 메를로퐁티는 이러한 인지 부조화를 잘 알고 있다.

앞서 습관의 습득에서 '이해'하는 것은 몸이라고 말했다. 이해를 하나의 관념 아래에 있는 감각-자료로 본다면[이해에 대한 전통적인 '주지주의적' 설명], 그리고 몸이 하나의 사물이라면, 이런 말이 터무니없이 들릴 것이다. 그러나 **습관이라는 현상은 '이해'에 대한 우리의 관념과 몸에 대한 우리의 관념을 수정하기를 촉구한다.** 이해하기는 우리가 겨냥하는 바와 우리에게 주어진 바 사이에, 의도와 수행

---

[40] 메를로퐁티는 이러한 습관화된 '팽창'의 예를 제시한다. "한 여인은 전혀 계산하지 않고도 모자의 깃털과 그것을 부러뜨릴 수 있는 것 사이의 안전한 거리를 유지할 수 있다. 우리가 우리 손이 어디에 있는지 느끼는 것처럼 그녀는 깃털이 어디에 있는지 느낀다." 비슷하게, "마치 내가 내 몸의 폭과 통로의 폭을 비교해 보지 않고도 통로를 지나가는 것처럼, 내가 차를 운전하는 습관을 지니고 있다면 나는 그 좁은 입구로 들어갈 수 있으며 입구의 폭과 차의 폭을 비교해 보지 않고도 내가 '통과'할 수 있음을 안다[*PP*는 1945년에 출간되었다!]"(*PP*, p. 165).

사이에 존재하는 조화를 경험하는 것이다. 그리고 몸은 세상 안에 있는 우리의 정박지다. (PP, p. 167, 강조는 원문의 것)

습관이라는 현상은 주지주의와 유물론 모두의 환원론을 거부하는, 더 균형 잡힌 다층적 인간론을 요구한다. 세상에 대한 우리의 지향에서 습관의 중요성을 이해하고자 한다면, 프락토그노시아라는 신체적 노하우를 포함하도록 '이해'에 관한 우리의 관점을 수정하는 동시에 몸이 단순히 공간을 차치하는 실체(res extensa), 비합리적 실체라는 데카르트주의적 관점을 거부해야 한다. 나는 내가 알지 못하는 방식으로 이해하며, 이해하는 것은 내 몸이다. 이것을 이해하고자 한다면, 우리에게 "'의미'라는 말의 새로운 의미"가 필요하다 (PP, p. 170). 그리고 기독교 신앙을 하나님 나라를 지향하는 행동을 만들어 내는 일종의 '**노하우**'로 이해하고자 한다면, 습관 형성의 물질성에 대한 메를로 퐁티의 설명을 이해하기 위해 씨름할 필요가 있다. 세속적 예전이 어떻게 우리 안에 그 나름의 프락토그노시아를 새겨 넣는가를 바르게 이해하고자 할 때도 똑같은 작업이 필요하다.

에로스적 이해: 성, 이야기, 침묵에 관해

이제 우리는 불쌍한 슈나이더에게 무엇이 결핍되었는지 이해할 수 있다. 그에게는 프락토그노시아, 바로 그 혼종적 노하우, 우리 몸 안에 지닌 세상 이해, 그것으로 인해 우리가 체감적으로 우리의 세상을 지향하는―따라서 세상에 의미를 부여하는―세상 이해가 없다. 이런 식으로 세상에 '의미'를 부여하지 못하는 슈나이더의 상황을 보여 주는 두 사례는 특히 시사하는 바가 크다.

첫째는 슈나이더가 이야기를 이해하지 못한다는 점이다. 그는 사실을 받아들이고 처리하고 암기할 수 있지만, 그 모든 오르내림, 상승과 절정, 성격과 감정을 담고 있는 서사의 핵심을 파악하지 못한다. "실제로 그 환자에게 이야기를 들려주면, 그는 그것을 상승과 하강의 맥박, 특별한 리듬이나 흐름을 지닌 선율 같은 전체로 파악하는 대신 하나씩 기록해야 할 사실의 연속으로만 기억한다는 것을 알 수 있다"(*PP*, p. 153). 슈나이더에게 프락토그노시아의 결핍이란 이야기의 내용뿐만 아니라 그 형식과 서사적 리듬 안에 담겨 있는 진실을 '이해'하는 심미적 감각도 없음을 뜻한다. 슈나이더에게 이야기를 이루는 단어들은 "분석을 통해서 도달되는 지적 의미가 **아니라** 공존을 통해 도달되는 일차적 의미를 결여하고 있다"(*PP*, p. 154, 강조는 추가됨). 그에게는 이야기를 분석하고 지적으로 처리하는 능력**만** 있기 때문에 그는 이야기의 '의미'를 이해할 수 없다. 그에게는 이야기를 정서적으로 '이해'하는 서사적 감각이 없으며, 따라서 그는 내용 분석을 넘어서며 내용 분석으로 파악될 수 없는 이야기의 독특한 힘과 진실을 이해할 수 없다. 슈나이더는 운동 지향성으로, 프락토그노시아 차원에서 이야기를 이해할 수 없기 때문에 이야기의 **진실**을 이해할 수 없다. 이야기에는 오직 상상력으로만 파악할 수 있는 환원 불가능성이 존재한다. 그러나 슈나이더에게는 바로 이것이 없다.[41]

슈나이더의 특이한 무능력은 우리가 보통 이야기를 이해하는 방식을 강조

---

[41] 다시 말해서, 슈나이더는 사실상 '인지주의자'로서 세상을 처리한다(여기서 '인지주의'는 모든 지능을 형식적·상징적 재현의 논리적 조작으로 보는 '지능'에 관한 패러다임을 말한다). "Overcoming the Myth of the Mental: How Philosophers Can Profit from the Phenomenology of Everyday Expertise", *Proceedings and Addresses of the American Philosophical Association* 79 (2005)에서 제기하는 휴버트 드레이퍼스의 인지주의 비판은 이 점과 직결된다. 드레이퍼스는 인공 지능 연구를 지배하는 인지주의 패러다임이 지능에 대한 이처럼 편협한 이해를 드러낸다고 지적한다. 매사추세츠공과대학교(MIT)의 마빈 민스키(Marvin Minsky) 같은 인공 지능 분야의 지도자들은 컴퓨터로 인간 지능을 재생산하기 위해서는 수백만 가지 사실을 처리하고 그렇게 함으로써 세상을 '이해'할 수 있는 기계를 개발하기만 된다고 생각했다. "그러나 70년대 초에 민스키의 인공 지능 연구실은 예상치 못한 문제에 부딪쳤다. 컴퓨터는 네 살짜리 아이도 이해하는 단순한 이야기를 이해할 수 없었다"(p. 48). 이야기를 이해하기 위해서는 사실 처리 이상의, 그것과 다른 무언가가 필요하다.

한다. "따라서 평범한 주체에게 어떤 이야기를 들려주면 명시적으로 분석하지 않아도 그 이야기의 핵심을 이해하게 되며, 이는 이후에 서사의 모든 재생산에 대한 지침을 제공한다. [정상적 주체]에게 이야기는 그 형식으로 인식 가능한 인간의 사건이며, 주체는 자신의 즉각적 경험을 넘어서서 묘사된 사건을 경험할 수 있는 능력을 지니고 있기 때문에 '이해'한다." 슈나이더에게 이야기의 단어들은 정보를 얻기 위해 해독해야 할 별개의 기호일 뿐이지만, 이해할 수 있는 상상력을 지닌 우리에게 이야기의 단어들은 "[우리가] 그 **안에서** 살아갈 수 있는, 투명한 의미의 봉투"가 된다(*PP*, p. 153). 이야기의 의미와 힘은 우리가 분석 없이도 '알아차리는' 무언가다(실제로 이야기 분석이 오히려 이야기에 대한 우리의 선술어적 이해를 약화시키기도 한다). 슈나이더에게는 이야기의 더 통전적인 진실을 파악할 상상력이 없기 때문에 그는 지성으로 이야기를 걸러 낸다. 그는 뼛속에서 느껴야 할 무언가를 정신으로 처리한다. 그리고 이것은 그에게 바로 그 '사이'—프락토그노시아의 노하우, 우리의 신체성 안에 내재된 지향호—가 없기 때문이다.

이야기와 몸, 시와 우리의 생리학 사이에는 상승 작용이 존재한다. 둘 모두에 영향을 미치는 환원 불가능한 물질성이 존재한다. 물질성이 중요하다. 따라서 시는 단순히 몸과 분리된 관념이나 정제된 내용이 아니다.

시는 모든 물질적 보조물과 독립적이지 않으며, 시의 텍스트가 마지막 세부 사항까지 보존되지 않으면 그 시는 돌이킬 수 없을 정도로 상실될 것이다. 시의 의미는 자의적이지 않으며 관념의 창공에 존재하지 않는다. 그것은 사그라져 없어질 종이 위에 인쇄된 단어들 안에 갇혀 있다. 그런 의미에서 모든 예술 작품처럼 시는 하나의 사물로 존재하며 [관념적] 진리처럼 영원히 살아남지 못한다. 소설이나 시, 그림, 음악 작품은 개별자, 즉 표현이 표현된 것과 구별되지 않는 존재다. 직접

적 접촉을 통해서만 그 의미에 다가갈 수 있다. (*PP*, pp. 174-175)

예술 작품의 의미는 그것의 물질적 형식과 구별될 수 없다. 왜냐하면 그 의미는 그저 이 용기에서 저 용기로 아무렇게나 옮겨 담을 수 있는 관념적인 지적 내용물이 아니기 때문이다. 예술 작품의 물질적 의미는 그것의 물질적 형식과 결합되어 있으며, 우리 자신의 물질성을 되울리고 우리의 몸에 의해 이해된다. 메를로퐁티는 이렇게 결론 내린다. "이런 의미에서 우리 몸을 예술 작품과 비교할 수 있다. 우리 몸은 살아 있는 의미의 집합체다"(*PP*, p. 175).[42] 여기에는 육화된 의미가 작동하고 있다. 운동 지향성 차원에서 그 의미를 받아들일 때 시의 물질적 의미는 비로소 '의미'를 지닌다. 운동미학과 시학은 연결되어 있다.

운동미학과 에로스 사이에도 비슷한 연관성이 존재한다. 또한 예전적 인간론에서 인간을 **욕망하는** 피조물―'에로스적'[43] 동물―로 이해하는 것을 감안할 때, 성에 관한 메를로퐁티의 설명에서도 시사점 있는 분석을 찾을 수 있다. 시나 예술과 마찬가지로 그는 성이 우리가 세계-내-존재로서 '사이'에 있

---

[42] *Meeting Mystery: Liturgy, Worship, Sacraments* (Maryknoll, NY: Orbis Books, 2006), pp. 182-183에 있는 기독교 예전 안의 '서사'로서의 몸에 관한 네이션 D. 미첼(Nathan D. Mitchell)의 논의와 비교해 보라. 『예배, 신비를 만나다』(바이북스). 미첼이 도발적으로 주장하듯이, **"우리 몸이 우리의 기도를 만들어 간다**…결국 정신은 듣기 원하는 모든 것을 말할 것이다. 몸은 절대로 거짓말하지 않는다. 예전은 그 일차적 이야기―그 본원적 서사 혹은 **텍스트**―가 **몸 자체**인 언어를 말한다"(p. 224, 강조는 원문의 것). 여러 면에서 이 책의 기획을 보완해 주는 이 풍성한 논의를 나에게 소개해 준 존 위트블릿에게 고마움을 전한다. 미첼은 데리다와 마리옹과 대화하는 반면, 나는 메를로퐁티와 부르디외(미첼의 책에는 두 사람 모두 등장하지 않는다)를 다룬다.

[43] *Desiring the Kingdom*, pp. 52-55에서 지적했듯이, 아우구스티누스는 아가페(*agape*)를 바르게 질서 잡힌 에로스(*eros*)로 이해하며, 따라서 에로스가 온갖 종류의 **무질서한** 사랑을 가리킨다는 의심을 받지만 아가페와 에로스 사이에는 본질적 대립이 존재하지 않는다. 현대 문화가 무질서한 에로스의 정서―슬프게도, 에둘러 말하는 방식으로, 욕망하는 피조물인 우리의 갈망과 열망을 여전히 증언하고 있다―에 지배를 받는다고 주장할 수도 있다. 죄는 욕망을 차단하지 않는다. 욕망을 잘못된 방향으로 이끌며 무질서하게 만든다.

음을 보여 주는 한 양상—"자동적 반응[본능]과 재현[지성] 사이 어딘가에서" 작동하는 "매우 중요한 공간"—이기 때문에 성에 관심을 기울인다(PP, p. 180). 그리고 다시 한번 슈나이더의 결핍은 이에 관한 정상적 기능에 대해서도 통찰을 제공한다. 슈나이더의 세상은 성적으로 평평하다. 끌림도 없고, 흥분도 없으며, 유혹도 없고, 추파도 없다. 만지기도 그를 자극하지 못하며, 이미지도 그의 본능적 충동을 일깨우지 못한다. 무엇이 문제일까? 단순한 생리학적 문제일까? 아니다. 손상을 입은 그의 뇌(구체적으로는 후두부의 제한된 부분) 때문이다. 그렇다면 성은 단순히 생물학적 기관에 내재된, 자극에 대한 일종의 동물적 반응이 아니다. 성은 **의미**의 산물이다. 메를로퐁티는 말한다. "인간의 성이 자율적 반사 기관이라면, 성적 욕망의 대상이 해부학적으로 정의된 쾌락의 감각을 담당하는 어떤 기관에 영향을 미친다면, 뇌 손상의 효과는 이러한 자동적 반응을 해방시키고 강화된 성적 행동의 형태를 띨 것이다"(PP, p. 180). 하지만 그런 일은 일어나지 않는다. 따라서 병리학에서는 성이 본능과 지성 **사이**에 존재하는 의미의 영역이라고 주장한다. 성적 의미의 이해는 다시 더 광범위한 차원에서 '에로스적 지각'에 대한 통찰을 제공한다.

여자의 몸은 슈나이더에게 성적으로 아무 의미가 없다. 그의 신체적 복합체가 세상에 대해 성적으로 **의미를 부여할** 수 없기 때문이다. 메를로퐁티는 "공간적으로도 시간적으로도 지각이 그 에로스적 구조를 상실했다. 이 환자에게서 사라진 것은 성적 세상을 자신 앞에 투사하는 능력, 자신을 에로스적 상황 안에 두는 능력이다"라고 지적한다. 슈나이더가 움직이는 공간에는 성적 에너지나 긴장, 의미가 전혀 채워져 있지 않다. 왜냐하면 그는 그런 식으로 세상을 구성할 수 없기 때문이다. 그렇지 않았다면 그가 느꼈을 촉각적 자극이 "그의 몸에 말하기를 그쳤다." 내 학생 중 한 명이 지적했듯이, 슈나이더는 스트립 클럽에서도 숙제를 할 수 있을 것이다. 왜냐하면 '성'은 환경에 대해 부여된 의미―상황 '이해'―이며, 이것을 '이해'하기 위한 '사이'의 프락토그노시아를 갖고 있지 않은 슈나이더는 상황을 성적으로 의미 있게 경험할 수 없기 때문이다. 다시 말해서, "그 환자는 자신의 환경에 대해, 정상적인 성을 구성하는 이 무언의 항구적인 질문을 더 이상 던지지 않는다." 이것은 그가 자신 앞에 무엇이 있는지를 볼 수 없거나 그에게 적합한 감각 기관이 없기 때문이 아니다. 사실 그는 자신 앞에 무엇이 있는지 조용히 담담하게 묘사할 수 있다. 하지만 바로 이 조용하고 담담한 초연함이 그의 세계-내-존재가 더 이상 성적으로 구성되어 있지 않음을 확인시켜 준다. 그는 "그것을 삶으로 경험할 수 없으며 그 안에 사로잡혀 있지 않기 때문에" 그 상황을 담담히 지각할 수 있다(PP, p. 181).

따라서 문제는 슈나이더가 재현할 수 없다는 것이 아니다. 그의 몸이 시각이나 촉각을 받아들이지 못하는 것도 아니다. 문제는 이 둘 **사이**에 있는 무언가다. "이제 우리는 객관적 지각과 구별되는 지각 양식, 그저 '무언가에 대한 지각'이 아닌, 지적 의미와 구별되는 일종의 의미가 존재할지도 모른다는 생각을 하게 된다. 에로스적 지각은 지각 대상(cogitatum)을 겨냥하는 **사유**(cogitation)가 아니다. 그것은 한 몸을 통해 또 다른 몸을 겨냥하며, 의식이 아니라 세상 안에서 일어난다"(PP, p. 181, 강조는 원문의 것). 에로스적 지각은 그것이 세상에 '의미를 부여하는' 방식, 세상을 무언가로 지향하는 방식인 한 여전히 지향성의 한 양상이다. 그러한 지각은 그저 자극에 대한 동물적 반사 혹은 반응이 아니다.[44] 메를로퐁티는 주지주의적이거나 명제적이거나 추론적이지 않은 의미 부여의 방식과 차원―생각하기와 구별되는 지각 방식―에 대해 설명하려 한다. 내가 한 상황을 성적으로 의미 있거나 일종의 성적 의미

---

[44] 이러한 에로스적 지각은 타고난 것도 아니다. 그것은 '자동화'된 것이기는 하지만 습득된 것이며 문화적 맥락과 관련된 것이고, 따라서 **학습**되어야 한다.

를 지닌 것으로 지각할 때, 그런 지각은 어떤 연역적·합리적 추론 과정의 결과가 아니다. 예를 들어, 내가 어떤 실마리를 알아차리도록 적절하게 사회화되었다면 누군가가 나에게 추파를 던질 때 '알아차릴' 것이다. 내가 그런 성적 상황을 '알아차리도록' 만드는 '훈련'이 교훈적이거나 명시적인 경우는 거의 없다. 오히려 그것은 우리가 '자연스럽게 익히는' 일종의 노하우다. 더 나아가 누군가 나에게 아무개가 나에게 추파를 던진다는 것을 **어떻게** '알아차렸는지' 설명해 보라고 한다면, 나는 그런 판단을 내린 기준을 명제로 설명하지 못할 것이다. 하지만 그런 성적 '이해'를 명료하게 진술하지 못한다고 해서 그 지각이 틀렸거나 거짓인 것은 아니다. 그것은 "이해(understanding) 차원에 속하지 않는 성적 '이해'(comprehension)가 존재함"을 암시할 수도 있다(*PP*, p. 181). 사실 메를로퐁티는 이것이 욕망**의** 이해, 욕망**에 의한** 이해라고 넌지시 말한다.

"[지적] 이해 차원에 속하지 않는 에로스적 '이해'"라는 말은 내가 메를로퐁티에게서 취하고자 하는 바를 요약한다. 이 책 2부에서 나는 이 개념을 확장하고 개념을 통한 추정을 바탕으로 세상에 대한 **기독교적** '지각' 역시 일종의 에로스적 이해—체감적인 '사이'의 방식으로 세상에 의미를 부여하며 우리의 환경을 하나님이 만드신 선하지만-깨어진 피조물로, 또한 우리를 부르고 반응을 촉구하는 피조물로 구성하는 태도—라고 주장할 것이다(참고. *PP*, pp. 160-161).[45] 세상을 구성하는 이런 방식은 지성보다는 상상력에 의해 지배되며, 그렇기 때문에 우리가 어떻게 우리의 상상력을 추동하고 형성하는지를 숙고하는 일이 대단히 중요하다. 세상에 대한 담담하고 '객관적인' 지각으로는 세상과 우리를 향한 세상의 부름을 바르게—우리가 가꾸도록 부름받은

---

[45] 참고. Jean-Louis Chrétien, *The Call and the Response*, trans. Aaron Davenport (Bronx, NY: Fordham University Press, 2004).

정원으로, 우리가 긍휼과 용서를 구현하도록 부름받은 비극의 장으로, 우리가 놀며 일하고 선포하며 찬양할 주님의 마당으로—**이해**할 수 없을 것이다. '기독교적으로' **생각**하는 법을 배우기만 한다면, 우리는 슈나이더 같은 사람이 될 위험에 빠질 것이다. 정말로 중요한 것을 **지각**하지 못한 채 우리 앞에 있는 것을 조용히 담담하게 바라보기만 할 것이다.

세상의 신체적 구성을 예증하기 위해 메를로퐁티는 세 번째 사례 연구를 분석한다. 셰익스피어 작품 속 인물처럼 보이는 이 사례에서 한 젊은 여인의 어머니는 그녀에게 사랑하는 남자를 다시는 보지 말라고 했다. 처음에 그녀는 잠을 잘 수 없었다. 그런 다음 식욕을 잃었고, 마침내는 실어증에 걸렸다. 그 소녀는 이전에 트라우마—지진 후에 찾아온 공포—를 겪은 후에도 실어증에 걸린 적이 있었다(*PP*, pp. 185-186). 메를로퐁티는 프로이트적 분석이 제공하는 단순화된 이분법적 설명을 거부하면서, 다시 한번 이 사례가 세상에 대한 일종의 감정적 구성을 입증한다고 주장한다. 구체적으로 그는 말하기가 근본적으로 관계의 수단이라고 지적한다. "다른 이들과의 관계는 음성 언어를 그 매개 수단으로 삼는다"(*PP*, p. 186). 그렇다면 그녀의 침묵은 자신에게 그토록 소중했던 관계의 상실에서 기인한 관계의 거부다. 하지만 메를로퐁티가 이 상황을 어떻게 묘사하는지에 주목하라. "감정이 실어증을 그 표현 수단으로 삼았을 때, 이는 모든 신체 기능 중에서 말하기가 공동체적 실존, 혹은 공존과 가장 밀접하게 연결된 기능이기 때문이다. 그렇다면 실어증은 공존의 거부를 의미한다"(*PP*, p. 186). 표현할 방법을 찾은 것은 생각이나 관념이 아니라 **감정**이다.

다시 말해서, 그녀의 침묵은 그녀가 의도적으로 내린 **선택**이 아니다. 그녀는 [영화 〈미스 리틀 선샤인〉(*Little Miss Sunshine*) 속 드웨인처럼] 가족이 침묵 치료를 받게 하기 위해 말하기를 거부하는 게 아니다. 말하자면 그녀는 자신의 또 다른 부분이 이 관계를 거부하기 때문에 말할 수가 없고, 그렇기에 관계를 맺을 수가 없다. 따라서 그녀의 침묵은 의식적 선택과 생리학적 결핍 **사이** 어딘가에 자리 잡고 있다. 사실 메를로퐁티는 침묵이 그 자체가 아닌 다른 무언가를 '표현'한다는 관념을 재고한다. 마치 이 젊은 여자가 자기 머릿속에 있는 '무언가를 말하려 한다는' 듯이 이 상황을 주지주의적으로 설명하고 있다는 오해를 불러일으킬 수도 있기 때문이다. 흥미롭게도 그는 주지주의적 설명을 피하기 위해 전통적으로 성례전과 연관된 언어를 사용한다.

> 몸은 계급장이 지위를, 혹은 번지수가 집을 가리키는 것처럼 존재의 양태를 끊임없이 표현하지는 않는다. 여기서 기호는 그 의미만을 전달하지 않으며, 그 의미로 가득 차 있다. 어떤 의미에서 기호 자체가 그것이 의미하는 바다.…그 아픈 소녀는 '자신의 의식 속'에서 연기하는 드라마를 자기 몸으로 흉내 내지 않는다. 목소리를 잃어버림으로써 '내적 상태'의 공적 판본을 제시하는 게 아니다. 트럭 운전사와 악수를 하거나 농민을 껴안는 국가 원수처럼, 혹은 기분이 상해서 더 이상 나에게 말을 걸지 않는 친구처럼 '몸짓'을 하는 게 아니다. 목소리를 잃어버린다는 것은 침묵을 지킨다는 게 아니다. 사람은 말할 수 있을 때만 침묵을 지킨다.
>
> (*PP*, pp. 186-187)

그 젊은 여자는 그저 알거나 생각하는 무언가를 전달하거나 표현하려고 노력하지 않는다. 그녀의 침묵은 단지 어떤 내적 의미를 가리키는 기호가 아니다. 그녀의 침묵은 그 자체로 무언가를 **의미**하며, 그 의미는 그녀의 지성에 의해 의도되지 않고 그녀의 전 인격에 의해, 심지어 그녀의 지성과 선택 능력을 회피하는 방식으로 의도된다. 그녀의 실어증은 '자발적'이지 않으며, 그녀가 당한 상해나 앓는 병도 아니다. 이 사례는 의지와 '의도적' 행동에 관한 우리의 주지주의적 사고방식을 복잡하게 만들고 그것에 도전한다.[46] 이것은 의도나 표현 차원에 속하지 않는 지향성의 양상이다. 또한 의도적 숙고의 결과가 아닌 일종의 '행동'이다. 그럼에도 그녀의 실어증은 여전히 의도적이다. 여전히 의미로 가득 차 있으며 의미를 만들어 낸다.

그렇기 때문에 그녀의 문제에 대한 '해법'은 지식의 문제가 아니다. 메를로퐁티는 말한다. "이 상태를 다루고자 할 때, 심리 치료[47]는 이 환자가 [그녀의] 병의 기원을 **알게** 함으로써 그녀에게 영향을 미치려고 하지 않는다. 때로는 손을 만져 주기만 해도 발작이 멈추고 환자가 다시 말할 수 있게 된다. 일단 의례적 의미를 습득한 다음에는 같은 조치만으로 이후에 새롭게 찾아오는 증상을 다루기에 충분할 것이다"(PP, p. 189). 환자가 실어증을 지적으로 이해하고 받아들이더라도, 그것만으로는 그녀의 침묵이 무언가를 '의미하는' 체감적 차원까지 가 닿을 수 없다. "증상과 치료 모두 객관적이거나 드러난 의식 차원이 아니라 그 아래에서 돌아가는 차원에서 접근해야 한다"(PP, p. 189).[48] 모든 반응은 그녀의 신체성을 통해 그녀를 만나야 한다. 그리고 이런 촉각적 반응이 바로 메를로퐁티가 "의례"라고 부르는 것이다.

이 젊은 여자의 실어증에 대한 적합한 반응은 반드시 운동미학적이어야 한다. 몸과 연결시킴으로써 그의 세계-내-존재를 다뤄야 한다. 의례라고 말할

---

[46] "의지는 내가 선택하는 가능성의 장을 전제한다. 여기에 피터가 있으며, 나는 그에게 말을 걸 수도, 걸지 않을 수도 있다. 하지만 내가 말하는 능력을 상실했다면, 피터는 더 이상 나를 찾거나 거부할 대화 상대로 존재하지 않는다. 가능성의 장 전체가 무너진 셈이다"(PP, p. 188).

[47] 여기서 더 자세히 논할 수는 없지만 메를로퐁티의 설명—과 예전적 인간론—은 명백히 우리가 상담과 심리학을 생각하는 방식에도 함의를 지닌다. '권면적'(nouthetic) 혹은 '성경적' 상담은 주지주의적 인간 모형의 적나라한 예로 볼 수 있다. Jay E. Adams, *Competent to Counsel* (Grand Rapids: Zondervan, 1986)을 보라. 『목회상담학』(총신대학교출판부).

[48] 메를로퐁티조차도 의식의 '차원들'에 대한 투박한 설명에 의존할 수밖에 없었다는 사실이 나에게는 고무적이다. 우리는 언제나 부적합한 은유를 가지고 작업한다(참고. 카너먼은 *Thinking, Fast and Slow*, pp. 20–21에서 "시스템 1"과 "시스템 2"가 부적합함을 인정하면서도 체험적 가치를 지닌다고 주장한다).

때 메를로퐁티가 뜻하는 바는 우리의 세계-내-존재를 다시 방향 짓는 바로 이런 종류의 촉각적·신체적 프로그램이다.

> 나의 몸이 세상으로부터 스스로를 차단시킬 수 있기 때문에 세상을 향해 나를 개방하고 나를 그곳에서 어떤 상황 안에 있게 하는 것 역시 나의 몸이다. 강이 녹듯이 다른 이들을 향한, 미래를 향한, 세상을 향한 실존의 원동력이 회복될 수 있다. 그 소녀는 지적 노력이나 의지의 추상적 명령에 의해서가 아니라 그녀의 몸 전체가 참된 몸짓의 형태로 집중된 노력을 기울이는 대화를 통해 목소리를 되찾을 것이다.…몸이 다른 이들을 향해 혹은 과거를 향해 스스로를 개방할 때, 몸이 공존을 향한 길을 열고 다시 한번 (적극적 의미에서) 그 자체를 넘어서는 의미를 획득할 때 기억이나 목소리가 회복될 것이다. (PP, p. 191)

그녀에게 재정향이란 자신의 세계-내-존재를 재편성하는 것이다. 하지만 이것은 새로운 지식을 획득함으로써 이뤄지지 않는다. 그것은 몸 안에서, 몸과 더불어 실행되는 재습관화다. 지적 노력과 합리적 성찰은 그녀를 구원할 수 없다. 그녀는 "참된 몸짓"에 의해―앞에서 설명한 촉각적이고 직감을 건드리는 의례와 같은 종류에 의해―변화될 것이다. 그녀의 세계가 다른 의미를 갖고자 한다면―다르게 **부르기**를 원한다면―그녀의 세계-내-존재에게는 운동미학적 대화가 필요하다. 왜냐하면 "세상과 우리의 첫 번째 일치를 수립하는" 것은 바로 몸이기 때문이다. "몸은 매 순간 그 현존을 표현한다." 그러나 메를로퐁티는 즉시 이 말이 어떤 내적 '정신'이 그저 매개체를 통해 무언가를 외부로 표현하겠다고 결심한다는 뜻이 아니라고 경고한다. 몸 안에서 작동하는 것은 "표현된 것이 표현과 분리된 채 존재하지 않으며 기호 자체가 외부적으로 그 의미를 유발하는 일차적 의미화 과정"이다. 아마 자신도 모르게(하지만

생각해 볼 문제: 잠 '들기'

지성과 본능 사이에 자리 잡고 있는 지향성의 양상과 자발적이지도 비자발적이지도 않은 행동에 관해 논하면서 메를로퐁티는 흥미로운 유비를 제시한다. 바로 잠이다. 나는 잠에 **빠지겠다**고 '선택'할 수 없다. 내가 할 수 있는 최선은 잠을 **맞이하는** 자세와 리듬을 취하는 것이다. "나는 왼쪽으로 침대에 누워 무릎을 끌어올린다. 눈을 감고 천천히 숨을 쉬며 할 일에 대한 계획을 머릿속에서 없앤다. 하지만 나의 의지나 의식의 능력은 거기서 멈춘다"(*PP*, p. 189). 나는 잠들기를 **원하며**, 침대로 들어가기로 결정했다. 그러나 또 다른 의미에서 잠은 내가 통제하거나 원하는 대로 불러낼 수 있는 무언가가 아니다. "나는 잠든 사람의 호흡과 자세를 모방함으로써 잠을 초대한다.…잠이 내가 그것에게 제공한 이런 모방을 받아들여 잠이 '오는' 순간이 있다. 그리고 **나는 내가 되려고 하는 그런 존재가 되는 데 성공한다**"(*PP*, pp. 189-190, 강조는 추가됨). 잠은 내려야 할 결정이 아니라 받아야 할 선물이다. 그러나 그것은 받는 **자세**—일종의 적극적 환영—를 요구하는 선물이다. 만약 성령 충만도 똑같은 역학을 지녔다면? 기독교적 실천은 우리가 충만하고 성화된 **자세를 취하게 하기** 때문에 이것이 바로 크레이그 다익스트라(Craig Dykstra)가 "성령의 습관화"라고 부른 것이라면? 되려고 노력하는 그런 존재가 되기 위해 우리가 먼저 몸의 자세를 채택해야 한다면?

나는 알고 있었을 것이라고 생각한다)[49] 메를로퐁티는 성례전을 다른 어떤 실재의 상

---

49 뒤에서 메를로퐁티는 이 유비를 더 자세히 설명하기 때문이다. "성례전은 지각할 수 있는 요소를 통해 은혜의 작용을 상징할 뿐만 아니라 그 자체가 하나님의 참된 임재다. 지각할 수 있는 것이, 운동과 생명

징일 뿐만 아니라 그 상징이 의미하는 바의 임재이자 유효한 능력으로 이해하는 고전적 아우구스티누스 이해를 재진술한 셈이다. 따라서 몸이 시나 예술 작품과 비슷하다면 성례전과도 비슷하다고 주장할 수 있을 것이다. 아마 그런 이유에서 메를로퐁티는 이 몸의 의미를 "육화된 의미"로 말했을 것이다. "이런 식으로 몸은 전체적 실존을 표현한다. 몸이 실존의 외부적 부속물이기 때문이 아니라 실존이 몸 안에서 실현되기 때문이다." 따라서 "표현과 표현되는 것 사이의 관계, 혹은 기호와 의미 사이의 관계는 원문과 번역문 사이의 관계처럼 일방적인 관계가 아니다. 몸도 **실존도** 인간의 본원적인 것으로 간주될 수 없다. 왜냐하면 둘은 서로를 전제하기 때문이며, 몸은 강화된 혹은 일반화된 실존이고 실존은 항구적 육화이기 때문이다"(PP, p. 192, 강조는 원문의 것). 세상에 관해 생각하기 전에 (또한 생각하면서) 우리는 이미 오장육부 차원에서 **의미를 부여한다**.

〈킹스 스피치〉에 묘사된 운동미학적 변화

세상에 대한 우리의 태도를 재편하기 위해서는 운동 지향성의 재습관화가 필요하다. 그리고 우리는 지적 존재에 그치지 않기 때문에 그런 재습관화를 위해서는 우리의 육화된 의미의 '사이'에 영향을 미치는 운동미학적 전환이 필요하다. 우리의 정신을 바꾸는 것으로는 충분하지 않다. 우리는 몸을 바꾸어야 하고, 몸과 정신의 결합체로서 우리의 세계-내-존재의 눈금을 재조정해야 한다. 개념적 혹은 지적 변화만으로는 참된 변화를 일으키기에 충분하지 않다. 마찬가지로 기계적 접근 방식 역시 부

의 의미를 지니고 있을 뿐만 아니라 그 자체가 공간 안 특정한 지점에서 우리에게 제시되고 우리의 몸을 통해 붙잡고 영향을 미쳐 그렇게 하도록 규정하는 세계 안에서 존재하는 특정한 방식인 것과 마찬가지로, 성례전은 하나님의 임재가 공간의 한 부분을 차지하게 하며 축사된 빵을 먹는 이들에게 그 임재를 전한다"(PP, p. 246).

적합하다. 메를로퐁티의 통전적 이론은 둘 다 '사이'의 정수(精髓)를 강조한다.

아카데미상을 수상한 영화 〈킹스 스피치〉(The King's Speech)에서는 이러한 운동미학적 변화를 강렬하게 묘사한다. 영화에서는 요크 공작 조지 6세와 식민지 오스트레일리아 출신의 언어 치료사 라이오넬 로그의 관계가 이야기의 중심을 이룬다. 심한 말더듬증이 있는 조지 5세는 최고 수준의 공적 연설이 요구되는 왕의 책무를 감당하는 데 큰 부담을 느끼고 있다. 그리고 아버지의 병과 형 에드워드의 당혹스럽고 남사스러운 애정 행각으로 인해 왕위 계승이라는 어두운 공포가 그에게 드리워져 있다. 그래서 조지의 충실한 응원단장인 아내 엘리자베스는 남편을 도울 수 있는 의사와 언어 치료사들을 찾아다녔다. 하지만 아무 소용이 없다. 모두가 문제를 환원론적으로 다룬다. 어떤 이들은 문제가 단순히 생물학적인 것이며 혀 운동이나 다른 신체 훈련으로(혹은 어이없게도 담배를 피워 목을 풀어 줌으로써) 치유될 수 있는 무언가라고 생각하는 '기계론자'들이다. 다른 이들, 특히 조지의 아버지 조지 5세는 이 문제에 접근할 때 단호한 '주지주의자'다. 이런 주지주의자들은 가족들이 "버티"라고 부르는 어린 조지가 제대로 말하겠다는 의지를 끌어모으기만 하면 된다고 생각한다. 그들은 마치 그에게 용기나 강단이 없다고 생각하거나, 그가 더듬는 것이 일종의 언어적 게으름이라고 생각하거나, 그저 바르게 말하기로 **선택**하기만 하면 된다고 생각한다. 따라서 조지 5세는 아들을 자주 꾸짖는다. 그는 "똑바로 발음해!"라고 소리친다.

어느 날 왕이 최신 '무선' 기술을 통해 성탄절 연설을 한 직후 위기가 찾아온다. 그는 유창함의 본보기가 될 만한 연설을 마친 후 버티를 보면서 격려라고 착각할 법한 말로 그를 조롱한다. "어떻게 하는지만 **알면** 쉬워." (강조한 부분에 주목하라.)

이제 왕은 버티에게 연습을 시킨다. "네가 한번 해 봐." 그는 버티에게 마이크를 똑바로 쳐다보라고 재촉하며 훈계한다. "허리를 펴고 똑바로 앉아. 고개를 들고 영국인답게 마이크를 정면으로 응시하란 말이야. 누가 대장인지 보여 줘!"

버티의 노력은 무의미하고 절망적이다. 그러나 그의 아버지는 혀를 자유자재로 구사하는 능력이 얼마나 시급하게 필요한지를 그에게 심어 주려고 노력한다. 왕은 곧 죽을 것이며, 에드워드의 경솔한 행동은 그를 파멸로 이끌 것이다. 게다가 히틀러와 스탈린이 유럽 대륙을 가로질러 진격하고 있다. "우리와 군화, 프롤레타리아의 지옥 사이에 누가 서 있을까?" 그의 아버지가 묻는다. "너지." 버티는 이런 일을 앞으로도 많이 겪게 되리라는 사실을 직시해야 한다. 그래서 조지 왕은 다시 한번 말을 더듬는 아들을 향해 소리를 지른다. "자, 해 보자! 천천히 서두르지 말고. 신중하게 단어를 생각하면서 말해. 긴장 풀어! 그냥 한번 해 봐! 어서 해 보라고!"

짐작할 수 있듯이 기계론도 주지주의도 버티의 말더듬증을 고치지 못한다. 그리고 다른 모든 전략이 실패했을 때 엘리자베스는 볼품없는 사무실에 있는 로그 씨를 찾아간다. 로그의 '대척' 요법은 비정통 취급을 받았지만, 절박함의 끝자락에서 엘리자베스는 치료법을 찾고자 울타리 너머 런던에서 노동 계급이 사는 곳으로 모험을 감행한다.

엘리자베스와 라이오넬의 첫 만남은 인식하지 않고도 느낄 수 있는 신체성으로 가득 차 있다. 두 사람은 각자 세상에 대한 전혀 다른 신체적 태도를 드러내며, 이 태도는 각각 그 나름의 세계관을 담고 있다. 엘리자베스는 신중하고 엄격하며 말투가 또박또박하고 냉담하다. 무언가를 만지기만 해도 그녀의 권위가 침투하는 것처럼 보인다. 라이오넬은 호리호리하고 물 같이 부드러우며 사교적이고 친근하다. 대화를 나누는 '존슨 여사'가 요크 공작 부인임을 깨닫기 전까지 그는 있는 그대로 편안해 보인다. 그럼에도 치료를 위한 규칙에는 타협이 있을 수 없다. 요크 공작이 로크 씨에게 치료를 받고자 한다면, 그의 사무실에서, 친근하고 평등한 분위기 속에서 치료를 받아야 한다. 라이오넬은 "내 성에서 나의 규칙대로"를 요구한다. 엘리자베스도 동의한다.

라이오넬은 조지에게 경의를 표하는 모습을 보이면서도 "버티"라는 애칭으로 그를 부르겠다고 고집함으로써―조지로서는 분하게도―평등한 공간을 재빨리 확보한다. 그러나 버티는 라이오넬이 그에게 개인적인 질문을 던지면서 첫 약속이 이상한 방향으로 전환된다고 생각했기 때문에 이 상황이 훨씬 더 불편하게 느껴진다.

"가장 어렸을 때의 기억은 무엇입니까?" 라이오넬이 묻는다.

"여기서 개인적인 문제에 관해서는 이야기하지 않겠네." 버티는 짧게 대답한 다음 화를 내며 말한다. 하지만 라이오넬은 뜻을 굽히지 않고 질문을 이어 간다.

"장애는 어디서 시작되었습니까?" 버티는 언제나 더듬거리며 말했다고 주장하지만 라이오넬은 어떤 아이도 처음부터 더듬거리며 말하지는 않는다고 말한다. "그러면 말더듬증은 언제 시작되었습니까?" 버티는 더듬지 않았던 때가 기억나지 않는다.

첫 번째 상담은 성공적이지 않았다. 라이오넬의 정통적이지 않은 방식은 요크 공작을 화나게 했고 그가 전에 만났던 '기계론자'들과 비교하면 엉터리처럼 보였다. 물론 버티가 깨닫지 못한 것은 라이오넬이 그의 **이야기**로 파고들어 가려고 했다는 점이다. 말하자면 라이오넬은 버티의 말더듬증이 신체적**이면서도** 심리적인 문제임을 간파한 현상학자로, 메를로퐁티의 선구자다. 그것은 그의 세계-내-실존의 일부로서 몸과 정신이 교차하는 곳에서 발생했으며 그의 육화된 실존의 '사이에-있음에 기초해 있다. 그리고 버티에게 변화가 일어나려면 그의 몸과 그의 이야기가 교차하는 곳에서 운동미학적 전환이 일어나야 한다. 버티가 결국 라이오넬에게 돌아와 도움을 구할 때 우리는 라이오넬의 프로그램이 바로 이 동일한 교차점에서 작동하는 것을 볼 수 있다. 따라서 한편으로 라이오넬은 몸을 다룬다. 여기서 우리는 버티가 받는 신체 훈련과 물질적 프로그램을 보여 주는 익살스러운 장면을 본다. 공작이 턱을 흔들고, 펄쩍펄쩍 뛰고, 동요 "잭과 질"(Jack and Jill)을 부르면서 팔을 아래위로 휘젓고, 심지어 바닥에 누워 요크 공작 부인을 자기 배 위에 올려놓고 횡격막 운동을 하는 (부인은 이를 꽤나 즐긴다!) 모습을 보여 준다. 이렇게 체감적 훈련 장면 사이사이에 그의 연설 장면이 삽입되어 그가 조금씩 나아지고 있음을 보여 준다. 하지만 여전히 유창하게 말한다고 보기는 어렵다.

그렇기 때문에 다른 한편으로 라이오넬은 근본적으로 버티 이야기의 밑바닥까지 내려가 지금 그가 몸에 지니고 있는 서사, 그의 혀를 묶어 놓고 있는 이야기까지 파고들어 가는 데 관심을 기울인다. 아버지의 죽음 이후 라이오넬을 찾아갈 때 버티는 이전과 다르게 개방적이고 솔직한 태도를 보이기 시작한다. 조지 5세의 서거는 그의 아들 안에서 관계의 심연을 휘저어 놓았고 그의 무의식 속에서 단단히 굳어 있던 무언가를 끄집어냈다. 버티는 라이오넬의 아들의 모형 비행기를 만지다가 속내를 털어놓기 시작한다. "난 언제나 모형을 만들고 싶어 했지." 간절한 마음으로 이 말을 하는 그의 모습은 그런 일이 한 번도 일어나지 않았음을 짐작하게 한다. 이는 허락받지 못했거나 아버지가 한 번도 그를 도와줄 수 없었기 때문이다. 대화 도중 그는 마치 놀림을 받으면 더 이상 말을 더듬지 않기라도 하는 것처럼 아버지가 자신의 형 데이비드로 하여금 더듬거리는 버티를 놀리라고 부추겼다고 시인한다. 버티가 계속해서 자신의 가족사를 말하는 동안 그는 다시 말을 더듬기 시작했고 대화는 중단되었다. 라이오넬은 말을 더듬지 않기 위해 노래를 불러 보라고 권한다.

하지만 버티가 모형 비행기 날개에 풀칠을 하는 동안 라이오넬은 다른 무언가를 알아차린다. "태어날 때부터 오른손잡이셨습니까?" 그는 묻는다.

"왼손잡이였어." 버티가 대답한다. "벌을 받았지. 이제는 오른손을 써."

"다른 교정은요?" 라이오넬이 묻는다.

"안짱다리." 버티가 답한다. 그는 이 문제를 바로잡기 위해 철제 부목을 착용해야만 했고, 그에게 이 '해법'은 너무나도 고통스러웠다. 하지만 그는 "이제 똑바로 걸어"라고 말한다.

라이오넬은 버티의 이야기와 가족 관계를 탐구하듯 알아 가면서 버티가 누구를 가장 가깝게 느꼈는지 궁금해졌다. 알고 보니 그와 가장 가까운 사람들은 보모였다. "하지만 첫 번째 보모는 아니야." 버티는 고통스럽게 기억을 꺼낸다. "그 여자는 데이비드를 사랑했고…나를 미워했지. 하루에 한 번 부모님께 날 보여 줄 때 그 여자는…."

그 기억 때문에 그는 말을 더듬기 시작했고 더 이상 말을 잇지 못했다. 라이오넬은 다시 노래 부르듯이 말해 보라고 권한다. 버티는 "스와니 강"(Swanee River)의 곡조에 맞춰 고통스러운 기억을 꺼내 놓는다.

"그 여자가 나를 꼬집어서 내가 울지. 그 즉시 나는 멀리 보내져. 그러면 그 여자는 나에게 먹을 것을 안 줬어…." 그런 다음 그는 정상적인 목소리로 이야기를 이어간다. "부모님이 알아차리는 데 3년이 걸렸어. 짐작할 수 있겠지만 그때 소화에 문제가 생겼지. 지금도 그렇고."

이 짧은 증언—이 개인적 **이야기** 진술—이 버티에게 전환점이 될 것이다. 버티의 말더듬증을 고칠 수 있는 처방이 재서술뿐임을 라이오넬이 깨닫기 때문이다. 말더듬증은 버티가 그의 오장육부 안에 지니고 있는 숨겨진 이야기로부터 나온다. 다르게 말하고자 한다면, **잘** 말하고자 한다면 그는 스스로에게 다른 이야기를—한 번도 들어본 적 없는 이야기를 우리 모두가 우리 자신에게 하는 바로 그 무의식 차원에서—해야 한다. 버티가 유창하게 말할 수 있다는 희망은 세상에 대한 그의 신체적 태도의 재편성과 직결되어 있다. 그러나 그것은 그의 몸 안에 잠겨 있는 이야기와 직결되어 있다. 버티가 자신의 목소리를 찾고자 한다면 그는 먼저 다른 이야기 안으로 들어가 재서술되어야 한다.

두렵게도 버티가 이제 영국 왕 조지 6세가 되었기 때문에 이 시급함은 한층 더 강화되었다. 그의 아버지가 예견했듯이 그는 당당하게 말해야 한다. 영국이 독일과 전쟁을 시작하는 상황에서, 유럽을 가로질러 진격하는 독일 군대와 전투를 벌여야 하고 악마 같은 웅변가 아돌프 히틀러에 맞서야 하는 상황에서, 그는 그의 삶에서 가장 중요한 연설을 해야 한다. 따라서 상처를 준 사건 이후에 새로 왕에 된 그는 라이오넬에게 돌아와 사과를 하며 성탄절 연설 준비를 도와달라고 부탁한다.

"부왕께서 하셨듯이 말이죠." 라이오넬이 말한다. "하지만 이제 더 이상 그분은 안 계시죠."

"아니, 그분은 아직 계셔." 버티가 대답한다. "내가 방금 자네에게 준 그 실링 위에 계셔."

라이오넬은 여기서 더 깊은 무언가를 깨닫고 재서술의 가능성을 본다. "그저 쉽게 나눠 줄 수 있을 정도죠. 더 이상 주머니 안에 그분을 넣고 다니지 않으셔도 됩니다. 형님도 마찬가지죠. 다섯 살 때 두려워하셨던 것들을 더 이상 두려워하시지 않아도 됩니다. 버티, 이제 혼자 당당히 살아가면 됩니다. 다음엔 당신 얼굴이 동전에 새겨질 거예요."

라이오넬은 버티를 다른 이야기 안으로 초대하고 있다. 하지만 그의 세계-내-존재를 재서술하라는 이 초대는 메를로퐁티가 말하는 그의 "습관-몸"을 재조정하는 신체적 프로그램과 분리되어 있지 않다. 오히려 이 둘은 교차한다. 우리가 세상에 대해 특정한 방식으로 행동하는 것은 우리 뼛속에 하나의 이야기를 지니고 있기 때문이다. 라이오넬은 우리에게 익숙하게 들리는 이야기로 버티의 몸과 영혼을 다시 훈련시키려 한다. "두려워하지 마세요." 라이오넬의 노력으로 버티가 대관식 전날 마침내 "난 연설을 할 수 있어!"라고 당당히 외칠 수 있게 되었을 때, 라이오넬의 조용한 대답은 이 새로운 이야기의 서술과 다름없었다. "당신은 내가 아는 가장 용감한 사람입니다. 그리고 정말로 좋은 왕이 되실 겁니다."

지각의 우선성

"마음이 유기체 안에 있듯이 우리 몸은 세상 안에 있다." 이 유비에는 엄청난 의미가 담겨 있다. 내 몸, 몸을 지닌 '나'는 삶을 풍성하게 하고 삶을 내 세상 안으로 밀어 넣는다. "그것은 가시적인 풍경이 계속해서 살아 있게 만들며, 삶을 그것 안으로 불어넣고 내적으로 그것을 지탱하며, 그것으로 하나의 체계를 형성한다"(PP, p. 233). 중요한 의미에서, 내 몸이 없다면 '세상'도 존재하지 않는다. 나의 육화된 의미가 세상으로서 스스로 제시하는 것을 구성하지 않는 한, 그리고 구성하기까지 환경은 존재하지 않는다. 그렇기 때문에 "몸 구조에 대한 이론은 암시적으로 지각에 대한 이론이기도 하다." 다시 말해서, 지각의 현상학은 근본적으로 육화된 의미의 현상학, 신체적 세계-내-존재의 현상학이다. "우리는 우리 몸을 느끼는 법을 다시 배웠다. 몸에 대한 객관적이며 초연한 지식 아래에서 몸이 언제나 우리와 함께 있기 때문에, 우리가 우리의 몸이기 때문에 우리가 알고 있는 다른 지식을 발견했다." "우리가 우리의 몸으로 세상을 지각하기" 때문에 이제 우리는 "몸이 자연적 자아이며, 말하자면 지각의 주체임"을 이해할 수 있게 되었다(PP, p. 239). 이것은 사유나 '객관적 사고' 자체의 거부가 아니다. 메를로퐁티가 우리를 그저 자극에 대해 생물학적으로 반응하는 존재로 취급하려는 것도 아니다. 오히려 의미의 구성에 있어서 몸의 중요성을 강조하는 그의 태도는 환원론에 단호하게 반대하며 유물론과 주지주의 모두에 저항한다.[50] 사실 어떤 의미에서는 지각이 자극보다 **선행**한다. 무언가가 자극으로 **여겨지기** 전에 주어진 것이 자극이 될 수 있도록 먼저 나의 세계가 구성되어 있어야 한다. 우리는 앞서 슈나이더의 사례에서 이를 확인했다. 그가 세계를 성적으로 **지각**할 수 없기 때문에 다양한 입력이 '객관적으로' 제시되더라도 자극으로 **여겨지지** 않는다. 지각 없이는 자극도 없다. 대신에 "파도가 해변의 난파선에 부딪치듯이 세계는 끊임없

---

50 나는 주지주의에 대한 메를로퐁티의 일관된 비판을 강조해 왔지만, 그는 경험주의에 대해서도 반대한다. "지각은 세상에 관해, 물리학에서 설명하는 **자극**에 관해, 생물학에서 설명하는 감각 기관에 관해 우리가 다른 방식으로 아는 바로부터 아무것도 빚지지 않고 있다"(PP, p. 240). 다시 말해서, 지각은 단순히 신체의 수용 기관에 가해지는 인상이 아니다. 그런 환원론을 피하기 위해서 메를로퐁티는 "영혼"이라는 말까지 동원한다(PP, pp. 99, 102).

이 주체성을 포위하고 공격한다"(PP, p. 214). 내가 자극으로서 대응하는 것은 지성보다 앞선 지각의 지평에 의해 이미 **그것으로** 구성되어 있다. "내 눈이나 내 손으로 자세히 살펴보지 않으면, 그리고 내 몸이 그것과 동기화하기 전에는, 지각 가능한 것은 모호한 손짓에 불과하다"(PP, p. 248). 따라서 "모든 지식은 지각에 의해 개방된 지평 안에 자리 잡고 있다"(PP, p. 241). 많은 앎의 방식이 있으며, '객관적' 지식은 분명히 그중 하나다. 그러나 객관적 지식은 사유 차원에서 이뤄지지 않는 일차적 지각에 의해 가능해진다.

이러한 지각은 우리가 일반적으로 생각하는 지식보다 앞선 일종의 기분(attunement)이다. 하지만 이것은 세상을 지향하는 방식이라는 점에서 여전히 세상에 대한 이해다. 세상에 대한 우리의 지각은 초연한 관찰이 아니다. 세상은 우리가 현미경 아래 두고 초연하게 응시하는 표본이 아니다. 오히려 지각—육화된 의미를 통해 이뤄지는 세상에 대한 경험—은 "말 그대로 교감의 한 형태"다(PP, p. 246). 그것은 세계와-**함께-있는**-존재로서 세계-내-존재인 우리의 가장 근본적인 방식이다. 지각에 대한 이러한 서술은 근본적으로 관계적인데, 이것이 메를로퐁티가 내가 다른 이들을 어떻게 지각하는가에 일차적인 관심을 갖고 있기 때문은 **아니다**. 오히려 그는 내가 세상 **안에** 있기 때문만이 아니라 세상**과 함께** 있기 때문에 나의 지각이 일종의 "교감"이라고 주장한다. 내가 조율되어(attuned) 살아가는 이 세상은 나의 집, 나의 거처다. 육화된 의미의 특징을 이루는 시원적 내재성—"내가 아무 노력을 기울이지 않아도 맺어진 일종의 시원적 계약" 덕분에, "자연의 선물을 통해" 사물 위에 "난 구멍"—이 존재한다(PP, p. 251). 나는 경험의 세계에 도착한 낯선 방문자가 아니다. 나는 "접근 허가"를 받을 필요가 없다. 나는 세상 안에서 편안해 하며 세상을 지각하도록 **창조되었다**. 그는 그런 지각과 감각이 "공존 혹은 교감"이라고 결론 내린다. "파랑이라는 감각은 기하학자의 원이 파리와 도

쿄에서 똑같은 것처럼 내가 하는 모든 경험에서 동일함을 증명할 수 있는 어떤 **특질**에 대한 지식이 아니다"(*PP*, p. 249). 내 책상 위 엽서 속 푸른색에 대한 나의 경험과 지각은 그 옆에 있는 달력과 나의 관계와는 전혀 다르다. 달력은 내 시간을 객관적으로 체계화하는 간단명료한 방식이다. 나는 그것을 대충 훑어보기만 해도 대체로 초연하고 무관심한 방식으로 처리할 수 있는 정보를 얻을 수 있다. 그러나 엽서 속 푸른색은 언제나 브랜트우드에 있는 러스킨(Ruskin)의 탑에 올랐을 때 코니스턴 호수 위로 잠깐 드러났던 푸른 하늘을 떠올리게 한다. 바로 이 푸른색이 워즈워스(Wordsworth, 19세기 초 영국의 낭만파 시인이며, 잉글랜드 북서부의 레이크 디스트릭트에서 함께 활동했던 새뮤얼 콜리지, 로버트 사우디와 더불어 '호반 시인'으로 불린다. 코니스턴 호수 역시 이 지역에 속한다—옮긴이)의 시와 낭만주의자들의 열정적인 세계를 가득 채우고 있으며, 내가 이 푸른색에서 내가 지각한 바를 설명하거나 서술할 수 있으리라고 생각한 적은 단 한순간도 없다. 하지만 그렇다고 해서 그것이 의미 있다고 보기 어렵다거나 진실로 간주될 수 없다는 뜻은 아니다. 메를로퐁티라면 그 푸른색에 대한 나의 지각은 여전히 **지향적**이지만 그저 관찰할 수 있다는 점에서가 아니라 내가 그것과 **관계를 맺을 수 있다**는 점에서 그렇다고 강조할 것이다. 그가 지각을 교감이나 공존으로 설명할 때 포착하고자 한 것은 바로 이러한 **관여**다. "특징이 그것들 주위로 특정한 존재 양식을 발산한다면, 주문을 거는 능력과 우리가 방금 성례전적 가치라고 부른 것을 발하는 능력을 지닌다면, 이는 지각하는 주체가 그것들을 객체로 상정하기 때문이 아니라 그것들과의 공감적 관계 속으로 들어가기 때문이다"(*PP*, p. 248).

의식 작용—구성 '활동'—인 우리 경험에는 전일성이 존재하지만, 의식도 활동도 의도적이지는 않다. 우리는 그것'을 생각하지' 않는다. 메를로퐁티의 말처럼 지각은 "시초의 과학"(incipient science)이 아니다. 즉, 우리는 연역으로 우리 경험을 '만들어 내지' 않는다. "지각이 우리의 감각 경험을 단일한 세계 안으로 모아들이지만, 이는 과학적 결합이 사물이나 현상을 결합시키는 방식이 아니라 두 눈의 시각이 단일한 사물을 파악하는 방식으로 이뤄진다" (PP, p. 268). 이것은 우리가 곰곰이 생각해서 수행하거나 처리하는 무언가가 아니다. 다시 말해서 그것은 '개념적' 단위다. "우리가 두 눈으로 단일한 대상을 보는 것은 정신의 검토를 통해서가 아니라 두 눈이 각자를 위해서 작동하기를 멈추고 단일한 기관으로서 단일한 응시에 활용될 때다. 종합을 이뤄 내는 것은 인식론적 주체가 아니라 몸이다. 몸이 분산으로부터 벗어나 스스로 집중하여 온 힘을 다해 그 활동의 단일한 목표를 지향할 때, 협력 현상을 통해 그 안에 단일한 지향이 형성될 때 이러한 종합이 이뤄진다." 그렇게 세상을 구성할—따라서 경험할—때 특정한 '활동'이 행해지지만, 그것은 마치 우리의 지적 의식에 보고하지 않으며 우리가 의식적으로 활용하지 않지만 신뢰하는(그리고 훈련시킨!) 숙련공들에 의해 수행되는 것과 같다. 여기서 작동하는 것은 '생각이 아닌' 지향성의 양식이다. 그것은 "의식의 투명성을 거쳐서 일어나지 않고 그것에 대해 내 몸이 지닌 잠재된 지식을 당연히 받아들이는" 지향성—따라서 의미 만들기—이다(PP, p. 270). 이것은 내 몸에 지닌 세상에 대한 지식이나 이해다. "내 몸은 모든 대상으로 직조된 직물이다"(PP, p. 273). 따라서 "지각할 때 우리는 대상을 생각하지 않으며 그것을 생각하는 우리 자신을 생각하지 않는다. 우리는 그 대상에게 넘겨지며 우리보다 세상을 더 잘 아는 이 몸과 결합된다"(PP, p. 277).[51]

'객관적' 지식과 지적 성찰을 보증하는 것은 바로 이 신체적 기분(bodily attunement)과 지각이다. 지각과 지식 중 **양자택일**의 문제가 아니다. 아무 생

---

[51] 메를로퐁티는 앞서 우리가 몸을 **가지고 있는** 것이 아니라 우리가 우리의 몸(그리고 그 이상)**이라는** 점을 분명히 강조했음에도, 여기서 '우리 몸'과 '우리'를 어색하게 구별하는 유감스러운 습관에 빠진다.

각 없이 있는 그대로 세상을 운동미학적으로 지각하는 데 만족하고 지적 성찰을 포기하는 쪽을 택할 것인가의 문제가 아니다. 오히려 나는 이해하기 위해 지각한다. 메를로퐁티는 지각이 세상에 대한 정제되지 않은 서툰 이론화가 아님을 강조한다. 지각은 세상을 지향하는 근본적으로 다른 (그리고 일차적인) 방식, 몸으로 세상에 **의미를 부여하는** 방식이다. 지각은 그저 지성이 처리할 원재료를 제공하지 않는다. 하지만 그렇다고 해서 지각과 객관적 지식 사이에 아무 상관이 없다는 뜻은 아니다. 사실 후자는 그 가능성의 조건인 전자에 기초를 두고 있다. 성찰은 "비독단적이고[즉, 비정립적이고] 선객관적이며 선의식적인 실존"인 "일차적 지각"에 뿌리내리고 있다(PP, p. 281). 메를로퐁티의 설명에서는 성찰을 부정하거나 객관적 지식을 평가 절하하지 않는다. 그는 단지 성찰의 **자리를 정해 주며** 성찰이 지각의 우선성에 의존함을 강조할 뿐이다. 따라서 성찰**보다** 지각을 더 중요하게 여기자는 것이 아니라 성찰의 본질과 책무를 재고하자는 것이다. 그렇다면 메를로퐁티는 우리가 성찰적인 방식으로 세상을 객관적으로 '알' 때 우리가 무엇을 행하는가에 관한 새로운 설명을 제시하는 셈이다. 그는 "근본적 성찰이라는 과업, 자기-이해를 겨냥하는 종류의 일이란, 역설적이게도 세상에 대한 비성찰적 경험을 재발견하고 그런 다음 검증하는 태도와 성찰 활동을 다시 적용하고 성찰을 내 존재의 한 가능성으로 드러내는 것"이라고 결론 내린다(PP, p. 280). 따라서 이것은 우리가 무엇보다도 먼저 세상에 관해 **생각**하지 않는다는 사실을 제대로 설명해 내는 지각 **이론**을 만들어 내는 것에 관한 문제다. "따라서 성찰이 **전제로 삼고** 활용하고 성찰에 대해 일종의 본래적 과거, 한 번도 현재인 적이 없었던 과거가 되는 비성찰적 경험의 자료를 참고하지 않는 한 성찰은 스스로 그 온전한 의미를 파악하지 못한다"(PP, pp. 281-282, 강조는 원문의 것). 따라서 우리는 다시 프루스트로 돌아간다. 지성은 그 자신의 열등함 혹은 이차적 성격을 입증하라는 요구를 받는다.

메를로퐁티가 옳다면—나는 그가 옳다고 생각한다—우리는 '어떻게 우리는 몸을 **가르치는가**?'라는 질문을 끊임없이 던져야 한다. "내 몸과 감각이 바로 습관에서 태어난 세상에 대한 익숙함, 바로 그 암묵적 혹은 침전된 지식"이라면(PP, p. 277) 우리는 이렇게 물어야 한다. 몸은 어떻게 습관화되는가? 세상에 대한 우리의 신체적 태도 안에 내재되어 담겨 있는 상상력을 어떻게 징집할 수 있는가? 몸은 세상을 지각하도록 어떻게 훈련되는가? 이제 피에르 부르디외를 살펴보자.

2장 사회적 몸

나는 종교에서 관념은 별로 중요하지 않다고 생각한다. 유비는 관념이 아니다. 유비는 공동체다. 유비는 공명이다.…나는 야스퍼스(Jasper [sic])와 베르그송(Bergson), 부버(Buber)가 매우 열등한 관념주의자의 부류로서 감각에서 시작되고 관념이나 사상에 의해 왜곡되는 즉각적인 유비적 지각을 제대로 이해하지 못했다고 생각한다.[1]

이론적 이성 비판

예전적 인간론은 낯선 짐승이다. 그것은 인간이 일차적으로 이론을 체계화하는 존재가 아님을 강조하는 이론적 인간 모형을 제시한다. 그것은 지성의 상대화를 주장하는 지적 기획이다. 예전적 인간론은 우리가 선-이론적으로 세상을 헤쳐 나가는 방식을 이해하려는 이론적 시도—**실천**의 우선성과 환원 불가능성에 관한 **이론**—다.

따라서 예전적 인간론의 발전은 사회과학 분야에서 피에르 부르디외가 추

---

[1] 마셜 매클루언(Marshall McLuhan)이 존 W. 몰(John W. Mole, OMI) 신부에게 보낸 편지. *The Medium and the Light: Reflections on Religion*, ed. Eric McLuhan, Jacek Szklarek (Toronto: Stoddart, 1999), p. 69. 매클루언은 매우 단도직입적이다. 나라면 차이를 이렇게까지 부각하지 않았을 것이다. 하지만 이런 대조는 분명 여러 생각을 불러일으킨다.

진했던 기획과 유사하다. 특히, 부르디외는 현장 연구를 통해 학문으로서의 인류학의 한계를 깨닫게 되었다. 인류학자는 궁극적으로 (낯선) 실천의 세계를 이해하려고 노력하지만, 그의 방법에는 사실상 그 '세계'의 온전성을 제거하는 거리와 객관화가 포함된다. 부르디외는 "객관화라는 도구의 본질 혹은 효과를 고려하지 못하는 한 실천의 논리 자체를 파괴하는 구성 개념을 통해서만 실천의 논리를 파악할 수 있음을 오랜 시간이 지난 후에야 깨달았다"라고 고백한다.[2] 이는 사회과학자들의 이론적 입장이 '인식론적 단절'—말하자면, 성찰하기 위해 실천 공동체에 참여하기보다는 한 걸음 뒤로 물러나고 바깥에서 실천을 '이해'하는 것—에 의해 특징지어지기 때문이다. 이러한 인식론적 단절이 실천 공동체에 몰입하는 이들에게는 낯선 거리—실천하는 이들의 특징이 아닌 "객관화"의 거리—를 만들어 낸다. 따라서 인식론적 단절은 "사회적 단절"이기도 하다(LP, pp. 26, 33). 즉, 이론적 관찰자들은 의례를 위해 그 자리에 있거나 예식에 참여하더라도 그들의 거리와 객관성을 핑계로 실천 공동체로부터 자신들을 사실상 배제한다. 따라서 실천의 '과학적' 이해라는 기획 자체는 처음부터 실패할 수밖에 없는 것처럼 보인다.

그러나 부르디외는 과학 자체를 포기하거나 이론적 성찰이 본질적으로 문제를 안고 있다고 비판하려고 하지 않았다(LP, p. 11). 실천에 관한 이론적 성찰과 실천 공동체에서 일어나는 일을 이해하려는 시도는 의미 있는 일이다. 따라서 이것은 이론**이나** 실천 중에서 무엇을 선택하느냐의 문제가 아니다. 오히려 부르디외가 추구하는 바는 일종의 양날의 검인 실천**에 관한** 적합한 이론이다. 한편으로, 이 이론에서는 환원 불가능한 노하우인 실천의 본질을 바르게 이해하기를 요청한다. 다른 한편으로, 실천**에 관한** 적합한 이론을

---

[2] Pierre Bourdieu, *The Logic of Practice*, trans. Richard Nice (Stanford, CA: Stanford University Press, 1990), p. 11. 이후에는 인용할 때 *LP*로 표기함.

위해서는 실천에 **관해** 과학적으로 성찰할 때 우리가 무엇을 행하는지를 이론적으로 설명해야 한다.³ 그는 사회과학자들이 연구 대상과 그것을 객관화하는 그들 자신과의 관계를 객관적으로 숙고하는 데 실패해 왔다고 주장한다(*LP*, pp. 14-15). 그들은 연구의 **실천**을 연구 주제로 삼은 적이 없었다. 실천의 과학이 지닌 한계를 인식한다고 해서 과학을 포기할 이유는 없다. 오히려 그렇게 함으로써 과학이 실천을 고려할 때 전제하는 바를 재고할 기회를 얻을 수 있다.⁴

따라서 부르디외는 칸트주의를 떠올리게 하는 용어를 사용하면서 자신의 과제를 "이론적 이성 비판"(critique of theoretical reason)이라고 설명한다. 이론적 이성 비판은 이론적 이성을 거부하는 것이 아니라 칸트(Kant)의 방식을 따라 이론적 이성의 한계와 조건을 숙고하는 것이다. "이론적 이해의 한계에 대한 비판적 성찰의 목적은 이론적 지식에 대한 불신을 야기하는 것이 아니다." 오히려 그 목적은 실천에 대한 이론적 해석을 "생산해 내는 인식론적·사회적 조건에서 기인하는 왜곡으로부터 그것을 해방시킴으로써" 이론적 해석에 "확고한 토대"를 제공하려는 것이다. 즉, "이론적 지식이 암묵적으로 적용하는 실천의 이론을 해명하고, 그렇게 함으로써 실천과 지식의 실천적 양식에 대한 참으로 과학적인 지식을 가능하게 만들고자 함이다"(*LP*, p. 27). 문제는 실천에 대한 이론적 성찰이 아니다. 실천에 대한 우리의 이론적 분석이 "실천적

---

3 "사회과학은 객관주의가 그랬듯이 본래적 경험 및 그 경험의 본래적 재현과 단절되어야 할 뿐만 아니라 이차적 단절을 통해 '객관적' 관찰자의 입장에 내재된 전제들에 대해 의문을 제기해야 한다. 실천을 해석하고자 하는 '객관적' 관찰자는 대상과 자신의 관계라는 원리를 그 대상 안으로 가지고 들어가는 경향이 있다. 이는 그가 의사소통과 인식 기능에 특권적 지위를 부여하는 것을 통해 예증된다"(*LP*, p. 27).
4 부르디외도 후에 암시했듯이, 이론과 실천 사이의 이런 관계를 신학과 예배 사이의 관계에 대한 유비로 볼 수도 있다. 따라서 부르디외가 사회과학의, 또한 사회적 실천에 **관한** 성찰의 독특한 어려움이라고 본 것은 예전적 실천에 관한 신학적 성찰에도 비슷하게 적용될 것이다. 여기서 부르디외의 분석을 검토할 때 이 유비를 염두에 두면 유익할 것이다.

지식"—환원 불가능한 "실천의 논리"—의 독특한 성격을 존중하는 전제 아래서 작동하는가 그렇지 않은가다. 예를 들어, 실천의 해석은 사실상 실천하는 사람을 생각하는 사람으로 이해하고 과학자의 이미지로 실천의 세계를 구성하는 전제를 몰래 가지고 들어오는 경우가 많다. 부르디외는 이것을 "지성중심주의"(intellectualocentrism)라고 부르지만 과학이 본질적으로 주지주의적일 필요는 없다고 강조한다(LP, p. 29). 이론을 다른 방식으로 상상할 수도 있다. 환원 불가능한 실천의 논리를 받아들이는 전제에 기초해 구성적이며 이론적인 실천의 해석에 참여할 수도 있다. 부르디외가 추구하는 것은 바로 이러한 실천의 이론이며, 이는 예전적 인간론의 과제와도 직결된다.

부르디외는 자신의 목표를 "'본래적' 존재란 무엇인가에 관한…이론"이라고 부른다. "누구나 과학적 작업과 그것이 만들어 내고자 하는 실천의 이론 속으로, '본래적' 존재란 무엇인가에 관한, 즉 '학문적 무지', 세계에 대한 실천적 관계를 규정하는 즉각적이지만 자신을 의식하지 않는 이해의 관계를 맺는다는 것이 무엇을 뜻하는가에 관한 하나의 이론—이론적 경험을 통해서만 발견될 수는 없는—을 가지고 들어온다"(LP, pp. 18-19). 본래적인 사람들—즉, 실천 공동체에 둘러싸여 "자신을 의식하지 않는 방식으로" 실천하는 사람들—은 일차적으로 이론가가 아니다. 이들은 '생각'을 통해 세상을 헤쳐 나가지 않는다. 그들은 자신이 행하는 바를 성찰하지 않는다. 그렇기 때문에 이러한 실천 공동체 **안에서** 일어나고 있는 일을 제대로 해석하고자 할 때는 실천하는 사람을 암묵적으로 이론화하는 사람으로 이해하려는 유혹에 저항해야만 한다. "'본래적' 존재란 무엇인가에 관한 이론은 "논리보다 앞선 실천의 논리"를 존중하고 이해해야만 한다(LP, p. 19).[5]

---

[5] "논리보다 앞선 실천의 논리"는 "논리적인 논리", 객관화의 논리와 구별되어야 한다. "그리고 이 차이는 지적 활동과 지적 조건 안에 내재해 있으며, 지적 담론에서 정확히 표현될 가능성이 희박하다"(LP, p.

부르디외의 "이론적 이성 비판"은 두 과녁을 겨냥한다. 두 과녁은 그가 "객관주의"와 "주관주의"라고 부른 것, 혹은 주지주의와 주의주의(voluntarism)라고 부를 수 있는 것이다. 부르디외는 실천에 관한 주지주의적 설명에 반대하며 실천적 지식—실천 안에 '담겨 있는' 지식—의 환원 불가능성을 제대로 설명해 내는 균형 잡힌 실천 이론을 제시하고자 한다. 따라서 그는 이론가가 생각하는 이미지대로 실천하는 사람들을 재창조하는 이론**주의**(theoret*ism*)[6]에 언제나 비판적이다.[7] 이러한 이론가들은 마치 실천하는 사람들이 단순한 익명의 학자들이기라도 한 것처럼 "이해를 위한 이해를 추구하며 행위자의 실천에 이러한 해석 의도를 부여하는 '불편부당한 구경꾼'의 관점을 취한다." 다시 말해서, "이론주의적" 이론가는 마치 "그가 실천하는 이들에 관해 묻는 질문을 실천하는 이들 스스로 묻고 있는 것처럼"—그들이 주어진 환경 안에서 실천하는 사람들이 아니라 서양에서 온 호기심 많은 구경꾼이기라도 한 것처럼—실천하는 이들의 공동체를 연구한다(*LP*, p. 31).[8] 부르디외는 이에 관

---

19). 문화적 예전 기획 안에는 바로 이런 긴장이 자리 잡고 있다.

[6] 부르디외는 "이론주의의 우월감"을 "지식인의 지위를 주장하는 모든 이가 들이마시는 공기"로 묘사한다(*LP*, p. 288n6).

[7] "'생각하는 사람'은 암묵적인 것을 생각하지 않은 것과 동일시하며 모든 '지각 가능한' 행동에 내재해 있는 암묵적이며 실천적인 생각에 진정한 생각의 지위를 부여하기를 거부함으로써 행동이 이해되고 해석되고 표현될 때만 온전히 수행된 것이라는 자신의 은밀한 신념을 드러낸다"(*LP*, p. 36). 따라서 행동은 "해독되어야 할 무언가"가 된다. "예를 들어, 어떤 몸짓이나 의례적 행위에 대해 그것이 그저 '지각 가능하거나'(sensé) 영어 표현처럼 '뜻이 통한다'(make sense)고 말하기보다는 그것이 무언가를 **표현**한다고 말한다. 물론 인류학자들은 '생각하는 사람'의 생각 말고는 다른 어떤 것도 알고 인식할 수 없으며 인간의 존엄성을 이루는 것처럼 보이는 것을 부여하지 않고서는 인간의 존엄성을 부여할 수 없기 때문에, 자신들이 연구하는 사람들을 자신들의 동료 중 가장 일류의 사람들—논리학자나 철학자—과 동일시하지 않고서는 그들을 논리 이전의 야만으로부터 구해 낼 수 없다고 생각한다(나는 '철학자 원시인'이라는 유명한 제목을 생각하고 있다)"(*LP*, p. 37, 강조는 원문의 것). 비슷한 편견을 반영하는 "모든 신자는 신학자다"라는 흔한 주장과도 비교해 볼 수 있다.

[8] 혹은 그가 뒤에서 주장하듯이, "이론적 오류"는 "실천에 대한 이론적 관점을 실천에 대한 실천적 관계로 제시하는 것"이다(*LP*, p. 81). 이것은 "구경꾼의 관점과 행위자의 관점을 혼동하는 경향에서 기인하는" 오류 중 하나다. "예를 들어, 실천은 구경꾼이 묻는 질문을 할 필요가 없으므로 실천의 본질이 그런 질문을 배제하는 것은 아닌지 의심하기보다는 실천이 결코 묻지 않는 그런 질문에 대한 답을 찾으려고

한 예로 언어가 무언가를 행하기 위한 관계망이 아니라 상징을 교환하는 공정한 수단인 것처럼 언어를 이해하는 언어학자의 사례를 든다.⁹ 이런 언어학자는 우리가 일차적으로 웅변가가 아니라 문법학자이기라도 한 것처럼 **사용자**에 의해 사용되는 언어가 아니라 구경꾼의 손에 들린 언어를 상상한다. "웅변가와 달리 문법학자에게는 언어를 해독하기 위해 연구하는 것을 제외하고는 언어로 할 수 있는 것이 아무것도 없다. 언어를 다루는 방식에 있어서 그는 생각하고 말하기 위해 언어를 사용하지 않고 언어를 분석 대상으로 삼기 때문에 그것을 실천(*praxis*)이 아니라 이성(*logos*)으로 이해한다"(*LP*, p. 31).¹⁰ 주지주의적 이론가는 자신도 모르는 사이에 "실천에 대한 실천적 관계를 실천에 대한 관찰자의 관계"로 대체한다(*LP*, p. 34). 부르디외는 이에 반대해 실천과 실천하는 사람의 관계의 독특하며 환원 불가능한 본성을 인정하며 실천하는 사람을 위해 작동하는 독특한 "실천의 논리"를 설명해 낼 수 있는 방법론을 제시한다. 이것이 뒤에서 논의의 초점이 될 것이다.

두 번째 전선에서, 그리고 행동 철학에 관한 우리의 관심도 직결된 방식으로 부르디외는, 자유에 대한 부적절한 이해를 전제로 삼고 있기 때문에 실천을 제대로 이해하지 못하는 '주관주의'에 대해서도 도전한다. 부르디외가 생각하는 주관주의의 양자는 사르트르(Sartre)지만 이러한 주의주의적 인간 모형은 '합리적 선택' 이론 및 다른 사회과학 패러다임 안에서 폭넓게 전제되고 있다. 그러한 모형은 주체를 철저히 자율적으로 보고 모든 행동을 아무것

하는" 오류다(*LP*, pp. 82-83). 이것은 데이비드 버렐(David Burrell)이 나와 대화하던 도중 무심코 했던 말을 상기시킨다. "신토마스주의는 당신이 물을 생각도 없는 온갖 질문에 답하는 체계다."

9 객관주의는 "마치 그것이 지식만을 위한 것인 것처럼, 그 안에서 일어나는 모든 상호 작용이 순전히 상징적 교환인 것처럼" 설명한다(*LP*, p. 52).

10 종교 철학과 신학 분야에서 얼마나 많은 연구가 웅변가가 아니라 문법학자의 (그리고 문법학자를 위한) 작업인가?

에도 구애받지 않은 결정의 산물로 보는 "결단주의"(decisionism)다. 그런 인간은 거의 신에 가깝다."[11] "사르트르는 항구적 성향이나 우발성을 닮은 것은 그 어떤 것도 인정하기를 거부하면서 모든 행동을 주체와 세계 사이의 일종의 전례 없는 대결로 본다"(LP, p. 42). 요약하면, 주체를 그것의 자율성에 영향을 미치는 환경이나 과거가 없는, '관성 없는 의식'으로 본다.

부르디외는 자율성에 관한 이런 전제 아래에서 실천을 해석할 때 무엇이 실천 공동체 안에서 행동을 추동하는지 제대로 이해할 수 없다고 우려한다. 다시 한번 이론가는 자신의 이미지대로 실천하는 사람들의 세계를 만들어 버리고 만다. "객관주의에서 이론가와 과학의 대상 사이의 관계를 보편화하듯이, 주관주의에서는 이론적 담론의 주체가 하나의 주체로서 자신에 대해 가지고 있는 경험을 보편화한다. '관성 없는 의식', 과거가 없고 외부가 없는 의식이라는 환영을 추종하는 의식 전문 해설자는 자신이 동일시하기로 결정한 모든 주체에게…순수하고 자유롭게 움직이는 주체로서 자신이 했던 경험을 부여한다"(LP, pp. 45-46). 이것이 바로 부르디외가 폭로하고자 하는 "인류학적 허구" 중 하나다(LP, p. 47). 우리는 우리 자신의 자유 말고는 아무것에도 구애받지 않고 세상에서 떠다니는 자율적 동물이 아니다. 자율적인 '합리적 행위자'에게는 성향이나 경향—아비투스(habitus)—이 없으며, 바로 이것이 문제다. 이런 인간론은 아비투스의 '관성', 즉 우리가 특정한 방향으로 습관화된 운동량을 가지고 세상을 향해 기울어지게 만드는 성향과 경향의 복합체를 인식하지 못하기 때문에 인간의 행동을 결코 바르게 이해할 수 없다. 우리는 '결정'을 통해 모든 행동을 해 나가지 않는다. 우리의 세계-내-존재는 우리

---

[11] "창조의 지속성, 특히 진리와 가치의 불변성의 원천이 되는 결정처럼 자유로운 결정에 의해서만 자유가 제한되는 데카르트의 하나님처럼, 사르트르의 주체는 개인이든 공동체적 주체든, 맹세와 자신에 대한 충성이라는 자유로운 결단이나 나쁜 신앙에 대한 자유로운 포기에 의해서만 절대적인 선택의 불연속성으로부터 벗어날 수 있다"(LP, p. 43. 참고. p. 45).

를 '생각 없이' 하는 온갖 종류의 행동으로 몰아가는 성향에 의해 특징지어 진다.[12] 따라서 부르디외가 제시한 "실천으로서의 실천 이론"(*LP*, p. 52)의 핵심적 공헌은 아비투스, 즉 의미 있는 행동을 야기하는 습관화된 성향의 중요성을 인식해 낸 것이다. 사실 부르디외에게 "실천의 논리"와 아비투스의 중요성은 떼려야 뗄 수 없게 연결되어 있다. 습관은 습관의 공동체 안에서 '수행되는' 체현된 노하우("실천 감각")다. 이 장의 나머지 부분에서는 **예전적** 실천─기독교적 실천과 '세속적' 실천 모두─을 새로운 틀로 이해하기 위해서 부르디외의 이 핵심 개념들을 더 자세히 살펴보고자 한다.

실천 감각으로서의 아비투스

"실천의 논리"를 (이론적으로) 이해하고자 할 때는 바르게 조정된 이론적 탐지기가 필요하다. 부르디외는 "주지주의적" 전제에 따라 설정된 이론적 탐지기를 가지고 실천에 접근한다면 "실천 감각"─명제로 진술되지 않을지라도 (그리고 진술될 수 없을지라도) 실천 공동체 안에서 지니고 있는 체감적 지식─의 독특하고 환원 불가능한 성격을 놓치고 말 것이라고 우려한다. 따라서 실천에 **관해** 과학적·이론적으로 성찰할 때 실천을 제대로 이해하고 한다면─즉, "그 '기원'을 합리적 예측으로 이해된 이성의 '결정'에도 두지 않고 행위자 외부나 행위자를 초월하는 구조의 결정에도 두지 않는, 실천 안에 내재된 이성"(*LP*, p. 50)을 이해하고자 한다면─실천이 마치 우리가 **생각**하는 바를 '표현'하는 방식인 것처럼 주장하는 실천 이론이 아니라 "실천으로서의 실천 이론"(*LP*, p. 52,

---

[12] "결정이 존재한다면, 결정과 그 기초가 되는 '선호 체계'가 결정하는 사람이 했던 이전의 모든 선택뿐만 아니라 그의 판단을 미리 판단하고 따라서 그의 판단을 형성한 사람들이 그를 위해, 그를 대신해 했던 모든 선택까지 포함해서 그의 '선택'이 이뤄진 조건에도 의존한다는 것을 어떻게 부인할 수 있겠는가?" (*LP*, pp. 49-50)

강조는 추가됨)이 필요하다. 우리는 실천하는 이들을 우연히 무언가를 '행할' 뿐인 '생각하는 사람들'이 아니라 실천하는 이들로서, 근본적으로 세상 안에서 세상에 대해 **행동하는** '행위자'로서 이해하려고 노력해야 한다.

따라서 부르디외의 기획은 기계론적 결정론의 함정에 빠지지 않으면서도 주지주의를 피할 수 있는 "실천으로서의 실천 이론"—인간 행동을 "합리적 행동 혹은 기계적 반응"으로 보는 쌍둥이 환원론을 피하는 실천에 관한 설명(LP, p. 50)—을 만들어 내는 것이다. 그는 바로 이런 관심을 염두에 두고 자신의 이론의 핵심 개념, 즉 아비투스 개념을 소개한다. "실천으로서의 실천 이론에서는 실증주의적 유물론에 반대해 지식의 대상이 수동적으로 기록되지 않고 구성된다고 주장하며, 주지주의적 관념론에 반대해 이러한 구성의 원리가 실천 안에서 구성되며 언제나 실천적 기능을 지향하는, 구조화되어 있으며 구조화하는 성향, 즉 아비투스의 체계라고 주장한다"(LP, p. 52). 이처럼 밀도 높은 용어 소개는 좀더 풀어서 설명할 필요가 있다. 아비투스라는 말은 습관을 우리가 특정한 목적을 지향하게 만드는 성향으로 이해하는 아리스토텔레스의 덕 이론을 철학적으로 되울린다. 부르디외가 이 용어를 환기한 덕분에 이 반향이 되살아났을 뿐만 아니라 새로운 방향으로 확장되었다. 아비투스라는 용어가 그가 "구조화되어 있으며 구조화하는 성향"이라고 부른 것의 약칭이라는 점을 눈여겨보라. 하지만 무엇을 향한 성향인가? 우리의 세상을 특정한 방식으로 **만들어 가는**(혹은 구성하는) 성향이다. 우리는 경험주의와 유물론에서 주장하듯이 그저 세상을 수동적으로 '기록'하는 백지가 아니다. 우리는 우리의 세상을 만들어 가며 구성해 간다. 하지만 주지주의와 반대로, 이러한 구성은 '실천 안에서' 이뤄지며, 단순한 관찰이 아니라 행동("실천적 기능")[13]을

---

13 부르디외가 '실천적'인 무언가에 관해 이야기할 때마다 그것이 **실천**(praxis)이나 **행동**(action)의 문제라는 뜻으로 그렇게 말하고 있음을 명심해야 한다.

지향한다. 그렇다면 아비투스는 세상을 특정한 방식으로 구성하는 우리의 '성향'—우리가 우리의 세상을 만들어 가는 습관적 방식—을 가리키는 약어다. 또한 이런 성향과 습관은 일차적으로 지적이거나 합리적이지 않다. 그것은 분명히 우리가 '생각하는' 무언가가 아니다.

따라서 부르디외는 아비투스를 설명하며 아비투스가 말하자면 언제나 나보다 더 크다—그것은 내 안에 새겨진 공동체적·집단적 성향이다—는 점을 강조한다. 그것은 언제나 개인적인 동시에 정치적이다. 따라서 그는 아비투스를 "영속적이며 치환할 수 있는 성향의 체계, 그리고 구조화하는 구조로서 기능하는 성향을 갖게 하는, 즉 목적에 대한 의식적 지향이나 그것을 획득하기 위해 필수적인 작용의 명시적 숙달을 전제하지 않은 채 그 산물에 객관적으로 적용될 수 있는 실천과 재현을 생성하고 체계화하는 원리로서 기능하는 성향을 갖게 하는 구조화된 구조"로 설명한다(*LP*, p. 53). 여기서 우리는 아비투스의 몇 가지 새로운 특징을 확인할 수 있다. 첫째, 아비투스는 영속적이며 치환 가능하다. 오랜 시간 동안 지속되고 전해질 수 있으며 공유되고 전수될 수 있다. 그런 의미에서 아비투스는 자료나 내용의 외부적 '저장소'가 아니라 전수된 존재 방식으로서 일종의 체현된 전통이다. 바로 이런 의미에서 아비투스는 '구조화**된**' 구조다. 나의 외부에서 나에게 온 것으로서 내가 세상을 구성할 수 있게 하는 동시에 내가 세상을 구성하는 방식을 좌우한다. 그리고 내가 특정한 방식으로 세상을 구성하는 경향을 띠게 하며 내가 의미를 구성하는 방식을 좌우하기 때문에 구조화**하는** 구조로서 기능한다.

이 때문에 아비투스는 제도와 밀접히 연결되어 있다. 한편으로, "개인의 역사 속에서 구성되는 아비투스"는 "제도 안에서 사는 것, 제도를 실천적으로 전유하는 것을 가능하게 한다"(*LP*, p. 57). 나는 공동체의 공유된 아비투스가 내 안에 새겨지고 내 '개인의 역사' 안으로 흡수되는 정도까지만 실천 공동체 안에서 '편안함'을 느낄 것이다. 나는 공동체와 그 제도로부터 아비투스를 습득함으로써 공동체 **안에** 존재하는 법을 배운다.[14] 다른 한편으로, 내 안에 새겨진 아비투스는 "제도가 완전한 실현을 획득할 수 있게 해 준다." "왕이나 은행가, 사제가 세습 군주나 금융 자본주의, 육신을 입은 교회가 될 수 있는 것은 체내화(體內化, incorporation)[15]의 능력, 즉 사회적인 것의 수행적 마법을 진지하게 받아들일 준비가 된 몸을 활용하는 능력을 통해서다"(LP, p. 57). 다시 말해서, "한 제도, 심지어 한 경제는 사물 안에서, 즉 개별 행위자를 초월하는 특정한 장의 논리 안뿐만 아니라 몸 안에서, 그 장에 내재하는 요구를 인정하고 따르는 영속적인 성향 안에서 영속적으로 객관화될 때만 완전해지고 온전히 작동될 수 있다"(LP, p. 58). 나에게는 내가 세상을 지각할 수 있게 해 주는 공동체와 사회적 몸이 필요하다. 하지만 이 사회적 몸에는 그 시각과 실천을 구체화해 줄 **내** 몸이 필요하다.[16]

둘째, 특정한 방식으로 세상을 구성하는 전수된 이 성향은 '의식적 지향' 없이 기능한다. 구성의 엔진인 아비투스는 마치 작동 중인 것을 잊고 있어도 당신을 시장으로 데려다주는 프리우스(Prius, 토요타에서 만든 하이브리드 자동차―편집자)의 조용한 엔진처럼 내가 그것을 전혀 생각하지 않아도 덮개 아래에서

---

14 대체로 동질적인 사회를 연구하는 데 익숙한 인류학자로서 부르디외가, 찰스 테일러가 현대 사회의 "취약화"(fragilization)와 "교차-압력"(cross-pressures)이라고 부른 것―우리가 복수의, 경쟁하는 아비투스 안에서 살아간다는 점―에 충분히 주의를 기울였는지 의문을 제기해 볼 수 있다.

15 이 "체내화"(incorportation)라는 용어에는 코르푸스(corpus), 즉 '몸'이라는 말이 포함되어 있다. 체내화란 사회적 몸 안으로 결합되고 공동체의 아비투스가 내 몸 안에 새겨지는 것을 뜻한다. 큰 상상력을 발휘하지 않아도 부르디외가 묘사하는 이 역학이 복음 전도와 제자도, 기독교 입문식[즉, 세례―옮긴이]과도 직접적 연관성을 지님을 알 수 있다. 이것들의 핵심도 그리스도의 몸 안으로 들어가고(incorporation) 그분과 하나 되는 것이다. 관련된 논의로는 Tory K. Baucum, *Evangelical Hospitality: Catechetical Evangelism in the Early Church and Its Recovery Today* (Metuchen, NJ: Scarecrow, 2008)를 보라.

16 "아비투스는 같은 역사에 의해 몸 안에 새겨진 바로 이 내재적 법칙(*lex insita*)이며, 이 법칙은 실천의 조정뿐만 아니라 조정의 실천을 위한 전제 조건이기도 하다"(LP, p. 59).

조용히 돌아간다. 이 엔진은 당신이 듣도록 소리를 내지 않아도 제 일을 할 수 있다. 아비투스는 우리가 합리적 성찰이나 의식적 자각 없이 우리의 세상을 구성하게 해 주는 성향들의 복합체다. 그렇다고 해서 아비투스가 성찰을 배제한다거나 어떻게든 '전략적 계산'을 반대한다는 뜻은 아니다.[17] 부르디외는 "아비투스가 전혀 다르게 수행하는 작용을 의식적인 방식으로 수행하는 것"이 가능하다고 지적한다(LP, p. 53). 나는 지금까지 '생각하지 않고' 내 옆에 있는 잔을 들었지만, 이제는 '의식적으로' 그 행동을 할 수 있다. 부르디외는 아비투스의 무의식적 지시가 일차적이라는 점을 지적하고 있을 뿐이다. 내가 뒤로 물러나 성찰하고 계산할 수 있는 것은 내가 언제나 이미 아비투스를 통해 세상을 헤쳐 나가고 있기 때문이다.[18] 나는 두 번째로 세상에 '관해 생각한다.' 먼저 나는 그 동기와 목적이 실천적이며 대체로 '무의식적인' 행위자로서 세상에 참여한다. "지각"과 뒤따르는 모든 경험의 "기초"가 되는 것은 아비투스다(LP, p. 54). 중요한 의미에서 경험이 가능한 것은 오직 아비투스 때문이다.

하지만 아비투스는 이 모든 일을 덮개 아래에서 행하기 때문에 그것을 잊

---

[17] 비슷한 방식으로 마크 존슨은 사유와 개념화가 세상에 대한 우리의 신체적 상호 작용으로부터 **나온다**고 강조한다. 논리는 우리가 **감지한** 지향성의 '문법'이라고 말할 수 있다. 따라서 개념은 개별적인 형이상학적 실체가 아니며, 논리는 하늘이나 하나님의 정신으로부터 내려온 추론 체계가 아니다. 둘 다 우리의 체현된 세계-내-존재로부터 나오며 그것에 의존한다. "개념은 그 자체로 사물 혹은 유사-사물이 아니다. 개념은 감각이나 지각과 대비되는 특별한 존재론적 의미를 지닌 신비롭고 추상적인 실체가 아니다. '개념'이라는 용어는 우리가 우리 경험 안에 있는 의미 있는 다양한 특징과 유형을 구별해 낼 수 있다고 말하는 방식일 뿐이며, 다른 경험이나 생각과 대비되는 **동일한** 무언가를 인식함으로써 우리는 이 차이를 구별할 수 있다"(MB, p. 88, 강조는 원문의 것). 따라서 우리는 우리가 '소유'하거나 사용하는 무언가로서의 개념에 관해 말하는 대신에 우리(몸을 입은 존재)가 **행하는** 무언가로서의 개념**화**에 관해 말해야 한다.

[18] "자극은 실천을 위해 객관적 진리 안에 조건적이며 관습적인 기폭 장치로서 존재하지 않으며, 그것을 인식하도록 훈련된 행위자를 만날 때만 작동하는[이것은 '주지주의적' 모형일 것이다] 것이 아니다. 아비투스와의 관계 속에서 구성된 실천적 세계는 인지적이며 동기를 부여하는 구조들의 체계로 기능하며, 이미 실현된 목적—따라야 할 절차, 가야 할 길—과 후설의 표현처럼 '항구적인 목적론적 성격', 즉 도구나 제도가 부여된 사물의 세계다"(LP, p. 53).

어버리거나 "당연히 여기기"가 쉽다(*LP*, pp. 56, 58). 아비투스의 구성 작용은 너무도 매끄럽고 "자동적"이어서(*LP*, p. 58) 그것이 자연스럽다고, 진화적 적응을 통해 축적되어 이제는 우리의 뼛속뿐만 아니라 유전자 안까지 뿌리내린 일종의 본능이라고 착각하기가 쉽다. 그러나 이런 생각은 아비투스가 **습득된** 것이며 집단적인 동시에 개인적인 역사를 지닌 것임을 인식하지 못한 유물론적 환원론에 불과하다.

> 아비투스—제2의 천성으로 내면화되고, 따라서 역사로서는 망각된 체현된 역사—는 그것을 만들어 낸 과거 전체의 적극적 현존이다. 그것은 즉각적인 현재의 외부적 결정에 관해 실천에 상대적 자율성을 부여한다. 이 자율성은 실현되고 행동하는 과거의 자율성으로, 축적된 자본으로서 기능하며 역사에 기초해 역사를 만들어 가고 그렇게 함으로써 개별 행위자를 세상 안에 있는 하나의 세상으로 만드는 항구적 변화를 가능하게 한다. 아비투스는 의식이나 의지가 없는 자발성이며, 합리주의적 이론의 '관성 없는' 주체의 반사적 자유와 반대되는 것만큼이나 기계론적 이론 속 역사 없는 사물의 기계적 필연성과도 반대된다. (*LP*, p. 56)

따라서 아비투스는 아리스토텔레스적 습관과 매우 비슷하다. 그것은 습득된 것이며, 따라서 역사를 지니고 있다. 그 안에 과거 전체를 담고 있다(*LP*, p. 54). 그러나 그것이 자연적인 것처럼 느껴질—'제2의 천성'이 될—정도만큼 전유되고 체내화된다. 그런 의미에서 그것은 자연적이지 **않으며**, 따라서 단순한 본능적 **반응**이 아니다. 그렇다고 의식적이거나 의도적인 것도 아니다. 메를로퐁티의 프락토그노시아와 마찬가지로 부르디외의 아비투스는 '사이'에 있는 무언가다.

바로 이런 이유 때문에 부르디외는 아비투스라는 개념이 자유와 결정론,

지성과 본능을 나누는 거짓 이분법을 탈피하는 길이라고 생각한다. "생성하는 구조들의 습득된 체계로서 아비투스는 그것을 생산하는 특정한 조건 안에―그리고 오직 그것 안에만―내재한 모든 생각과 지각과 행동의 자유로운 생산을 가능하게 한다"(*LP*, p. 55). 아비투스는 가능성의 **조건**이다. 기대의 지평처럼 아비투스는 우리가 세상을 구성하는 경향을 제한한다. 그러나 아비투스는 **가능성**의 조건이기도 하다. 내가 할 수 있는 경험의 범위에 제한을 가하기보다는 어떤 경험이든 가능하게 만든다. 아비투스는 지각을 통제하는 동시에 가능하게 한다.

> 결정론과 자유, 제약과 창의성, 의식과 무의식, 개인과 사회라는 통상적인 이분법―아비투스라는 개념이 극복하고자 하는―에 갇혀 있는 한 이 무한하지만 엄격히 제한된 생성 능력을 이해하기 어렵다. 아비투스는 역사적·사회적으로 주어진 생산 조건에 의해 그 한계가 설정되어 있는, 산물―생각과 지각, 표현, 행동―을 만들어 내는 무한한 능력이기 때문에, 그것이 제공하는 제약되어 있으며 제약하는 자유는 본래의 제약의 단순히 기계적인 재생산과 거리가 먼 것처럼 예측 불가능한 참신성의 창조와도 거리가 멀다. (*LP*, p. 55)

그렇다면 아비투스는 일종의 양립 가능론이다. 세상 안에서 행동하는 사회적 존재로서 나는 '관성 없이' 아무것에도 구애받지 않는 '자유로운' 피조물이 아니다. 하지만 외부 원인과 결정하는 힘의 수동적인 희생자도 아니다. 기계적 결정론과 자유의지론의 자유 모두 우리의 세계-내-존재를 제대로 설명하지 못한다. 왜냐하면 우리의 자유는 '제약되어 있으며 제약하는' 자유이기 때문이다. 우리의 지각과 행동 모두 제약되어 있지만, 제약되어 있음에도 자발적인 동시에 즉흥적일 수 있다. 나는 다른 이들에게서 나의 세상을 구성하는 법을 배우지만, 나는 내 세상을 구성하는 법을 배운다. 지각하는 '나'는 언제나 이미 '우리'다. 나의 지각은 공동체적이다. 그것은 내가 진 빚이다.

기독교 교육과 형성의 목적을 기독교 '세계관'의 습득이 아니라 기독교적 아비투스의 습득으로 본다면? 우리는 아비투스의 '사이' 개념에서—삶의 방식 안에 담겨 있으며 근본적으로 행동을, 만질 수 있는 세계-내-존재를 향해 초점이 맞춰진 세계에 대한 정향으로서—기독교의 본질을 더 잘 포착해 낼 수 있지 않을까? 그렇다면 우리는 믿음과 몸의 결합에 주의를 기울여야 할 것이다.

믿음과 몸: 실천의 논리

부르디외가 어휘의 한계에 부딪치는 경우가 많음을 알았을 것이다. 철학적 인간론에서 (그리고 '대중적' 인간론—일상의 실천에서 우리가 전제로 삼는 인간에 대한 기능적 관점—에서도) 우리의 어휘는 이원론적이며 환원론적인 경향이 있다. 즉, 지성 **혹은** 본능, 자유 **혹은** 결정론, 정신 **혹은** 육체, 합리적 **혹은** 비합리적, 의식적 **혹은** 무의식적 등으로 나타난다.[19] 메를로퐁티처럼 부르디외는 이 모든 것 **사이**에 존재하며 따라서 여기서 작동하는 것을 명명할 적합한 개념과 용어가 우리에게 없기 때문에 갈라진 틈 사이로 추락할 위험에 처한 우리의 세계-내-존재의 혼란스러운 복잡성을 존중하려 한다. 따라서 그는 이러한 '사이'에서 이뤄지는, 세상을 지향하는 방식을 지칭하기 위해 아비투스라는 오

---

[19] 마크 존슨 역시 메를로퐁티와 부르디외처럼 서양 철학 전통의 이원론을 벗어나려 했던 존 듀이를 논하면서 이러한 어휘의 한계를 지적한다. 듀이는 인식/감정, 생각/느낌, 정신/몸의 이분법을 거부하면서 "몸-정신"(body-mind)이라는 용어를 만들어 냈지만, 이 용어가 논의를 발전시키지는(혹은 이끌지는) 못했다. "의미와 자아에 대한 적절한 이론을 추구할 때 우리의 언어조차도 우리를 방해하는 것처럼 보인다"라는 존슨의 지적은 옳다(*MB*, p. 7).

래되고 죽은 용어를 소환해 사용한다. 이것은 '지식'이라고 하긴 어렵지만 넓은 의미에서 그렇게 부를 정도로 지식과 **비슷하다**. 또한 같은 이유 때문에 그는 우리가 흔히 논리와 연관시키는 바와 아득할 정도로 거리가 먼 무언가를 묘사하고자 할 때도 '논리'라는 말을 사용한다. 따라서 부르디외는 아비투스를 분석하면서 "실천 감각"과 "실천의 논리"라는 두 체험적 용어를 채택한다. 한편으로, 각각의 용어에는 무언가 문제가 있다. 다른 한편으로, 실천으로서의 실천에 대한 이론을 진술하기 위해서는 **어떤** 개념이 필요하다. 아비투스의 역학을 더 잘 이해하기 위해 이 용어를 차례로 살펴보자. 이를 통해 부르디외의 (유사) 인식론과 비슷한 무언가를 확인할 수 있을 것이다.

부르디외는 "실천 감각"을 "몸이나 세상의 재현, 더구나 둘 사이의 관계에 대한 재현을 전제하지 않는, 세상에 대한 유사-신체적 관여"로 규정한다. "그것은 세상이 말과 행동을 직접적으로 지배하는 그것의 절박성(imminence), 즉 행하거나 말해야 하는 것들을 강요하는 세상 안의 내재성(immanence)이다. 그것은 '선택들', 의도적이지는 않지만 체계적이며 목적과의 관계 속에서 정돈되고 조직화된 것은 아니지만 그럼에도 일종의 회고적 최종성을 부여받은 선택들을 방향 짓는다"(*LP*, p. 66). "실천 감각"은 몸 안에 자리 잡고 있는 노하우, 아비투스와 동일시되는 독특한 종류의 세계 이해다. 이처럼 밀도 높은 정의를 통해 부르디외는 세상에 대한 이런 태도의 중요한 특징을 강조한다. 첫째, 예상할 수 있듯이, 그것은 세상에 대한 **신체적** 지향이자 관여다. 실천 감각은 객관적 입력물을 지적 혹은 정신적으로 처리하는 것을 말하지 않는다. 오히려 환경 안으로 능숙하게 몰입하는 것에 더 가깝다. 그렇기 때문에 이것은 재현적이지 않다. 몸이 거리를 두고 대상을 관찰한 것이라거나 내 의식 내면의 스크린에 생성된 이미지들을 거리를 두고 관찰한 것이 아니다. 실천 감각은 그런 종류의 지식이 아니다. 오히려 능숙성, 숙달된 기능—부르디외가 "경기에 대한 감"이라고 부르는 것—과 같은 것이다(*LP*, p. 66). 실천 감각을 습득한다는 것은 백과사전적 지식을 소유하는 것이 아니라 **능숙해지는** 것에 관한 문제다.

또한 그는 실천 감각을 "내재성", 더 나은 용어가 없어서 이렇게 말할 수밖에 없지만, 세상 '위에' 존재하는 어떤 정신 안이 아니라 세상과 우리의 관계 **안에** '존재'하는 무언가라고 묘사한다. 이 점에서 실천 감각은 정말로 내 '안에' 존재하지 않는다. 그것은 어떤 내면성 안에 자리 잡고 있지 않다. 오히려 실천 감각은 나와 내 환경 **사이에서** 만들어지고 내 세계와-나란히-있는-존재(being-alongside-the-world) 속에서 발생하는 일종의 후광 효과다. 그렇기 때문에 부르디외는 실천 감각을 "세상이 그 절박성을"—"행하거나 말해야 하는 것들", 즉 나의 반응을 촉구하며 따라서 "말과 행동을 직접적으로 지배하는" 필수적인 것들의 긴급성을—"강요하는" 수단인 내재성으로 설명한다. 물이 끓었다고 알려 주는 찻주전자 소리에 대한 반응이든 새벽 세 시에 문을 두드리는 정신 나간 이웃에 대한 반응이든, 날마다 나에게 찾아오는 수많은 초대와 호소를 명확히 해 주는 것이 바로 실천 감각이다. 실천 감각은 일상적인 것에서 도덕적인 것에 이르기까지 광범위한 실천(*praxis*)과 행동에서 작동한다.[20] 이런 상황을 '이해'하고 따라서 나의 행동을 만들어 내는 것은 수면 아래서 이뤄지는 실천 감각의 작용이다. 따라서 이런 방식으로 실천 감각은 "[내] '선택들'을 방향 짓는다." 부르디외는 이것들이 **의도적인** 행동이기 때

---

20 이러한 실천과 행동의 범위를 나누기는 쉽지 않다. 일상적인 것처럼 보이는 온갖 행동이 도덕적 의미를 지니고 있다. 야채 찌꺼기를 분리수거해 퇴비로 만드는 일상적인 습관을 예로 들어 보자. 이것은 집을 관리하는 일상적 행동인가? 혹은 하나님의 피조물을 돌보고 샬롬을 추구한다는 관점에서 볼 때 이 것은 **도덕적** 문제, **정의로운** 실천이 될 수 있는가? 모든 삶이 코람데오(*coram Deo*)로—하나님 앞에서—사는 삶이라면, 어떤 행동이 초월적 의미를 갖고 있지 않은지 가려내기 어렵다. 이를 구체적으로 생각해 보고자 한다면, Wendell Berry, *Home Economics* (San Francisco: North Point Press, 1987)를 보라. 『생활의 조건』(산해).

문에 '선택들'이라는 말에 따옴표를 붙인다. 이것들은 내가 **책임져야 하는** 행동이다. 그러나 합리적 성찰의 산물인 행동은 아니며 **의식적으로** '선택된' 행동도 아니다. 이것들은 어떤 상황에 대한 반응으로서 나로부터 촉발된 행동이라는 의미에서 '선택된' 행동이다. 이것들은 실천 감각이 어떤 상황을 무의식적으로 조사하고 나의 아비투스가 이미 나로 하여금 특정한 목적을 지향하게 만들었기 때문에 내가 취한 행동이라고 말할 수 있다.[21] 이것들은 내가 습득한 성향들, 즉 내가 세상을 '이해'하는 감수성을 흡수했기 때문에 나를 특정한 상황에서 특정한 방식으로 반응하는—그 자체가 이미 세상에 대한 실천적·윤리적 이해인 방식으로 세상을 '바라보는'—경향을 지닌 **종류의 사람**으로 만든 성향들에 의해 생성된 행동이다.

따라서 실천 감각은 여전히 일종의 '감각'(sens)—세상에 **의미를 부여하는** 방식, 세상을 '이해하는' 방식—이다. 그러나 이것은 의식적·지적으로 처리하거나 심지어 생각하지도 않는 '이해'다. 부르디외는 이것이 경기에 대한 감과 더 비슷하다고 말한다. 경기에 관해 '아는' 바를 명료하게 진술할 수 없더라도 우리는 경기에 대해 능숙한 감을 지닐 수 있다. 최고의 선수지만 코치로서

---

21 이 점에서 부르디외는 어떤 행동이 아무런 제약 없이—심지어 습관의 제약도 없이(부르디외가 사르트르의 이론에서 발견한—그리고 비판한—모형)—의도적으로 선택된 행동일 때만 '자유로운' 행동이라고 생각하는 우리의 기본적인 자유의지론과 부딪친다. 부르디외는 그런 자유의지론을 거부하지만, 동시에 결정론에 빠지는 것도 거부한다. 그런 점에서 선택과 자유에 관한 부르디외의 설명은 아우구스티누스나 조나단 에드워즈(Jonathan Edwards), 혹은—더 가깝게는—헤겔(Hegel)의 설명, 특히 *Elements of the Philosophy of Right*, trans. H. B. Nisbet (Cambridge: Cambridge University Press, 1991)에 실린 자유에 관한 그의 논의와 더 비슷하다. 『법철학』(한길사). 로버트 피핀(Robert Pippin)이 간결하게 요약하듯이, "헤겔에게 자유는 자신에 대한 반성적·의도적 관계 안에 존재함(그는 이것이 나의 성향과 동기에 '합리적 형식'을 부여할 수 있음을 뜻한다고 설명한다)을 뜻하며, 이미 다른 사람들과의 특정한 관계(절대적으로 의도적인, 규범이 지배하는 관계) 안에 존재할 때만, 특정한 실천에 참여할 때만…이것이 가능하다고 본다"[in *Hegel's Practical Philosophy: Rational Agency as Ethical Life* (Cambridge: Cambridge University Press, 2008), p. 2]. 계속해서 피핀은 부르디외의 주장을 되울리는 방식으로, 내가 행동의 유일하고 자율적인 원인일 때가 아니라 사후적 성찰(과 정당화)을 통해 그 행동을 **자기 것으로 삼을** 수 있을 때 '나의' 행동은 '나의 것'이 된다고 지적한다(같은 책, pp. 36-37).

는 형편없는 사람들이 많다. 이것은 바로 그들의 실천 감각과 경기에 대한 감이 반드시 그들이 아는 바를 전달하고 가르치는 능력으로 전환되는 것은 아니기 때문이다. 코치에게 필요한 표현하고 가르치는 능력은 경기를 하기 위해 필요한 경기에 대한 감과는 전혀 다른 문제다.

부르디외는 이러한 '사이' 공간에서 경계 개념으로 작업하면서 실천 감각을 일종의 "믿음"―"한 장에 속하는 것의 본질적 일부"인 믿음―이라고 부른다(LP, p. 67). 이것은 우리가 명제에 대한 동의로 정의하는 종류의 믿음이 아니라 맥락과 세상에 대한 기능적이며 실천된 신뢰와 의탁이다. 사실 부르디외에게 이 믿음은 몸 안에 자리 잡고 있는 무언가다.

> 실천적 믿음은 '정신의 상태'가 아니며 정해진 교의나 교리('신념들')를 자의적으로 고수하는 태도도 아니다. 오히려 그것은 **몸의 상태**다. 억견(doxa)은 아비투스와 그것이 적응되어 있는 장 사이에서 실천을 통해 확립된 즉각적 고수(固守)의 관계, 말에 앞서 실천 감각으로부터 나오는 세상을 당연히 받아들이는 태도다. 몸을 살아 있는 메모장처럼, '그 과정에서 무의식적으로 정신을 인도하는' 자동 장치처럼, 가장 소중한 가치를 위한 저장소처럼 다루는 어린 시절의 학습을 통해 주입된 실천된 믿음은 라이프니츠(Leibniz)가 말하는 "맹목적이거나 상징적인 생각"의 가장 두드러진 형식이며…시어를 잊어버린 시구와 비슷한 유사-신체적 성향, 작동 구조의 산물이다. (LP, pp. 68-69, 강조는 원문의 것)

따라서 실천 감각은 특정한 방식으로 세상 안에서 살아가는 몸의 성향이라는 의미에서 '믿음'이다. 그것은 세상에 대한 기분으로서 우리는 이를 통해 "말에 앞서 세상을 당연히 받아들인다." 하지만 이러한 "실천된 믿음"은 식탁이 국을 받쳐줄 것이라고 믿거나 버스가 시간에 맞춰 운행될 것이라고 믿는

생각해 볼 문제: 사랑으로서의 믿음에 관한 뉴먼의 설명

통념과는 다른 부르디외의 '믿음' 개념이 기독교와 동떨어져 보일 수도 있다. 그러나 사실 이것은 믿음에 대한 근대 이전의(따라서 인식론 이전의) 이해를 깊이 되울린다. 추기경 존 헨리 뉴먼(John Henry Newman)은 『동의의 원리』(Grammar of Assent)에서 이처럼 더 통전적인 믿음의 모형을 잘 제시하고 있다. 이 책에서 그는 명제적인 것을 상대화하며 믿음을 지향성의 다른 양식으로 확장시킨다. 최근에 테리 이글턴(Terry Eagleton)은 이 점을 잘 포착해 냈다.

오늘날 전투적인 무신론자들은 종교적 믿음을 세상에 관한 특정한 명제를 받아들이는가의 문제로 이해한다. 뉴먼은 자신의 시대에도 만연해 있던 이러한 신학적 무지에 맞서 "인간은 추론하는 동물이 아니다. 보고 느끼고 묵상하고 행동하는 동물이다.…추론하는 것은 구체적인 존재다"라는 낭만적 주장(그리고 이것은 빅토리아 시대 최고의 지성인 중 한 사람이 한 주장이다)을 제시한다.[1] 그는 믿음의 문제에서 일차적인 것은 상상력이라고 주장한다. 그러나 이 열정의 주체성은 결코 변덕스러운 주관주의가 아니다. 믿음과 진리가 사적 직관의 문제가 아니라 공동체적이며 제도적이라고 생각하는 가톨릭 사상가가 어떻게 변덕스러운 주관주의를 용인할 수 있겠는가? 키르케고르(Kierkegaard)처럼 뉴먼은 종교적 믿음이 일종의 사랑이며, 사랑처럼 지성과 감정, 경험, 상상력 모두와 연관됨을 인정했다. 뉴먼은 『동의의 원리』에서 추상적 관념에 대한 지식인 '개념적' 부류의 지식이 존재하며, 온 인격체와 연관

된 '참된' 동의가 존재한다고 주장한다.²

---

1 John Henry Newman, *An Essay in Aid of a Grammar of Assent* (London: Longmans, Green & Co., 1903), p. 294.
2 Terry Eagleton, "Washed in Milk", *London Review of Books*, August 5, 2010, pp. 10-11.

것처럼 일상적인 믿음만을 가리키지 않는다. 이러한 "몸의 상태"는 "가장 소중한 가치를 위한 저장소"이기도 하다. 우리는 사소하고 일상적인 믿음뿐만 아니라 우리의 궁극적인 믿음, 우리를 규정하는 믿음, 우리의 "가장 소중한 가치"까지도 몸 안에 '지니고' 있다. 병따개와 기저귀 갈기에 관한 믿음은 우리 몸 안에 저장되어 있고 하나님과 정의에 관한 크고 윤리적이며 형이상학적인 믿음은 정신을 위해 따로 남겨져 있는 게 아니다. 부르디외의 설명에서 실천 감각은 포괄적이다.

그렇다면 실천 감각은 내가 깨닫지 못하는 사이에 세상에 대한 나의 지각을 방향 지을 정도로 흡수한 공동체적 아비투스다. 하나의 실천 감각(a practical sense)²²을 습득했다는 것은, 내가 체현된 믿음들을 들이마셔서 그런 믿음들의 관점에서 나의 세상 및 나의 환경과 '자연스럽게' 관계를 맺게 되었다는 뜻이다.²³ 부르디외가 요약하듯이, 실천 감각(sens)은 "천성으로 변하고 운동 체계와 신체의 자율 운동으로 전환된 사회적 필요로서, 실천을 만들어 내

---

22 여기서 부정관사(a)가 중요하다. 부르디외는 **하나의**(one) 실천 감각, '그'(the) 실천 감각, 어떤 보편적 실천 감각이 존재한다고 말하지 않는다. 실천 감각으로 **간주**되는 바는 실천 공동체에 따라 상대적이며 아비투스와 연동된다.
23 "몸은 그것이 하는 바를 믿는다.…그것이 수행하는 바를 상징하지 않는다"(*LP*, p. 73).

는 이들의 눈에는 모호하게 보이게 하는 것을 통해 실천을 **지각 가능한** 것으로, 즉 상식으로 알 수 있는 것으로 만들어 준다"(*LP*, p. 69). "상식"이란 곧 '우리'가 보통 당연히 여길 수 있는 것, 널리 **공유되는** 것, 공동체의 유산이며 재산인 감각과 이해. 실천 감각을 습득한다는 것은 특정한 방식으로 세상을 구성하는, 공동체가 공유하는 개연성의 구조를 흡수하는 것―단지 특정한 관점에서 세상을 '바라보는' 것이 아니라, 특정한 반응을 촉구하며 특정한 종류의 기획으로 우리를 초대하는 환경으로서의 세상을 지향하는 것―을 말한다. 실천 감각을 습득한다는 것은 당신이 생각하는 것보다 더 많은 것을 안다는 뜻이다. 실천 감각은 **행동 안**에서 작동하는 바로 그 '감각'이다. 그것은 그저 내가 행동**할 수 있게 해 주는** 지식이 아니라 행동**함으로써** 아는 것이다.[24] 이것은 내가 실천에서 '적용'할 수 있는 지적·명제적 내용이라는 의미에서 "실천적 지식"이 아니다. **실천된** 믿음인 독특한 "감각"이다(*LP*, p. 68). "행위자가 행하는 바가 그들이 아는 것보다 더 많은 의미를 지닌 까닭은 자신이 행하는 바를 그들이 결코 완전히 알지 못하기 때문이다"(*LP*, p. 69).

(파스칼의 명제를 상기시키는 방식으로 표현하자면) 실천은 '논리'가 전혀 알지 못하는 논리를 지니고 있다. 혹은 부르디외의 말처럼, "실천은 논리학자의 것이 아닌 논리를 지니고 있다"(*LP*, p. 86). 즉, 이 논리는 "신체적 훈련을 통해 직접적으로 수행되는 논리"다(*LP*, p. 89). 그것은 실천 감각이 '진짜' 논리의 투박하고 세련되지 못한 형태라는 뜻이 아니다.[25] 그의 주장은 실천 감각이 그 나름

---

[24] "실천의 논리는…행동하기 위해서만 이해할 수 있다"(*LP*, p. 91).
[25] 이것은 그가 "논리주의"(logicism)라고 부르는 오류로서, 앞서 우리가 "이론주의"와 "이론화 효과"라고 부른 것과 유사하다. 논리주의는 모든 지각과 이해의 방식이 '합리적'이라고 간주되는 바의 연역적 기준에 궁극적으로 부합해야 한다고 착각하는, 일종의 논리적 제국주의다. "객관주의적 관점에 내재된 논리주의는 과학적 구성이 실천적 논리의 원리들의 성격을 억지로 바꾸어 놓지 않으면 그 원리들을 파악할 수 없다는 사실을 무시하게 만드는 경향이 있다"(*LP*, p. 90).

의 환원 불가능한 '논리'를 지니고 있다는 것이다. 실천 차원에서 '이해'될 수 있는 것은 담론적 합리성과 근본적으로 다른 지각 가능성의 기준을 따른다. 무언가가 삼단논법으로 도식화할 수 없는 아비투스 차원에서 '이해'될 수 있다. 이것을 깨닫지 못한다면 우리는 결국 "[실천]에 대해 그것이 줄 수 있는 것보다 더 많은 논리를 요구할 것이며, 따라서 [우리 스스로] 거기에서 모순을 끄집어내거나 거기에 어떤 일관성을 강요하고 말 것"이다(LP, p. 86).

예를 들어, 실천 감각은 개념 없이 작동하는 이해와 지향의 방식이다.[26] 실천의 논리에는 "한 개념을 구성하기 위해 필수적인 작용이 전혀 필요하지 않다. 실천 감각은 '다루고 있는 문제'와 관련해 적절함이라는 암묵적이며 실천적인 원리에 입각해 특정한 사물이나 행동, 따라서 그것의 특정한 양상을 '선택'한다"(LP, pp. 89-90). 말하자면, 실천 감각은 '그래서 어쨌다는 것인가?'라는 계기판이 **매우 높이** 올라간 상태에서 작동한다. 그것은 냉소적으로 도구화한다는 의미가 아니라 일차적으로 행동과, 즉 세계-내-존재만이 아니라 세계-내-**행위**와 관계있다는 의미에서 본질적으로 실용적이다. 그렇기 때문에 실천을 이론적으로 이해하려는 모든 시도는 난관에 봉착한다. 왜냐하면 "의례 행위가 수행하는 실천적 동일시를 설명하기 위해…분석자가 사용할 수밖에 없는 개념이 실천과 매우 이질적"이기 때문이다(LP, p. 90). 따라서 과학자가 실천하는 사람에게 개념적인 질문을 하면, 대답은 거의 틀릴 **수밖에** 없다. 정말로,

> 행위자[즉, 실천하는 사람]가 유사-이론적 자세를 채택하여 자신의 실천을 성찰할 때, 그는 자신의 실천의 진실, 특히 실천과의 실천적 관계에 관한 진술을 표현

---

[26] 이것이 "Overcoming the Myth of the Mental: How Philosophers Can Profit from the Phenomenology of Everyday Expertise", *Proceedings and Addresses of the American Philosophical Association* 79 (2005): pp. 47-65에 제시된 드레이퍼스의 맥도웰(McDowell) 비판의 핵심이다.

할 모든 가능성을 상실한다. 학문적 탐구는 그로 하여금 자신의 실천에 관해 더 이상 행동의 관점이 아닌 관점을 취하게 만드는 경향이 있으며, 그로 하여금 관찰자가 자신의 상황으로 인해 갖게 된 법적·윤리적·문법적 형식주의와 맞물린 실천의 이론이라는 견지에서 실천을 설명하도록 부추긴다. [실천하는 사람]이 자신이 실천하는 이유와 그 실천의 존재 이유(raison d'être)에 관해 질문을 받고 스스로 물을 때 그는 핵심, 즉 이런 물음을 배제한다는 것이 바로 실천의 본질임을 제대로 전달할 수 없다. (LP, p. 91)

소비 경제가 '노동'으로 간주하는 바를 정의할 때만 '무직'으로 범주화되는 미국 원주민들처럼, 합리주의가 '지각'으로 간주하는 바를 정의할 때만 실천하는 사람이 '비합리적'이게 된다. 반면에 부르디외는 실천의 환원 불가능한 논리를 인정—그리고 어떤 의미에서는 **존중**—하는, 실천**으로서의** 실천에 대한 이론으로부터 시작함으로써 이러한 "이론화 효과"를 피하려고 노력한다. 그러나 그는 자신이 어휘의 한계까지 밀어붙이고 있다는 것도 깨닫고 있다.

실천적 논리, 의식적 성찰이나 논리적 통제가 없는 '그 자체의 논리'라는 개념은 논리적 논리를 거부하는 용어상의 모순이다. 이 역설적 논리는 모든 실천의 논리, 모든 실천 감각의 논리다. 실천은 '다루고 있는 문제' 안에 갇혀 있으며, 현재 안에 그것이 객관적 잠재성의 형태 안에서 발견하는 실천적 기능 안에 총체적으로 존재하기에 그것 자체에 대한(즉, 과거에 대한) 주목을 배제한다. 그것은 그것을 지배하는 원리들과 그 원리들이 담고 있는 가능성들을 알지 못한다. 그것들을 실천함으로써만, 시간 안에서 그것들을 전개함으로써만 그것들을 발견할 수 있다. (LP, p. 92)

따라서 실천적 논리는 "논리적 논리"—**사유**의 합리적·성찰적·연역적 논리—와 구별된다. 실천 감각은 **이해가 되지만**, 다른 규칙에 따라 이해된다. 우리는 그런 지식을 명제적으로 진술할 수는 없더라도 실천적 '지능'을 지닐 수 있다. 그것은 실천된 노하우다. 그 자체로서 실천적 논리는 "행동 안에서 파악될 수 있다"—반면에 "전문적으로 로고스(logos)를 다루는 사람들은 실천이 담론, 이왕이면 논리적 담론을 통해 표현될 수 있는 무언가를 표현하기를 원한다"(LP, p. 92).

여기서 부르디외가 주장하는 바는 우리의 관심사와도 직접적인 관련성이 있다. 첫째, 그는 '의례'가 개념화에 저항하는 실천의 가장 대표적인 사례라고 생각한다. 그는 "의례는, 개념 없이 행하도록 만들어진 논리를 개념 안에 담아내려 하고 실천적 작동과 신체적 움직임을 논리적 작용으로 취급하는 오류를 대부분의 실천들보다 훨씬 더 분명하게 보여 주기 위해 계획된 것처럼 보인다"라고 강조한다(LP, p. 92). 의례의 논리는 특히나 강렬한 방식으로 개념화를 거부하는데, 의례가 개념적 분석과 설명의 한계를 명확히 드러내기 위해 '계획된' 것처럼 보일 정도다. 의례는 다른 수단을 통해 알 수 있는 바를 '표현'하지 않는다. 의례는 그것이 행하는 바에 영향을 미친다. 의례는 "그것이 행하거나 말하는 바를 야기하기 위한 수행적 실천"이다(LP, p. 92). 따라서 의례는 "대부분의 실천들보다 훨씬 더" 강력하게 분석과 해석에 저항하는 대단히 강렬한 실천 양식이다.[27] "의례가 발생하는 것은, 그것이 논리적 고찰

---

27 이 점에 관해 부르디외는 "신학자들의 추론"을 비판한다. 그는 신학자들이 종교적 실천의 실천**으로서의** 온전성에 자신의 편견을 강요하기 때문에 이론적 모방이라는 잘못을 범하고 있다고 본다. "그들은 언제나 그들 정신의 상태를 종교적인 것의 분석에 투사하는 경향이 있으며, 문학을 분석하는 이들과 비슷한 재변환 과정을 통해 별 어려움 없이 영성화된 형태의 기호학으로 나아갔고, 그 결과 하이데거나 콩가르(Congar)가 레비스트로스(Lévi-Strauss)나 라캉(Lacan), 심지어 보드리야르(Baudrillard)와 어깨를 나란히 한다"(LP, p. 295n9). 어쩌면 부르디외조차도 그럴 것이다! 이와 관련해 나는 "분석 신학"(analytic theology)의 영향력이 점점 커지고 있음을 우려한다. 그러한 분석적 명료화를 위한 적절한

이나 신비적 감정의 분출, 형이상학적 불안(Angst)이라는 사치를 누릴 여유가 없는 행위자의 실존의 조건과 성향 안에서 존재 이유를 찾기 때문이며, 오직 그 이유 때문이다(*LP*, p. 96).²⁸

부르디외는 이 주장을 염두에 두면서 하나의 구체적 사례(이 책 표지와도 조화를 이루는 사례)를 든다(원서 표지에는 에드워드 번존스의 태피스트리 "The Failure of Sir Gawain and Sir Ewain to achieve the Holy Grail"이 쓰였다 - 편집자). 그것은 바로 "기사의 종교"다(*LP*, p. 295n8). 부르디외는 조르주 뒤비(Georges Duby)를 따르며 종교학 분야를 지배하는 "정신주의"(mentalism), 즉 종교를 관념과 명제의 체계로 보는 입장을 비판한다.²⁹ 하지만 뒤비가 지적하듯이,

기사의 종교는 "결국 의례와 몸짓, 공식의 문제"이며, 그는 의례적 실천의 실천적·신체적 성격을 강조한다. "한 전사가 맹세를 할 때, 그의 눈에 가장 중요한 것은 영혼의 헌신이 아니라 **몸의 자세**, 십자가나 성경, 성물 가방에 얹은 그의 손이 거룩한 것과 접촉하고 있다는 점이다. 그가 한 주군의 봉신이 되기 위해 앞으로 나올 때, 다시 한번 중요한 것은 **태도, 손의 위치**, 계약을 체결하기 위해 해야 하는 말

한계가 존재할 수도 있지만, 분석 신학에는 언제나 '풀어 쓰기 이단'이라는 위험이 있다[그리고 나는 "The Problem of Evil: Analytic Philosophy and Narrative", in *Analytic Theology: New Essays in Philosophical Theology*, ed. Oliver Crisp, Michael Rea (New York: Oxford University Press, 2009), pp. 251-264에 제시된 엘리노어 스텀프(Eleonore Stump)의 교정책이 이런 위험을 제거하기에 충분하다고 생각하지 않는다].

28 여기서 코맥 매카시의 *The Road* (New York: Vintage, 2006)에 나오는 감동적인 장면을 떠올리지 않을 수 없다. 죽음의 고비에서 아들과 함께 비틀거리며 걸어가던 아버지는 의례적으로 반응한다. "아이는 쓰러질 듯 말 듯 앉아 있다. 남자는 아이가 불 위로 꼬꾸라지지 않나 살피고 있었다. 그는 아이의 영덩이와 어깨가 들어갈 수 있도록 모래를 발로 차 구덩이를 파서 아이가 들어가 잘 수 있게 해 주었다. 그리고 앉아서 아이를 붙잡고 아이의 머리를 말리기 위해 불 앞에서 머리를 털었다. 이 모든 것이 마치 고대의 도유식 같았다. 그래 좋다. 형식을 불러내라. 아무것도 없는 곳에서 예식을 만들어 내고 거기에 숨을 불어넣으라"(p. 74). 『로드』(문학동네).

29 "Overcoming the Myth of the Mental"에서 드레이퍼스가 정신주의를 비판한 것과 매우 비슷한 방식으로 비판한다.

의 의례적 순서다." (*LP*, p. 295n8, 강조는 원문의 것)[30]

기사들이 진지하지 않았다거나 '진심을 다하지 않았다'는 말이 아니다. 진실함에 관한 걱정은, 여전히 우리가 '안으로' 먼저 무언가를 **믿기** 때문에 의례를 '거친다'고—의례가 어떤 앞선 정신적 내면성을 밖으로 '표현'한다고—가정하는 이원론 안에서 작동된다. 그러나 이런 태도에서는 실천의 논리의 온전성과 환원 불가능성을 인식하지(또한 존중하지) 못한다. "잃어버린 지혜를 찬양할 때 형식적 효과에 도움을 주는 잘못된 너그러움으로 실천에 외래적 의도를 부여하기 위해 실천을 실존의 참된 조건으로부터 단절시킴으로써 경험의 존재 이유를 구성하는 모든 것을 경험에게서 박탈하며, 경험을 '정신성'의 영원한 본질 안에 가둔다"(*LP*, p. 96). 반대로 부르디외는 **실천된** 믿음의 환원 불가능성을 인정함으로써 실천의 독특한 논리를 존중하기를 원한다. 의례는 우리가 우리의 몸으로 믿는(믿는 법을 배우는) 방식이다.

통합과 입문: 몸 위에 쓰기

지금까지 아비투스의 역학을 자세히 살펴보았다. 그러나 위에서 했던 질문에 대해서는 아직 대답을 하지 못했다. 우리는 어떻게 아비투스를 **습득하는가**? 아비투스란 우리가 세상을 지각하고 우리의 환경을 경험하고 맥락을 구성하고 그 안에서 **행동**할 수 있도록 해 주는 성향들의 결합체를 가리키기 위해 부르디외가 사용하는 줄임말임을 살펴보았다. 그것은 우리가 세상을 이해하고 그 안에서 움직이는 체감적 개연성의 구조다. 하지만 문제가 있다. 어떻게

---

30 부르디외는 조르주 뒤비의 연구 *Le temps des cathedrales: l'art et le société de 980 à 1420* (Paris: Gallimard, 1976), p. 18를 인용하고 있다.

2장 사회적 몸 **167**

그러한 체감적 개연성의 구조를 학습하고 흡수하는가?

앞서 보았던 은유를 사용하자면, 이것은 "어떻게 '토착민'이 **되는가**?"라는 물음과 같다.[31] '토착민'이 되는 것은 제2의 본성이 되는 아비투스를 습득하는 것에 관한 문제라고 말할 수 있다. 이는 또한 한 민족의 개연성의 구조를 흡수하고 그 구조 안에 흡수되는 것에 관한 문제이기도 하다. 부르디외는 "토착민의 자격은 현재 안에 담겨 있는 '다가오는' 미래를 실천적으로 예상하는 능력이라는 의미에서 경기에 대한 감을 포함하기 때문에, 그 안에서 일어나는 모든 것이 **지각 가능해** 보인다"라고 말한다(LP, p. 66). 다음에 무슨 일이 일어날지 알 때, 더 이상 의식적 고찰이나 처리 과정이 필요 없을 정도로 어떤 '세상'에 적응했기 때문에 사회적 담화 속에서 다음 단계를 예상할 수 있을 때, 당신은 토착민이 되었음을 알 수 있다. 이제 당신은 다른 이들과 **함께** 세상을 이해하지만, 그것이 당신에게 '자연스러워졌기' 때문에 더 이상 이를 알아차리지 못한다. 또한 당신은 그에 따라 행동한다. 당신은 습관화된 방식으로 세상을 자동적으로 지각하도록 훈련되었기에 특정한 방식으로 행동하는 경향을 띠게 되었다. 왜냐하면 세상에 대한 당신의 지각이 당신에게 무엇이 중요한지, 무엇이 요구되는지, 무엇이 요청되는지를 지각할 수 있게 하기 때문—당신이 관련된 규칙에 관해 생각하기 때문이 아니라 이제는 '토착민'으로서 세상을 다르게 보는 것을 상상할 수 없기 때문—이다. 그저 이것이 '현실'인 것처럼 보이며, 대체로 당신은 그에 따라 행동할 것이다.

그러나 사실 토착민이 되는 것이 일종의 문화적 성취임을 잊어서는 안 된다. 그것은 당신을 토착민**으로** 빚어내는 습관화의 축적된 효과다. 당신은 한 공동체의 일원으로 태어날 수 있지만, 그 누구도 부르디외가 말하는 의미에

---

[31] 다시 한번 이 점은 기독교 입문식과 성화에 관해서 생각하고자 할 때도 직접적인 함의를 제공한다. 그렇기 때문에 2부에서는 '성화된 지각'을 다룬다.

서 '토착민'으로 태어나지 않는다. '토착성'은 유전되지 않기 때문이다. 그것은 혈통이나 장소의 문제가 아니다. 당신은 토착민으로 형성된다. 당신이 참여하기를 **원하더라도** 단순히 참여하겠다고 **선택**할 수 없다. "의지의 즉각적 결단으로 이 마법의 동그라미 안으로 들어갈 수 없으며, 오직 탄생을 통해서 혹은 두 번째 탄생과 견줄 수 있는 끌어들이기(co-option)와 입문이라는 더딘 과정을 통해서 들어갈 수 있다"(LP, p. 68).³² 여기서 부르디외의 설명에는 다소 매끄럽지 못한 부분이 있다. 나는 한 공동체의 일원으로 태어나지만 그 공동체의 아비투스를 지니고 태어나지는 않는다. 이를 위해서는 "끌어들이기"와 **체내화**—"입문"—라는 "더딘 과정"도 필요하다. 내가 한 공동체의 일원으로 태어난다면 그것은 유일한 선택, 자연스러운 경로인 것처럼 보일 것이다. 하지만 내가 일종의 '회심자'라면—내가 이미 다른 아비투스들을 흡수한 상태에서 **새로운** 아비투스를 습득하고자 한다면—그 끌어들이기와 체내화의 과정 역시 다른 실천 공동체들에 의한 나의 이전의(혹은 현재의) 형성과 충돌하게 될 것이다. 내 안에 이미 새겨진 다른 아비투스가 존재하게 될 것이다.

따라서 부르디외는 아비투스의 습득을 끌어들이기와 입문, 체내화라는 더딘 과정으로 묘사한다. 하지만 그것은 정확히 어떻게 작동하는가? 우리는 **어떻게** 끌어들여지는가? 입문의 수단과 역학은 무엇인가? 체내화는 어떻게 성취되는가? 부르디외는 이런 물음에 대답하면서 세속적 예전이 어떻게 우리 안에 독특한 아비투스를 넌지시 만들어 내는가를 포함해 예전적 형성이 어

---

32 부르디외의 구체적인 목표가 사회과학 분야의 방법론 문제임을 상기해 보라. 예를 들어, 인류학의 목적이 '토착민'이 되는 것이 무엇을 뜻하는가에 관한 이론을 만들어 내는 것이라면, 그리고 토착민이 된다는 것이 '끌어들이기라는 더딘 과정'이라면, 연구의 대상이 되는 공동체의 '토착민'이 아닌 모든 참여 관찰자는 어려움에 봉착할 수밖에 없다. 반면에 그 인류학자가 토착민이라면, 그는 다른 어려움에 직면할 것이다. 그는 (부르디외가 포기하지 않으려고 하는) 객관성을 획득하기 위해 토착민으로서 습득한 토착성(naïveté)을 탈피해야 한다(LP, p. 67).

생각해 볼 문제: 의례적 수행으로서의 학교 교육

사회 이론가이며 교육 이론가인 피터 맥라렌(Peter McLaren)은 우리가 어떻게 한 사회적 상상계를 전적으로 무의식적인 방식으로 '습득'하는가에 관한 놀라운 사례를 기록한다. 흥미롭게도 이 사례의 출처는 도심에 있는 학교의 교실이다.

교실과 교육 방식에 관한 방대한 문화기술지 분석을 통해 맥라렌은 모든 교사가 자신의 교실에서 "권력 지점", 즉 "그가 대부분의 교육을 수행하며 불확실하거나 위협받는다고 느낄 때 가장 자주 물러나서 찾아가는 지점"을 지닌다는 개념을 제시한다.[1] 이 권력 지점으로부터 교사는 존경을 요구하며 권위를 가지고 가르친다. 권력 지점은 교실이라는 교육적 우주의 기능적 중심이다.

맥라렌이 전에도 수없이 방문했던 교실을 관찰하고 있던 어느 날 교사가 잠시 호출을 받아서 자리를 비우면서 맥라렌에게 감독을 부탁했다. 늘 그렇듯, 속담처럼 고양이가 사라지면 쥐들이 설치기 시작한다. 학생들은 떠들고 흥청대며 뛰어다니기 시작했다. 그래서 맥라렌이 '감독'을 시작하자 교실 분위기는 거의 즉시 가라앉기 시작했다. 그러나 "내가 바비(Barbie)의 권력 지점에 다가가자마자 소음은 잦아들기 시작했다. 하지만 내가 실제로 권력 지점으로 들어갔을 때, 한 학생이 손을 번쩍 들었다. '이제 선생님이 우리 선생님인가요?'"[2]

교사들은 의도적으로 권력 지점을 만들어 갔을지 모르지만, 학생들은 전적으로 무의식적인 방식으로 이를 '습득'했다. 그럼에도 이런 무의식적

> 교육은 전적으로 효과적이다. 그들은 그들의 몸으로, 교사의 몸이 자리 잡고 있는 곳을 통해 사회적 질서를 가족적으로 알아차렸다.
>
> _____
> 1 Peter McLaren, *Schooling as Ritual Performance: Toward a Political Economy of Educational SyMBols and Gestures* (Lanham, MD: Rowman & Littlefield, 1999), p. 112. 이 탁월한 분석을 소개해 준 데이비드 스미스에게 고마움을 전한다.
> 2 같은 곳.

떻게 작동하는가를 이해하기 위한 독특한 자료를 제공하는 체현된 교육의 개념을 제시한다.

놀라울 것도 없이 내가 한 사회적 몸 안에 통합(incorporation)되는 것은 **사회적 몸이 내 몸을 끌어들여** 이뤄진다. 입문의 역학은 운동미학적이다. 이 작용은 거의 프루스트적(Proustian)이다. "모든 사회적 질서는, 행위자가 알고 있듯이 정신의 상태를 야기하는 몸의 상태가 되었을 때 연관된 생각과 감정을 **소환**하는 전반적 자세 안에 몸을 다시 자리 잡게 하는 단순한 작용에 의해 시공간적으로 먼 곳에서 촉발될 수 있는 지연된 생각의 저장소로서 기능하는 몸과 언어의 성향을 체계적으로 이용한다"(*LP*, p. 69). 몸의 상태는 정신의 상태를 '야기'한다. 이것은 곧 주지주의에 대한 거부, 세상에 대한 우리의 가장 근본적인 지향(아비투스, 실천 감각)이 우리 몸 안에 새겨져 있다는 깨달음이다. 따라서 사회적 질서 혹은 사회적 몸은 가장 평범한 수단을 통해, 즉 신체의 자세, 반복되는 말, 의례화된 리듬을 통해 내 몸을 징집함으로써 나를 그 몸의 일원으로 만든다. 그 정치체(body politic)는 나로 하여금 그 안에 사실상 하나의 지향을 '저장'하고 있는 일련의 가족적 움직임과 일상적 반복에 몰입하게 함으로써 내 안에 하나의 아비투스를 심는다. 이것은 입문과 통합의 역학, 몸을 사회적 몸 안으로 통합하고 공통의 아비투스를 우리 몸 안에 새겨 넣어서 우리가 알지 못하는 방식으로 이것을 '감지'하게 하는 역학이다. 그런 의미에서 우리 몸의 자세가 일종의 지각일 수 있다. 그리고 우리의 의식이 다른 방식으로 관여할 때조차도 우리 몸은 '알' 수 있다. 우리 몸의 자세는 '감각' 세계 전체, 즉 우리의 세계-내-존재의 틀을 새로 짜는 연상과 이해의 연결망을 불러낼 수 있다. 한 사회적 몸이 의례적 형성을 통해 나를 통합하는데 성공했다면, 내가 이런 방식으로 '아는' 것은 의례화된 공간으로부터 '먼 곳'에서도 같은 움직임과 자세에 의해 촉발될 수 있다. (물론 이것이 바로 프루스트의 마들렌이다.)[33] 체현되고 의례화된 형성이 흘러넘치기 시작하여 경험의 다른 영역에서 세상에 대한 나의 자각을 빚어내고 훈련시킨다.[34] 다시 말해서, 의례는 그 자체로 목적이 아니며 삶의 한 '부분'을 위한 각본이 아니다. 그것이 몸 안에 하나의 아비투스를 효과적으로 심어 넣기 때문에 그 아비투스가 삶의 모든 영역에 **걸쳐** 행동을 지배하기 시작한다. 부르디외는 "따라서 대규모 집단적 예식에서 절차에 관심을 기울이는 목적은 그저 그 집단을 엄숙하게 재

---

[33] "콩브레에서 오랜 시간이 지나고, 내 잠자리의 비극과 무대 말고는 어떤 것도 내게 존재하지 않게 된 어느 겨울 날, 어머니는 집에 돌아온 내가 추워하는 걸 보시고는 내가 평소에 마시던 것과 달리 홍차를 마시지 않겠느냐고 말씀하셨다. 처음에는 싫다고 했지만, 왠지 마음이 바뀌었다. 어머니는 사람을 보내 생자크라는 조개껍데기 모양의 홈이 팬 틀에 넣어 만든 '프티트 마들렌'이라는 짧고 통통한 과자를 사 오셨다. 암울한 내일에 대한 전망과 침울했던 하루를 보내 지쳐 있던 나는 기계적으로 과자 조각이 녹아든 홍차 한 숟가락을 입술로 가져갔다. 따뜻한 액체와 섞인 작은 조각이 내 입천장에 닿자마자 온몸이 전율에 휩싸였고, 나는 가만히 내 몸속에서 일어나는 특별한 변화에 몰두했다. 이유를 알 수 없는 감미로운 기쁨이 내 감각 속으로 침투해 들어와 나를 멀리 떨어뜨렸다. 곧바로 삶의 곡절은 무관심한 것이, 삶의 재앙은 무해한 것이, 삶의 덧없음은 착각이 되었다. 내게 다가온 이 새로운 감각은 마치 사랑이 그러하듯 귀중한 본질로 나를 가득 채웠다. 아니, 그 본질은 내 안에 있는 것이 아니라 바로 나 자신이었다." Marcel Proust, *Swann's Way*, trans. C. K. Scott Moncrie (New York: Vintage, 1970), p. 34. 『잃어버린 시간을 찾아서』(민음사).

[34] 나는 다른 글에서 칼 플랜팅가(Carl Plantinga)의 연구를 원용하여 영화 보기가 어떻게 우리의 감정을 훈련시켜 영화 외부의 맥락에서 세상을 이해하게 만드는가를 논한 적이 있다. James K. A. Smith, *Thinking in Tongues: Pentecostal Contributions to Christian Philosophy* (Grand Rapids: Eerdmans, 2010), pp. 73–80를 보라.

그런 종류의 자기 존중은 훈련의 결과, 절대로 흉내 낼 수 없으며 개발되고 훈련되고 유도되는 마음의 습관이다. 전에 누군가 나에게 울음을 막으려면 종이 가방에 머리를 넣으라고 한 적이 있다. 그렇게 하는 데에는 산소와 관련이 있는 타당한 생리적 이유도 있지만 헤아리기 어려운 심리적 효과도 있다. 음식 축제에서 받은 가방을 머리에 쓴 채 자신이 『폭풍의 언덕』(Wuthering Heights)의 주인공 캐시라고 상상하기란 대단히 어렵다. 그 자체로는 중요하지 않은 사소한 훈련에 대해서도 비슷한 주장을 할 수 있다. 차가운 물로 샤워하면서 황홀감이나 동정심, 성욕을 유지하려 한다고 상상해 보라.

하지만 더 큰 훈련을 상징한다는 점에서 이러한 사소한 훈련은 소중하다. 워털루 전투에서의 승리는 이튼(Eton)의 운동장에서 결정되었다는 말(영국의 명문 사립 학교 이튼 칼리지 출신의 영국군 장교들의 활약 덕분에 전투에 승리했다는 웰링턴 공작의 주장-옮긴이)은 나폴레옹이 속성으로 크리켓 경기를 배웠다면 패배하지 않았을 것이라는 뜻이 아니다. 덩굴 위에서 깜빡거리는 촛불이 더 심층적이며 강력한 훈련, 오래전부터 습득한 가치를 이끌어 내지 않는다면 우림에서 격식을 갖춰 저녁 식사를 하는 것도 무의미한 일일 뿐일 것이다. 그것은 우리가 누구이며 어떤 사람인지를 기억하도록 도와주는 일종의 의례다. 알고 있어야 기억할 수 있다.[1]

---

[1] Joan Didion, *Slouching towards Bethlehem* (New York: Farrar, Straus & Giroux, 1968), pp. 146-147.

현하기 위해서뿐만 아니라 노래와 춤을 사용하는 수많은 예에서 볼 수 있듯이 실천의 엄격한 배열과 몸의 질서 있는 배치를 통해 생각을 정돈하고 감정을 암시하고자 하는 덜 가시적인 의도를 관찰하기 위해서이기도 하다"라고 지적한다(*LP*, p. 69). 몸이 이런 과정을 따르게 함으로써 사회적 몸은 내 몸으로 하여금 더 넓은 몸을 이루는 일종의 기관으로서 행동하게 만든다. 그리고 내 행동이 의례화된 특정 공간을 넘어서 사회적 몸의 전망과 조화를 이루도록 나를 훈련시킨다.

내가 문화적 실천을 '욕망의 교육'으로 묘사한 것과 조화를 이루는 방식으로, 부르디외는 이러한 형성적인 문화적 의례를 '우주적' 차원을 지닌 교육으로 묘사한다. "사람들은 '허리를 펴고 앉아라'나 '왼손으로 칼을 잡지 마라'처럼 중요하지 않은 명령을 통해 **하나의 우주관 전체를 주입하며** 자세나 신체적·언어적 예절의 무해해 보이는 세부 사항 안에 한 문화의 임의적 내용의 가장 근원적인 원칙을 새겨 넣어서 그것이 의식이나 명시적 진술의 범위를 벗어나게 하는 **암묵적 교육**의 은밀한 설득에 의해 몸을 부여받은 가치, 몸이 된 가치를 끊임없이 나열할 수 있다"(*LP*, p. 69, 강조는 추가됨). 이 암묵적 교육은 교훈적이지 않고 운동미학적이다. 우주관은 사상과 신념, 교리의 보급을 통해서가 아니라 몸에서 작동하며 따라서 의식을 우회하는 더 완곡한 방식으로 주입된다. 아이는 똑바로 앉는 법이나 칼을 잡는 법을 배울 때―비록 그를 '가르치는 이들'은 자신들이 이것을 전수하고 있음을 인식하지 못하더라도―사회적 상상계, 사회적 질서에 대한 이미지, 좋은 삶에 대한 전망을 무의식적으로 흡수한다. 서거나 걷는 법을 배운다는 것은 세상에 대해 자세를 취하는 법을 배우는 것이며, 이는 다시 자신의 세계를 **구성**하는 법을 배우는 것이다. 똑바로 앉는 법을 배울 때 우리는 세상을 지각하는 **법**을 배우고 있는 셈이다. 한 줄로 서는 훈련을 받을 때 우리는 우리의 사회적 세계를 구성하는 법을 배우고 있는 셈이다. 그리고 죄 고백을 위해 무릎 꿇으라는 말을 들을 때 하나의 우주관이 우리 안에 주입된다. 그는 "몸은 은유를 진지하게 받아들인다"라고 바르게 지적한다(LP, pp. 71-72).

부르디외가 보기에, "교육적 이성의 교묘함은, 바로 기존 질서에 대한 존중의 가장 가시적이며 가장 '자연스러운' 표현인 형식에 대한 존중과 존중의 형식처럼, 혹은 언제나 정치적 승인을 포함하는 예의 바름의 승인처럼 그것이 **중요하지 않은 것을 요구하는 것처럼 보이지만 본질적인 것을 끌어낼 수 있다**는 점이다"(LP, p. 69, 강조는 추가됨). 그는 또 이런 예를 든다. "베틀을 설치하는 커바일족 여인은 우주 창조의 행위를 수행하지 않는다. 그저 기술적 기능을 수행하기 위해 천 짜는 베틀을 설치할 뿐이다. 자신의 실천에 대해 생각할 수 있도록 그녀에게 주어진 상징적 장치―특히 끊임없이 그녀에게 경작의 논리를 떠올리게 하는 그녀의 언어―를 감안할 때 그녀는 영원한 신비를 갈망하는 심령술에서 너무나도 매혹적이라고 생각하는 마법에 걸린, 즉 신화화된 관점에서 자신이 행하는 일을 바라볼 수밖에 없다"(LP, p. 96). 이것은 커바일족 여인에 대한 비판이 아니라 그녀의 실천을 (이론적으로) 이해하려고 노력하는 이들에 대한 경고다. 그녀의 실천은 더 광범위한 의례의 연결망 안에 자리 잡고 있기 때문에 독특한 **의미**를 지닌다. 그녀가 의미를 꼭 명확히 설명해 낼 수 있는 것은 아니며, 교훈적인 수단을 통해서 교육을 받을 수 있는 것도 아니다. 베 짜는 법을 배움으로써 그녀는 세상의 구조를 직조해 냈으며, 이 세상은 그녀 안으로 짜여져 들어간다.

이런 교육은 이런 방식으로 작동함에도 효과적인 게 아니라 이런 방식으로 작동하기 **때문에** 효과적이다. 가치는 "몸을 부여받으며 몸이 **된다**." 우리가 교육을 받거나 형성되겠다는 의도를 품지 않아도 그것이 잘 작동하는 까닭은 그것이 **육화된** 교육이기 때문이다. 이것은 우리가 배우기를 청하지 않을 때조차도—아마도 특히 그때—우리를 '가르치는' 교육이다.[35] "무해해 보이는" 리듬은 사실 근본적으로 형성적이다. 중요하지 않은 것을 요구하는 것처럼 보이지만 사실은 본질적인 것을 끌어내고 있다. 우리가 깨닫지 못할 때조차도 우리의 몸은 배우고 있으며, 우리가 이런 아비투스에 의해 근본적으로 정향되기 때문에 이 육화된 교육은 훨씬 더 강력한 효과를 발휘한다. 이러한 암묵적 교육의 결과로 몸이 이러한 성향—부르디외가 또 다른 아리스토텔레스의 개념을 가져와 "신체적 성향"(bodily hexis)이라고 부른 것—들을 '소유'하게 된다. "신체적 성향은 실현되고 **체현**되고 항구적 성향으로 전환된 정치적 신화, 서 있고 말하고 걷고 따라서 느끼고 생각하는 영속적 방식이다"(LP, pp. 69-70). 이런 방식으로 하나의 세계관이 물화되고 육화된다.

사회적 몸—그리고 그 몸의 사회적 전망—이 육화되는 정도로 그것은 교육적으로 성공을 거두며 구성원들을 정치체 안으로 통합하고 그들 안에 어떤 민족이나 폴리스를 규정하는 아비투스를 새겨 넣을 수 있다. 따라서 내가 하나의 아비투스를 획득하는 것은 언제나 동시에 내가 한 민족이나 한 폴리스**에 의해** 습득되는 것의 문제이기도 하다. 그 공동체의 사회적 전망이 내 몸 안에 새겨지는 만큼이나 나는 그 정치체 안으로 통합된다. 아비투스는 모호하고 암시적이며 교묘한 방식으로 내 몸에 영향을 미치며, 따라서 온 인격체를 방향 짓는 육화된 교육에 의해 습득되고 학습된다. "몸으로 학습한' 것은 과시할 수 있는 지식처럼 한 사람이 지닌 무언가가 아니라 그 사람 자체를

---

[35] 이것이 '완전하고 의식적이며 적극적인 참여'라는 예전적 이상을 약화시킨다고 우려할 수도 있다. 하지만 나는 그것이 사실이라고 생각하지 않는다. 이 점을 기억하자. 나는 **세속적 예전을 포함해** 예전이 어떻게 작동하는가를 설명하려고 노력하고 있다. 기독교 예배의 실천은 우리를 완전하고 의식적이며 적극적인 참여로 초대하지만, 언제나 우리가 '의식'하는 것보다 **더 많은** 형성이 이뤄지고 있다. 비슷하게—어쩌면 훨씬 더 중요한 의미에서—세속적 예전의 형성적 힘은 강력한 효과를 발휘하기 위해 '완전하고 의식적이며 적극적인 참여'를 요구하지 않는 것처럼 보인다.

이루는 무언가다"(*LP*, p. 73). 그렇게 교육을 받았다는 것은 새로운 인간이 되었다는 뜻이다.

부르디외는 중요하지 않아 보이는 것을 배움으로써 우리가 핵심적인 것을 위해 (그리고 그것에 관해) 훈련받을 수 있음—무해한 것처럼 보이는 것이 사실은 무의식중에 궁극적인 것에 관한 문제가 될 수 있음—을 깨닫게 해 준다. 교육은 평범해 보이는 것에서 본질적인 것을 끌어냄으로써 '교묘하게' 이뤄진다. 따라서 어느 것도 평범하지 **않고**, 중요하지 않은 것도 없다. 가장 평범한 것조차도 우주론을 주입시킬 수 있다.

다시 말해서, 우리는 사소한 것으로부터 사랑하는 법을 배운다. 가장 평범한 것과의 관계를 통해 습관화가 이뤄지며 우리의 욕망이 훈련받는다. 카슨 매컬러스(Carson McCullers)의 유명한 단편 "나무, 바위, 구름"(A Tree, A Rock, A Cloud)은 이 점을 아름답게 그려 낸다.[36] 이른 아침 신문을 배달하는 소년이 배달을 거의 마칠 무렵 전찻길 카페에 커피를 마시러 들른다. 아직 동이 트지 않은 조용한 시간이지만 가게 안에는 많은 단골손님이 자리 잡고 있다. 어떤 사람은 이제 막 야간 근무를 마쳤고, 어떤 사람들은 출근하는 길이다. 구석에 웅크리고 앉아 맥주에 코를 박고 있는 낯선 남자 때문에 사람들은 불안해한다. 소년이 음식 값을 지불할 때, 그 낯선 남자가 "얘야! 나 좀 봐!" 하고 소리친다.

노인은 마치 자신이 생사가 걸린 이야기를 들려줄 늙은 뱃사람인 것처럼 소년을 붙들고 이야기를 시작한다. 아이의 어깨를 잡고 소년의 얼굴을 이쪽저쪽으로 돌리더

---

[36] Carson McCullers, "A Tree, A Rock, A Cloud", in *The Ballad of the Sad Café and Other Stories* (Boston: Houghton Mifflin, 1979), pp. 143–152.

니 그 노인은 천천히 말한다. "사랑한다."

　카운터에 앉아 있던 사람들은 웃음을 터뜨렸고 소년은 어쩔 줄 몰라 하면서 뒷걸음질 친다. 소년이 물러나는 것을 보면서 노인은 설명하려고 한다. 이어지는 이야기는 잃어버린 사랑―떠나 버린 여인―에 관한 이야기다. 하지만 그 남자는 이 이야기를 자신이 배운 가장 중요한 것이라고 말하며, 자신이 경험적으로 관찰해 깨달은 바를 들려준다. 그는 "나는 사랑에 관해 이야기하는 거야. 나에게 사랑은 과학이란다"라고 말했다. 이런 깨달음은 어렵게 얻은 것이다. 그가 배워야 할 것이 많았기 때문이다.

　"말을 하자면 이렇단다." 그 사람이 계속해서 말했다. "나는 여러 가지를 느끼는 사람이란다. 내 평생 하나씩 하나씩 나는 깊은 인상을 받았지. 달빛. 아름다운 소녀의 다리. 이렇게 하나씩 하나씩. 그러나 문제는 내가 무엇을 좋아하게 되면 그것이 내 속에서 아무렇게나 흐트러져 놓여 있는 듯한 이상한 느낌이 든다는 거였지. 어떤 것도 그 자체로 끝장나거나 다른 것과 어울릴 수는 없어 보였으니까. 여자는 어땠냐구? 겪을 만큼 겪어 봤지. 허나 마찬가지야. 때가 되면 속에서 아무렇게나 흐트러져 버리니 말야. 나는 결코 사랑을 해 보지 못한 사람이었지.

　하지만 그녀가 다가왔다. 남자는 그 여자가 "내 영혼의 조립 공장 같은 존재"였다고 말한다. "나의 조그만 부속품들이 그녀를 통과하면 내가 완성되어 나오는 거야. 무슨 말인지 알겠니?"

　소년은 알 수 없었다. 무슨 생각을 해야 할지 몰랐다.

　물론 노인이 지금 술잔에 코를 박고 있는 것은 이 여자―그의 영혼의 조립 공장―가 그를 떠났기 때문이다. 처음에 그는 2년 동안 열정적으로 미친 듯이 온 나라를 뒤지고 다녔다. 하지만 그는 그녀가 사라진 지 3년이 되었을 때 "나에게 이상한 일이 일어나기 시작했다"고 말한다. 그는 그녀를 잊기 시작했다. 그는 더 이상 그녀의 모습을 떠올릴 수 없었다. 그는 그녀에 관해 생각하려고 노력했지만 그의 마음은 백지 같았다. "그러나 갑자기 보도에 떨어져 있는 유리 조각, 혹은 뮤직 박스에 떨어지는 동전 소리, 담벼락에 비친 밤의 그림자, 이런 것들로부터 내 기억이 떠오르곤 했지. 길을 가다 그런 일이 일어나면, 난 고함을 지르거나 가로등에 머리를 쾅쾅 부딪곤 했었단다."

소년은 여전히 알쏭달쏭하기만 했다. "유리 조각이라구요?" 소년은 의아한 듯, 골똘히 생각한다.

"아무것이든 상관없었지." 남자가 말했다. "나는 길거리를 배회하고 다녔고 내겐 맘먹은 대로 그 여자를 기억해 낼 수 있는 힘이 없었으니까. 넌 일종의 방패 같은 걸 설치할 수 있다고 생각하겠지. 하지만 기억이란 정면으로 볼 수 있도록 오지 않아. 옆길로 돌아서 오지. 난 내가 보고 듣는 모든 것에 의해 좌우됐었지. 그런데 갑자기 내가 그 여자를 찾기 위해 전국을 샅샅이 뒤지고 다니는 대신에 그 여자가 내 영혼 속에서 나를 찾아다니기 시작한 거야. 그 **여자**가 **나**를 찾아다닌단 말이야! 내 영혼 속에서!"

하지만 그녀가 사라진 후 5년이 지났을 때 비로소 그는 자신의 과학—거의 실천의 '논리'처럼 보이는 이상한 과학—을 깨닫게 되었다. "과학적으로 설명하기는 어렵지만" 노인은 소년을 위해 최선을 다해 설명한다. 그는 '우리의 문제가 무엇인지'를 깨닫는 것으로부터 시작해 사랑의 과학을 전하는 참된 복음 전도자 같다.

"'남자들은 처음 사랑을 하게 된다. 그런데 무엇을 사랑하게 되지?…여자란다.' 노인이 말했다. '과학도 없이, 아무것도 가지지 않은 채 남자들은 하나님이 창조하신 이 지상에서 가장 위험하고도 성스러운 경험을 하게 되지. 여자를 사랑하게 된단 말이다.'"

"그들은 사랑을 엉뚱한 쪽에서부터 시작한단다. 절정에서 시작하는 셈이지. 그것이 얼마나 가련한 일인지 상상할 수 있겠니? 넌 남자들이 어떻게 사랑해야 하는지 알고 있니?"

그 노인이 손을 뻗어 소년이 입고 있는 가죽 재킷의 깃을 잡았다. 그는 소년을 한 번 가볍게 흔들었고, 그의 초록빛 눈동자는 깜박이지도 않은 채 우울하게 아래쪽을 응시하고 있었다.

"얘야, 넌 사랑이 어디서부터 시작돼야 하는지 알고 있니?"

소년은 오도카니 앉아서 말없이 듣고만 있었다. 그리고 천천히 고개를 저었다. 노인은 몸을 더 가까이 기대더니 이렇게 속삭였다.

"나무, 바위, 구름이란다."

그 후로 6년 동안 그는 다르게 학습했다. 그는 다른 쪽 끝에서부터 사랑에 다가갔다. 그는 나무와 바위, 구름을 사랑하는 법을 배웠으며, 그렇게 더 큰 것을 위해 자신을 훈련시켰다. 중요하지 않은 것을 사랑하는 법을 배웠고, 그렇게 함으로써 궁극적인 것을 사랑하는 훈련을 했다. 계속해서 그는 이렇게 말한다. "지금까지 난 6년 동안이나 혼자 돌아다니며 내 과학을 완성시켜 왔단다. 그래서 지금은 달인이 됐지. 난 무엇이든 사랑할 수 있단다. 이젠 생각해 볼 필요조차 없어. 사람들로 가득 찬 거리를 보면 내 마음속에 아름다운 빛이 밀려온단다. 하늘을 나는 새를 보아도, 거리의 여행자를 만나도, 모든 것, 모든 사람을 사랑할 수 있단다. 모든 낯선 사람이 사랑스러우니까!"

우리의 에로스적 습관과 성향은 평범한 것에 의해 길러진다. 우리는 중요하지 않은(그렇게 보이는) 것의 교육을 통해 사랑하는 법을 배운다. 그리고 사랑이신 하나님이 평범한 것 안에서 우리를 만나 주시며 우리 쪽으로 오셔서 우리 쪽에서 사랑하는 법을 가르쳐 주신다. 말씀, 포도주, 빵.

2부 성화된 지각

1부의 논의는 예전적 인간론이 운동미학과 시학—의미의 신체적 근거에 대한 이해(운동미학)와 이러한 신체적 태도를 통해 우리가 이야기에 의해, 상상력에 의해 정향되도록 훈련받는다는 인식(시학)—에 기초를 두고 있다는 작업가설을 중심으로 이뤄졌다. 궁극적으로 이 가설은 우리가 어떤 피조물인가에 관한 신학적 주장에 기초를 두고 있다. 즉, 우리는 하나님의 형상으로 창조되었으며 보이지 않는 하나님의 형상이신 그리스도의 형상을 닮도록 부르심을 받았으므로 우리 역시 어떤 의미에서 **성육신적**이라는 주장이다. 우리는 성례전적 동물이다. 그러나 이러한 기독교 신학의 직관을 메를로퐁티와 부르디외 같은 이론가들의 자료를 활용해 밝혀내고 풀어낼 수도 있다. 1부는 우리에게 개념적 자료와 신선한 어휘를 제공하여 기독교적인 예전적 인간론을 명명하고 진술할 수 있게 해 주는 이론적 도구 상자를 만들려는 시도였다고 말할 수 있다. 이제 2부에서는 이 도구 상자를 사용해 예배가 어떻게 작동되는지 이해해 볼 것이다. 이 도구 상자는 예전적 형성의 성육신적 조건을 이해하고 설명할 수 있도록 도와줄 것이다. 이것은 두 가지 이유에서 흥미롭다. 한편으로, 기독교적인 예전적 인간론은 우리에게 '세속적' 예전의 힘에 대한 통찰을 제공하는 것으로부터 시작되어야 한다. 이것이 우리로 하여금 **유혹**의 현상학을 만들어 내거나 적어도 **잘못된** 형성이 어떻게 일어나는가를 설명할 수 있게 해 주어야 한다고 말할 수 있다. 다른 한편으로, 예전적 인간론의 개요와 세속적 예전이 어떻게 '작동'하는가에 대한 이해는 기독교 예배의 실천에 새로운 지향성, 즉 성령께서 세상에 대한 우리의 체현된 자세 안에서, 그것을 통해서 우리를 새롭게 하고 변화시키신다는 인식을 촉진시켜야 한다. 특히 우리는 기독교적 행동을 위해—하나님 나라를 위해—우리의 지각을 성화하는 데 있어 상상력의 핵심 역할과 예술의 중요성을 설명할 것이다.

3장 "우리는 살기 위해 자신에게 이야기를 들려준다"

예배의 작동 방식

…이 모든 것이 나를 통해 생각한다. 아니, 그것들을 통해 내가 생각한다(거대한 망상 속에서 자아는 이내 길을 잃어버리기 때문이다). 나는, 그것들은 생각하지만 음악적·회화적으로 비판도 삼단논법도 추론도 없이 생각한다고 말한다.[1]

니콜슨 베이커의 『구두끈은, 왜?』에서 그리는 세속적 예전

내 책상 위에 놓여 있는 월리스의 『무한한 농담』과 니콜슨 베이커(Nicholson Baker)의 『구두끈은, 왜?』(*The Mezzanine*)는 완전히 대조적이다. 천백 페이지에 달하는 『무한한 농담』은 135페이지에 불과한 작은 책인 『구두끈은, 왜?』를 왜소해 보이게 한다.[2] 『무한한 농담』에서는 여러 해 동안 여러 지역을 다루지만, 『구두끈은, 왜?』에서는 에스컬레이터를 타고 올라가는 이야기를 다룬다. 『무한한 농담』에서는 (고립된 엔필드 테니스 학교나 에닛 하우스 약물 중독 치료 센터처럼) 우리를 둘러싼 이국적이고 낯설며 눈에

---

1 Baudelaire, "The Artist's Confiteor", in *Paris Spleen: Little Poems in Prose*, trans. Keith Waldrop (Middletown, CT: Wesleyan University Press, 2009), p. 7. 『파리의 우울』(문학동네).

2 David Foster Wallace, *Infinite Jest* (1996; repr., New York: Back Bay Books, 2006). 그리고 Nicholson Baker, *The Mezzanine* (New York: Vintage, 1988). 『구두끈은, 왜?』(강), 이후에는 인용할 때 Mezz로 표기함.

잘 띄지 않는 세상들을 엿볼 수 있게 하는 반면,『구두끈은, 왜?』에서는 우리가 날마다 보는 것, 우리 코앞에 있는 것, 즉 사무실 건물과 남자 화장실, CVS 약국처럼 평범한 세상을 바라본다. 그러나 두 책의 공통점은 우리 정체성의 의례적 형성을 이해하고 있다는 것이다. 따라서 우리는 점심시간을 마친 후 중간층에 있는 사무실로 가기 위해 에스컬레이터를 탄 젊은 사무직 노동자 하우이를 뒤따라간다. 사실 이 소설은 이 새내기 광고인이 대단히 매끈한 언어로 쓴 창작된 비망록이며, 따라서 그가 살고 있는 세상을 어떻게 '바라보는지'를 이야기할 때 우리는 그의 의식 안으로 들어가 볼 수 있다. 그저 그의 산문을 즐기며 세상에 세심한 주의를 기울이는 그의 글 안에서 마냥 허우적거리기 쉽지만, 나는 이 소설이 우리에게 몇 가지 질문을 던지기를 촉구한다고 생각한다. 이 남자는 누구이며 그는 어디에서 왔는가? 무엇이 그를 **만들었는가?**

월리스와 달리 베이커는 이런 주제들에 관해 어떤 독백이나 설명도 제공하지 않는다. 대신 이것은 우리의 평범한 세상을 끈기 있고 세심하게 관찰함으로써 얻는 축적된 결과로 묘사된다.『구두끈은, 왜?』에서 베이커의 기획은 이를테면 기술의 신성화라고 볼 수 있다. 낭만주의자들이 자연의 아름다움에 대한 송시를 썼다면, 베이커는 플라스틱 빨대와 천공 절취선의 탁월함에 찬가를 바친다.[3] 모든 것이 거룩하기 때문에『구두끈은, 왜?』에서 성과 속의 구별은 없다고 주장할 수도 있다. 소설은 사소한 것으로 가득 차 있지만 그것에 대해 이야기한다는 사실 자체가 그것을 더 이상 시시하지 않은 것으로 만든다.[4] 화장실의 손 말리는 기계 위에 붙어 있는 인쇄된 문

---

[3] 음료 빨대 기술의 발전에 관한 매혹적인 설명은 *Mezz*, p. 4n1을 보라. 천공 절취선에 관해서는 *Mezz*, p. 74n1을 보라. (소설에 실린 각주는 월리스와 베이커 사이의 또 다른 접촉점이다.)

[4] 이는 화자 자신이 어린 시절에 발견한 "배경" 효과라고 부른 것 때문일 수도 있다. 즉, "아무리 거칠거나 녹이 슬었거나 더럽거나 다르게 손상되었어도 하얀 색 천이나 깨끗한 배경 위에 놓아두면 좋아 보인다"는 사실이다. 간단히 말해서, "그런 식으로 세상의 세부 사항을 제거해 버리면 참으로 주목받을 만한 자격을 갖춘 대상이 될 수 있다"(*Mezz*, p. 38). 물론 하이데거라면 이를 통해 그 대상이 "참으로 주목받을 만한" 자격을 얻게 될 것이라는 데에 동의하지 않을 것이다. 그는 그 대상이 "이해된" 환경 안에서 그

구("…당신을 질병의 위험으로부터 보호하는 친환경 온풍 손 건조기…")에 대해서도 열정적인 찬사를 보낸다.

내가 어렸을 때 그것은 용기와 확신 덕분에 옛 방식을 해체하고 새롭게 시작할 수 있었던 예언자들의 놀라운 예언자적 지향성을 나타내는 증거였다. 도심 재생 건축가들, 교통 흐름을 설계한 공학자들, 모노레일과 종이 의류, 캡슐에 든 음식, 프로그램화된 학습, 홍콩과 맨해튼을 덮는 돔에 대해 예언한 사람들. 나는 『루바이야트』(*Rubáiyát*, 페르시아 시인 오마르 하이얌의 시집 — 옮긴이)에 실린 4행시를 낭송하듯이 그것을 읽곤 했으며, 너무 많이 읽어서 이제는 나에게 크레스트(Crest, 치약 상표명 — 옮긴이)에서 선전하는 "양심적으로 적용된 치아 위생 프로그램과 정기적인 전문가의 돌봄"과 원형적(原形的) 공명을 이룰 만한 무언가로 자리 잡고 있다. (*Mezz*, pp. 88-89)

계속해서 신발끈의 물리학에 대한 비슷한 묵상과 남자 화장실의 사회적 상호 작용에 대한 꼼꼼한 묘사, 다양한 사무실 장비나 최신 커피 머그와 같은 현대인이 사용하는 단순한 기구에 대한 지나칠 정도의 찬사가 이어진다. **우리의 구성된, 인공적인 세계 전체 — 유리와 철과 플라스틱과 상표로 이뤄진 '문명' 세계 — 가 주목과 묘사에 의해 세례를 받고 성화된다.**[5] 화자의 시선을 통해 진부한 것이 매혹적인 것으로 변한

것의 적합한 사용으로부터 분리되어 "눈앞에 있는"(present-at-hand) 무언가가 될 때, 그 "사물"(*pragmata*)에 관해 무언가를 망각하게 된다고 본다. Heidegger, *Being and Time*, trans. John Macquarrie, Edward Robinson (San Francisco: Harper & Row, 1962), pp. 95-104를 보라. 『존재와 시간』(까치).

[5] '자연'은 거의 나타나지 않으며, 나타나더라도 문화에 의해 짓눌리고 억압된다. 다음 글에서 제시하는 대비에 대해 생각해 보라. "목이 두꺼운 남자와 그를 뒤따라오던 서두르는 여자의 추동력 때문에 로비의 회전문이 조금은 너무 빨리 회전했다. 내 차례가 왔을 때 나는 굳이 더 힘을 주지 않고 이미 존재하는 가속력을 이용해 그 원형 그래프의 내 몫을 빠져나왔다. 바깥으로 나왔을 때는 점심시간이었다. 점심시간! 아직 어린 건강하고 호리호리한 나무들이 내 건물 앞 벽돌이 깔린 광장 위로 하늘을 향해 자라났고 각각 무쇠로 만든 원형의 나무 덮개('니나 주물 회사. 위스콘신 주 니나'라는 문구가 새겨져 있다) 위로 감자칩 모양의 그림자를 드리우고 있다. 남자와 여자들은 낯익은 상록수(섬개야광나무인 것 같다) 화단 근처 햇빛이 드는 벤치에 앉아 눈부신 하얀 가방에서 포장된 맛있는 음식을 꺼내고 있었다"

다. 도심 업무 구역의 차가운 익명의 환경이 신성해지며, 회사로 통근하는 삶의 단조로운 일상이 주목을 받아 성화된다.

하지만 조금만 뒤로 물러나 보면 다시 의심이 생겨나기 시작한다. 이 사람은 누구인가? 그의 **관심**은 무엇인가? 그에게 중요한 것은 무엇인가? 그는 무엇을 추구하는가? 그는 무엇에 관심을 기울이는가? 그리고 그 역시도 기술의 산물임—그가 이 소비자 세계, 기업 세계에 의해 구성된 전형적인 '현대인'임—을 깨닫기 시작한다. 그는 우리가 만든 것에 찬사를 보내고 있지만, 우리는 그를 만들어 낸 것도 이 플라스틱 문명임을 깨닫기 시작한다. 그의 내면으로부터 회고록과 비슷한 내용이 폭로될 때 우리 앞에 광고 이미지와 상표 서사라는 연료로 채워진 상상력이 드러난다.[6] 사무실과 그 안에 있는 상품의 주기와 공간이 그의 정체성 전체를 구성하기에 이르렀다. 그는 단순히 자신이 속한 환경의 중립적이며 수동적인 관찰자가 아니다. 오히려 그의 관심은 선택적이며 그의 시선은 특정한 방식으로 세상을 구성한다. 이것은 그저 우리의 소비주의 문화를 특별히 세심하게 묘사한 것이 아니다. 우리 문화를 특별히 소비주의적으로 이해한 것이다. 그의 정체성으로부터 떠오르는 하나의 **해석학**이 존재한다고 말할 수 있다. 그는 그렇게 하도록 훈련받았기 때문에 세상을 상품과 발명품의 집합체로 이해한다. 후기 근대 문화에 찬사를 보내는 그의 태도는 특정한 "눈의 제자도"의 산물이다.[7]

(*Mezz*, p. 105).
　자연은 주물로 만든 인공물에 둘러싸여 있다. 나무를 묘사하는 데 사용된 은유는 소비문화에서 가져온 것이며, 먹기라는 가장 기본적이며 '자연적'인 행위조차 플라스틱으로 포장되어 있다.

6　여기에는 예외가 있다. 그는 "검은 색 펭귄 문고판"(아우렐리우스의 『명상록』)을 가지고 다니며, (앞에서 지적했듯이) 『루바이야트』를 인용하며, 자신이 읽었던 비트겐슈타인 전기에 대해 말하고(*Mezz*, p. 121n1), 다른 곳에서는 『사회과학의 철학 강독』(*Readings in the Philosophy of the Social Sciences*)이라는 책을 읽었다고 언급하기도 한다(*Mezz*, p. 120n1). 하지만 그는 "레코드 앨범의 뒤표지를 통해 처음으로 역사를 접했으며"(*Mezz*, p. 123) 구입한 펭귄 고전 문고판 중에서 "스무 쪽 이상 읽어 본" 책이 없다고 말한다. 이는 아무도 책을 읽지 않고 "문서 스캔"만 하는 슈타인가르트(Shteyngart)의 『정말로 슬프고 진실한 사랑 이야기』(*Super Sad True Love Story*)에서 그리는 세상과 별로 차이가 없지 않은가?

7　이 개념에 관한 더 자세한 논의로는 James K. A. Smith, *The Devil Reads Derrida: And Other Essays*

이 소설에서는 어떻게 이런 일이 일어났는가를 설명한다. 무의식의 방향 짓는 힘을 이해하고 있으며 의례의 습관화에 주목하기 때문이다. 하우이가 세상을 바라보고 그 안에서 스스로를 방향 짓는 것은 무의식 차원에서 이미 그의 이해를 규정하고 제한하는 해석의 지평을 흡수했기 때문이다. 우리의 태도와 행동의 일상적 주기는 일차적으로 의식적이며 의도적인 '선택'에 의해서가 아니라 우리에게 무엇이 중요한가에 관한 그 나름의 '전망'을 담고 있는 수많은 무의식적·비자발적 자극에 의해서 추동된다. 따라서 첫 장에서 화자는 이렇게 지적한다. "에스컬레이터 근처에 이르렀을 때 나는 오른손으로 난간을 잡기 위해 나도 모르게 문고판 책과 CVS 가방을 왼손으로 옮긴다"(Mezz, pp. 4-5). 이것은 "부분적으로 망각되고 명확히 설명할 수 없는 수많은 경험의 연속" 중 하나일 뿐이며, 이런 경험은 나중에 가서야 정돈되고 "지식으로 분류될" 수 있는 "작은 이해"를 그 안에 지니고 있다(Mezz, pp. 8-9). 손처럼 그의 발도 동일하게 의도되지 않은 독립성을 드러낸다. "일을 할 때 내 발은 나의 의식적 의지로부터 전혀 허락받지 않고 끈이 풀린 신발에서 빠져나와 양탄자의 촉감을 느끼려고 한다"(Mezz, p. 12). 나중에 그는 자신이 "의도와 상관없이" 팝콘 한 봉지를 사고 있음을 깨닫는다(Mezz, p. 105). 그의 몸은 그 나름의 욕망과 목적을 지니며 의식이라는 "관제소"와 상의하지 않고 이를 수행한다.

책의 마지막에 그는 생각과 "해마다 생각이 출현한 빈도"에 따라 생각의 "주기"를 기록한 목록표를 만든다(Mezz, pp. 127-128). 예를 들어, 여자 친구와 가족에 대한 생각은 순위가 높고(각각 580회와 400회), 급락한 빈도를 보이는 3위는 "양치질"(150회)이며, "칸트, 임마누엘"(0.5회)—물론 탄탄한 교양 교육을 받았다는 증거다—에 이르기까지 빈도는 서서히 감소한다. 이 작은 실험의 배후에는, "이런 식으로 한 사람이 반복해서 하는 모든 생각에 빈도수를 부여할 수 있다면" "오랜 시간에 걸쳐 그가 하는

---

on the University, the Church, Politics, and the Arts (Grand Rapids: Eerdmans, 2008), chap. 23를 보라.

생각의 상대적 빈도를 알 수 있을 것이며, 이를 통해 그가 제시하는 신념의 진술보다 더 많은 것을 드러내는 무언가를 알 수 있을 것"이라는 가설이 자리 잡고 있다(Mezz, pp. 126-127). 그럴 수도 있다. 생각의 출현 빈도가 중요성과 동일하다는 발상이다. 하지만 이 책의 나머지는 전혀 다른 무언가를 암시한다. 즉, 중요성은 인지적으로 결정되지 않기 때문에 '생각'이나 신념 차원에서 결정되지 않는다는 것이다. 중요성은 '생각'이 작동하기도 전부터 발생하는, 우리의 무의식적이며 의도적이지 않은 세계 이해 차원에서 더 근본적으로 결정된다. 하우이의 세상은 '그것에 관해서 생각하지 않은 채' 그가 끊임없이 참여하는 의례의 주기에 의해 구성된다.

따라서 이 소설은 복잡하고 한 번도 생각해 보지 않았던 구두끈 묶는 의례로부터 셔츠와 타이를 착용할 때 나타나는 자동적 능숙함, "가방 싸기의 의례적 양상"(Mezz, p. 119), "승강기 안에서의 태도에 담긴 온갖 작은 의례들"(Mezz, p. 76)에 이르기까지 평범한 의례와 "자동적인 종속적 반복 행위"(Mezz, p. 51)에 대한 관심으로 가득 차 있다. 절제되어 있지만 화려한 문체로 익숙한 아침 의례를 묘사하는 부분을 생각해 보라.

몇 가지 사소한 새로운 발전이 주는 예기치 못한 이익이 있다. 어떤 낱개 포장 설탕 제조사에서 사람들이 원심력으로 내용물을 바닥으로 보내서 윗부분을 쉽게 찢을 수 있도록 설탕 봉지를 앞뒤로 흔든다는 것을 알았을까? 미리 정해진 양대로 포장하는 이 단순한 참신성의 벌거벗음이 (담배에 불을 붙인 후 성냥의 사라져 가는 진동에 영감을 받았을지도 모르는) 몸짓의 적응에 의해 둘러싸이고 부드러워지고 **이해**할 수 있는 것이 되었다. 편리함이 발레처럼 우아한 동작을 만들어 냈다. 나는 이른 아침 설탕 봉지 펄럭이는 소리가 근처 칸막이까지 전해지지 않게 하려고 굳이 노력하지 않을 것이다. 비록 나는 설탕을 넣지 않은 커피를 마시기는 하지만 말이다. (Mezz, p. 95n1)

'의례'가 그저 규칙적으로 반복하는 평범한 행위를 묘사하는 문학적 방식이라는 말이 아니다. 오히려 이것이 무의식이 지시하는 역할을 한다는 이해와 결합될 때, 이러한 일상적 반복 행위는 형성적 힘을 부여받는다. 의례를 통해 명확히 진술되지는 않지만 지시의 역할을 수행하는 세상에 대한 자세가 우리 안으로 스며든다. 이러한 일상적 반복이 무의식을 훈련시킨다. 에스컬레이터에 대한 하우이의 묘사를 통해서 이 점을 가장 잘 이해할 수 있다. 예전에 가끔 백화점에 갔을 때의 경험에 기초해서 그는 에스컬레이터를 "타는 올바른 방법에 관한 강한 신념을 서서히 발전시켰다"고 말한다. "당신의 역할은 집에서 계단에 오를 때처럼 정상적인 속도로 전진해 모터가 당신의 신체적 노력을 **대체하지 않고** 보충하게 하는 것이다"(*Mezz*, p. 100). 계속해서 그는 이렇게 지적한다. "하지만 1년 동안 출근하면서 에스컬레이터를 탄 결과 나는 바뀌었다."

> 이제 나는 하루에 네 차례—때로는 여섯 차례 이상—이 기계를 사용한다.…에스컬레이터에 대한 나의 이해가 깊어졌고 결국에는 내 척추에 자리 잡게 되었다. 하지만 더 이상 탈 때마다 닳고 닳은 이론이나 불안감이 촉발되지는 않는다. 나는 이 발명품의 원래 의도가 계단을 흉내 내는 것이었는지 덜 신경 쓰기 시작했다. 그리고 직장에서의 첫 몇 달을 보내고 나서 다시 백화점에 갔을 때, 나는 붐비는 에스컬레이터에서 내 앞에 있는 쇼핑객의 커다랗고 움직임 없는 어깨를 새로운 관심을 갖고 바라보았으며 그들처럼 느긋하게 에스컬레이터를 탔다. 자연스러웠고 이해할 수 있었다. 모터의 힘으로 소매점 건물을 관통해 상승하는 이 황홀경 속에서 이스터 섬의 석상처럼 우두커니 서 있고 싶어 하는 것도 괜찮다고 생각하게 되었다. (*Mezz*, pp. 101-102)

그야말로 이것은 의례의 승리다. 학습하고 습득한 것이 너무나도 습관화되고 흡수되어서—"척추에 자리 잡게" 되어서—"자연스러운" 것으로 여겨진다.

하지만 하우이가 이 직관의 힘을 온전히 이해하고 있는지 의문이 든다. 특히, 어떤 의미에서 그는 이 의례화에 대해 논평하기 위해 이를 객관화할 수 있으며 그것이 오랜 시간에 걸쳐 습득되었고 그의 정체성의 일부가 되었음을 인식하고 있지만, 그 자신을 관찰할 때에는 동일한 관찰자적 거리를 유지하지 못하는 것처럼 보인다. 다시 말해서, 그는 크레스트와 지피 팝(Jiffy Pop, 팝콘 상표명-옮긴이)에 따라 구성된 세상이 그의 척추 안에 자리 잡고 있기 때문에 소비 세계에 대한 그의 세심하고 신성화된 찬사 자체도 상품화된 상표 의식에 의해 빚어졌다는 것을 이해하지 못하는 것처럼 보인다. 기업과 소비의 세계에서 행하는 실천이 다른 것을 압도하는 효과를 낳았다. 이것은 그의 정체성에서 사실상 다른 모든 것을 제거해 버렸다. 그 결과 특정한 사회적 상상이 관찰 이전의 그의 의식 안으로 스며들어서 그가 세상을 바라보는 방식과 무엇이 중요한지 이해하는 방식을 규정짓고 말았다. 그의 지각은 실천에 의해 훈련되었다. 의례는 세상을 만드는 사람을 만든다.

상상하며 이야기하는 동물

니콜슨 베이커는 무의식적이며 형성적인 의례가 지닌 이야기—우리의 정체성을 빚어내는 체현된 의례를 설명하기보다는 보여 주는 압축된 작은 서사—를 만들어 내는 힘을 보여 주는 이야기를 들려준다. 간단히 말해서, 베이커는 평범한 일상적 반복이 어떻게 우리의 존재, 우리가 사랑하는 바, 우리가 행하는 바를 빚어내기 시작하는 더 큰 이야기 안으로 우리를 징집하는가에 관한 이야기를 들려준다. 우리 마음은 이야기를 주고받는다. 우리는 사랑하는 존재일 뿐 아니라 이야기하는 존재—그리고 이야기를 듣는 존재—이기도 하다. 소설가 데이비드 포스터 월리스가 말했듯이, "우리에게는 시공간이 필요한 것처럼 서사가 필요하다. 그것은 우리 안에 자리 잡고 있는 무언가다."[8] 우리는 세상에 대한 우리의 지향이 이야기에 의해 근본적으로 형성되는 서사적 동물이다. 메를로퐁티와 부르디외 모두가 주장하듯이, 우리는 몸과 이야기의 결합체—서사나 시의 미학적 힘이 우리의 세계-내-존재를 근본적으로 지배하는 신체적 기분과 조화를 이루기 때문에 우리의 상상력을 사로잡는 '사이' 공간—에서 살아간다. 만들어 낼(*poiesis*) 때 작동하는 상상력의 논리는 우리의 가장 심층적인 심금을 울리며, 그러한 미학적 조화는 무의식의 깊은 곳까지 울려 퍼져서 우리가 지각조차 할 수 없는 방식으로 우리를 조율한다. 우리는 논증에 의해 설득되기보다는 이야기에 의해 감동받는다. 우리의 세계-내-존재는 연역적이기보다는 심미적이며, 분석보다는 서사에 의해 더 잘 사로잡힌다.[9] 철학자 알래스데어 매킨타이어는 이야기가 우리의 정체성에 대해 너무나도 근본적이어서 이야기가 없다면 우리는 무엇을 해야 하는지도 모를 것이라고 말한다. 그의 말처럼, "내가 어떤 이야기의 일부인가?"라는 **선행하는** 물음에 이미 답하지 않았다면, "내가 무엇을 해야 하는가?"라는 물음에 답할 수 없다.[10] 우리 우주의 도덕적 지도를 제공하는 것은 이야기다. 세상을 의미 있는 것으로 지각하도록 우리의 감정적 지각 장치를 훈련시키는 것은 바로 서사다.

수필가이며 예리한 문화 비평가인 조운 디디언(Joan Didion)은 1970년대

---

[8] David Foster Wallace, "Fictional Futures and the Conspicuously Young", *Review of Contemporary Fiction* 8.3 (1988): p. 8.

[9] 따라서 브룩스는 심리학자 제롬 브루너(Jerome Bruner)를 따라서 논리와 분석을 다루는 "실용적 사고"와 상상력 차원에서 우리의 세상을 직조해 내는 "서사적 양식"을 구별한다[*The Social Animal: The Hidden Sources of Love, Character, and Achievement* (New York: Random House, 2011), pp. 54–55].

[10] MacIntyre, *After Virtue*, 2nd ed. (Notre Dame: University of Notre Dame Press, 1984), p. 216. 『덕의 상실』(문예출판사).

발표한 책 『화이트 앨범』(*The White Album*)에서 우리의 서사적 본능을 더 냉소적인 태도로 포착해 냈다. "우리는 살기 위해 자신에게 이야기를 들려준다.… 우리는 자살 사건에서 설교할 내용을 찾고, 다섯 명을 살해한 사건에서 사회적·도덕적 교훈을 찾는다. 우리는 우리가 본 것을 해석하고 복수의 선택지 중에서 가장 실행 가능성이 큰 것을 선택한다. 특히 작가인 경우 우리는 이질적인 이미지에 하나의 서사적 흐름을 부여함으로써, 우리의 실제 경험에 해당하는 쉴 새 없이 바뀌는 주마등을 일시 정지시키는 수단이 되는 '관념'에 의해 살아간다."[11] 이야기는 우리가 숨 쉬는 공기와 같다. 서사는 우리 경험에 틀을 제공하는 비계(scaffolding)다. 그리고 메를로퐁티와 부르디외를 통해서 보았듯이, 이야기는 체감적이며 신체적인 차원에서, 분석적이기보다는 심미적인 차원에서 '의미'를 지니며 지성보다는 상상력으로 더 잘 '이해'된다. 이야기는 명료한 설명과 분석을 회피하는 차원에서 **의미를 지닌다**는 뜻에서 '마음으로' 배우는 무언가다. 대단히 미세한 서사 안에도 세계(觀) 전체를 압축해 넣을 수 있다. 이야기는 심미적으로 '작동'하기 때문이다. 그 가락과 운율을 통해, 말한 것과 말하지 않고 남겨둔 것을 통해, 그 긴장과 해소를 통해 **의미를 지니기** 때문이다. 나는 내가 알지 못하는 방식으로 이야기를 '이해'한다.

이 철학적 인간론에서는 (정서적이며 의식보다 앞선) 상상력을 인간 행동의 "무게 중심"으로 간주하며, 따라서 **이야기** 혹은 서사에 핵심 역할을 부여한다.[12]

---

11 Joan Didion, *The White Album* (New York: Farrar, Straus & Giroux, 1979), p. 11.

12 James K. A. Smith, *Desiring the Kingdom: Worship, Worldview, and Cultural Formation* (Grand Rapids: Baker Academic, 2009), pp. 52–54. 이 점에서 나의 기획은 사회과학의 철학 분야를 다루는 다른 사람들, 특히 알래스데어 매킨타이어, 찰스 테일러, 크리스천 스미스(Christian Smith)의 작업과 조화를 이룬다. 이들 모두는 개인과 공동체의 정체성 형성―또한 우리의 행동과 윤리적 태도 형성―에서 서사나 이야기가 핵심 역할을 이룬다는 점을 강조한다. 우리의 행동과 태도가 세상에 대한 정서적이고 의식보다 앞서며 상상력에 의해 좌우되는 이해에 의해 추동된다면, 이야기의 미학적 차원은 우리의 적응 무의식과 더 잘 '어울린다.' 간단히 말해서, 이야기는 우리의 행동을 빚어내고 우리의 행동에 영향을 미친다. 따라서 매킨타이어와 테일러, 크리스천 스미스는 인간 행동에 대한 사회과학적 연구를

그렇기 때문에 예전적 인간론—우리가 ('세속적'이든 기독교적이든) 예전적 실천에 의해 우리의 근원적 갈망과 욕망이 빚어지는 '예전적 동물'임을 인식하는—은 이러한 몸/이야기의 결합체를 진지하게 받아들여야 한다. 그렇기 때문에 모든 적합한 예전에는 운동미학과 시학의 상호 작용에 대한 이해가 전제되어야 한다. 우리의 정체성과 사랑이 '예전적으로' 빚어지는 까닭은 바로 예전이 한 정치체의 체현된 이야기를 구성하는 의례와 실천이기 때문이다. 예전이 정체성을 형성하고, 좋은 삶에 대한 특정한 전망을 심어 주며, 다른 의례적 형성을 압도하는 방식으로 이런 기능을 수행하는 "궁극적 관심을 표현하는 의례"라면,[13] 그것은 예전이 행동과 태도를 발생시키는 상상력이라는 진원지 안으로 흡수된, 이야기로 가득 찬 실천이기 때문이다. 예전은 보여 줌으로써, 수행함으로써 오랜 시간에 걸쳐 그 예전이 '들려주는' 이야기 안으로 우리를 징집하는 압축되고 반복적이며 수행된 서사다. 이러한 방향 짓는 서사는 '옛날 옛적에'라는 말로 시작하는 논증적인 방식으로—마치 정치체가 '이야기 시간'에 그림책을 읽어 주는 도서관 사서 앞에 앉는 것처럼 우리에게 수동적으로 들어 보라고 권하듯이—'들려주지' 않는다. 오히려 이런 이야기들은 상연되고 수행되는 드라마와 더 비슷하다. 한 정치체의 이야기는 부르디외가 지적한 "중요하지 않은 것의 교육"—평범하고 사소하지만 큰 이야기를 '담고 있는' 미세한 실천들—을 통해 우리 몸에 새겨진다. 그리고 우리가 이러한 미세한 실천에 신체적으로 몰입하는 한, 우리는 오랜 시간에 걸쳐 한

수행할 때 인간이 '서사적 동물'임을 인식해야 할 필요성도 강조한다. 크리스천 스미스가 논평하듯이, "우리의 모든 과학과 합리성, 기술에도 불구하고 우리 현대인들은 인간 역사의 다른 시대에서 살았던 우리의 선조들과 마찬가지로 실존과 역사, 목적에 대한 서사적 이해를 만들고 이야기하고 믿는 사람들이다." 그뿐만 아니라 그는 "우리는 이야기를 만드는 동물일 뿐 아니라 이야기에 **의해 만들어지는** 동물이기도 하다"라고 덧붙인다. Christian Smith, *Moral, Believing Animals* (Oxford: Oxford University Press, 2003), p. 64.

[13] *Desiring the Kingdom*, p. 86에서 정의한 것처럼.

이야기 안으로 통합되며, 결국 그 이야기는 우리가 암묵적으로 따라 행동하는 각본이 된다. 이야기는 배경 서사가 되고, 습관을 통해 우리가 세상을 이해하는 방식을 빚어내는 미학적 정향이 된다. 우리는 그저 들은 이야기를 기억하지 않는다. 우리는 수많은 몸짓으로 이야기를 수행하면서 그 이야기를 들이마신다.

따라서 여기서는 예전이 가진 미학적 혹은 시적 힘과 예배 안에 '담긴' 서사에 대한—'세속적 예전'과 의도적인 기독교 예배 모두에 대한—새로운 이해를 통해 『하나님 나라를 욕망하라』에서 처음으로 소개했던 예전적 인간론을 보충하고자 한다. 육화된 의미를 해명하는 메를로퐁티의 현상학과 "실천의 논리"에 대한 부르디외의 설명을 통해 이러한 예전이 세상에 대한 우리의 신체적 태도를 **어떻게** 활성화하는지—그리고 그것에 어떻게 영향을 미치는지—를 새롭게 이해할 수 있기를 바란다. 더 구체적으로는, 1부의 이론적 분석이 우리가 몰입하는 예전에 대해 성찰하고자—'예배가 어떻게 작동하는지' 이해하고자—할 때 활용할 수 있는 렌즈와 도구 상자를 제공했기를 바란다.

인간 이해에서 은유와 미학의 우선성

메를로퐁티와 부르디외 모두 우리에게 마크 존슨이 "의미의 신체적 기초"—혹은 더 구체적으로, 인간 이해(human understanding)의 **미학**—라고 부른 것을 이해하라고 촉구한다.[14] 존슨은 "육화된 의미"에 관한 메를로퐁티의 주장을 번역하면서 "무엇이 어떻게 우리에게 의미가 있는가는 우리의 구체적인

---

14 존슨은 이에 관해 예술이나 '아름다움'을 넘어서는 미학의 '일반화'를 강조한다. "오히려 미학은 의미를 만들고 경험하는 인간의 능력과 관련된 모든 것을 연구하는 학문이 된다." 이런 의미에서 "인간 이해의 미학은 모든 철학의 기초가 된다." *The Meaning of the Body: Aesthetics of Human Understanding* (Chicago: University of Chicago Press, 2007), p. x, 이후에는 인용할 때 *MB*로 표기함.

육화의 형식에 의해 규정된다"라고 말한다(MB, p. ix). 그렇기 때문에 우리는 "세상과 우리의 신체적 연관성을 통해 의미를 만드는 신체적 깊이"―"우리의 삶을 이해하는 능력의 핵심을 차지하는 무의식적 생각과 감정이라는 거대한 숨겨진 대륙"―에 주목해야만 한다(MB, p. x). 이런 설명에서 "의미"는 명제적이거나 개념적인 것에 국한되지 않는다. 오히려 우리 몸은 말이나 개념, 명제의 논증적 중재 없이 "미학적" 차원에서 의미를 만든다. 이러한 "의미의 신체적 기초"는 "이미지 구조"(뒤에서 그가 "개념적 은유"라고 부르는 것으로서 이에 관해서는 뒤에서 더 자세히 논할 것이다)에 근거를 두고 있다. [위로-아래로(UP-DOWN) 혹은 안으로-밖으로(INTO-OUT OF)[15]와 같은] 이러한 이미지 구조는 신체적 움직임과 상응하며 암묵적 차원에서 우리 경험을 '이해'하는 가장 기초적인 방식을 구성한다. 하지만 이 구조는 개념이 아니다. 그것은 의미 만들기를 통제하며 생성하는, 우리의 환경과의 상호 작용의 근본 구조다(MB, pp. 10, 21). 예를 들어, 우리가 **움직이는** 방식이 우리가 세상을 경험할 수 있고 경험하는 방식을 근본적으로 규정한다. 이것은 "우리가 느끼는 의식의 이면에서 작동하며 우리가 느끼는 그 의식을 가능하게 하는 유기체-환경 상호 작용 과정"으로부터 생성된다. "이러한 의미는 무로부터, 어디인지 모를 곳에서 갑자기 실존 안으로 뛰어들 수 없다(우리의 의식 안에 출현할 수 없다). 그것은 사물과 우리의 신체적 연관성에 근거를 두어야 하며, 우리의 감각 운동적 참여를 통해 계속해서 '만들어져야' 한다"(MB, p. 25). 의미의 신체적 기초를 이해한다는 것은 의미-**만들기**의 신체적 조건을 이해하는 것이다. 여기에는 피조물적이며 거의 육화된 충동이 존재한다. 그것은 바로 우리의 세계-내-존재의 유한한 (그리고 선한!) 조건―하나님이 우리를 만나시고 우리에게 자신을 계시하실 때 스스로 낮추셔

---

15 이 장에서 대문자로 표기한 일부 단어나 구절은 *Meaning and the Body*에서 존슨이 표기한 방식을 따른 것이다.

서 맞춰 주신 조건, 성령께서 우리를 빚으시고 (다시) 만드실 때의 바로 그 조건—을 존중하려는 욕망이다. 존슨이 요약하듯이, "우리의 몸, 우리의 뇌, 우리의 환경이 **함께** 우리처럼 몸을 지닌 피조물에게 모든 의미가 떠오르는, 의미로 가득 찬 분위기를 만들어 낸다는 것을 이해해야 한다"(MB, p. 31). 혹은 그가 뒤에서 더 명시적으로 말하는 것처럼, "인간적 의미를 지니기 위해서 당신에게는 살아 있는 인간의 몸 안에서 작동하며 육체적·사회적·문화적인 인간의 환경과 끊임없이 상호 작용하는 인간의 뇌가 필요하다. 이 세 차원 중 어느 하나라도 제거해 보라. 그러면 당신은 의미의 가능성을 상실할 것이다. 뇌가 없이는 의미도 없다. 몸이 없이는 의미도 없다. 환경이 없이는 의미도 없다"(MB, p. 155).[16] 우리의 몸과 뇌, 환경은 우리 경험의 삼발이 의자처럼 기능한다. 모든 의미는 이 셋의 결합으로 생성된다.[17] 이것은 하나님이 우리와 만나

---

[16] 신학적 차원에서, 이것이 우리의 신체성에 대한 정확한 설명이고 따라서 우리 경험의 조건에 대한 정확한 설명이라면 이것이 하나님의 계시가 나타나는 조건이기도 하다는 점을 지적해야 한다. 이 성육신적 역학에 대한 더 자세한 논의로는 James K. A. Smith, *Speech and Theology: Language and the Logic of Incarnation*, Radical Orthodoxy (London: Routledge, 2002), pp. 153 -179를 보라.

[17] 뒤에서 존슨은 이 삼중적 공리를 의례적 형성에 관한 우리의 구체적 관심과 연결시킨다. "의미를 위해서는 그 환경—신체적이며 생물학적일 뿐만 아니라 사회적이며 문화적인 환경—과 상호 작용하는 살아 있는 몸 안에서 제 기능을 하는 뇌가 필요하다. 문화적 가공물과 실천—예를 들어, 언어와 건축, 음악, 미술, 의례적 행위, 공적 제도—은 세상의 객관적 특징이라는 의미의 양상을 보존한다. 이러한 문화적 인공물이 없다면 우리의 축적된 의미와 이해, 지식은 오랜 시간에 걸쳐 보존될 수 없을 것이며, 새로운 세대마다 말 그대로 백지 상태에서 다시 출발해야만 할 것이다. 다행히도 사회적·문화적 인지 때문에 우리는 우리 세상의 의미를 다시 배울 필요가 없다. 모든 아동과 모든 사회 집단은 한 문화의 의미와 가치가 침전되어 있는 이러한 사물과 활동을 제 것으로 삼을 수 있다. 하지만 이러한 사회문화적 사물과 실천, 사건이 그 자체로 의미 있는 것은 아님을 명심해야 한다. 오히려 이런 것들은 언어를 **사용하고**, 상징**에 의해 살아가고**, **노래하며** 음악을 **이해하고**, 의례에 **참여하고**, 제도를 실천하여 그 가치를 **보이는** 인간의 삶 속에서 실행될 때 비로소 의미 있는 것이 된다"(MB, p. 152, 강조는 원문의 것).
　여기에 하나님이 나타날 여지가 없다고 우려하는 사람은 더 주의 깊게 생각해 보아야 한다. 하나님의 계시와 임재가 우리 경험의 **환경** 일부를 구성할 수 있으며, 하나님과 우리의 상호주관적 관계는 '사회적' 인지의 가장 근본적인 양상이다. 따라서 존슨이 말하는 경험의 삼중적 조건을 받아들인다고 해서 자연주의를 수용한다는 말은 결코 아니다. 이것은 피조물의 선함이라는 조건—하나님이 성육신과 자기 계시라는 '성육신적' 움직임을 통해 자신을 낮추시고 맞춰 주신 조건—을 인정하는 한 방식이 될 수 있다.

고 우리를 빚기 위해 스스로를 낮추시고 맞춰 주시는 피조물의 조건을 인식하는 것과 다름없다.

따라서 인간이 다른 모든 피조물과 달리 세상에 '의미를 부여할' 수 있는 독특한 피조물이기는 하지만, 이렇게 의미를 만들고 받아들일 수 있는 능력의 근원과 기초에는 유기체-환경 상호 작용이라는 신체적 역학이 자리 잡고 있다.[18] 혹은 존슨이 도발적으로 말하듯이, "어른은 덩치 큰 아기다. 유아와 아동이 의미를 찾고 만드는 수많은 신체적 방식은 아동이 자라 결국 어른이 된다고 해서 초월되고 극복되지 않기" 때문이다. "이와 반대로, 의미의 동일한 원천이 이해와 개념화, 추론이라는 우리의 성숙한 행위에도 그대로 이어지며 따라서 그런 행위의 기반이 되고 그런 행위를 가능하게 한다"(MB, p. 33).[19] 이런 맥락에서 그는 감정이 아니라 사물에 대한 촉각적 '감각'을 가리켜 '느낌'이 의미를 부여하는 과정에서 수행하는 역할을 강조한다. 예를 들어, "혀를 내미는 것을 느끼는 방식이 있으며, 돌기가 있는 고무젖꼭지를 빠는 경험에는 부드러운 고무젖꼭지에 대한 경험과는 구별되는 특질이 있다. 느낌은 우리 경험에서 가장 묘사하기 어려운 양상 중 하나이며, 따라서 우리는 의미나 생각을 설명할 때 이것을 간과하는 경향이 있다. 그럼에도 느낌이 모든 의미의 핵심에 자리 잡고 있다"(MB, p. 43). 더 나은 용어가 없기에 이렇게 말할 수밖에 없지만, 혀는 표현할 수 없는 무언가를 '알며', 명확히 진술되거나 명제화될 수는 없지만 모든 경험에는 의미 있고 구별될 수 있는 이런 '느낌'과 '특질'이 존재한다. 존슨은 대니얼 스턴(Daniel Stern)을 따라서 이것을 "생기-정서

---

[18] 또한 존슨은 이것이 언제나 이미 **"신체에 기초한 상호주관성"**임을—"우리가 신체적 표현과 몸짓, 모방, 상호 작용을 통해 다른 사람들과 함께 있으며" 이는 "어렸을 때부터 우리 정체성의 일부를 구성하고 바로 여기에서 의미가 태어난다"고—강조한다(MB, p. 51).

[19] 혹은 알래스데어 매킨타이어의 말처럼 철학자조차도 동물이다. *Dependent Rational Animals: Why Human Beings Need the Virtues* (Chicago: Open Court, 1999), p. 36.

윤곽선"(vitality-affect contour)이라고 부르는데(MB, p. 43), 이는 역시 적합한 용어를 찾기 위해 고심했던 수전 랭어(Suzanne Langer)가 "생기의 의미"(vital import)라고 부른 것, 즉 느낌의 의미와 비슷하다.[20] 이것은 우리가 엄마의 젖을 먹을 때 습득한, 세상을 구성하는 방식이지만, 이는 일차적이며 원초적이기 때문에 결코 우리를 떠나지 않는다. 그것은 계속해서 우리의 세계-내-존재를 방향 지으며, 우리가 참여하는 의미-만들기의 다른 '더 고등한' 차원들을 위한 기초다. 따라서, 그렇기 때문에 우리는 '덩치 큰 아기'다. 스턴이 자신에 대한 유아의 감각과 유아가 경험하는 의미의 핵심에 자리 잡고 있다고 말한 그것은 성인의 경험에서도 의미의 핵심에 자리 잡고 있다. 유아의 의미 있는 경험의 많은 부분을 이루는 생기-정서 윤곽선은 성인에게서도 계속해서 작동한다. 우리는 어렸을 때 의미를 만드는 방식을 결코 포기하거나 초월하지 않는다. 그것을 확장하거나 발전시킬 뿐이다"(MB, p. 44). 하지만 생기-정서 윤곽선이 우리가 무엇을 **행하도록** 부름받았다고 느끼는가를 결정하는 데 역할을 하기 때문에 이것의 의미가 가장 높은 의미의 차원까지 가 닿는다. "생기 정서는 우리의 세상과 우리 경험에 대한 우리의 신체적 이해의 가장 원초적 차원에서 우리에게 의미가 있다. 그것은 우리 경험에 동기 부여와 방향성, 강도를 제공하기 때문에 의미가 있다. 그것은 특정한 상황을 우리에게 중요한 것으로 만드는 그 상황의 에로스적이며 욕망으로 가득한 특징을 구성한다"(MB, p. 45). 무엇이 **중요한가**―무엇이 **걸려 있는가**―는 세상에 대한 이 **느낌**에 의

---

[20] Suzanne Langer, *Mind: An Essay on Human Feeling* (Baltimore: Johns Hopkins University Press, 1967)을 보라. 존슨은 이렇게 논평한다. "논리적 경험주의가 개념적·명제적 구조만을 인지적 의미의 일부로 인정했던 시대에 글을 썼기 때문에 랭어는 자신이 가리키려는 의미의 종류에 대해 말하기 위해 '생기의 의미'라는 새로운 용어를 만들어 내야 했다. 생기의 의미가 명제나 문장이라는 추상적인 '인지의 내용'만큼이나 인간이 이해하는 의미의 일부임을 알고 있었지만 그때는 감히 그렇게 말할 수 없었다"(MB, p. 44).

해 결정된다.

우리의 의미-만들기의 기초에는 우리 환경에 대한 행동-지향적 자세가 자리 잡고 있다. 우리는 세상 안에서 일차적으로 생각하는 사람이 아니라 **행동하는 사람**으로서 존재한다. 그리고 우리의 생각조차 우리의 행동을 돕고 우리의 행동으로부터 나온다. 물론 우리는 우리의 몸 **이상**의 존재이며, 결코 그 **이하**의 존재가 아니다. 우리는 복합적인 차원에서 의미를 만들고 받아들일 수 있지만, 그렇게 할 수 있는 것은 바로 우리가 세계-내-존재를 조종하는 수단으로 삼는 근본적인 "유기체-환경 복합체" 덕분이다. 그리고 존슨은 이러한 기초적인 신체적 상호 작용이 우리가 '의미 있는' 행동을 추구하는 환경을 구성한다는 점을 강조한다. 한 '상황'에 대한 우리의 가장 기본적인 지각이 특정한 종류의 행동을 촉구하는 특정한 종류의 상황으로서의 환경을 이미 '담고' 있다면, **도덕적** 상황에 대한 구성 역시 유기체-환경 상호 작용의 이러한 신체적 역학에 뿌리내리고 있다.

더 나아가 우리는 **거룩함**의 신체적 기초에 대해서도 말할 수 있다. 성화는 이러한 체현된 지각의 습관화를 요구한다. 예를 들어, 성령께서는 존슨이 우리의 "신경 지도"라고 부른 것을 재편하셔야 한다. 신경 지도는 "자극이 감각의 장 안에서 인접한 위치를 가로질러 움직일 때 연속적으로 그 자극에 반응하는" 일련의 신경 세포들을 가리킨다(*MB*, p. 127). 한편으로, 이러한 신경 지도를 제약하는 생물학적 현실이 존재한다. 예를 들어, 개구리의 머리(그리고 개구리의 먹이)와의 관계 속에서 눈이 어디에 배치되어 있는가는 개구리의 신경 지도가 형성되는 방식을 지배한다. 마찬가지로 내 눈이 머리 앞, 지면에서 1.5미터 위에 존재한다는 사실 등이 나의 신경 지도 형성에 제약을 가한다. 다른 한편으로, 신경 지도 형성에는 의미 있는 정도의 **가소성**(可塑性, plasticity) 혹은 유연성이 존재한다. 따라서 우리가 신경 지도를 이미 다 만들었지만 눈이나 뇌에 손상을 입는다면, 신경 지도는 재편되거나 그 변화에 맞춰 적응함으로써 우리가 다시 한번 우리의 환경을 헤쳐 나갈 수 있게 해 준다. 이런 신경 지도는 우리 경험의 모양을 중요한 방식으로 결정한다. 존슨은 "우리는 개구리처럼 우리의 지도에 의해 (전적으로는 아니더라도) 중요한 방식으로 정의된 세상 안에서 살고 있다. 지형적으로 말하면, 우리의 몸은 우리의 정신이다"라고 요약한다(MB, p. 130).

사실 존슨은 '마음'이 소여, 선험적 실체가 아니며 하나의 물질로 간주해서는 안 된다고 주장한다. 그는 **"마음은 떠오른다"**라고 강조한다. "마음은 성취한 것이지 미리 주어진 능력이 아니다"(MB, pp. 151, 152). 우리는 세상을 헤쳐 나가는 능력—의미를 만들고 받아들이며, 따라서 문화적 동물로서 기능하는 능력—을 가지고 창조되었고 태어났지만, "온전히 형성되어 있으며 생각할 준비가 된 정신을 지니고 태어나지는 않았다. 오히려 우리는 의미를 조정하고 나눔으로써, 또한 상징적 상호 작용에 참여하는 능력을 통해 '마음'을 획득한다"(MB, p. 151). 따라서 우리의 능력은 획득한 무언가로서의 '마음'이 **된다**. 이 설명은 "그리스도의 마음"(고전 2:16)을 지닌다는 것이 무엇을 뜻하는가에 관한 우리의 생각도 바꾸어 놓을 것이다. 어쩌면 그리스도의 마음 역시 실천과 형성을 통해 **습득하는** 무언가, 정보의 저장소라기보다는 성화의 결과로서 떠오르는 무언가일 것이다.

우리의 신경 지도의 동시적 형성에 대한 존슨의 설명을 고찰함으로써 이 역학을 더 천착해 볼 수 있다. "이 연결망 안에는 대안이 되는 습득되고 정상적인 회로들이 공존할 수 있다"(MB, p. 128). 다시 말해서, 우리의 마음은 **여러 세상**을 담을 수 있다. 우리는 각각 세상을 다르게 구성하는 복수의 신경 지도를 동시에 만들어 낼 수 있다. 존슨이 인용한, 부엉이에 관한 이상하지만 흥미진진한 연구를 생각해 보라.

개구리처럼 부엉이는 먹이를 잡는 대단히 정밀한 방법을 개발했다. 부엉이는 땅에서 쥐가 바스락거리는 소리를 듣고 먼저 망막 시개 지도(retinotectal map) 안에서 그 쥐의 자리를 정한다. 그런 다음 땅으로 돌진하면서 먹이의 정확한 위치를 포착하려고 한다. 에릭 넛슨(Eric Knudsen)은 다 자란 부엉이와 어린 부엉이에게 부엉이의 시각을 23도 왜곡하는 프리즘 안경을 씌웠다. 8주 동안 안경을 착용한 후 다 자란 부엉이들은 보정하는 법을 전혀 배우지 못했지만, 어린 부엉이들은 정확하게 사냥하는 법을 배울 수 있었다. 그러나 어렸을 때 안경을 썼던 다 자란 부엉이들에게 다시 안경을 씌웠을 때, 이 부엉이들은 즉시 안경에 적응할 수 있었다.

(MB, p. 128)

어린 부엉이의 신경 지도에는 프리즘 안경에 적응할 수 있게 해 주는 가소성이 존재했다. 어린 부엉이들은 신경 지도를 재편함으로써 자신의 세계를 새롭게 구성하는 법을 배웠다. 그러나 가장 흥미로운 점은 어렸을 때 안경을 쓰고 지냈다가 안경 없이 지낸 다음 다 자란 부엉이로서 그들의 '습관-몸'이 안경을 다시 접하게 된 경우다. 이 집단은 어렸을 때의 경험을 통해 형성된 신경 지도가 휴면 상태에 들어갔음에도 이를 재활성화할 수 있었다. 이들의 신경 지도는 사라지지 않고 남아 있었으며 적합한 조건 아래에서 재활성화되었다.

존슨은 제럴드 에덜먼(Gerald Edelman)을 따르면서 이런 현상을 묘사하기 위해 "**레퍼토리**"(repertoires)라는 개념을 도입한다. **일차적** 레퍼토리는 '정상적인' 환경의 조건—대부분의 시간에 우세하며 따라서 관련된 신경 경로를 더 자주 자극하는 조건—에 의해 형성된다.[21] 이 레퍼토리는 "축삭 발아(axonal sprouting)와 시냅스 생성(synaptogenesis) 과정에서 자극에 함께 반응하며 연결

---

21 물론 '정상적' 조건을 구성하는 것이 보편적이지는 않을 것이다.

된다"(MB, p. 130). 이것은 지배적 신경 지도가 되며, 따라서 우리가 우리의 환경을 구성하고 그것과 상호 작용하는 일차적 레퍼토리가 된다. 다른 신경 집단들은 "유용한 지형적 연결을 찾는 데 실패할 것이며, 결국에는 죽고 성공적인 신경 집단들에 의해 밀려난다"(MB, p. 130). 하지만 에덜먼이 **이차적** 레퍼토리라고 부른 제3의 집단이 존재한다. "성인 유기체 안에서, 함께 연결되는 데에 부분적으로만 성공한 후 남아 있는 이 **잠재적** 축삭 돌기 수목들(axonal arbors)은 휴면 상태로 들어가 추가적인 시냅스 생성에 따라 필요한 지도로 재조직화되기를 기다린다"(MB, p. 130, 강조는 추가됨). 이 잠재적 지도들은 성인 유기체를 위한 가능성으로 남아 있다. 이 지도들은 뇌에 가볍게 새겨져 있지만, 사용과 자극의 결핍 때문에 일차적 레퍼토리의 밀도를 지니지 못한다. 뇌는 경쟁하는 형성에 영향을 받으며, 관련된 신경 경로를 가장 규칙적으로 자극하는 환경 조건이 경쟁에서 승리한다.

우리의 세계-내-존재가 의미의 신체적 기초와 밀접하게 결부되어 있으며, 우리의 체현된 지향성이 이런 레퍼토리의 지배를 받는다면, 이는 다양한 문화적 예전이 어떻게 다른 예전들을 '압도하는가'를 부분적으로 설명할 수 있는 것처럼 보인다. 환경의 주기와 반복은 세상에 대한 나의 습관적 지향과 세상에 대한 지각을 빚어내며, 적지 않은 부분에서 이는 그 주기와 반복이 세상에 대한 지각을 지배하는 신경 지도를 형성하기 때문이다. 내 환경 안에서 '규칙성'을 구성하는 이러한 주기와 반복과 의례―정상적이며 지배적인 것으로 경험되는―는 무엇이 '일차적' 레퍼토리로 간주되는가를 결정할 것이다. 동시에 발생하는 경쟁적 형성이 '이차적' 레퍼토리를 새길 수는 있지만, 이것은 일차적 레퍼토리의 지배에 의해 제한될 것이다. 그러나 모든 것이 사라지지는 않는다. 휴면 상태로 들어간 이차적 레퍼토리는 재활성화될 수 있으며, 환경과 자극의 영속성에 변화가 생긴다면―경쟁하는 의례들 사이의 균형이 달라진다면—일차적 레퍼토리와 이차적 레퍼토리의 순서가 역전될 가능성도 존재하는 것처럼 보인다. 물론 이를 위해서는 일차적 레퍼토리 구성의 압도적인 관성과 밀도를 극복해야 할 것이다. 존슨은 우리의 신체성을 진지하게 받아들이면서 회심과 입문, 성화의 역학을 생각하는 방식을 제공한다.[22]

앞서 지적했듯이, 존슨은 인간 이해의 근본적 **미학**이 존재한다고 주장한다. 이는 '세상에 대한' 우리의 근본적 '느낌'이 명제적 분석보다는 시와 더 비슷한 방식으로 우리 경험을 이해하기 때문이다. 이것은 우리 경험이 '그저' 미학적이라거나 단순한 '아름다움'으로 환원될 수 있다는 뜻이 아니다. 존슨은 "미학은 예술 이론에 국한된 것이 아니며, 인간이 어떻게 의미를 만들고 경험하는가에 관한 연구로 폭넓게 이해되어야 한다"라고 강조한다(MB, p. 209).[23] 그리고 이것을 근본적으로 **미학적**인 것이라고 부르는 것은, 우리의 체현된 세계-내-존재를 특징짓는 추론과 의미 만들기 방식이 수학 문제를 푸는 것보다 이야기를 이해하는 것과 더 비슷한 '논리'에 따라 작동하기 때문이다. 예를 들어, 파블로 네루다(Pablo Neruda)의 에로틱한 시["혼자 사는 신사"(Gentleman without Company)]를 분석하면서 존슨은 이렇게 말한다. "성적 갈망의 육화된 깨달음을 약화시킬까 두려워 이 이미지에 관해 논평하기를 주저할 수밖에 없다. 젠들린(Gendlin)이 말하듯이 여기서 '작동'하는 의미는 다양한 감각(시각, 청각, 후각, 미각)을 통해 발전된 몸의 의미이며, 이것은 시의 '형식'이라는 부적절한 용어로 알려진 것을 규정하는 이미지와 소리, 휴지, 강화라는 정확한 주기에 의존한다"(MB, pp. 220-221). 우리는 이 시를 분석이 아니라 몰입을 통해

---

[22] 그리고 어린이의 신경 지도의 유연성 인식을 감안할 때, 우리는 아동의 **신앙** 형성의 중요성을 이해하기 위한 신체적 근거를 지니고 있는 셈이다.
[23] **미학**이라는 용어가 단순히 감각에 의한 지각을 가리키는 그리스어 αἰσθάνεσθαι(아이스타네스타이)에서 기원했음을 기억해야 한다. 이 용어를 예술과 아름다움의 영역으로 축소하는 것은 근대의 현상이다.

'받는다.' 시를 이해하는 것은, 비록 시의 의미가 단어에 전혀 담겨 있지 않더라도 시가 일으키는 느낌에 끌려들어 가는 것, 수반되는 육체적 의미를 되울리는 것이다. 존슨은 "이런 육체적 의미의 양상은 무엇보다 명제적이지 않으며, 따라서 의미는 일차적으로 언어의 형태일 수도, 명제적일 수도 없다"라고 결론짓는다(MB, p. 213). 우리 경험이 어떻게 '의미를 갖게' 되는가를 이해하는 것은 문장을 분해하거나 삼단논법을 분석하는 것과 비슷하지 않다. 오히려 토마스 윌프레드(Thomas Wilfred)의 작품 161번(Opus 161)에 담긴 매혹적인 빛이 우리에게 어떻게 영향을 미치는가를, 쉽게 잊히지 않는 이 빛이 테런스 맬릭(Terrence Malick)의 영화 〈트리 오브 라이프〉(Tree of Life)의 서사 구조 안에서 무엇을 **의미하는가**를 이해하는 것과 더 비슷하다. 존슨이 인간 이해의 '미학'을 주장할 때, 그는 세상에 대한 우리 경험—(물론 하나님과 다른 사람들을 포함하는) 우리의 '환경' 전체—을 지배하는 (그리고 뒷받침하는) 환원 불가능한 정서성을 지적하는 셈이다. 따라서 "우리는 '미학적인' 것을 그저 경험의 한 가지 자율적 차원이나 판단의 한 형식으로 제한하는 대신에, 미학이 경험의 조건 자체에 관한 것임을, 예술은 경험 안에서 가능한 의미의 절정임을 깨달아야 한다"(MB, p. 212).

인간 이해의 '미학'으로서 존슨의 설명은 우리가 세상을 이해하는 방식에서 **은유**의 우선성을 설명하는 그의 주장에서 절정에 이른다.[24] 은유는 다른

---

[24] 존슨의 Meaning of the Body는 앞서 조지 레이코프(George Lakoff)와 함께 쓴 Metaphors We Live By [Chicago: University of Chicago Press, 1980, 『삶으로서의 은유』(박이정)]보다 진일보한 것으로 볼 수 있다. Metaphors We Live By는 "은유는 매일의 삶에, 언어뿐만 아니라 생각과 행동에도 골고루 퍼져 있다"라는 주장으로 시작한다(p. 3). (pp. 235-236에는 그의 이후 작업의 미학적 궤적이 암시되어 있다. 나는 존슨이 Metaphors We Live By에서 그를 '재현주의' 패러다임에서 벗어나게 하기에 충분한 '실용주의'로의 전환을 아직 이루지 못했다고 생각한다.) 앞서 낸 책에서는 은유의 중심성, 심지어 우선성을 주장하지만 이것이 어떤 함의를 지니는지 제대로 해명하지 못했다. 즉 이것이 참이라면, 인간의 이해와 경험에 대한 우리의 설명은 근본적으로 **미학**—인식론보다는 '시학'에 더 가까운—이어야 한다.

무언가를 통해 어떤 것을 이해하는 일종의 연상이나 유비를 말한다. 은유의 힘은 언제나 우리가 분석할 수 있는 것보다 조금 더 크다. 은유에는 뭔가 말할 수 없는 것(je ne sais quoi), 말할 수는 없지만 '알아차릴 수 있는' 의미의 과잉을 만들어 내는 '능력'이 있다.[25] 은유적 총합은 분석적 부분들보다 크다. 우리가 은유를 이해하는 독특한 '미학적' 추론 방식이 존재한다. 은유는 마주함을 통해, 보통은 연관되지 않은 것들을 하나로 묶어 냄으로써 생겨나는 일종의 화학 작용으로서 의미를 만들어 낸다. 제러미 벡비(Jeremy Begbie)는 셰익스피어의 은유 "줄리엣은 태양이다"에 관한 유익한 통찰을 제시한다. 그는 "은유에 사용된 용어들은 각각 그 말의 함의와 연상되는 의미를 모두 활용해" 다른 방식으로는 **의미를 드러낼** 수 없는 "의미의 과잉"을 만들어 낸다고 말한다.

은유는 우리를 위해 새로운[26] 의미의 다발을 만들어 내며, 이 의미는 이런 식으로

---

[25] 혹은 폴 리쾨르(Paul Ricoeur)의 말처럼, "한 단어의 은유적 의미는 사전에서 찾을 수 있는 것이 아니다." *Hermeneutics and the Human Sciences*, trans. John B. Thompson (Cambridge: Cambridge University Press, 1981), p. 169, 『해석학과 인문사회과학』(서광사). 리쾨르는 그 이유를 다음과 같이 설명한다. 첫째, 은유는 **상황적**이다. "은유의 사용은 반드시 상황적이어야 한다. 즉, 의미는 특정한 상황적 행동의 독특하며 덧없는 결과로서 나타난다"(p. 169). 둘째, 이 때문에 은유적 의미는 **상호 작용**의 결과다. 이 의미는 다른 감각들 '사이에서', 저자와 독자 사이에서 만들어진다(p. 170). 헨리 베네마(Henry Venema)는 리쾨르의 은유 이해를 이렇게 요약한다. "은유적 진술은 그저 하나의 사전적 의미를 다른 하나로 대체하는 장식적 장치가 아니다. 기호학적 기표의 가상적 체계에 아직 부가되지 않은 의미의 진정한 창조다. 의미론적 상호 작용을 통해 은유적 의미를 만들어 내는 것은 그것의 기호학적 요소의 사전적 의미로 환원될 수 없다." Venema, *Identifying Selfhood: Imagination, Narrative, and Hermeneutics in the Thought of Paul Ricoeur* (Albany: SUNY Press, 2000), p. 81.

[26] 그렇지만 나는 참신성이 은유의 본질적 요소라고 생각하지 않는다. 물론 어떤 은유는 혁신적이기 때문에 강력하지만, 다른 은유가 단순히 반복되었다고 해서 그 의미나 힘을 잃어버리지는 않는 것처럼 보인다. 실제로 은유는 수없이 반복된 후에도 당신을 놀라게 할 수 있는 지속적인 의미를 지닐 수 있다. 한 은유가 **계속해서** 의미를 생성할 수 있게 해 주는 것은 은유의 놀이와 범위, 암시성이다. 혹은 이와 비슷하게 은유는 강력한 기억의 힘이 될 수도 있다. 세상을 우리에게 되돌려 줄 수도 있다. 반갑게도 나는 이언 맥길크리스트도 같은 주장을 하고 있음을 발견했다. "은유가 새로울 필요는 없다. 사실 가장 좋은 은유는 전혀 새롭지 않을 수도 있다. 은유는 사랑의 언어 같아서 언덕만큼이나 오래된 것이지만 모든 새로운 연인에게는 참신하다. 시인의 재주는 허약하고 오래되고 죽은 것처럼 보이는 것을 되살려 내는 것이다. 참된 은유는 사랑과 같은 연합이다. Ange Mlinko and Iain McGilchrist, "This Is Your Brain

만들어지기 때문에 이 은유를 통해서만, 그것의 삶 속으로 끌려들어 감으로써 이해될 수 있다. 따라서 은유는 환원 불가능하다. 의미의 상실 없이 다른 형태의 언어로 번역될 수 없다. 우리 모두가 알고 있듯이, 은유의 내용과 힘을 제거하지 않고서는 그것을 하나의 문자적 진술로 변환할 수 없다. ("그는 호랑이다"는 "그가 사납다"보다 더 많은 것을 전달하다. 그렇지 않다면 우리는 굳이 이 은유를 사용하지 않을 것이다.)[27]

은유의 작동 방식과 의미를 고정할 수 없는 성격을 감안할 때, 은유의 역학이 '미학'의 핵심에 자리 잡고 있다는 점은 놀랍지 않다. 특히 우리는 예술에 적용되는 바가 바로 우리의 육화된 실존의 특징이기도 하다는 점을 깨닫기 시작한다. 캘빈 시어벨드(Calvin Seerveld)는 "예술의 고유한 특성은 비유적 성격과 은유적 강도, 그리고 이해되는 의미를 인공적으로 제시하는 쉽게 파악되지 않는 작동 방식이다"라고 주장한다.[28] 그러나 이런 비유적 성격과 은유적 강도는 '예술'에만 국한되지 않는다. 이는 인간의 세계-내-존재의 미학적 양상의 특징이기도 하다. 따라서 은유는 예술뿐만 아니라 우리의 미학적 세계-내-존재를 특징짓는 '암시성'에 의해 동력을 얻는다.[29] 은유는 미학적인 것을 뜻하는 일종의 약칭이다.

우리가 은유를 통해 세계-내-존재로서 세상을 헤쳐 나간다면, 존슨이 인간 이해의 근본적 **미학**을 주장하는 까닭을 이해할 수 있다.[30] 존슨은 훨씬

---

on Poetry", *Poetry* 197 (October 2010): p. 44.

27 Jeremy Begbie, *Resounding Truth: Christian Wisdom in the World of Music* (Grand Rapids: Baker Academic, 2007), p. 50. 벡비는 음악의 의미도 이런 종류의 환원 불가능한 은유성을 띤다고 지적한다(p. 52).

28 Calvin Seerveld, *Rainbows for the Fallen World: Aesthetic Life and Artistic Task* (Toronto: Tuppence, 1980), p. 27.

29 같은 책, pp. 125-135.

30 맥길크리스트도 동일한 주장을 한다. "은유의 중요성은 그것이 **모든 형태의 이해**, 즉 시와 예술뿐만

더 강력한 방식으로 우리의 더 고등한 '개념적' 사고가 의미의 신체적 기초와 연결된 일차적 은유에 빚지고 있다고—또한 의존한다고—주장할 것이다. 따라서 추상적 개념은 "감각 운동적 경험의 의미론과 추론 유형을 활용하는 개념적 은유에 의해 정의된다"(*MB*, p. 176). 그는 이를 중첩된 관계로 묘사한다. 우리의 신체적 참여가 이미지 구조를 발생시키고, 이는 다시 '일차적' 은유를 발생시키며, 이는 다시 '개념적' 은유를 생성하고, 결국 이는 적절한 개념을 만들어 낸다. 따라서 우리의 개념은 **떠오르는** 것, 궁극적으로 우리 환경과 이루는 몸 기반의 상호 작용으로부터 나오는 것이다.

은유의 우선성에 대한 존슨의 설명은 시사하는 바가 크며(또한 정확하다고 생각한다), '예배'와 '세계관'의 관계, 예전과 신학의 중첩된 관계를 새롭게 이해할 수 있도록 도와준다. 또한 우리에게 기독교 신앙을 단순히 일군의 근본 신념으로만이 아니라 '미학적' 차원에서 우리를 세상에 맞춰 조율하는 일차적 은유의 축적으로도 생각해 보기를 촉구한다. 존슨의 설명을 따라서 우리는 광범위하게 말해서 예전이—또한 더 구체적으로 말해서 기독교 예배가—개념적(교훈적) 차원뿐만 아니라 개념적 은유 차원에서도 기능하는 방식에 대해 생각해 볼 것이다. 분명 예배를 개념적 은유의 집합체로 이해할 수 있다.[31] 개념적 은유의 집합체로서의 기독교 신앙에 대해 살펴보기 전에 먼저 존슨의 이론을 풀어서 설명해 보겠다.

아니라 과학과 철학의 **기초를 이룬다**는 것이다"[*The Master and His Emissary: The Divided Brain and the Making of the Western World* (New Haven: Yale University Press, 2010), p. 71, 강조는 원문의 것]. 내가 존슨을 따라서 '미학적'이라고 부르는 것을 맥길크리스트는 '우뇌와 연관된' 것이라고 부를 것이다.

[31] 이런 주장을 하면서 나는 일차적 은유에 대한 존슨의 설명—나는 여기서 이를 확장하고 있다—이 네이선 미첼이 *Meeting Mystery*, pp. 189-227에서 제시한, 기독교 예배 안의 "은유의 논리"에 관한 중요한 논의를 보충할 수 있다고 생각한다.

1. 우리는 상연된 의미에 대한 우리의 감각 운동적 경험으로부터 '일차적 은유'를 **획득한다**. 따라서 우리는 먼저 이러한 일차적 은유가 원래부터 지닌 것이거나 선험적으로 소유한 것이 아니라 획득한 것임을 이해해야 한다. 이는 미리 자리 잡고 있는 칸트적 '범주'가 아니다. 이러한 일차적 은유는 하나의 환경 혹은 여러 환경에 몰입하며 습득된다. 이런 은유들 사이에 광범위한 공통성이 존재할 수도 있지만 다른 맥락과 환경의 우연성도 인식해야 한다. 따라서 일차적 은유는 널리 공유될 수도 있지만(또한 기능상 보편적일 수도 있지만) 반드시 보편적인 것은 아니다.

2. 하나의 환경에 몰입하는 일은 일차적 은유를 흡수하기 위한 기초가 되는 반복된 노출과 경험의 맥락을 만들어 낸다. 예를 들어, "친밀성이라는 주관적 경험 및 신체적으로 가깝다는 감각 운동적 경험과 연관된 신경 양식의 반복적 동시 활성화는 일차적 은유를 규정하는 교차 영역적 신경 연관성을 확립한다. **심리적 친밀성은 신체적 근접성이다**"(MB, p. 178). 이러한 기본적 연관성(즉, 친밀성은 곧 신체적 근접성이다)의 습득은 개념 지도를 위한 기초가 된다. 그런 다음 일차적 인유의 관계는 "우리는 정말 가깝게 지냈어"나 "그는 멀어진 것 같아", "그들은 멀어지고 있어"처럼 우리가 관계를 인식하는 방식을 빚어낸다. 사람들 사이의 관계에 대한 개념적 은유는 신체적 근접성이라는 우리의 신체적 경험에 뿌리내리고 있으며 그로부터 생겨난다. 관계성이나 심리적 친밀성을 위한 '문자적' 언어는 존재하지 않는다. 대체물조차도 다른 일차적 은유에 뿌리내리고 있기 때문이다. 어떤 의미에서는, 모든 것이 은유다.

3. "사람들은 그저 일상생활을 함으로써 수백 혹은 수천 개의 일차적인 개념적 은유를 습득할 것이다. 이런 은유는 일차적으로 우리의 환경과 상호 작용하는 (뇌와 감각 기관, 운동 체계, 감정을 지닌) 우리 몸의 속성 때문

에 형성된다."³² 이 개념적 은유는 "자연스럽게 생겨나며", 어떤 의미에서는 습득되지 **않을 수 없다.**³³ "대부분 이런 은유는 자동적·무의식적으로 활성화되어 상황과 사건에 관한 우리의 이해를 구조화한다"(MB, p. 178). 그런 다음 이런 은유가 상황에 대한 우리의 지각적 평가와 판단을 제한한다.

4. 이런 일차적 은유는 더 복잡하고 고차원적이며 체계적인 은유를 구성하는 재료가 된다. 이러한 더 복잡한 은유는 "우리의 일차적 은유에 기초해, 은유를 혼합하고 확장함으로써 만들어진다"(MB, pp. 178-179).³⁴ 따라서 개념을 '그릇'이라고 생각한다면, 이것은 **안-밖**이라는 일차적 은유에 기초한 것이며, 우리가 무언가를 그 그릇의 '안'이나 밖에 있는 것으로 경험한다는 점을 감안할 때 우리는 그릇으로서의-개념이라는 은유에 특정 성향을, 또한 개념이 작동하는 방식에 관한 '신체적' 이해를 부여한다. 따라서 '추상적' 개념은 하늘에서 떨어지지 않는다. 그것은 우리의 체현된 경험에서 생겨난다. 개념은 우리 경험에 내려앉은 순수한 [아리스토텔레스가 말하는—옮긴이] 형상과 같은 범주라기보다는 우리 경험을 정제해 낸 것에 더 가깝다.³⁵

---

32 그가 논의하는 다른 사례로는 "정서는 온기다", "중요함은 큼이다", "목적은 종착지다", "시간은 운동이다" 등이 있다(MB, p. 179).

33 이것은 모든 사람이 동일한 일차적 은유를 습득한다는 말이 아니다. 다시 한번 우리는 환경적 맥락의 차이를 인식해야 한다. 다른 환경이 다른 일차적 은유를 만들어 낸다는 것을 쉽게 이해할 수 있다. 존슨이 고려하지 않는 것은 한 사람이 '경쟁하는' 둘 이상의 일차적 은유를 동시에 습득할 수 있는 가능성이다.

34 이것은 "논리적 논리"와 "실천의 논리"에 관한 부르디외의 주장과 유사하다. 존슨의 주장을 부르디외의 용어로 번역하자면, 논리적 논리는 실천의 논리의 파생물이다.

35 이것은 우리가 교의와 교리를 생각하는 방식에 대해서도 함의를 지닌다. 교리가 복합적 은유와 개념 차원에 속한다면, 어떤 의미에서 그것은 실천을 통해 형성된 일차적 은유로부터 발생하는 셈이다. James K. A. Smith, *Who's Afraid of Relavitism?: Taking Wittgenstein, Rorty, and Brandom to Church*, Church and postmodern Culture Series (Grand Rapids: Baker Academic, 출간 예정)에서는 이 역

생각해 볼 문제: 하나님의 불같은 은유

앞서 지적했듯이, 이 책에서는—그리고 문화적 예전 기획 전체에서도—미묘하며 거의 가설적인 줄타기를 하고 있다. 나는 미학적인 것의 환원 불가능성에 대한 암시적 주장을 하고 있다(그러기를 바란다). 나는 육화된 의미가 우리의 지적 이해력을 벗어나는 이유와 방식을 지적으로 분석하고 있다. 우리가 근본적인 차원에서 설득되기보다는 **감동을 받는다**는 사실을 설득하려 하고 있다. 나는 당신에게 '철학적 인간론'과 '예전적 문화 신학'의 까다로운 세부 사항을 제시함으로써 하나님이 이야기와 시, 예전의 수행된 서사를 통해 우리를 사로잡으신다는 점을 생각해 보라고 촉구하고 있다. 그렇기 때문에 나는 자주 우리가 논의하는 바를 보여 주는 데에 도움이 되는 미학적 작품—소설, 시, 영화—을 예로 들고 있다. 은유적 의미-만들기가 지닌 이해하기 어려운 힘을 진 머리 워커(Jeanne Murray Walker)의 탁월한 시 "머물러 있는 힘"(Staying Power)보다 더 잘 보여 주는 것은 없을 것이다. 이 시에서는 하나님에 대한 독특한 은유를 과감한 방식으로 사용하고 있다. (나는 이 시를 혼자 큰 소리로 읽어 보기를 권한다. 친구에게 읽어 주면 더 좋을 것이다.)

머물러 있는 힘
_1929년 국제무신론자대회에 참석한 막심 고리키(Maxim Gorky)에 공감하며

고리키처럼, 나는 때로 내 의심을 따라

밖으로 나가 금속 같은 하늘을 향해 질문을 던진다.

이 싸움이 끝나길 바라며 생각한다.

'더 이상 이렇게 지낼 수는 없어.' 그리고 마침내 이렇게 말한다.

'그래, 그럴 리 없어. 그래 하나님은 없어.'

그러자 마른 잎사귀에 돋보기 초점을 맞춘 것처럼

하나님이 불타오른다.

어쩌면 존재하지 않는 것에 생각을 집중했기 때문에

오후 내내 호스로 물을 뿌려야

겨우 끌 수 있는 산불처럼

이런 생각이 불타오른 건지도 모른다.

어느 날 친구가 전화해

흑색종 진단을 받았다며

병원이 춥다고 불평할 때도 나는 '**하나님**'이라고 나지막이 말한다.

'**하나님**', 내 마음이 뒤집힌 것처럼 말한다.

어떤 말이든 그 목덜미를 잡아서

그 얼굴을 닦고 잔디밭에 내려놓아 보라.

틀림없이 그 말은 하나님 불 속으로 다시 걸어 들어가고,

그 말은—그들은 하나님 불은 존재하지 않는다고

말하지만—당신에게 화상을 입힐 것이다.

오, 우리에겐 생각할 수 있는 말이 너무 많을 뿐이다.
하나님이 불이 아니라고, 다른 무언가라고 말해 보라. 하나님이
전화기라고 말해 보라. 전화를 주문하지 않았다는 걸 당신은 알고 있다.
하지만 전화기가 거기 있다. 벨이 울린다. 누구 전화인지 당신은 모른다.

당신은 전화를 받기 싫어 전화선을 뽑는다.
전화기가 울린다. 당신은 망치로 전화기를 내리친다.
스프링과 선과 부품이 튀어나올 때까지.
다시 전화기가 울린다. 당신은 수화기를 든다.

당신이 사랑하는 목소리가 속삭인다. 안녕.[1]

어떤 분석도 이 시가 지닌 정서적 힘을 대신할 수 없다. 그 힘은 이 시의 은유와 어조뿐만 아니라 운율과 음색과도 밀접하게 연결되어 있기 때문이다. 이 시가 **뜻하는** 바는 그저 '행간'에 존재하지 않는다. 의미는 시를 읽는 **가운데** 그 불처럼 만들어진다.

---

1 Jeanne Murray Walker, "Staying Power", in *New Tracks, Night Falling* (Grand Rapids: Eerdmans, 2009), pp. 54–55. 출판사의 허락을 받아 사용했으며 모든 저작권은 원 출판사에 있다.

5. 존슨의 유비적 논증의 핵심에는 은유에 어떤 '논리'가 존재한다는 주장이 있다. 즉, 은유는 우리 경험을 '이해'할 수 있게 해 주며 그 안에 특정 종류의 추론을 수반하는 일종의 일관성과 논리를 지닌다는 주장이다. 예를 들어, 나는 **담기**라는 신체적 경험을 하며 "그릇에 대한 우리 경험으로부터 생겨나는, 담기라는 명확한 공간적 혹은 신체적 논리가 존재한다." 즉, "어떤 실체가 그릇의 안이나 밖에 존재하며 양쪽에 동시에 존재하지 않는다." 따라서 "우리가 관찰하며 다루는 그릇과 사물과의 신체적 만남을 통해 우리는 그릇의 공간적 논리를 배운다"(MB, p. 179). 우리의 지각과 신체적 움직임을 통해 반복해서 발생하는" 이미지 구조나 일차적 은유는 "그 나름의 논리를 지닌다"(MB, p. 181). 은유의 논리는 일종의 **느껴진** 추론이다.

6. 그런 다음 이 은유의 '신체적 논리'는 배중률이나 모순율과 같은 개념적 논리―감각 운동 경험으로 기원을 거슬러 올라갈 수 있는 개념적 논리 '규칙'―로 '동원'되며 진술된다. "우리는 두 개의 분리된 논리적·추론적 체계, 즉 신체적 경험을 위한 체계와 추상적 개념과 (순전한 논리로서의) 추론을 위한 체계를 발전시키지 않는다. 그 대신 우리의 신체적 경험의 논리가 심지어 가장 추상적인 개념을 활용하는 추론을 비롯해 모든 합리적 추론을 수행하기 위해 필요한 모든 논리를 제공한다"(MB, p. 179).[36]

학을 더 자세히 탐구하려 한다(이 책은 2014년에 *Who's Afraid of Relativism?: Community, Contingency, and Creaturehood*라는 제목으로 출간되었다―편집자).

[36] 예를 들어, George Lakoff, Rafael Núñez, *Where Mathematics Comes From: How the Embodied Mind Brings Mathematics into Being* (New York: Basic Books, 2000)을 보라.

존슨은 '예전적' 형성(여기에는 내가 『하나님 나라를 욕망하라』에서 분석한 '세속적' 예전과 기독교의 예전적 형성 모두가 포함된다)에서 무엇이 작동하는가—그리고 거기에 무엇이 걸려 있는가—를 새롭게 바라볼 수 있는 자료를 제공한다.[37] 하나의 차원에서, 의미 있는 예전은 우리가 몸을 지닌 행위자이기 때문에 일차적 은유를 동원하고 활용한다. 우리가 그 안에서 '살아갈 수 있게' 되는 모든 실천은 우리가 우리의 환경과 상호 작용하는 체현된 방식을 존중해야 한다. 그런 예전이 우리를 위한 '세상들'을 만들어 낸다면 그 세상들은 우리의 육체적 실존에 맞춰진 세상이어야 한다. 우리는 무엇보다도 먼저 육화된 행위자로서 세상에 **의미를 부여하기** 때문에, 말하자면 모든 의미 있는 예전은 우리의 일차적인 은유적 지향성을 '활성화'할 것이다. 만지기는 '친밀함은 가까움이다'를 되울릴 것이다. 운동의 리듬은 '목적은 종착지다'라는 우리의 지각을 활성화할 것이다. 서사를 제시할 때 '시간은 운동이다'라는 우리의 일차적인 은유적 지각을 확장시킬 감각적인 방식을 찾게 될 것이다. 그 밖에도 많을 것이다. 이 심층적·미학적·은유적 차원에서 우리를 위해 '의미를 만들어 내는' 의미 가득한 예전은 위로부터 내려온 추상적 개념을 전달하기보다 우리의 신체성 안에서 우리를 제대로 만나고 우리가 뼛속에 지니고 있는 프락토그노시아를 확장시킬 것이다.

또 다른 차원에서, 이런 예전들은—"신경 형태의 반복적 공동-활성화"를 위한 기회를 제공하므로—우리 '환경'의 일부를 이룰 것이며, 따라서 우리의 일차적 은유를 확장함으로써 우리를 **개념적** 은유에 익숙하게 만들고, 다시 은유는 우리의 배경으로 스며들어 우리가 (비의식적으로) 세상을 지향하고 구성하는 방식을 빚어낼 것이다. 다시 말해서, 이런 예전은 그 자체로서 의미가

---

[37] 각각 *Desiring the Kingdom* chaps. 3 and 5를 보라.

있을 뿐만 아니라, '기대의 지평'으로서 의미의 원천이 되며, 이는 말하자면 우리가 '예전 외부' 세계를 구성하는 방식을 통제하고 제한한다. '이러한 [일차적] 은유'가 우리의 일상 경험에서 산소 같은 필수 요소—"상황과 사건에 대한 우리의 이해를 구조화하도록 자동적·무의식적으로 활성화된"(*MB*, p. 178)—이기 때문에 그것을 습득하는 일을 '피할 수 없는' 것처럼, 예전적 실천 안에 '담긴' 개념적 은유는 오랜 시간에 걸쳐 논리적이기보다는 미학적인, 교훈적이기보다는 시적인 방식으로 우리의 배경 안에 침전된다. 이런 실천 안에는 우리가 즉각 하나님과 세상, 다른 이들을 특정 방식으로 바라보게 하는 개념적 은유가 담겨 있다. 이는 우리가 내리는 의식적 판단이 아니라 그 자체에 이미 평가를 담은, 세상에 대한 우리의 일차적 지각이다. 다른 기능적 은유는 전혀 다른 세상—및 그 안에 있는 다른 소명—을 우리에게 제공한다. 예를 들어, 자기중심성의 이미지 안에서 은유적 힘과 중심을 발견하는 세속적 예전들이 존재한다. 이 예전들은 사실상 **내가** 우주의 중심이라는, 세상은—아마 하나님조차도—나의 쾌락을 위해 존재한다는, '자연'은 내가 사용하고 처분할 수 있는 자원의 보고라는, 중심에 있는 **나**를 지향하는 일종의 구심력이 존재한다는 이야기를 들려준다. 세상에 대한 이런 이해를 강화해 줄 수 있는 일차적 은유가 있다. 내가 **나의** 경험을 경험할 수 있다는 사실 자체가 구심적 느낌을 갖는 강력한 신체성이다. 다양한 서사와 은유와 실천이 이 현실에 기초해 개념적 은유를 만들 수 있으며, 이 현실은 오랜 시간에 걸쳐("신경 형태의 반복적 공동-활성화") 내 안에 내가 우주의 중심이라는 세상에 대한 습관적 지향을 새겨 넣는다.

반대로 전혀 다른 일차적 은유를 활성화하고 확장하며, 따라서 일련의 다른 개념적 은유를 생성하는 예전도 어렵지 않게 상상해 볼 수 있다. 이런 예전은 상호 작용과 사회성, 의존이라는 우리의 일차적 은유에 기초할 것이다. 예를 들어, '친밀함은 가까움이다'와 '정서는 온기다'는 심층적으로 관계적이며 따라서 우리의 이기적 경향성을 대체할 수 있는 일차적 은유다. 이런 일차적 은유를 확장할 때 세상을 다른 이들과 공유한 집—나에 대한 권리를 주장하는 공간, 선물이자 책임이며, 창조주의 형상을 지닌 다른 사람들과 공유한 공간—으로 '그리는' 개념적 은유를 만들어 낼 수 있다.[38] 다시 말해서, 대조적인 은유적 우주, 즉 '자연'으로서의 세상 대 '피조물'로서의 세상을 만들어 내는 전혀 다른 두 예전이 존재한다. 그리고 우리의 지향은—따라서 소명에 대한 우리의 '이해'는—개념적 은유 차원에서 근본적으로 빚어진다. 우리는 세상을 피조물로 혹은 자연으로 '보겠다'고 '결정'하지 않는다. 우리는 예전적 환경에 몰입함으로써 거의 불가피하게 은유적 경향성을 들이마신다.

일반적 시학: 상상력, 은유, 서사

예전적 인간론에서는 '육화된 의미'의 우선성을 인정한다. 우리처럼 유한하고 몸을 지닌 피조물에게 의미는 근본적으로 은유에 뿌리내리고 있다. 의미는 몸의 추론적 '논리'이기 때문이다.[39] 이 책 서론에서 주장했듯이, 올바른

---

[38] 나는 이것이 바로 에마뉘엘 레비나스가 *Totality and Infinity*, trans. Alphonso Lingis (Pittsburgh: Duquesne University Press, 1969), pp. 110-121, 147-151에서 제시한 "…로부터의 삶"이라는 현상학을 통해 그가 설명하려는 바라고 생각한다. 관련된 논의로는 Jeffrey Bloechl, *Liturgy of the Neighbor: Emmanuel Levinas and the Religion of Responsibility* (Pittsburgh: Duquesne University Press, 2000)를 보라. 또한 *Beyond Homelessness: Christian Faith in a Culture of Displacement* (Grand Rapids: Eerdmans, 2008)에서 피조물을 '집'으로 이해해야 한다고 주장하는 스티븐 보머프레디거(Steven Bouma-Prediger)와 브라이언 왈쉬(Brian Walsh)의 분석을 보라.

[39] 맥길크리스트는 이를테면 일종의 삼각 구도로 우리가 이 '역학'을 이해하도록 도와준다. 그가 주장하듯이, 뇌의 오른쪽 절반은 몸과 (좌뇌와 연관된 분석적) 정신 '사이'다. "대체로 오른쪽 절반은 왼쪽 절반보다 대뇌변연계, 즉 모든 종류의 감정 경험과 연관된 피질하 시스템 및 다른 피질하 구조와 더 밀접히 연결되어 있다"(*The Master and His Emissary*, p. 58). 오른쪽 절반은 뇌에서 서사의 이해(p. 76)뿐만

예전학은 인간 이해의 미학을 이해하기 위한 기초가 되는 일종의 **운동미학**에 대한 현상학적 이해에 뿌리내리고 있어야 한다. 다시 말해서, 예전적 인간론의 핵심에는 욕망의 중요성뿐만 아니라 상상력의 중요성에 대한 인식이 자리 잡고 있다. 나는 특정한 방식으로 세상을 (그리고 그 안에서 나의 위치를) 상상하기 때문에 근본적인 사랑과 갈망에 의해 정향된다. 나는 세상을 **이런** 종류의 공간, 이런 종류의 '환경'으로 '그리기' 때문에 특정한 방식으로 '좋은 삶'을 그리며, 이는 나를 그 삶을 향해 끌어당기고 따라서 그에 따라 나의 의무와 책임을 이해한다.[40] 내 행동과 태도는 어떤 의미에서 어떤 텔로스—좋은 삶과 인간으로서의 삶이 무엇을 뜻하는가에 관한 전망—에 대한 나의 열정적 지향 때문에 나에게서 '도출'된 것이지만, 그 '좋은 삶'에 대한 나의 사랑과 갈망 자체가 내가 그런 '왕국'을 나를 매혹하는 무언가로 인식한다는 신호다. 어떤 의미에서, 상상력이 욕망보다 앞선다. 나의 갈망은 단순히 내가 '선택'하는 것이 아니다. 그것은 스스로 생성된 '결정'이 아니다. 나는 어느 월요일 아침에 일어나 "지금부터 나는 X를 욕망하겠어"라고 말하지 않는다. 우리는 욕망을 선택하지 않는다. 욕망은 우리 안에서 **태어난다**. 그것은 우리 안에 습관으로서, 아비투스로서 형성된다. 그리고 메를로퐁티가 우리에게 보여 주듯이, 이런 습관의 습득은 궁극적으로 우리의 육체적 구조의 재배열—우리가 우리 자신과 세상 안에서 우리의 위치를 상상하는 방식의 재편—이다. 혹은 부르디외처럼 말하자면, 아비투스를 습득한다는 것은 사회적 몸 및 삶의 방식에 대한 그 몸의 전망으로 통합되는 것을 뜻한다. 그리고 그러한 통합(incorpora-

---

아니라 은유적 추론(p. 71)에 관여하는 부분이다.

40 여기에는 기본적으로 아리스토텔레스적 직관이 있다. 행위자는 언제나 자신의 선을 위해 행동한다. 하지만 여기에 일종의 미학적 제한이 가해진다. 즉, 일차적으로 우리는 이 선을 **아는** 것이 아니라 **상상하는** 것이다.

tion)은 우리의 체현된 본성을 건드린다. 간단히 말해서, 상상력에 이르는 길은 몸을 경유한다.

우리는 특정한 방식으로 왕국을 **상상**하도록 훈련받은 사람들인 만큼 그 왕국(혹은 '그 왕국'과 경쟁하는 다른 무언가)을 **욕망**하는 사람들이 된다. 일단 욕망과 상상 사이의 이 상호 작용을 이해하면, 『하나님 나라를 욕망하라』에 담긴 나의 주장에 종종 제기되던 비판에 마침내 답할 수 있다. 그 비판은 하나의 질문으로 표현해 볼 수 있다. 내가 무언가를 **사랑하기** 전에 내가 사랑하는 바를 **알아야** 하지 않을까? 그렇다면 이는 앎이 사랑보다 앞서며, 따라서 지성이 정서보다 앞선다는 뜻 아닌가? 그러므로 교육의 목적은 근본적으로 여전히 학생들이 지식―그들이 사랑**해야 하는** 바에 관한 명제적 내용―을 갖추게 하는 것이어야 하지 않을까? 우리가 무엇을 사랑해야 하고 누구를 따라야 하며 그리하여 무엇을 **해야** 하는가를 **알** 수 있도록 우리를 교훈적으로 가르치는 설교가 예배의 핵심이 되어야 하지 않을까? (아우구스티누스의 말처럼) "사랑의 바른 질서"를 위해서는 내가 무엇을 사랑해야 하는가를 **아는** 것이 필수적이지 않을까?

꼭 그렇지는 않다. 내가 주장하는 바는, 우리와 같은 피조물에게 의미란 무엇보다도 먼저 '육화되었기' 때문에 우리는 무엇을 사랑해야 하는가를 먼저 **상상해야** 한다는 것이다. 그런 상상은 의도적 의식의 양태인 한 분명히 '인지적'이다. 즉, 이는 무언가'에 관한' 것이며, 무언가를 겨냥한다. 내가 상상하는 것에는 '내용'이 있다. 그러나 상상은 사유 작용이 아니다. 왕국을 '상상할' 수 있는 것과 그것을 '아는' 것은 다르다. 이는 메를로퐁티가 프락토그노시아가 분석보다 우선함을 강조한 이유, 존슨이 은유가 명제보다 선행함을 강조한 이유 때문이다. 따라서 내가 사랑하는 것을 먼저 **알아야** 하며 따라서 지식이 욕망보다 앞선다고 말하는 것처럼 문제가 단순하지 않다. 여기서 말하는 '앎'은 명제적 지식이 아니라 **미학적** 노하우다. 그것은 메를로퐁티가 상황에 대한 "에로스적 이해"라고 부른 것이다. 그것은 누군가의 신발 치수를 아는 것보다는 누군가가 당신에게 추파를 던진다는 것을 '아는' 것과 더 가깝다. 나는 미학적·은유적·시적 차원에서 **텔로스**, 즉 좋은 삶에 대한 전망을 상상한다. 그렇기 때문에 왕국에 대한 '전망'은 미학적 수단을 통해 내 안에서 생겨나거나 내 안에 새겨진다. 나는 어떤 백성이나 문화의 이야기를 들이마셔 왔기 때문에 특정한 방식으로 왕국을 상상하게 된다. 그리고 무의식적이고 자동화된 방식으로 그 왕국을 욕망하게 된다. 내가 그 정치체의 이야기에 몰입해 왔기 때문에 나는 어떤 백성의 아비투스 안으로 통합되며 그 아비투스가 내 안에 새겨진다. 예전적 동물은 상상의 산물을 먹고 사는 상상하는 동물이다. 이야기, 그림, 이미지, 은유는 우리의 체현된 실존의 시다.⁴¹

따라서 우리는 예전적 인간론이 아리스토텔레스의 책 『시학』에서 말하는 의미의 '일반적 시학'⁴²을 만들어 낸다고 말할 수 있을 것이다. 하지만 이것은 일반적인 인간 이해의 미학을 설명하기 위해 '미학', 즉 예술이라는 협소한 영역을 넘어선다.⁴³ 일반적 시학은 우리가 세상을 지향하고 의미가 우리에게 일

---

41 따라서 찰스 테일러는 "사회적 상상계"가 "이미지와 이야기, 전설 안에 담겨 있다"고 강조한다. *Modern Social Imaginaries* (Durham, NC: Duke University Press, 2004), p. 23. 『근대의 사회적 상상』(이음).

42 여기서 나는 해석의 범위를 '일반적' 경험으로 확장하는 "일반적 해석학" 개념을 [한스게오르크 가다머(Hans-Georg Gadamer)를 따라] 원용하고 있다. 이에 관한 논의로는 *The Fall of Interpretation: Philosophical Foundations for a Creational Hermeneutic*, 2nd ed. (Grand Rapids: Baker Academic, 2012), pp. 159-163를 보라.

43 여기서 본격적인 논의를 할 수는 없지만, 헤르만 도이어베르트(Herman Dooyeweerd)로부터 시작된 철학적 유산에서 확인할 수 있는 종교개혁의 미학 전통 안에서 관련된 논의를 찾아볼 수 있다. 도이어베르트와 더불어 나는 모든 인간 실존에 미학적 '양상'이 있음을 강조한다. 하지만 나는 "미학적 구조가 양상적 복잡성 차원에 자리 잡고 있다고 본 도이어베르트의 입장은 재고되어야 한다. 미학의 문제는 도이어베르트가 받아들이는 것보다 인간 경험의 훨씬 더 근본적인 차원의 문제이기 때문이다"라는 캘빈 시어벨드의 주장에 동의한다. Seerveld, "Dooyeweerd's Legacy for Aesthetics: Modal Law Theory", in *The Legacy of Herman Dooyeweerd: Reflections on Critical Philosophy in the Christian Tradition*, ed. C. T. McIntire (Lanham, MD: University Press of America, 1985), pp. 41-79 (인

차적으로 은유적인 것이 되는, 근본적으로 미학적인 방식을 인식하는 방식이다.⁴⁴ 우리가 예전적 동물이라고 말하는 것은 동시에 우리가 은유적 동물, 상상하는 동물, 시적 동물, '이야기로 세상을 이해하는' 동물임을 강조하는 것이다. 우리는 명령을 의무적으로 따르는 군인이라기보다는 연극 속 등장인물로서 세상 속에서 행동한다.⁴⁵ 우리는 각본에 따라 행동하고, 극의 전개에 따라 즉흥적으로 행동하며, 우리가 의식하지도 못하는 차원에서 우리를 사로잡은 이야기의 인물로 살아간다. 우리는 내적 성찰이나 반성을 통해서가 아니라 지금 우리 실존의 배경 드라마로서 기능하는 서사를 흡수했기 때문에 특정한 방식으로 우리 자신을 '바라보게' 된다. 따라서 내가 이런 식으로 나 자신을 '바라보는' 것이라기보다는 내가 취한 인물에 따라 내가 **행동한다**고 보아야 한다. 내가 선택한 것은 정체성이 아니다. 그것은 내가 받아들인 지향성—세상에 대한 포괄적인 이야기 안에서 내가 누구인가에 관한 암시적·암묵적 의식으로부터 만들어진, 세상에 대한 특정한 태도—에 더 가깝다. 또

용문 출처는 p. 68).

44 이것은 윌리엄 더니스(William Dyrness)가 *Poetic Theology: God and the Poetics of Everyday Life* (Grand Rapids: Eerdmans, 2011)에서 펼친 기획과 비슷하지만 다르기도 하다. 나는 더니스의 기획이 근본적으로 변증론—우리의 예술적 작업 안에서 하나님에 대한 갈망을 분별해 내기 위해 예술('시학')을 진지하게 받아들이는 문화 신학—이라고 생각한다(특히 pp. 201, 246를 보라). 또한 더니스는 '시학'을 확장해 '일상적' 작업까지 포함시키지만, 이때 그러한 문화적 기획을 아름다움과 연결시킨다. 요컨대, 나는 그의 기획에서 '시학'의 의미가 모호하다고 생각한다. 더니스에 대한 나의 비판으로는 James K. A. Smith, "Erotic Theology", *Image* 69 (2011): pp. 118–120를 보라. 나의 '일반적 시학'은 우리가 우리의 세상을 구성하는 근본적으로 미학적인 방식에 초점을 맞춘다. 더니스는 ('일반 은총'을 강조하면서) '세속적 예전' 안에 있는 **선한** 것을 긍정하는 데에 더 초점을 맞추지만, 나는 세속적 예전 안에 담겨 있는 좋은 삶의 전망과 기독교 예배 안에서 수행되는 **샬롬**에 대한 전망 사이의 대립을 강조하는 경향이 있다. 그러나 이 둘을 대립시키는 나의 설명이 '전면적' 비판은 아니다. 나는 아우구스티누스를 따라서 특정한 문화적 실천을 균형 잡힌 방식으로 당면한 사안에 따라 평가해야 한다고 주장한다. 관련된 논의로는 James K. A. Smith, "Reforming Public Theology: Two Kingdoms, or Two Cities?", *Calvin Theological Journal* 47 (2012): pp. 122–137를 보라. 문화적 예전 3권에서는 이런 주제를 훨씬 더 자세히 다룰 것이다.

45 이야기가 어떻게 규범적일 수 있는가에 관한 논의로는 N. T. Wright, *Scripture and the Authority of God* (San Francisco: HarperOne, 2011), pp. 24–25를 보라. 『성경과 하나님의 권위』(새물결플러스).

한 그런 이야기들은 일차적으로 교훈적이거나 교육적인 방식이 아니라 정서적·무의식적으로 나를 사로잡고 방향 짓는다. 그런 이야기들은 내 실존의 육화된 핵심에 해당하는 '오장육부 차원'에서 상상력에 의해 '이해된다.'

따라서 '일반적 시학'은 우리에게 의미-만들기가 일차적으로 미학적 문제임을 인식하는, 우리 세계-내-존재의 현상학이다. 이 차원에서 시와 이야기, 은유와 서사는 같은 것을 **행하기** 때문에 밀접한 관련을 맺고 있다. 즉, 시와 이야기, 은유와 서사는 우리의 몸에 공명하는 방식으로 의미를—그리고 우리에게 의미를 만드는 능력을—부여한다. 은유와 서사 모두 상상력에 공명하며, 그렇기 때문에 일반적 시학에서는 상상력을 우리 세계-내-존재의 핵심으로 본다.[46] 은유의 역학과 이야기의 역학은 모두 미학적 추론 양식을 지닌 '논리학'이며, 미학적이기 때문에 우리의 몸에도 공명한다. "시는 뇌 속에 새겨진다. 시는 언어가 보통 그렇듯 그저 피질 위로 부드럽게 미끄러지지 않는다. 시는 삶의 입자를 지니고 있으며, 의식과 정서적 의미의 자리인 대뇌변연계 안으로 깊이 파고든다."[47] 우리는 우리 육화의 '사이' 공간 안에서 이야기나 시

---

[46] 이 점에 관해 존슨은 칸트의 유산의 양가성을 지적한다. 한편으로, "미학적인 것에 대한 폄하가 임마누엘 칸트의 인상적인 미학 이론보다 더 선명하게 제시된 곳은 없다.…그는 인지적 정신 행위와 비인지적 정신 행위를 엄밀하게 구별하는 기능 심리학을 고수했기 때문에 상상력(과 감정)을 의미와 이해를 위한 핵심 요소로 온전히 받아들이는 것이 불가능했다." 사실 "대단히 유감스럽게도 미학적인 것을 오직 감정으로 환원하고 감정을 인지나 지식과 분리시킨 그의 입장이 20세기 미학 이론에까지 이어졌다"(MB, p. 211). 다른 한편으로, 『판단력 비판』(Critique of Judgment, 1790)에서 칸트는 우리가 의미를 경험하는 방식에서 혼합된 상상력-감정-사유가 퍼지는 것이 필수적이라고 보는 관점을 실험적으로 제기했지만, 자신이 정립한 인지적 기능의 체계를 결코 포기할 수는 없었다. 따라서 그는 정신과 사고, 언어의 신체성을 인정하는 데까지 이르지 못하고 언제나 뒤로 물러나고 말았다." 그렇게 우리는 기회를 놓쳤다. 하지만 "상상력에 관한 칸트의 논의"를 수정한다면 "상상력이 모든 경험과 이해, 추론에서 핵심 자리를 차지한다고" 볼 수 있을 것이다(MB, p. 211). 질 들뢰즈(Gilles Deleuze)는 칸트의 기획을 비판적으로 읽어 내며 비슷한 주장을 하는 것처럼 보인다. 그는 상상력을 핵심적인 것으로 보는 『판단력 비판』의 통찰은 앞선 『비판』들(『순수 이성 비판』과 『실천 이성 비판』을 말한다—옮긴이)에도 어느 정도 소급되어 영향을 미쳤을 것이라고 주장한다. Gilles Deleuze, *Kant's Critical Philosophy: The Doctrine of the Faculties*, trans. Hugh Tomlinson, Barbara Habberjam (Minneapolis: University of Minnesota Press, 1964)을 보라. 『칸트의 비판 철학』(민음사).

[47] McGilchrist, "Four Walls", *Poetry*, vol. 196, no. 4 (July/August 2010), p. 335.

를 '알고' '이해한다.'[48] 그리고 나는 예전이 육화된 의미의 '사이에'-있음에서 작용하기 때문에 우리에게 영향을 미치며 '작동'한다고―우리를 빚고 형성하며 붙잡는다고―주장한다. 예전은 은유와 서사의 미학적 역학, 시와 이야기의 '문학적' 힘을 동원한다. 그렇기 때문에 예전적인 철학적 인간론은 세속적이든 기독교적이든 예전의 형성적 힘을 (적어도 그 일부를) 설명하기 위해 일반적 시학을 통합해야 한다.

그런 점에서 나의 기획은 상상력이 인간의 세계-내-존재에 어떤 의미를 지니는가를 평생 연구해 온 폴 리쾨르(Paul Ricoeur)의 기획과 맥이 닿는다.[49] 그는 리처드 커니(Richard Kearney)에게 "상상력의 매개적 역할은 삶의 현실 속에서 영원히 작동한다"라고 말한 바 있다.[50] 따라서 리쾨르는 "인간 실존의 상상적 핵심"을 설명하기 위해 대개는 예술이나 허구, 시와 협소하게 연관되는 현상들을 "일반화"한다.[51] 리쾨르에게 "육화된 실존의 신비에 참여한다는 것은 **드라마**의 내재적 주기를 채택한다는 뜻이다."[52] 따라서 **은유**에서 **서사**로 이르는 리쾨르의 작업의 궤적을 인간 실존의 이 상상적 핵심에 이르고자 하는 이어진 시도로 이해할 수 있다. 상상력에 이르는 두 관문, 우리의 세계-내-존재의 '드라마적' 본질에 접근하는 두 시각이 존재한다. 한 접근 방식에

---

[48] 슈나이더가 이러한 '사이', 이러한 '선술어적' 지식을 결여했기 때문에 이야기를 이해할 수 없었음을 떠올려 보라. Maurice Merleau-Ponty, *Phenomenology of Perception*, trans. Colin Smith (London: Routledge, 1962), p. 153.

[49] 관련 논의로는 Venema, *Identifying Selfhood*, pp. 39-40를 보라.

[50] Richard Kearney, *Dialogues with Contemporary Continental Thinkers: The Phenomenological Heritage* (Manchester: Manchester University Press, 1986), p. 24. 『현대 사상가들과의 대화』(한나래).

[51] Venema, *Identifying Selfhood*, p. 41.

[52] Paul Ricoeur, *Freedom and Nature: The Voluntary and the Involuntary*, trans. Erazim Kohak (Evanston, IL: Northwestern University Press, 1965), p. 17, Venema, *Identifying Selfhood*, p. 46에서 재인용.

서는 은유에 대한 이해가 "상상력의 시적 힘"을 깨닫게 해 준다.[53] 은유가 시의 핵심에 자리 잡고 있기 때문이다. "은유는 **시의 축소판**으로 여겨진다." 하지만 리쾨르의 관심은 은유의 작용을 확대하고 확장하는 것이다. "제안된 작업가설은, 시적 의미라는 이 알맹이 안에 내포되어 있는 바를 만족스럽게 설명할 수 있다면 동일한 해명을 시 전체 같은 더 큰 실체에까지 확장시킬 수 있으리라는 생각이다."[54] 리쾨르는 인간 실존 **자체**의 은유적·시적 의미를 고려하는 데까지 나아간다. 이후에 서사의 역학에 대한 리쾨르의 관심을 촉발한 것도 바로 인간 실존의 상상적 핵심을 이해하고자 하는 관심이다. 서사에 대한 관심은 단순히 텍스트의 성격에 관심, 혹은 사건이나 정체성의 순차적 조직화에 대한 관심이 아니다. 세상과 세상 속 우리의 위치에 의미를 부여하는, 근본적으로 상상적인 방식이 서사에서도 작동하고 있다.[55] 시처럼 서사 역시 근본적으로 은유적이기 때문에 근본적으로 미학적인, 의미를 만들어 내는 (그리고 의미를 받아들이는) 방식이다.[56] 인간 실존의 전 영역은 "은유적 발화와 서사적 담화를 아우르는 하나의 거대한 시적 영역"이다.[57]

---

53 Venema, *Identifying Selfhood*, p. 82.

54 Paul Ricoeur, *The Rule of Metaphor: Multi-disciplinary Studies in the Creation of Meaning in Language*, trans. Robert Czerny (Toronto: University of Toronto Press, 1977), p. 94, 강조는 원문의 것.

55 리쾨르는 다른 글에서 이를 서사의 "편성" 작용으로 설명한다. 순서나 시간의 흐름은 서사의 일부지만, 의미를 규정하는 유일한 요소는 아니다. 그렇기 때문에 비선형적 서사도 여전히 서사다. "이야기하기와 이야기 따라가기 모두와 연관된 편성적 차원"은 서사와 결부된 일종의 미학적 의미 구성 방식이다. "이 복합적 구조는, 가장 보잘것없는 서사조차도 언제나 사건의 시간적 배열 이상의 의미를 지니며, 결국 서사 구조 자체를 폐기하지 않고서는 편성적 차원이 일화적 차원을 가릴 수 없음을 암시한다." Ricoeur, "The Narrative Function", in *Hermeneutics and the Human Sciences*, pp. 278-279.

56 "서사 기능은 리쾨르가 『은유의 규칙』(*The Rule of Metaphor*)에서 제시한 개념적 형식을 반복한다. 이 형식은 정체성과 차이를 통합하는 언어적 혁신의 산물이다." Venema, *Identifying Selfhood*, p. 92. 따라서 베네마는 리쾨르의 『시간과 이야기』(*Time and Narrative*)가 "『은유의 규칙』과 짝을 이룬다"고 본다(p. 91).

57 Paul Ricoeur, *Time and Narrative*, vol. 1, trans. Kathleen McLaughlin, David Pellauer (Chicago: University of Chicago Press, 1984), p. xi, Venema, *Identifying Selfhood*, p. 92에서 재인용. 『시간과

내가 '일반적 시학'이라고 부르는 것은 시적인 동시에 서사적인, 인간 이해의 근본적 미학을 존중하고자 하는 한 방식일 뿐이다. 그리고 이 미학은 몸과 이야기의 결합체 안에, 세상을 대하는 우리의 체현된 태도 안에 뿌리내리고 있다. 그렇기 때문에 디디언의 말처럼 "우리는 살기 위해 자신에게 이야기를 들려준다." 우리에게는 음식과 물이 필요한 것처럼 이야기가 필요하다. 우리는 서사를 위해 **만들어졌으며** 이야기로부터 양분을 얻는다. 그것이 기분 전환이나 오락거리이기 때문이 아니라 우리가 세상을 서사적으로 구성하기 때문이다. 우리는 이야기로부터 우리의 '성품'을 받아들이며, 다시 이 이야기는 우리의 배경을 이루는 일부, 우리가 세상을 구성하고 행동에 임하는 지평이 된다. '나는 무슨 이야기를 믿는가?'라는 물음에 (적어도 암묵적으로) 답하지 않고서는 '내가 무엇을 사랑하는가?'라는 물음에 답할 수 없다.[58] 우리는 살기 위해 자신에게 이야기를 들려준다.

우리가 이야기에 **맞게** 창조되었다고 주장하는 인지과학 분야의 책이 점점 더 많아지고 있다.[59] 그리고 이런 논의에 도움을 받아서 일종의 '수행된 이야기'인 예전으로서 예배가 작동하는 방식을 이해할 수 있다.

그러나 인지과학 분야의 책을 원용하기 전에 이 신생 분야에 다른 두 학파가 있음을 먼저 지적해 둘 필요가 있다. 한 학파를 "문학적 다원주의"(liter-

---

이야기』(문학과지성사).

[58] 물론 여기서 우리가 말하는 '믿음'이 부르디외가 "실천적 믿음"이라고 부른 것—그 자체가 "몸의 상태"인 신념—임을 염두에 두어야 한다(*LP*, p. 68).

[59] 예를 들어, Brian Boyd, *On the Origin of Stories: Evolution, Cognition, Fiction* (Cambridge, MA: Harvard University Press, 2009)과 Jonathan Gottschall and David Sloan Wilson, eds., *The Literary Animal: Evolution and the Nature of Narrative* (Evanston, IL: Northwestern University Press, 2005), Joseph Carroll, *Literary Darwinism: Evolution, Human Nature, and Literature* (New York: Routledge, 2004)를 보라.

생각해 볼 문제: 설명할 수는 없고, 이야기를 들려줄게

앞서 소설가 데이비드 포스터 월리스가 그 나름의 독특한—심지어 '세속적인'—방식으로 예전적 형성의 역학과 예배와 사랑 사이의 불가분의 관계를 이해하고 있음을 살펴보았다. 또한 그가 서사적 동물인 우리의 본성을 이해하고 있으며, 우리에게 공기가 필요하듯 이야기가 필요하다고 주장한다는 것도 살펴보았다. 또한 그는 이야기 안에 담긴 미학적 의미의 환원 불가능성을 이해하고 있다. 데이비드 립스키와 나눈 대화에서 그는 이렇게 말했다. "내가 그것을 설명할 수 있다면 그것에 관한 이야기를 만들어 낼 필요가 있겠는가?"[1]

---

1 데이비드 포스터 월리스가 한 말은 David Lipsky, *Although Of Course You End Up Becoming Yourself: A Road Trip with David Foster Wallace* (New York: Broadway Books, 2010), p. 40에서 재인용했다.

---

ary Darwinism)[60]라고 부르고 다른 학파를 (더 나은 용어가 없으므로) "인지적 서사론"(cognitive narratology)[61]이라고 부르자. (이 함의에 관심이 없는 독자들은 다음 두 페이지에서 오래 머물 필요가 없을 것이다.)

---

60 브라이언 보이드(Brian Boyd)는 "For Evocriticism: Minds Shaped to Be Reshaped", *Critical Inquiry* 38 (2012): pp. 394–404에서 이것을 "진화비판론"(evocriticism)이라고 부른다.
61 Robert Scholes and Robert Kellogg, *The Nature of Narrative* (Oxford: Oxford University Press, 2006), pp. 283–336의 40주년 기념판에 수록된 새로운 글 James Phelan, "Narrative Theory, 1966–2006: A Narrative"를 보라. 『서사문학의 본질』(예림기획).

- **문학적 다윈주의**에서는 (지나칠 정도로) 대담하게 진화 심리학을 문학 영역까지 확장시킨다. 문학적 다윈주의에서는 진화 심리학의 패러다임을 취하며 그 기본 모형, 즉 "우리 근대인의 두개골이 석기 시대 사람의 정신을 담고 있다"는 전제를 받아들인다.[62] 따라서 여기서 전제로 삼는 것은 **정신**에 관한 독특한 진화론적 이론이다. 즉, 오늘날 우리가 지닌 '정신'—우리가 후기 근대 세계를 이해하고 헤쳐 나갈 수 있도록 도와주는 정신—의 근본 형태(혹은 구성 요소)가 "진화론적 적응의 환경" 속에서 만들어지고 굳어진 것이라고 본다. 따라서 이 패러다임에 따르면 우리는 21세기 환경 속에서 수렵채집인들의 정신 습관을 여전히 지니고 있다. 진화 심리학에서는 현재 인간의 인지 작용을 홍적세(洪積世)에 이뤄진 우리 **적응**의 반영으로 설명하는 경향이 있다. 다시 말해서, 우리의 '석기 시대 정신'은 약간 시대에 뒤쳐진 것처럼 보이지만, 성공적이었기 때문에 여전히 지속되고 있다. 이것은 우리의 생존을 가능하게 한 성공적 적응을 반영한다. 따라서 진화 심리학의 입장에서 모든 '설명'은 적응의 성공으로 환원된다.[63] 예를 들어, 인간 정신이 얼굴을 인식하도록 진화한 것은 그런 능력이 내집단(內集團) 인식에 기여하며 이는 다시 생존에 기여하기 때문이다. 문학적 다윈주의의 관심도 비슷하다. 여기서 묻는 핵심 질문은 '이야기하기 능력이 인간 종의 생존에 어떻게 기여했는가? 이야기나 허구, 문학이 적응에 어떤 이점을 제공하는가?'다.

---

[62] Leda Cosmides and John Tooby, "Evolutionary Psychology: A Primer", University of California Santa Barbara, Center for Evolutionary Psychology, http://www.psych.ucsb.edu/research/cep/primer.html, principle 5에서 사용한 유명한 표현이다.

[63] 조너선 크램닉(Jonathan Kramnick)은 문학적 다윈주의가 문제가 많은 '적응' 모형을 받아들였고, 이로 인해 이 학파의 기반 자체에 문제가 생겨났다고 신랄하게 비판한다. Kramnick, "Against Literary Darwinism", *Critical Inquiry* 37 (2011): pp. 315–347, 특히 pp. 324–333를 보라.

문학을 좋아하는 사람은 이런 물음에 대한 대답에 관심이 없다. 이 학파의 문제점을 몇 가지만 생각해 보라. 첫째, '설명'이라는 이름으로 우리가 얻는 것은, 우리가 살아남기 위해 어떻게 이야기를 하게 되었는가에 관한 포괄적인 서사를 들려주는 수많은 '정돈된' 이야기들이다. 둘째, 이야기와 서사의 특수한 사항들은 배제되고, 모호하고 포괄적인 거대 담론, 존재하지 않는 상태를 상상하는 능력, 감정 이입하는 적응 능력만 부각된다. 그 결과는 크램닉의 말처럼 "가차 없이 **주제 중심적인**" 무미건조한 형식주의 비평이다. 모든 이야기와 문학 작품은 아무것도 놓치지 않고 풀어서 쓸 수 있는 무언가로 취급된다. "극단적인 경우 주제는 그 자체로 자연 선택 이야기의 일종의 축소판이다. 어쨌든 다윈주의적 전설이 모든 소설이 담고 있는 이야기가 된다."[64] 셋째, 그 결과 문학적 다윈주의에서는 서사와 은유, 이야기가 지닌 독특하고 환원 불가능한 것을 무시하고, 이야기를 우리가 '세대를 잇도록'(즉, 재생산하도록) 돕는 정보의 통로로 환원하는 경향이 있다. 예를 들어, 보이드는 '허구'―"어느 쪽도 믿지 않는 이야기"―와 '참된 서사'를 구별하는 데 집착한다.[65] 이를 구별하려는 것만 보아도 보이드가 '문학' 자체에 관심이 없음을 알 수 있다. 다시 말해서, 그는 의미를 구성하는 독특한 방식으로서 서사의 역학에는 관심이 없다. 오히려 그는 '참되지 않은' 이야기―실재에 상응하지 않는 허구―에 관심이 있다. 그는 이야기를 꾸며낸 것으로 환원한다. 따라서 그의 분석에는 진리를 실재와의 대응으로 보는 편협한 정의(따라서 허구는 '참되지 않으며' 지어낸 이야기일 뿐이다)와

---

[64] Kramnick, "Against Literary Darwinism", p. 344.
[65] Boyd, *On the Origin of Stories*, p. 129.

이야기하기를 재현의 수단으로 보는 편협한 이해가 숨어들어 와 있다. 간단히 말해서, 보이드는 전적으로 '주지주의적' 차원에서 이야기를 설명하며, 이야기가 마치 정보를 담는 그릇이나 정보의 통로일 뿐인 것처럼 취급한다. 이것이 바로 메를로퐁티와 드레이퍼스, 테일러가 비판하는 모형이다. 보이드의 이야기는 슈나이더가 이해할 수 있는 종류의 이야기다. 즉, 우리가 몸으로 '아는' 환원 불가능한 은유성에 의해 특징지어지지 않는 이야기다. 이는 보이드가 다른 문학적 다원주의자들처럼 이야기의 **진리**를 이해하지 못하고 이야기가 전달하는 재현적 진리들 ("전략적 정보")[66]에만 관심을 기울이기 때문이다.

- **인지적 서사론**은 문학과 인지과학 사이의 전혀 다른 접근 방식이다. 문학적 다원주의처럼 인지적 서사론에서는 우리가 이야기를 만들고 이해할 수 있게 해 주는 인간의 생물학적 능력을 중요하게 여긴다.[67] 그러나 여기서는 문학적 다원주의에서 얻을 수 있는 것과 같은 '잘 정리된' 이야기를 들려주는 것을 목표로 삼지 않는다. 크램닉이 바르게 지적하듯이, "적응이라는 관점에서 문학을 설명하는 이야기에 열광할 필요가 없고…최근에 유행하는 인문학과 과학 사이의 학제 간 연구를 지지할 필요가 없다."[68] 대신 인지적 문학 비평에서는 허구가 어떻게 작동하는지—우리의 체현된 정신과 물려받은 지각의 습관을 감안할 때 이야기와 서사, 구체적인 이야기와 소설의 구체적 형식과 요소가 인간의

---

[66] 같은 책, p. 130.
[67] 최근 논의에서는 사이먼 레서(Simon Lesser)가 *Fiction and the Unconscious* (Boston: Beacon Hill, 1957), pp. 294–308에 부치는 부록 "문학 연구에서의 심리학 지식 활용에 관한 논평"(A Note on the Use of Scientific Psychological Knowledge in Literary Study)에서 과학과 문학이 교차하는 지점에 관해 제시한 선견지명을 간과하고 있다.
[68] Kramnick, "Against Literary Darwinism", pp. 346–347.

인지에 어떻게 **작용**하는지—에 관심을 기울인다. 필런(Phelan)이 요약하듯이, 인지적 서사론에서는 고전적 서사론의 근본 질문—서사의 텍스트 체계 근저에 자리 잡고 있는 규칙은 무엇인가?—을 취해 그것을 바꾸어 질문한다. '우리가 서사를 만들고 이해하는 능력을 가능하게 하는 정신적 도구, 과정, 활동은 무엇인가?' 이를 위해 "서사 자체가 이해의 도구라는 점에, 즉 서사가 경험을 구조화하고 이해하고자 하는 인간의 노력에 어떻게 기여하는가에"—이야기를 통해 우리가 배우는 '틀'과 '각본'이 우리 경험에 각각 맥락을 부여하는 방식에—초점을 맞춘다.[69] 따라서 인지적 서사론에서는 이야기를 단순한 적응 전략으로 취급하기보다는 이야기와 소설, 소설가가 몸과 뇌로부터 세계-안에서-존재하는 특정한 방식을 부여받는 독자를 위해 의미를 만들어 내는 구체적인 방식에 관심을 기울인다.[70] 다시 말해서, 인지적 서사론에서는 의미의 문학과 시를 의미의 독특한 양식—**진리**의 독특한 양식—으로 만드는 생물학적 능력에 관심을 기울인다.

예전적 인간론을 위해서는 일반적 시학에 관한 이론이 필요하기 때문에, 나는 신학과 예전학, 인지적 문학 비평 사이의 더 심화된 대화를 위한 장을 마련함으로써 이 기획을 진전시키기 위한 건설적 자원을 확보할 수 있을 것이라고 생각한다. 예전이 이야기—은유와 암시, 상상력이라는 연료를 포함해—를 수단으로 '작동'한다면 이야기가 어떻게 작동하는가를 이해할 때 우

---

69 Phelan, "Narrative Theory, 1966–2006", p. 290.
70 예를 들어, Alan Richardson, "Of Heartache and Head Injury: Reading Minds in *Persuasion*", *Poetics Today* 23 (2002): pp. 141–160와 Mark J. Bruhn, "Shelley's Theory of Mind: From Radical Empiricism to Cognitive Romanticism", *Poetics Today* 30 (2009): pp. 373–422를 보라.

리는 예전적 형성의 조건과 역학에 관한 통찰도 얻게 될 것이다.[71]

이렇게 생물학과 서사론의 교차점—몸과 이야기의 교차점—에 관해 연구함으로써 메를로퐁티와 부르디외와 맥길크리스트가 드러낸 '사이'를 이해할 수 있다. 이들처럼 인지적 서사론에서는 이야기와 상상력의 독특한 '논리', 우리의 서사적 감각을 특징짓는 본능적 유도 작용에 관심을 기울인다. 이야기는 이성(Reason)이 전혀 알지 못하지만 우리의 몸은 거의 모든 것을 알고 있는 논리들(reasons)을 지니고 있다. 은유와 서사가 환원 불가능한 의미 양식임을 강조할 때, 우리는—마치 진리를 정면으로 마주하기가 너무 힘들기 때문에 살기 위해 자신에게 이야기를 들려주는 것처럼—지어낸 것에 만족하지 않는다.[72] 이것은 이야기와 진리 중 하나를 택하는 문제가 아니다. 그 반대로 이야기는 독특하고 환원 불가능한 방식으로 참이다. 우리가 서사와 은유에 관심을 갖는 까닭은 그것이 진리의 독특한 양식이기 때문이다. 이야기와 시(그리고 예전)가 신문 기사나 감시 영상이 '참'인 방식으로 '참'인 것은 아니다. 참인 '메시지'를 전달하는 수단이기 때문에 '참'인 것도 아니다. 언론과 감시 카

---

[71] 여기서 나는 평생 연구 주제가 될 수 있는 내용을 넌지시 언급할 뿐이다. 두 가지 구체적 사례를 생각해 보라. 리사 전샤인(Lisa Zunshine)은 A. L. 바볼드(Barbauld)의 '교리문답 교사' 접근 방식이 "우리의 진화된 인지적 구조의 우발성을 동원하는" 방식을 판별해 내기 위해 바볼드의 18세기 책 『어린이를 위해 산문으로 쓴 찬송가』(Hymns in Prose for Children)의 '인지적 기초'를 연구했다. 우리는 '교리문답 교사' 접근 방식이 인지적 기초를 동원하는 방식을 이해함으로써 기독교 교리문답 교육이 어떻게 동일한 기능을 할 수 있는가에 관한 통찰을 얻을 수 있을 것이다. Zunshine, "Rhetoric, Cognition, and Ideology in A. L. Barbauld's *Hymns in Prose for Children* (1781)", *Poetics Today* 23 (2002): pp. 123–139를 보라. 더 최근에는 마르코 카라치올로(Marco Caracciolo)가 '실행된' 인지의 현상학적 모형을 통해 "어떻게 이야기의 생산과 해석이 이에 참여하는 이들의 가치 전망을 형성할 수 있는지"를 이해할 수 있다고 주장했다. 이것은 어떻게 이야기가 그리스도인으로 하여금 자신의 세상을 하나님의 임재와 부르심으로 가득 차 있는 세상으로 '상상'하도록 도울 수 있는지를 생각해 볼 수 있는 수단이 된다. Caracciolo, "Narrative, Meaning, Interpretation: An Enactivist Approach", *Phenomenology and Cognitive Science*, August 4, 2011, http://www.springerlink.com/content/764065387174464v/fulltext.html을 보라.

[72] 디디언은 *The White Album*의 유명한 첫 구절에서 아마도 이런 주장을 하려 했을 것이다. 나는 이 구절을 이 장의 제목으로 삼았다.

메라와 진술된 명제의 '진리'는 가장 흥미롭거나 가장 중요한 진리가 아닐지도 모른다. 소설이나 시를 통해 내가 참이라고 아는 것은 구글로 끝없이 검색할 수 있는 수많은 참된 '사실'보다 훨씬 더 의미 있는 것일 수 있다. 예술의 진리—우리 현존의 미학적 양상의 진리[73]—는 단순한 재현이나 대응으로 환원되지 않는다. 이야기나 시는 내가 다른 방식으로도 '얻을' 수 있는 '진리'를 그저 전달하지 않는다. 오히려 이야기나 시의 진리는 그 형식 안에, 그 운율과 박자에 의해 만들어지는 독특한 정서 안에, 그것이 불러일으키는 상상의 세계의 상호 작용과 반향 안에, 내가 직감 차원에서 '이해'하는 은유적 추론 안에 담겨 있다.[74] 은유와 서사의 독특한 힘을 이해하고자 한다면—허구가 어떻게 작동하는지, 그리고 유비적으로 예배가 어떻게 작동하는지 이해하고자 한다면—재현과 대응 너머로 진리에 대한 우리의 관념을 확장해야 한다. "명제적으로 굴절된 진리 대응설"이라는 제한으로부터 벗어나 우리의 인식 모형이 램버트 자이더바르트(Lambert Zuidervaart)가 "예술적 진리"[75]라고 부른 것을 아우르고 존중하게 해야 한다. 우리는 모든 진리를 부르디외가 "논리적 논

---

[73] 이것은 명심해야 할 중요한 논점이다. 우리가 '예술'이라고 부르는 것은 더 광범위하게, 더 근본적으로 세계-내-존재를 특징짓는 미학적 양상의 강화된 형태다. 이에 관해서는 Seerveld, "Dooyeweerd's Legacy for Aesthetics"를 보라.

[74] 예술 속 근대주의에 대한 맥길크리스트의 비판은, 그것이 경험에 대한 우리의 몰입으로부터의 지나친 **탈**피를 요구한다는 것이다. 그것은 지나치게 자의식적이며, 따라서 우리의 미학적 감각을 피하는 지적 성찰을 되울리는(또한 요구하는) 예술이다. 예를 들어, 존 애쉬베리(John Ashbery)가 쓴 근대주의적 시에는 "우리의 의식적이며 논쟁적인 정신을 촉발하는 것과 우리를 일체의 추론을 넘어선 영역으로 이끄는 것 사이에 긴장이 존재한다. 근대주의 안에 있는 직접적인 것에 대한 과도한 두려움, 어렵고 특이한 것에 대한 숭배는 시가 불가피하게 취해야 하는 방향성, 즉 우리가 스스로 '알아내야' 하는 것에 관심을 기울이기보다는 우리가 이미 알고 있다고 생각하지만 사실은 전혀 이해하지 못했던 것에 관심을 기울이게 하는 요소를 약화시킬 위험이 있다"("This Is Your Brain on Poetry", p. 45).

[75] Lambert Zuidervaart, *Artistic Truth: Aesthetics, Discourse, and Imaginative Disclosure* (Cambridge: Cambridge University Press, 2004), p. 203. 자이더바르트는 (명제가 진리를 유일하게 혹은 일차적으로 담고 있다고 보지 않는) '비(非)명제적' 진리관과 명제가 참일 수 있다고 주장할 여지를 담아 두지 않는 것처럼 보이는 '반(反)명제적' 진리관을 구별한다. 나는 자이더바르트와 더불어 비명제주의자다. 우리는 명제적 진리를 거부하지 않고 상대화한다.

리"라고 부르는 것을 필요로 한다고 간주하는 편협한 제약을 탈피해 다른 논리—"이야기 논리"[76]—를 필요로 하는 진리의 양식을 인식해야 한다. 이야기의 논리를 이해한다는 것은 흐름과 줄거리를 직감으로 아는 것, 하나의 세상을 흡수하고 등장인물들과 함께 사는 것, 그 함의와 반향이 우리 상상력의 심금을 연주하여 의미를 만들어 내는 말들의 세상 속에서 사는 것이다. 리쾨르는 말한다. "이야기를 따라간다는 것은"

> 연속된 행동과 생각, 감정이 특정한 **방향성**(directedness)을 드러내는 것으로 이해하는 것이다. 이는 곧 그 전개가 우리를 밀고 나가며, 우리가 그 과정의 결과와 절정에 관한 요지를 기대하며 이에 반응한다는 말이다. 그런 의미에서 이야기의 '결말'은 그 과정 전체의 끌어당기는 극이다. 하지만 서사적 결론은 연역되거나 예상될 수 없다. 수많은 우발성 때문에 우리가 끝까지 관심을 유지하지 않는다면 어떤 이야기도 존재하지 않을 것이다. 그래서 우리는 결말까지 이야기를 따라간다. 따라서 결말은 **예측할 수 있는** 것이기보다는 **받아들일 수 있는** 것이어야 한다.[77]

한 이야기의 결말은 '타당한' 것이 아니라 이야기의 암묵적 논리에 따라 '이해할 수 있는' 것이어야 한다. 그리고 '작동하는' 이야기의 결말부에서 우리는 그 이야기가 그리는 세계와 인물들이 우리와 함께(우리 안에서) 계속해서 울리고 있음을 깨닫게 되며, 다른 시각, 다른 지평, 명명할 수 없는 방식으로 세계에 대한 우리의 지각을 변화시키는 변형된 '배경'을 지닌 채 우리 자신의 세

---

[76] David Herman, *Story Logic: Problems and Possibilities of Narrative* (Lincoln: University of Nebraska Press, 2002)와 Catherine Brady, *Story Logic and the Craft of Fiction* (New York: Palgrave Macmillan, 2010)을 보라.

[77] Ricoeur, "The Narrative Function", in *Hermeneutics and the Human Sciences*, p. 277, 강조는 원문의 것.

계로 돌아온다.

우리가 발견한 것은 예술을, 이와 더불어 더 일반적으로는 신체적 의미를 특징짓는 미학적 진리의 역학—우리의 신체적 태도 안으로 침투하기 때문에 강력한 방식으로 우리에게 세계를 열어 주는 '상상을 통한 폭로'의 방식—이다. 미학적 진리는 단순히 그 자체를 정신이 편견 없이 성찰해야 할 하나의 관념으로 제시하는 데 만족하지 않기 때문에 우리 안으로 침투한다. 이런 상상을 통한 폭로는 체감적이고 운동미학적이며 우리 몸을 홀로 내버려 두지 않는다. 그렇기 때문에 우리의 피부 아래로 내려가 우리의 기억 안에 자리 잡고 우리 의식의 배경 안에 침전되게 된다. 램버트 자이더바르트가 강조한 상상을 통한 폭로의 한 예를 생각해 보라.

예술가가 운영하는 토론토의 한 미술관 중앙에는 매우 밝은 조명이 비춰진 조각 작품이 나무 블록 아홉 개 위에 올려져 있다. 〈기억을 말하다〉(*Speak on Memory*)라는 제목으로 상실과 회복에 관한 세 여성작가의 전시회가 시작되는 날 밤이다. 사람들이 그 조각 작품 주위에 몰려들었지만 놀라울 정도로 복잡한 그 작품에 충격을 받아 저마다 거리를 유지하고 있다. 어린 버드나무 한 그루가 다 자라기도 전해 잘려 죽은 잎사귀가 제거되어 있으며 헐벗은 가지는 분리되어 있다. 이 해체된 나무가 깎아 낸 단풍나무를 엮어서 반투명하게 만든 구조물 안에 재구성되어 있다. 창처럼 끝을 뾰족하게 잘라 낸 버드나무 가지를 날카로운 나무못으로 재결합해 나무의 형상을 갖추게 했다. 가지는 뱀처럼 서로 뒤엉켜 있으며, 줄기는 서로 얽혀 있는 잔가지로 만든 둥지 안에 뿌리도 없이 서 있다. 둥지는 격자 형태로 두 겹으로 배열된 뾰족한 가지 위에 놓여 있다. 응고된 모래, 한때는 무언가가 자랐을 메마른 땅이 둥지를 채우고 있다. 남은 것이라고는 마치 돌처럼 딱딱해진 알 같이 나무줄기를 동그랗게 둘러싸고 있는 회색 돌맹이들뿐이다. 구조물 안에서 둥지

위에 세워진 재구성된 이 나무의 울퉁불퉁하지만 어린 가지들은 결코 닿지 못할 곳을 향해 구불구불 솟아오르고 있다. 조이스 레커(Joyce Recker)가 만든 이 작품의 제목은 "지구의 애가"(*Earth's Lament*)다.[78]

이 시점에서 자이더바르트는 '이 작품이 무엇을 뜻하는가?'라고 묻지 **않는다**. 대신 그는 '이 예술 작품이 **어떻게** 의미를 지니는가?'라는 식으로 제대로 묻는다.

왜 이 조각 작품은 이 행사에 참석한 사람들을 그토록 가시적으로 움직여서 주의를 촉구하고 대화를 촉발하는가? 작품은 직접 진술하지도 않고 명제를 주장하지도 않는다. 하지만 이 작품은 전통적이지 않은 재료의 혁신적 취급 이상을 제시한다. 알맞은 장소에서 적절한 조명 아래 전시되었을 때 각도와 곡선, 빛과 어두움, 발견한 것과 제작한 것의 놀라운 병렬을 만들어 낸다. 동시에 이 작품은 상실 속의 소망, 파괴 속의 갱신에 대한 끝이 열려 있는 은유다. 그리고 이 작품이 예술과 삶에 대한 예술가의 전망을 증언하며 공중이 지구의 애가를 되울려야 할 필요성과 상호 작용하기도 하지만, 그것이 제시하는 의미는 조각 자체의 상상적이며 자기 참조적 구조를 통해 전해진다. 이 작품은 상상을 통해 폭로하는 작품, 예술적 진리의 다차원적 기대를 충족시키는 작품이다.[79]

이 작품은 명제가 새겨진 돌판처럼 우리 정신 안에 새로운 정보를 저장하기 때문이 아니라 우리가 결코 말할 수 없는 은유로 우리에게 '말하는' 세상과

---

[78] Zuidervaart, *Artistic Truth*, pp. 217–218. 자이더바르트의 책 표지에는 레커가 만든 비슷한 작품의 사진이 실려 있다.
[79] 같은 책, p. 218.

만날 수 있는 장을 마련하기 때문에 일종의 계시다. "지구의 애가"와의 만남과 대화는 선한 피조물의 깨어짐에 관한 진리를 체현한다. 이 작품은 우리가 전에는 결코 '알' 수 없었던 방식으로 성령의 탄식(롬 8장)에 대해 '가르친다.' 이것은 우리 의식의 드러나지 않는 차원에서 흡수된 의미의 화학적 상호 작용이다. 그러나 예술적 진리는 그처럼 깊은 곳에서 우리에게 '작용'하기 때문에, 우리의 토대를 흔들고 우리의 세계-내-존재를 정찰하며 우리 존재의 피질 아래 자리 잡은 핵심 안으로 스며든다. 그렇기 때문에 이런 경험을 할 때 우리는 메를로퐁티가 '우리의 신체적 구조의 재배열'이라고 불렀을 과정을 통과한다. 즉, 이 체현된 은유의 진리를 우리의 배경 일부로 지니게 된다. 상상을 통한 폭로의 경험이 앞으로 우리가 할 경험의 지평을 재편한다. 미학적 만남의 진리는 한 '사건', 일종의 예술적 황홀경에 그치지 않는다. 그것은 세상에 대한 우리의 에로스적 이해를 지배하고 규정하는 방식으로 우리가 흡수하는 진리다.

우리의 육화된 의미, 상상하는 세계-내-존재는 은유와 서사, 시와 이야기의 역학에 의해 지배되며, 그렇기 때문에 형성적 예전은 실천된 시, 체현된 이야기, 수행된 드라마다. 예전—궁극적인 것을 다루는 형성적 의례—은 정확히 이런 역학을 동원한다. 예전은 우리의 상상적 핵심을 건드리기 때문에—그리고 이것을 건드리는 만큼—형성적이다. 압축된 서사와 만질 수 있는 시로서 (세속적인 것이든 거룩한 것이든) 예전의 형성적 힘은 그것의 미학적 힘과 밀접히 연결되어 있다. 그러한 예전은 상상하는 우리의 본성에 어울리는 방식으로 우리에게 좋은 삶을 **그려 보이기** 때문에 우리의 사랑을 빚어내는 욕망의 교육이다. 미학적 수단으로 우리의 상상력을 사로잡는 예전에 몰입하기 때문에 우리는 오랜 시간에 걸쳐 특정한 텔로스를 욕망하는 사람으로 형성된다. 이것은 단지 새로운 사상과 내용을 배우는 것에 관한 문제가 아니다.

조율의 문제다. 우리는 체현된 의미를 담고 있는 실천에 의해 세상에 맞춰 조율된다(attuned).[80] 우리는 좋은 삶에 관한 이야기를 상연하고 수행하며 체현하는 이러한 실천을 통해 하나의 이야기 안으로 징집된다. 부르디외의 설명을 떠올려 보면, 공동체의 이야기들이 우리의 상상적 배경의 지배적 풍경이 될 때—이 이야기들이 우리의 '실천 감각' 안으로 스며들어 이제 우리가 세상을 지각하는 방식을 (자동적으로) 지배하게 되었을 때—하나의 사회적 몸 안으로 통합된다고 말할 수 있다. 다시 말해서, 이런 방식으로 우리는 '토착민'이 된다. 왜냐하면 '토착성'은 정서 차원, 미학적 차원에서 흡수되기 때문이다. 예배는 이런 식으로 작동한다.

우리 세계(관)의 아이폰화: 압축된 이야기들과 미세한 실천들

예전은 운동미학적이고 시적이며 체현된 동시에 이야기를 담고 있기에 형성적이다. 예전은 우리의 미학적 심금을 울리기 때문에 상상력을 키워 내는 은밀한 배양기다. 예전은 좋은 삶의 수행된 그림, 우리의 상상력을 사로잡고 그에 따라 우리의 사랑과 갈망을 방향 짓는 왕국에 대한 전망의 상연된 수행으로서 은유와 서사와 드라마의 역학을 전달한다. 미학적 연금술로서 이러한 예전은 우리 안에 우리를 매혹하는 세상과 삶의 방식에 대한 전망을 심어 주고, 이를 통해, 리즈 레먼(Liz Lemon, 미국 시트콤 *30 Rock*의 주인공—옮긴이)처럼 말하자면, 우리가 무의식 차원에서 "나는 거기에 가고 싶어"라고 말하게 만든다. 그리고 우리는 그에 따라 **행동**한다.

---

[80] 나는 James K. A. Smith, "Secular Liturgies and the Prospects for a 'Post-Secular' Sociology of Religion", in *The Post-Secular in Question*, ed. Philip Gorski, David Kyuman Kim, John Torpey, Jonathan VanAntwerpen (New York: New York University Press, 2012), pp. 159–184에서 하이데거와의 대화를 통해 '기분'(attunement)이라는 주제를 더 깊이 논했다.

이것이 바로 우리가 관심 갖고 있는 결과다. 내가 강조해 온 것처럼 궁극적으로 예전적 인간론은 행동 철학의 문제다. 예전적 형성은 우리의 상상력을 빚어내고 우리의 배경 지평을 형성하는, 결국 우리가 어떻게 우리의 세상을 구성하며 따라서 이 세상에서 우리가 **부름받았다고** 느끼는 바가 무엇인지에 영향을 미치는 강력한 형성적 역학을 설명하는 방식이다. 세상을 지각한다는 것은 언제나 이미 그것을 특정 종류의 공간**으로**, 즉 단지 '자연'이거나 하나님의 피조물로 지각한다는 것이다. 우리는 세계를 인간의 자기주장을 위한 평평해지고 탈주술화된 공간 혹은 하나님이 주신 선한 선물의 주술화되고 성례전적인 영역으로, 약탈과 자기 성취를 위한 경쟁의 장 혹은 나에게 돌봄과 긍휼을 부탁하는 이웃들의 공유된 공간으로, 우리가 '진보'를 주장하는 임의의 집합체 혹은 하나님의 은혜로운 구속의 드라마가 공연되는 무대로서 지각한다. 이렇게 가치로 가득 차 있는 지각은 내 몸에 의해 이뤄지며, 내가 나의 경험을 구성하는 방식을 지배하는 (경쟁하는) 이야기들을 통해 흡수된다. 그리고 이러한 지각의 습관은 행동을 향한 성향과 결합된다. 우리 행동은 우리의 습관-몸의 형태에 의해 어딘가로 향한다. 우리는 우리가 흡수한 아비투스의 관성에 의해 특정한 방식으로, 특정한 목적을 향해 행동하는 성향을 지니고 있다. 나는 다른 이들을 위협이자 경쟁자로 보는 혹은 다른 이들을 선물이자 소명으로 보는 **부류의 사람**이 된다. 나는 '내 것을 취하는' 경향을 지닌 혹은 공동선을 추구하는 경향을 지닌 부류의 사람이 된다. 이 모든 일은 '그것을 생각하지 않는 가운데' 이루어진다. **예전**은 우리가 누구이며 누구의 것인지에 관한 이야기로 가득 차 있으며 우리의 미학적 본성을 동원함으로써 우리 안에 하나의 아비투스를 새겨 넣는 의례들을 가리키는 줄임말이다. 예전은 중요하지 않은 것을 요구하는 것처럼 보이지만 본질적인 것을 강요하는 '노련한' 교육이다. 예전은 우리 몸이 하는—그리고 우리 몸에

생각해 볼 문제: 전쟁 게임

정서적 교육의 역학이 온갖 종류의 다른 목적을 위해 동원될 수 있다. 모든 정서적 교육이 유익한 것은 아니다. 왜곡된 형성(de-formation)에서도 같은 역학을 사용하고 같은 방식을 동원한다.' '권세들' 역시 중요하지 않은 것만 요구하는 것처럼 보이지만 실은 궁극적인 것을 강요하는 교활한 교육 방식을 활용한다(*LP*, p. 69). 실제로 우리가 즐기는 오락과 기분 전환이 우리 안에 하나의 세계관, 사회적 상상계를 심고, 진부하고 무해해 보이는 일상적 반복과 실천을 통해 우리를 하나의 이야기 안으로 징집할 수 있다. 워털루 전투의 승리가 이튼의 운동장에서 시작되었다면, 또 다른 전투의 승리가 화소로 만들어진 〈매든 NFL 12〉(*Madden NFL 12*)와 〈모던 워페어〉(*Modern Warfare*)의 전장으로부터 시작된 것은 아닐까? 우리가 하는 게임들이 커바일족 여인의 베틀처럼(*LP*, p. 69) 하나의 '우주 생성론'을 수행하고, 하나의 세계관을 실행하며, 우리의 상상력 안에 세상에 대한 하나의 전망을 심어 줌으로써 오랜 시간에 걸쳐 우리를 특정한 종류의 사람으로 빚고 만들어 가는 것은 아닐까? 서론에서 만났던 캐버너의 '시골 농장 출신 소년'이 자신이 하는 게임을 통해 군인으로 변화될 수도 있지 않을까? 우리의 상상력이 엑스박스화될 때 우리가 제국의 기획에 징집당하고 기꺼이 살인을 저지르는 왕국 신민이 될 수도 있지 않을까?

이것은 반동적이며 과장된 평화주의가 조장하는 쓸데없는 걱정이 아니다. 실제로 미국 군대에서는 젊은 미국 남성들에게 훨씬 더 중요한 무언가, 즉 '드론' 전쟁을 통해 원거리에서 사람을 죽이는 일을 요구하기 위해 이들의 (중요하지 않아 보이는) 게임 습관을 의도적으로 활용해 왔다. 이 군인들은 네바다 사막 어딘가에 있는 콘솔에 앉아 자신들에게 너무나도 익숙하게 느껴지는 조종기를 조작함으로써 그들 앞에 있는 스크린을 통해 아프가니스탄에 있는 건물을 훤히 들여다 볼 수 있다. 익숙한 무인 항공기(unmanned aerial vehicles, UAVs) 드론이 선회하는 동안 '조종사'는 카메라를 통해 목표물이 담배에 불을 붙이거나 거리에서 캔을 걷어차는 모습을 볼 수 있다. 드론이 내려다보는 '관점'은 젊은 조종사가 여러 해 동안 〈헤일로〉(Halo)나 〈콜 오브 듀티〉(Call of Duty)를 할 때 익숙하게 보았던 시각이다. 초점과 탈맥락화의 오싹한 조합은 바로 그가 수년간 비디오 게임을 하면서 '익숙해진' 세계다. 목표물을 파괴하기 위해 헬파이어 미사일(레이저 유도 방식 공대지 미사일—옮긴이)을 발사하는 방아쇠를 당길 때 그는 격추 장면을 보여 주는 거친 화소가 집에 있는 콘솔의 고해상도 그래픽에 미치지 못하는 점에 실망을 느낄지도 모른다. 하지만 이것이 '현실'이더라도 크리스천 캐릴(Christian Caryl)은 이렇게 지적한다.

> 미국 군대에서는 이러한 원격 전투가 수많은 젊은 무인 항공기 조종사가 자라면서 익숙해진 비디오 게임 문화와 공통점이 대단히 많다는 생각을 약화시키기 위한 노력을 거의 하지 않고 있다. 미군 소속으로 로봇 공학을 연구하는 한 사람은 『하이테크 전쟁』(Wired for War, 지안출판사)의 저자인 피터 싱어(Peter Singer)에게 "우리는 플레이스테이션을 본떠 조종기를 설계했다. 이 열여덟, 열아홉 살 해병들은 거의 평생 이 게임기로 게임을 해 왔기 때문이다"라고 말한다. 물론 이제는 드론을 포함하는 비디오 게임까지 나왔다. 그

야말로 기술을 모방하는 삶을 모방하는 기술이다.[2]

하지만 여기에는 재시작 버튼이 없다. 조종사가 수천 킬로미터 떨어진, 공조 시설을 잘 갖춘 기지에서 편안하게 궁극적인 것을 다루는 이 게임을 할 때, 이 전쟁 게임에서 간단히 이차 피해로 분류되는 불행한 사람들에게는 부팅도, 두 번째 생명도 없다.

캐버너가 말했던 시골 농장 출신 소년은 국가를 위한 살인을 하기 위해 더 이상 세계 반대편으로 건너갈 필요가 없다. 자신이 군인이라고 상상하는 것, 국민 국가의 이야기 안으로 징집되는 것은 어떤가? 이것은 그가 평생 해 왔던 게임이다.

---

1 더 나아가, 무엇이 '좋은' 형성으로 간주되는가에 관한 '탁월함의 기준'을 확립하는 실체적 텔로스를 구체화하는 규범과의 관계 속에서만 어떤 실천이 **왜곡된** 형성을 초래한다고 판단할 수 있다(MacIntyre, *After Virtue*, pp. 187-192를 보라). 나는 James K. A. Smith, *Who's Afraid of Relativism?: Taking Wittgenstein, Rorty, and Brandom to Church*, The Church and Postmodern Culture (Grand Rapids: Baker Academic, 출간 예정)에서 이 복잡한 주제를 탐구할 것이다(이 책은 2014년에 *Who's Afraid of Relativism?: Community, Contingency, and Creaturehood*라는 제목으로 출간되었다—편집자).
2 Christian Caryl, "Predators and Robots at War", *New York Review of Books* 58, no. 14 (September 29, 2011): p. 55.

하는—이야기이며, 이로써 우리의 상상력 안에 자리 잡고 우리가 세상을 지각하는 방식을 결정하는 배경의 일부가 되기 때문이다. 예전은 우리가 살기 위해 자신에게 들려주는 이야기가 됨으로써 우리의 상상력을 사로잡는 사회적 실천이다.

지금까지 예전의 형성적 힘에 관해 내가 주장한 바는 '일반적인' 예전에도 적용된다. 다시 말해서, 세속적 예전과 기독교 예전은 모두 인간의 세계-내-존재의 동일한 상상적·미학적 양상을 동원하며 그것에 '영향을 미친다.' 우리가 '예전적 동물'—따라서 상상하며 이야기하는 동물—이라는 사실은 심지어 죄조차도 없애거나 지울 수 없는 피조물됨의 구조적 특징이다. 죄에 오염된 체제는 우리의 '육화된 실존'의 동일한 현실을 착취한다. 4장에서 나는 삼위일체 하나님이 예전적 동물인 우리를 어떻게 만나 주시는지, 어떻게 우리의 지평과 습관을 변화시키고 개혁하는 예전적 실천을 통해 우리의 '지각을 거룩하게 하시는지'를 더 구체적으로 살펴볼 것이다. 하지만 **무질서한 사랑** 이면에서도 동일한 역학이 작동하고 있음을 인식할 필요가 있다. 따라서 예전적 인간론은 지각의 성화를 이해하기 위한 틀을 제공할 뿐만 아니라 유혹의 현상학을 진술하기 위한 자원도 제공한다. 더 구체적으로, 장차 올 하나님 나라를 특징짓는 번영과 정의의 전망에 맞서는 좋은 삶의 전망에 동화되는 방식과 이유를 분별하기 위한 자원을 우리에게 제공한다. 제자도가 그리스도인의 형성, 더 구체적으로는 상상력의 형성에 관한 문제라면, 이와 동일한 형성의 역학이 **왜곡된** 형성의 특징이기도 하다는 것을 깨달아야 한다. 경쟁하는 **텔로스**를 지향하는 무질서한 세속적 예전 역시 상상력에 영향을 미친다.

다시 한번, 이를 위해서는 죄와 유혹, 잘못된 형성에 대한 '주지주의적' 이론을 거부해야 한다. 이것은 두 가지 차원에서 문제가 있다. 첫째, 죄에 대한 주지주의적 설명에서는 **모든** 행동이 의식적·의도적 **선택**의 결과라고 착각하며, 우리가 위에서 설명한 형성과 습관화의 역학을 이해하지 못하고 있다.[81] 주지주의자는 모든 죄가 잘못된 신념이나 지식의 결핍에 근거한 의도적 선택이라고 생각한다. 이런 설명에서 '유혹'을 받는다는 것은 언제나 거짓말을 믿

---

[81] 여기서 문제는 '모든'이라는 말이다. 물론 우리는 때때로 명시적으로, 심지어 고의로 죄를 짓는 선택을 하기도 한다. 그러나 주지주의적 이론에서는 **모든** 죄악된 행동을 이렇게 설명할 수 있다고 생각한다.

는다는 것을 뜻한다. 따라서 죄악된 행동을 바로잡는 수단은 지식, 즉 그 사람이 더 나은 선택을 할 수 있게 해 주는 참된 신념과 적절한 지식이다. 둘째, 그 결과 주지주의적 설명에서는 우리의 상상력을 훈련시키며 빚어내고, 우리 안에 불의한 행동과 죄악된 행위를 지향하는 성향과 경향을 만들어 내는 사회적 힘과 구조적 요인을 깨닫지 못하는 경향이 있다. 그렇기 때문에 주지주의적 설명은 대단히 개인주의적인 경향을 띠기도 한다. 주지주의적 모형은 개별적인 죄악된 **행동**에 대해서만 말할 뿐 죄악된 **삶의 방식**—피조물을 향한 하나님의 뜻을 거스르는 방식으로 사람들이나 문화를 무질서하게 만드는 주기와 습관과 일상적 반복—을 제대로 설명해 내지 못한다고 할 수 있다.[82]

그러나 내가 이 책에서 계속해서 주장했듯이, 우리의 행동 중 다수는 의식적인 성찰의 산물이 아니라 습득된 습관적 성향의 결과물이다. 따라서 이는 우리의 **죄악된**, 무질서한 행동에도 적용된다. 우리에게 책임이 없다는 뜻이 아니다(그렇게 생각한다면 '자유'와 '결정론' 이분법에 빠지고 말 것이다). 핵심은 우리가 피조물의 번영에 대한 하나님의 뜻에 반대하는 삶의 방식으로 습관화되었다는 것이다. 예전적 형성의 조용하며 무의식적인 작용에 의해 우리는 자신도 모르는 사이에 세상을 위해 무엇이 준비되어 있는가에 관한 경쟁적인 이야기들 안으로 징집되었다. 이런 서사들과 그 은유적 힘이 우리의 뼛속까지 스며들어 우리의 '배경'을 지배하게 되었고 그 결과 세상에 대한 우리의 지각 자체를 빚어내기 시작한다. 이는 결국 우리의 (습관적) 행동을 방향 짓고 지배한

---

82 따라서 *Think: The Life of the Mind and the Love of God* (Wheaton: Crossway, 2011)의 저자인 존 파이퍼(John Piper)가 [*Bloodlines: Race, Cross, and the Christian* (Wheaton: Crossway, 2011)에서] 인종주의를 구조적 불의가 아니라 개인의 책임에 관한 문제로 보는—따라서 다른 **선택**과 (개인주의적) 은총의 '기적'이 해법이라고 주장하는—것은 우연이 아니다. 『존 파이퍼의 생각하라』(IVP), 『차별없는 복음』(두란노). 파이퍼의 접근 방식이 지닌 문제점에 관한 유익한 논의로는 Mark Mulder, "Right Diagnosis—Wrong Cure", *Comment*, January 18, 2012, http://www.cardus.ca/comment/article/3038/right-diagnosis-wrong-cure를 보라.

다. 우리는 경쟁적인 복음들을 아비투스로 흡수하며, 따라서 그것들을 '지향하며' 행동한다. 장차 올 하나님 나라와 경쟁하는 다른 **텔로스**를 지향하도록 이끌린다. 하지만 예전적 형성이 우리의 체현된 무의식에 영향을 미치며 육화된 의미의 역학을 동원하고 우리 안에 '좋은 삶'이 어떤 모습인지에 관한 이야기를 심어 넣기 위해 우리의 미학적 감각을 겨냥해 작동하기 때문에, 이러한 왜곡된 형성은 의식의 탐지기 아래에서—주지주의를 고수하는 탐지기에 잡히지 않는 방식으로—이뤄지는 경우가 많다.

수많은 세속적 예전의 레퍼토리를 통해 우리는 무질서한 사랑의 지상 도성에 슬며시 동화되며 자기애와 지배 추구에 의해 통제된다.[83] 따라서 우리는 매주 예배나 성경 공부에 참석하며, 이러한 '세속적' 실천의 **종교적** 속성을 이해하지 못하기 때문에 한 주의 나머지 날에는 우상을 위해 빵을 만들고 있음(렘 7:18)을 깨닫지 못한 채 "이것이 여호와의 성전이라, 여호와의 성전이라, 여호와의 성전이라"라는 말에 몰두하며 스스로를 위로한다(렘 7:4). 따라서 우리는 (세계 곳곳에서) 가난한 이들이 겪고 있는 불평등과 착취를 용인하게 만드는, 사회적으로 용인되는 낮은 수준의 탐욕을 지니는 경향을 띠는 사람이 된다. 혹은 청지기로서 피조물을 잘 돌보기보다는 피조물의 자원을 착취하는 삶의 방식을 당연히 받아들인다. 우리는 우리의 '정상적인' 삶의 방식이 지구 반대편의 아동들을 어떻게 착취하는가에 대해서는 한순간도 생각해보지 않은 채 종교적 박해를 종식시키는 일에 열정적으로 헌신할지도 모른다. 혹은 우리가 '자유'의 이름으로 폭격을 가하는 나라의 그리스도인들이 당하는 고통에 대해 눈을 감는 것이 '자연스럽다'고 생각한다. 삶의 방식은 우

---

83 아우구스티누스가 말하는 "지상 도성"이 단순히 '세속의' 삶이나 '피조물'이 **아님**을 기억해야 한다. "지상 도성"의 기원은 타락이며, 그렇기 때문에 지상 도성은 하나님의 도성과 대립한다. 이에 관한 더 자세한 논의는 Smith, "Reforming Public Theology"를 보라.

리에게 습관적인 것이 되어서 우리는 **그것에 관해 생각하지도 않은** 채 그 삶의 방식을 추구—그 삶의 방식대로 **행동**—한다. 왜냐하면 우리는 '좋은 삶'에 상응하는 전망을 지향하는 아비투스를 흡수했기 때문이다. 이것이 나의 배경 안으로 침전되기 때문에 나는 다른 방식으로 세상을 볼 수조차 없다. 세상을 보는 이 방식이 '명백해' 보이며, 나는 다르게 존재하라는 부르심을 **느낄** 수조차 없다. 나는 나쁜 결정을 했기 때문이 아니라 나를 다른 방식으로 훈련시키는 다양한 문화적 '훈련'에 의해 **잘못** 형성되고 있기 때문에 유혹에 저항하지 못한다. 그리고 그러한 경쟁적 제자도는 가장 평범한 실천을 통해 효과를 발휘한다. 부르디외의 말처럼, 그러한 예전은 의미의 교육이다. 중요하지 않아 보이는 것을 요구함으로써 우리를 궁극적 전망으로 끌어들인다.

예를 들어, 북미 중산층의 일상적 삶에서 특정 기술이 얼마나 광범위한 역할을 수행하고 있는지 생각해 보라. 모든 기술에는 신체적 실천 양식이 동반된다. 따라서 컴퓨터가 일차적으로는 정보를 처리하는 기계이기는 하지만, 특정 형식의 신체적 인터페이스를 요구하기 때문에 그것은 우리를 단순한 '생각하는 사물'로 완전히 환원시킬 수 없다. 우리는 어깨를 구부리고 책상에 앉아 스크린에 달라붙어 있든지, 식탁에 앉아 있는 다른 사람들을 외면한 채 스마트폰을 내려다보든지, 소파에 웅크리고 앉아 태블릿 스크린을 터치해야 한다. 모든 경우에 각각의 장비가 권하며 요구하는 신체 자세가 존재한다. 애플은 오래전부터 이 인터페이스의 신체적 본질을 이해하고 있었다. 이에 관해 우리는 터치스크린이라는 혁명적 변화를 이미 당연히 여기고 있다. 터치스크린은 새로운, 이전과 다른 촉각적 형식의 신체적 인터페이스로서 전에는 상상할 수 없었을 정도로 친밀한 방식으로 기계를 대하게 만든다.[84] 손끝

---

[84] 월터 아이작슨(Walter Isaacson)은 *Steve Jobs* (New York: Simon and Schuster, 2011), pp. 465–475에서 아이폰을 위한 애플의 터치스크린 기술 개발 과정을 회상한다. 『스티브 잡스』(민음사). 마지막 구

으로 조작하는 아이폰이나 아이패드, 다른 태블릿이 지닌 친밀함과 비교하면 랩톱에서 작업하는 일은 멀고 분리된 것처럼 느껴진다. (무심코 랩톱 스크린을 만지려고 한 적이 있는가? 그렇다면 내가 무슨 말을 하고 있는지 알 것이다.) 기술은 상호 작용의 의례를 가능하게 하며 그 의례로 초청한다.

당신이 전화를 조작하는 방식은 매우 사소한 문제인 것처럼 보인다. 우리가 작은 금속 장비를 다루는 방식을 굳이 분석할 필요가 있을까? 그 다음에는 내가 양말을 신는 법을 철학적으로 분석하고 포크를 잡는 법을 의례적으로 분석할 것인가?

부르디외에게서 배운 것을 잊지 말자. "암묵적 교육의 은밀한 설득이…'허리를 펴고 똑바로 앉아라'나 '왼손으로 칼을 잡지 마라'처럼 중요하지 않은 명령을 통해 하나의 우주관 전체를 주입할 수 있다"(LP, p. 69).[85] 한 사회의 무해해 보이는 '예절'은 중요하지 않아 보이는 것을 명령함으로써 본질적인 것을 강요한다. 여기서 우리가 부르디외의 통찰을 따른다면, "미세한 실천처럼 보이는 것이 거대한 효과를 낳는다고 말할 수 있다. 중요하지 않은 미세한 습관처럼 보이는 것이 사실은 더 폭넓은 세상에 대한 우리의 관계를 재편하기 시작하는—분명 그런 세상을 **만들기** 시작한다—훈련과 형성이 된다. 아이폰(혹은 다른 모든 스마트폰)과 우리의 인터페이스는, 우리를 성자의 형상으로 변화시키기보다는 밀턴의 사탄을 더 닮도록 교묘하고도 무의식적으로 우리를 훈련시키는 미세한 훈련이다. 그리고 이것은 아이폰을 통해서 전달되는 **내용** 때문이 아니라 내가 그 장비와 상호 작용하는 방식, 작은 기계와의 친밀한

절은 시사하는 바가 크다. "새로운 모습은 소박하지만 친근했다. 어루만질 수 있을 정도였다"(p. 473). 놀라울 것도 없이, 같은 장에는 "스티브는 욕망을 이해하고 있다"라는 앨런 키스(Alan Keyes)의 말이 인용되어 있다(p. 474). 정말로, 디자인의 에로스를 이보다 더 잘 이해한 회사가 있었는가?

85 〈킹스 스피치〉에서 오른손으로 글씨를 쓰라고 강요를 당했던 버티를 떠올려 볼 수도 있다(1장을 보라).

인터페이스에 의해 이뤄지는 상상력의 교묘한 교육 때문이다. 아이폰은 세상을 다르게 살도록 초대한다. 이는 단지 주머니에 들어갈 정도로 작은 장비가 전 세계의 인터넷 자료에 접근할 수 있게 해 주기 때문이 아니라 장비 자체와 상호 작용하도록 내게 권유하기 때문이다. 아이폰을 조작하고 숙달하는 물질적 의례는 암묵적인 사회적 상상으로 가득 차 있다. 아이폰에 길들여진다는 것은 세상을 나에게 '가용한' 것, 내가 마음대로 할 수 있는 것으로 암묵적으로 취급한다는—세상이 나를 위해 '손 안에' 있는 것으로, 내가 고르고 재고 살펴보고 만지고 즐길 수 있는 것으로 이해한다는—뜻이다.[86]

흔히 그렇듯이, 세상을 아이폰 스크린의 터치 명령에 순종하는 것으로 묘사한 미켈롭 울트라(Michelob Ultra)의 다소 공허한 광고는 이 시대정신을 간결하게 포착해 낸다. 그 차가 마음에 들지 않는가? 화면을 **쓸어** 다른 차가 나오게 하라. 풍경이 달라지길 원하는가? 화면을 **쓸어** 다른 풍경이 나오게 하라. 당신이 다른 곳에 있기를 원하는가? 당신이 가고 싶은 장소를 **누르라**. 그녀를 조금 더 잘 보고 싶은가? 두 손가락을 벌려 **한껏 확대하라**. 전화기와 관계 맺는 방식은 이제 세계와 관계 맺는 방식이 되었다. 작은 장비를 조작하는 실천은 우리의 필요를 감당하고 변덕을 충족시키기 위해 우리의 환경을 조작하고 싶어 하는 우리 마음을 그대로 보여 줄 정도로 확장되었다. 눈앞의 풍경을 바꾸기 위해 손가락으로 화면을 쓸어 넘기지는 않을지도 모르지만, 우리는 무의식적으로 아이폰처럼 세상이 우리의 바람대로 바뀌기를 기대하기 시작한다. 혹은 내가 내 환경의 중심이며 나를 둘러싸고 있는 것이 **나를 위해** 존재하기를 암묵적으로 기대하기 시작한다. 간단히 말해서, 나와 아이폰

---

[86] 이 미세한 실천 안에 '담겨' 있으며 이를 통해 습득되는 세상에 대한 기본적 지향이 포르노그래피를 봄으로써 받게 되는 '훈련'과 유사한 것은 아니냐는 생각을 가질 수도 있다. 포르노그래피를 보면서 (대부분) 남자들은 여자를 마치 사용자가 마음대로 고르고 바라보고 만지고 즐길 수 있는 대상인 것처럼 이해하는 법을 무의식적으로 배우기 때문이다.

의 관계―중요하지 않아 보이는―가 **세계**에 대한 아이폰화된 관계로 확대되고 나의 세계(관)가 아이폰화된다.

비슷한 방식으로, 우리는 소셜 미디어의 필수 요소가 된 의례―즉, 예전―를 이해할 수 있다. 아이폰이나 아이패드와 달리 페이스북과 트위터는 **소프트**웨어다. 구체적인 형식의 신체적 인터페이스를 꼭 요구하지는 않는다. 구체적인 물질적 장비와 동일시되지 않기 때문에(아이폰이나 아이폰이라는 유사-성례전적 빛깔을 지닌 특정 장비가 존재하지 않는다)[87] 이런 소셜 미디어가 '예전'이라고 부를 만한 규정된 의례를 조장한다고 상상하기가 조금 더 어려울지도 모른다. 그렇지만….

먼저 단명했던 나의 페이스북 실험을 고백하고자 한다. 2년 전 유행보다 여러 해 뒤쳐져서 나는 마침내 페이스북 계정을 만들었다. 약 세 달 후 나는 『하나님 나라를 욕망하라』에서 제안했던 '실천 검토'를 실시하고 결국 계정을 삭제했다.[88]

이 시점에서 나는 어떤 문화적 인공물도 그 자체로 악이 아니라는 점을 분명히 해 두어야 한다. 문화적 체제와 산물은 '선하게도 악하게도' 사용될 잠재적 가능성을 지니고 있다. 이런 조건과 제한은 특정한 문화 현상을 단순한 방식으로 악마화하는 태도를 거부한다. 따라서 무질서의 책임을 **사용자**에게 돌린다. 만약 페이스북이 나에게 문제가 된다면―그것이 무질서하게

---

[87] 최근에 나는 우리가 기술과 맺는 관계를 신랄하게 평가하는 극작가 토니 쿠쉬너(Tony Kushner)의 글을 접했다. "자본주의는 마르크스(Marx)가 예상했던 바로 그것을 행하고 있다. 비유기적 기계에게 그것을 창조한 살아 있는 이들의 특징을 부여하며, 그것이 인간의 노동에 의해 창조된 죽은 것이 아니라 살아 있는 것처럼 보이게 만든다. 우리는 시장 조사와 어두운 천재인 광고를 통해 비유기적인 것과 에로스로 가득 차 있는 관계를 맺도록 훈련받았다. 아이폰이나 아이패드는 사실 사람이 조립한 단순한 물건이지만 오히려 영혼을 지닌 것으로, 하늘에서 내려온 마법의 만나로 당신에게 판매되기 때문에 당신은 그것 없이는 살 수 없다는 느낌을 갖게 된다." "The Art of Theater No. 16: Tony Kushner", *The Paris Review* 201 (Summer 2012): p. 118.

[88] *Desiring the Kingdom*, p. 84.

만드는 예전으로 기능하기 시작한다면—문제는 사용자인 나에게 있다. 하지만 문화적 인공물이 그것을 만든 이들의 의도로 가득 차 있으며 그것을 만든 이들과 사용하는 이들의 의도를 능가하는 그 자체의 생명을 취하기도 한다는 점을 인정해야 하지 않을까?[89] 문화적 현상과 체제가 문화적 인공물 자체의 구조, 그 기본 요소 안에 새겨져 있는 좋은 삶에 대한 암묵적 전망으로 가득 차 있을 수도 있다. 그런 경우 사용자가 아무리 좋은 의도를 지니고 있더라도 그 체제 안에 내재된 목적론적 (무)질서를 제거할 수 없을 것이다. 혹은 최소한 사용자들이 문화적 인공물의 (잘못된) 형성적 힘을 심각하게 과소평가하여 지나친 자신감을 지닌 채 접근할 수도 있다. 그들은 기술을 정복할 수 있다고 확신하지만 실제로는 기술이 서서히 그들을 정복할 수도 있다. 소셜 미디어가—그것을 선하게 사용할 수 있음에도—이런 종류의 무질서하게 만드는 예전일지도 모른다. 트위터나 페이스북에 가입하는 것은 그저 '매체'를 이용하겠다는 중립적 결정이 아니다. 그것은 우리 안에 특정한 습관을 심어 주고 그 결과 그 습관이 세상에 대한 우리의 지향을 빚어내는—그것이 우리의 세상을 **만들어 가는**—실천의 환경에 스스로 참여하는 것과 다름없다.

예를 들어, 페이스북과 트위터 모두 허영이라는 악덕과 대단히 비슷한 자기 전시의 습관을 조장하는 것처럼 보인다.[90] 혹은 적어도 후기 근대 자본주의를—대단히 심각한 정도로—특징짓는 자의식과 반어적 거리를 강화한다. 나는 적어도 10대인 나의 네 자녀들에게는 부러움을 느끼지 않는다. 그들의

---

[89] 탁월한 분석과 지혜를 담고 있는 Brad J. Kallenberg, *God and Gadgets: Following Jesus in a Technological World* (Eugene, OR: Cascade Books, 2011), 특히 pp. 82-105를 보라.

[90] 교육과 형성의 맥락에서 허영의 문제를 다룬 유익한 논의로는 Rebecca Konyndyk DeYoung, "Pedagogical Rhythms: Practices and Reflections on Practice", in *Teaching and Christian Practices: Reshaping Faith and Learning*, ed. David I. Smith, James K. A. Smith (Grand Rapids: Eerdmans, 2011), pp. 24-42를 보라.

청소년기는 걱정이 없기는커녕 이전 세대의 불안과 질적으로 다른 불안 속에 사로잡혀 있는 시기라고 생각한다. 나는 거의 마비될 정도로 자의식을 부추기는 수많은 문화적 습관으로부터 그 차이가 생겨난다고 주장한다.

물론 자의식은 청소년기에 거치는 통과의례의 일부다. 호르몬이 10대의 몸에 미치는 영향 때문에 그들은 스스로 놀라지 않을 수 없는 방식으로 자신이 몸임을 깨닫게 된다. 그들은 낯선 손님으로서 자신의 몸 안에서 살며, 연필을 깎으러 가거나 축구 경기를 보러 가 계단을 오를 때 모두가 자신을 바라본다고 끊임없이 상상한다. 그런 자의식은 언제나 10대 자신이 우주의 중심이라는 뒤틀린 존재론을 조장하며, 아무도 자신을 알아보지 못하는 동시에 모두가 자신을 알아보기를 기도한다.

소셜 미디어의 도래는 이런 상황을 기하급수적으로 증폭시켰다. 과거에는 청소년들이 이런 게임으로부터 도피할 공간이 존재했으며, 특히 가정 안에 있었다. 10대들이 부모를 어떻게 생각하든지, 그들을 위해 무언가를 꾸밀 필요는 없었다. 가정은 보호 장치를 내려놓고 또래의 시선으로부터 자유로울 수 있는 공간이었다. 자신을 거의 잊어버릴 수 있었다. 적어도 10대 시절을 특징짓는 경쟁으로부터 벗어나 자신이 얼마나 서툴고 여드름이 많으며 기이한지를 잊어버릴 수 있었다.

이젠 그렇지 않다. 가정이라는 공간도 소셜 미디어의 침공에 뚫려 버렸고, 그 결과 자기 전시와 자기 과시의 경쟁적 세계는 언제나 우리와 함께 있다. 소셜 미디어의 우주는 어디에나 존재하는 원형 교도소(panopticon)다. 10대는 집에서도 자의식 게임에서 벗어날 수 없다. 언제나 전시 중임을 의식한다. 그리고 주기적으로 다른 이들의 전시물을 의식한다. 그녀의 트위터에는 자신은 함께하지 않은 '인기' 소녀들의 신나고 멋진 일들이 끊임없이 올라온다. 그녀의 페이스북에는 집에 갇힌 자신의 실존이 얼마나 따분한지를 부각하는 사진들이 계속해서 올라온다. 그래서 그녀는 '업데이트'하고 '체크인'하기 위해 언제나 '온라인'일 수밖에 없다. 멋진 삶을 향한 경쟁은 결코 중단되지 않는다. 그녀는 언제나 자신을 의식한다. 따라서 고독이 주는 즐거움에 빠져들 수가 없다. 소설을 탐독하거나, 일기에 자신을 쏟아붓거나, 스케치북에 기발한 그림을 그리며 시간을 보낼 수 없다. 더 심각한 것은 그녀가 하나의 목표를 향한 지향을 상실하고 말았다는 것이다. 자의식은 목적론의 종말이다.

가톨릭 철학자 찰스 테일러는 이에 관한 문화적 분석의 틀을 제공한다. 『세속의 시대』(*A Secular Age*)에서 테일러는 우리 시대가 "진정성의 시대", 즉 표현을 강조하는 개인주의에 의해 지배를 받는 시대라고 주장한다. 이를 설명하기 위해 그는 패션을 일종의 사례 연구로 제시한다. 패션은 나의 개성을 **표현**하는 매개체이지만 불가피하게 관계적이며 거의 기생적인 무언가이기도 하다. "패션의 공간은 우리가 함께 기호와 의미의 언어를 유지하는 공간, 끊임없이 바뀌지만 언제나 우리의 몸짓에 그것이 지닌 의미를 부여하기 위해 필요한 배경이 되는 공간이다."[91] 이것은 더 이상 공동의 행동을 위한 공간이 아니라 **상호 전시**의 공간—"도시의 수많은 단자가 유아론과 소통의 경계에서 배회하는" "함께-있음"의 또 다른 방식—이다. 이것은 새로운 종류의 자의식을 만들어 낸다. "나의 시끄러운 말과 몸짓은 나의 가까운 친구들만을 위한 것이며, 나의 가족은 차분하게 걷고 일요일 외출에 참여하지만, 언제나 우리는 우리가 만들고 있는 이 공동의 공간, 교차하는 메시지가 그 의미를 취하는 공간을 자각하고 있다."[92] 다시 말해서, 지금 우리는 모두 열세 살 소녀처럼 행동하고 있다.

---

[91] Charles Taylor, *A Secular Age* (Cambridge, MA: Harvard University Press, 2007), p. 481.
[92] 같은 책, p. 482.

소셜 미디어의 확산으로 모든 공간이 '상호 전시'의 공간이 되었다. 그 결과 모든 공간은 일종의 시각적 반향실이다. 더 이상 우리가 무언가를 행하는 것으로 보이지 않는다. 우리는 보이기 위해 무언가를 행한다. 소설가 데이비드 포스터 월리스도 20년 전에 비슷한 지적을 한 적이 있다. 다소 소홀히 취급되는 에세이인 "소설의 특징과 눈에 띄게 젊은 사람들"(Fictional Futures and the Conspicuously Young)에서 월리스는 어떻게 자신과 자신 세대의 작가들('눈에 띄게 젊은 사람들')이 테일러가 묘사한 자의식의 반향실에 나타났는가를 지적했다. 그리고 이는 미국 소설에 불가피하게 영향을 미쳤다.

특히 월리스는 눈에 띄게 젊은 사람들[월리스, 제이 매키너니(Jay McInerney), 브렛 엘리스(Brett Ellis) 등]이 어느 집에나 있던 텔레비전과 함께 자란 첫 작가 세대라고 지적한다. "말하자면 1955년 이후에 태어난 미국인들의 세대는 그저 텔레비전을 본 것이 아니라 텔레비전과 **함께 살아온 첫 세대다.**" 필립 로스(Philip Roth), 존 업다이크(John Updike), 솔 벨로우(Saul Bellow)가 한편에, 데이비드 포스터 월리스, 조너선 프랜즌(Jonathan Franzen), 제이디 스미스(Zadie Smith)가 다른 한편에 있는 중요한 차이가 여기에 있다. "우리는 말 그대로 [텔레비전] 없는 삶을 '상상'조차 할 수 없다. 오늘날 선진국 대부분에서 그렇듯이 그것은 우리의 공동 경험을 제시하며 규정한다. 그러나 우리보다 나이가 많은 사람들과 달리 우리에게는 그런 전자적 규정이 없는 세상에 대한 기억이 없다. 그것은 이미 우리에게 주어져 있다."[93]

오늘날 텔레비전을 트집 잡는 것이 구식처럼 보일지도 모르지만("너무 아날로그적이다!") 월리스의 분석에는 선견지명이 있었다. 우리는 이미 텔레비전을 통해 사회적 공간이 상호 전시의 공간으로 재편되는 것을 목격했기 때문

---

[93] Wallace, "Fictional Futures", p. 3.

이다. "텔레비전과 같은 신비로운 짐승은 더 세련되어질수록 이율배반을 만들어 내고 그것에 의해 살아가기 시작한다. 이 현상의 힘은 그 모순 안에 자리 잡고 있다. 언제나 집단과 대중, 시장, 공동체를 겨냥하지만 그럼에도 텔레비전이 가장 강력하고도 지속적인 변화를 가한 대상은 **개인**이다. 개인은 집단들과의 관계 속에서 자신을 이해하라고 날마다 강요받으며, 아예 집단 덕분에 존재하는 것처럼 보인다."[94] 우리 모두는 어디에서나 응시하는 카메라의 시선 아래서 계속해서 살아가게 되었다. 월리스는 "방송 드라마에 장기간 노출될 때 우리 모두는 더 자의식이 강해지는 동시에 덜 성찰하게 된다"라고 지적한다. 우리 모두가 시청자가 될 때, 온 세상이 텔레비전이 된다. "시청자인 우리는 사람의 가장 중요한 특징이 **볼 만함**이며 현대인의 가치는 보기라는 현상과 동일할 뿐만 아니라 그 현상에 뿌리내리고 있다는 주장을 강화하는 논리를 무의식적으로 받아들인다." 이것이 바로 테일러가 말하는 "함께-있음"의 독특하고 왜곡된 양식이다. 존재하는 것은 목격되는 것이다. 이것이 철학적 유산 안에 자리 잡게 한 사람은 바로 월리스다. "하나님을 닐슨(Nielsen, 시청률 조사 기관—옮긴이)이라고 부르는, '존재하는 것은 지각되는 것'(esse-est-percipi)인 버클리적 우주를 상상해 보라."[95]

테일러와 월리스가 이해하지 못한 것은 이런 자의식이 얼마나 사람을 무력하게 만드는가다. 우리가 언제 어디서든 **목격되는** 세상—카메라 달린 전화기가 모든 실수와 실패를 포착할 준비를 하고 있으며 존 스튜어트(Jon Stewart, 미국의 유명한 토크쇼 진행자—옮긴이)가 시청자 앞에서 냉소적으로 우리를 조롱할 준비를 하고 있는—에서 누가 위험을 무릅쓰고 무언가를 **행하겠는가**? 당신

---

[94] 같은 글, p. 6.
[95] 같은 글, p. 7.

이 ESPN에서 24시간 방영되는 경기 주요 장면을 보면서 자랐다면, 어설프게 골프공을 치려고 할 때 고통스러울 정도로 당혹감을 느낄 것이며 차라리 아무것도 하지 않음으로써 그런 당혹감을 피하려고 할 것이다. 당신은 더 이상 아마추어여도 괜찮다고 느끼지 않을 것이다. 우리가 살고 있는 상호 전시의 시대에는 모두가 텔레비전에 나오기 때문이다. 따라서 당신은 마음대로 기술을 배울 수도 없고 새로운 기교를 습득할 수도 없다. 누군가 당신이 실패하는 모습을 지켜보고 있다는 두려움이 당신을 마비시키기 때문이다. 온 세상이 거대한 유튜브 영상이 될 때, 모든 행동은 자기 전시의 행동―따라서 비판과 조롱, 거부의 재료―이 된다. 누군가 지켜보고 있다는 것을 끊임없이 의식할 때 당신은 전조등 앞의 사슴처럼 얼어붙는다. "내가 움직이지 않는다면 아마도 그들이 나를 알아보지 못할 거야."

『소셜 애니멀』에서 인간 본성을 포착해 낸 데이비드 브룩스는 이 문제를 진단하는 데 도움을 줄 수 있다. 자의식에 있어서 우리는 '사슴'인 동시에 '전조등'이다. 그런 자의식은 우리를 쇠약하게 만든다. 그것은 우리에게 행동보다는 분석에 더 적합하고 행하는 것보다 관찰하는 것을 더 편안하게 느끼는 정신의 '의식적인' 부분에서 끊임없이 살아가도록 강요하기 때문이다. 더 구체적으로 자의식은 자동화된 선(先)의식―우리의 행동 대부분을 지배하는, 세상에 대한 무의식적 '느낌'―의 정향 충동 밖으로 우리를 끌어낸다. 자의식은 우리의 습관 안에 거주하는 능력, **텔로스**를 지향하며 사는 능력, 목표를 추구하는 능력, 목적을 이루기 위해 행동하는 능력을 약화시킨다. 요약하자면, 그런 자의식이 **행동**의 목적이다.

따라서 소셜 미디어의 본질 자체가 특정한 사회적 존재론을 조장한다. 그것은 하나의 사회적 상상계를 동반한다. 페이스북 안에서 살아간다는 것은 그 규칙에 따라 게임을 한다는 것이다. 오랜 시간에 걸쳐 이것은 형성적 훈련이 된다. 만질 수 있지만 암시적인 방식으로 그것은 우리 안에 **나**를 중심으로 돌아가는—비록 우리는 스스로에게 우리가 다른 이들에게 관심이 있다고 말하지만—사회적 세계의 편성을 지향하는 성향과 경향을 심어 준다. 그것은 중요하지 않아 보이는 것에서 본질적인 것을 끌어내는 '중요하지 않은 것의 교육'의 고전적 사례다. 그것은 그저 하나의 '매체'일 뿐이라고 주장하지만 무엇이 중요한지, **누가** 중요한지에 관한 이야기를 가득 채운 채 다가온다. 그리고 우리가 이 가상 세계 안에서 살아갈 때—클릭해서 환경을 우회하고, 끊임없이 우리의 '상태'를 올리며 다른 사람들을 확인하고, 우리의 담벼락을 주시하고, 다른 사람들이 볼 수 있도록 '좋아요'를 누르면서—우리는 인간 번영에 대한 그 나름의 전망, 즉 즉각적 자기만족과 자축을 위한 천박한 관계라는 전망을 지닌 정치체 안으로 서서히 그리고 은밀하게 통합된다. 이 모든 것은 우리가 그것을 생각하지 않기 때문에 일어난다.

게리 슈타인가르트(Gary Shteyngart)의 불편하게 만드는 풍자 소설 『정말로 슬프고 진실한 사랑 이야기』(*Super Sad True Love Story*)는 자기 전시와 관음증의 문화가 어디를 향해 가고 있는가를 보여 주는 예언적인 거울 비추기로 읽을 수 있다. 이런 실천이 계속된다면—'현실' 세계가 페이스북 세계처럼 보인다면—세계는 어떤 모습이며 **우리**는 어떤 모습일까? 그리 멀지 않은 미래를 배경으로 레니 아브라모프의 일기를 중심으로 군데군데 그의 여자 친구 유니스 박의 '글로벌틴스'(즉 페이스북?) 메시지가 등장하는 기발하고 디스토피아적인 이야기를 들려주는 이 책은 현재의 문화적 추세가 그대로 계속된다면 미국, 더 구체적으로는 뉴욕시가 어떤 모습일지를 그리고 있다. 그곳은 사람들이 그들의 신용 점수에 따라 공개적으로 분류되고, 기업이 국민 국가를 대체하고, 빚더미에 앉게 된 미국이 (일부 지역은 노르웨이에 양도되고) 중국에 완전히 합병된 세상이다. 슈타인가르트의 사회적 논평은 완곡하며 암시적인데, 현재 우리의 문화적 습관을 상상의 미래에 투사한 것이기 때문이다. 이것은 페이스북 감수성의 편재화라고 부를 수도 있다. 모든 것이 공개적인 것이 되었다. 우리의 신용 점수는 거리에 늘어서 있는 '신용 기둥'에 전시된다. 우리의 감정과 생각은 우리 목에 달려 있는 장비(äpparät)에 공개된다. 쇼핑은 전지구화된 거대한 오락이다. 모든 젊은 여성이 투명한 '양파 껍질' 바지를 입을 정도로 어떤 것도 상상으로 남겨두지 않는다. 이 모든 것의 엄혹한 결과로 공동선에 대한 모든 감각이 상실된다. 돈이 많은 사람들은 벽으로 둘러싸여 외부와 차단된 데서 살아가며, 즐기기 좋아하는 개인들은 공적 삶에서 물러나 사적인 성취와 오락을 추구하며 살아간다. 이 정치체의 사회적 상상은 정치체의 종말이다. 사회적 상호 작용이라는 힘줄은 광섬유 다발로 축소되었고, **사회적 선이라는 개념은 미국 달러화의 길을 걸어 아련하게 기억나는 꿈이 되고 말았다.**

슈타인가르트의 소설은 주의를 촉구하는 이야기다. 이 소설이 그리는 절망적인 미래는 우리를 깨워 현재에 관한 걱정에 직면하게 만든다. 이것들은 그저 우리가 행하는 것들이 아니다. 이것들이 우리에게 무언가를 행한다. 제이디 스미스는 영화 〈소셜 네트워크〉(The Social Network)와 재런 러니어(Jaron Lanier)의 선서 『디지털 휴머니즘』(You Are Not a Gadget)을 나란히 비평한 글에서 비슷한 주장을 한다. 나의 주장과 놀라울 정도로 비슷한 언어를 사용하며 스미스는 이렇게 지적한다. "우리는 이 결과를 본능적으로 알고 있다. 우리는 그것을 느낀다. 2천 명의 페이스북 친구가 있다는 것이 보이는 것과 같지 않음을 알고 있다. 다른 사람들에 대해 특정한 방식, 피상적인 방식으로 행동하기 위해 이 소프트웨어를 사용하고 있음을 알고 있다. 우리는 우리가 이 소프트웨어 '안에서' 무엇을 하고 있는지 알고 있다. 하지만 이 소프트웨어가 우리에게 무엇을 행하고 있는지 알고 있는가? 그것을 경계하고 있는가?"⁹⁶ 트위터와 페이스북은 중립적이며 무해한 정보와 소통의 통로인 단순 '매체'가 아니다. 이것들은 세계를 만들며 정체성을 구성한다. 예전으로서 기능하는 상호 작용의 양식을 권하며 요구한다. 수많은 형성적 예전처럼 우리에게 이야기를 들려줌으로써, 우리의 상상력을 사로잡아 우리가 깨닫지도 못하는 방식으로 세상을 지각하게 만듦으로써 중요하지 않아 보이는 것을 통해 본질적인 것을 빼앗아 간다. 우리는 우리가 아는 것보다 더 많은 것을 상상한다.

기독교 예배는 다른 종류의 의례—대항-예전—를 통해 전혀 다른 사회적 존재론으로 우리를 초대한다. 우리가 검토했던 기술의 의례들은 내가 우주의 중심인, 다른 사람들을 내 전시를 관람하는 관객으로만 대하고 관계를 맺는 사회적 상상을 강화하는 반면, 기독교 예배는 의도적으로 탈중심화시키는 실천으로서 우리를 우리 자신 밖으로 불러내어 하나님의 삶 안으로 이끈다. 예배가 **부르심**으로부터 시작된다는 사실 자체가 이미 첫 자리의 바꿈인 동시에 초대, 즉 그리스도 **안**에서 우리 자신을 찾으라는 초대다. 소셜 미디어와 스마트폰의 의례는 우울한 반면, 기독교 예배의 실천은 근원적 차원에서 황홀하다. 자신을 '잃어버리기' 위해서가 아니라 그분 안에서 발견되기 위해 우리를 우리 자신 밖으로 불러내어 삼위일체 하나님의 삶 안으로 이끈다. 물론 나약함을 받아들이라는 부르심이 있으며, 죄를 고백하라는 부르심 속에는 심지어 일종의 '전시'도 있다. 그러나 이것은 경쟁적인 전시가 아니다. 오히려 자비와 은혜로 응답받는 약함이다. 당신은 당신의 죄를 고백하고 "너희가 죽었고 너희 생명이 그리스도와 함께 하나님 안에 감추어졌음"(골 3:3)을 다시

---

96 Zadie Smith, "Generation Why?", *New York Review of Books* 57, no. 18 (November 25, 2010): pp. 57-60, 강조는 추가됨. 또한 Jaron Lanier, *You Are Not a Gadget: A Manifesto* (New York: Knopf, 2010)를 보라. 『디지털 휴머니즘』(에이콘출판).

한번 되새긴다. 상호적 자기 전시와 우리를 쇠약하게 만드는 자의식으로 가득 차 있는 사회 속에서, 우리가 하나님 안에서 그리스도와 더불어 **감춰져 있다**는 이야기 안으로 초대받는다는 것은 특별한 은혜다. 그리고 그분 안에서 발견된 우리는 우리 자신 밖으로 나와 이웃과 원수, 과부와 고아를 사랑하라고 부르심받는다. 기독교 예배라는 수행된 이야기 속에서 우리는 다른 사람들을 '관객'이 아니라 이웃[97]으로 대하고 그들과 관계를 맺는다.

그리고 여기에 기독교 예배의 핵심적 차원이 자리 잡고 있다. 예배는 대안적 상상계, 하나님의 성령께서 세상을 자신과 화해시키시는 그리스도에 관한 하나님의 이야기 안으로 우리를 초대하는 방식이다. 그러나 앞에서 살펴보았듯이, 이런 이야기가 정말로 우리의 상상력을 사로잡으려면 우리의 오장육부를 건드려야 한다. 그 이야기가 우리 마음에 기록되어야 한다. 이야기가 마음에 이르는 길은 몸을 통하는 것이다. 마지막 장에서 나는 메를로퐁티와 부르디외에게서 얻은 이론적 도구 상자를 활용해 의도적인 기독교 예배의 형성적 실천의 중요성을 '새롭게 바라보고자' 한다.

---

[97] J. 토드 빌링스는 "복음의 성상인 주의 만찬은 그리스도 및 그리스도의 몸과의 교제를 제공할 뿐만 아니라 수찬자의 삶이 이웃의 '하나님 안' 차원을 향하게 하기도 한다"라고 지적한다[*Union with Christ: Reframing Theology and Ministry for the Church* (Grand Rapids: Baker Academic, 2011), pp. 113-114].

4장 세계 회복하기/다시 이야기하기

선교를 위한 기독교적 형성

예배를 통해 하나님은 바른 것을 당연히 받아들이도록 그분의 백성을 훈련시키신다.[1]

지각의 성화: 다시 이야기하기 위해서는 실천이 필요하다

시작한 곳으로 다시 돌아가 보자. 기독교 예배와 기독교 교육은 모두 같은 목적을 가지고 있다. 교회와 기독교 대학은 하나님의 선교에 사로잡힌 기관이며, 하나님의 백성의 마음과 정신을 모아 하나님의 삶 속으로 이끎으로써 우리가 다시 한번 피조물로서 재-창조의 소명을 수행할—모든 피조물을 위해, 모든 피조물에 대해 하나님의 형상을 지닐—수 있게 하는 것을 목적으로 삼는다.[2] 교회와 기독교 대학(그리고 기독교 학교)은 **보냄**—지구를 가꾸는 우리의 사명과 더불어 우리의 십자가를 짐으로써 '평화 가운데 가서 주를 사랑하고

---

[1] Stanley Hauerwas and Samuel Wells, "The Gift of the Church and the Gifts God Gives It", in *The Blackwell Companion to Christian Ethics*, ed. Stanley Hauerwas and Samuel Wells (Oxford: Blackwell, 2006), p. 25.

[2] '문화 명령'(창 1:26-31)과 '대위임'(마 28:18-20)의 연속성에 관해서는 James K. A. Smith, *Desiring the Kingdom: Worship, Worldview, and Cultural Formation* (Grand Rapids: Baker Academic, 2009), pp. 205-207를 보라.

섬기라'—에서 정점에 이르는 형성의 공간이다.³ **하나님의** 행동의 실천으로서 기독교 예배와 형성은 기독교적 행동—다른 '도성'의 대사로서, 장차 올 왕국의 증인으로서 보냄받아 하나님의 샬롬의 맛보기를 체현하는 백성의 공동체로서 살고 행동하는 것—에서 정점에 이른다.⁴ 이것은 예배를 단순히 목적에 이르는 수단으로서 '도구화'하는 것도 아니고, 예배를 도덕적 형성을 위한 전략으로 환원하는 것도 아니다. 기독교적 행동을 **우리** 능력의 펠라기우스적 표현으로 보는 행동주의와 혼동해서도 안 된다. 예배와 기독교적 형성의 실천은 무엇보다도 먼저 성령께서 우리를 삼위일체 하나님과의 연합으로 이끄시는 방식이다. 예배는 우리가 하나님을 만나는 장, 성령께서 임재하시는 실천—하나님이 약속하신 중심 잡는 의례(성례전)—안에서 그런 실천을 통해 하나님에 의해 형성되는 장이다. 볼튼이 지적하듯이, 장 칼뱅은 "선호되는 형성적 실천 모음"⁵을 "거듭남의 훈련"이라고 부르며 끈질기게 강조하면서도 이것이 반복해서 되풀이되는 영적 자기주장이나 인간의 성취가 아니라는 점 역시 일관되게 강조했다.

제자들은 이러한 성화시키는 실천을 수행할 수 있으며 실제로 수행하지만 그들의

---

3 하나님의 선교, 따라서 하나님의 백성의 선교의 광대한 범위에 관한 명확한 설명으로는 Christopher J. H. Wright, *The Mission of God: Unlocking the Bible's Grand Narrative* (Downers Grove, IL: InterVarsity, 2006)와 Wright, *The Mission of God's People: A Biblical Theology of the Church's Mission* (Grand Rapids: Zondervan, 2010)을 보라. 『하나님의 백성의 선교』(IVP).

4 그레이엄 워드(Graham Ward)는 '기독교적 행동'으로 간주되는 것을 여섯 핵심 요소로 주의 깊게 분석한다. 이 여섯 요소는 행동하는 행위자, 행동의 본질, 행동의 평가, 행동의 목적, 행동의 효과, 행동으로 이어지는 의도와 정서(도널드 데이빗슨을 따라 "적극적 태도")다. Graham Ward, *The Politics of Discipleship: Becoming Postmaterial Citizens*, The Church and Postmodern Culture (Grand Rapids: Baker Academic, 2009), pp. 181–201를 보라. 나는 많은 점에서 이 책이 여섯 번째 양상에 대한 분석의 확장과 심화라고 생각한다.

5 Matthew Myer Boulton, *Life in God: John Calvin, Practical Formation, and the Future of Protestant Theology* (Grand Rapids: Eerdmans, 2011), p. 24.

수행은 그 자체가 하나님의 선물이며, 하나님이 함께하시고 능력을 주실 때만 제대로, 열매를 맺으면서—즉, 참된 겸손 및 자신이나 다른 이들을 위한 통찰을 만들어 내는 방식으로—이뤄질 수 있다.…따라서 칼뱅을 따라 우리는 '영적 실천'을 먼저 성령과 예수 그리스도의 사역, 하나님이 우리와 함께 우리 안에서 행하시는 성화와 중생, 회복의 사역으로 재구조화한다.…교회의 모든 핵심적 실천은 여전히 인간이 행하는 일이지만 그들은 이 일을 혼자 하지도 않고 그 행동의 일차적 행위자로서 하지도 않는다. 오히려 그들은 이 실천 안에서, 이 실천을 통해 하나님의 일에 참여한다.[6]

따라서 기독교 예배의 실천을 통해, 그리고 연관된 영적 훈련을 통해 우리는 우리 영혼을 사랑하시는 분을 만난다. 우리는 우리 마음이 지어진 목적이신 분, 하늘과 땅의 주인이신 분의 삶 속으로 이끌려 들어간다.[7]

그리고 창조하시며 재창조하시는 이 하나님은 우리에게 **가라**고 명하시며, 그분은 '세상 끝 날까지' 우리와 함께하신다. 기독교 예배의 절정은 약속("그분의 축복이 함께하리니")이 수반되는 보냄("가라!")—축복이자 권면, 성령 임재의 약속이 동반되는 위임(co-*mission*-ing)인 축도—이다. 따라서 우리가 하나님과 이웃을 사랑하기 위해 행동하고 애쓰라고 보냄받을 때, 그리스도의 영이 우리와 함께 가신다. 따라서 하나님의 선교 안으로 이끌려 들어가 행하는 '우리의' 기독교적 행동조차도 그저 '우리의 것'이 아니다. 우리는 "하나님과의 사귐 안에서 행동한다."[8] 예배는 태엽을 감고서 스스로 알아서 살아가라고 우

---

[6] 같은 책, p. 223.
[7] Augustine, *Confessions* 1.1.1. "당신께서는 우리가 당신을 향하도록 만드셨기에, 우리 마음은 당신 안에서 쉬기까지 안식할 수 없습니다." 『고백록』(경세원).
[8] J. Todd Billings, *Union with Christ: Reframing Theology and Ministry for the Church* (Grand Rapids: Baker Academic, 2011), p. 110.

리를 내보내는 이신론적 신과 함께하는 시간이 아니다. 우리는 연료를 가득 채운 뒤에 자기 충족적이며 자율적인 행위자로 떠나려고 예배를 드리지 않는다. 워드는 "기독교적 실천이라는 개념 속에는 자기 충족성이라는 근대적 개념이 들어갈 여지가 없다"라고 지적한다.⁹ 오히려 성경적 전망은 함께 머무는 임재와 참여의 전망이다("내가 너희 안에, 너희가 내 안에"). 다시 말해서, 우리의 기독교적 행동은 통합의 역학과 직결되어 있다. 예를 들어, "성만찬을 받는 행위를 통해 나는—그저 그리스도를 내 안에 두기보다는—나 자신을 그리스도 **안**에 둔다. 나는 그리스도를 먹지만, 그리스도께 흡수되지 않고서는 그리스도를 흡수하지 못한다. 이 먹기 때문에, 먹기를 통해, 먹기를 수단으로, 이 복합적 함께 머물기 안에만 생명과 양식, 양육이 존재한다. 인간의 삶이 하나님의 삶에 참여하는 동시에 하나님의 삶이 인간의 삶에 참여한다."¹⁰ 따라서 우리의 행동은 삼위일체 하나님에 대한 예배에 의해 동기를 부여받는 데 그치지 않는다. 오히려 예배 안에서 우리는 하나님의 삶에 사로잡히며 그리스도와의 연합으로 이끌려 들어가고, 따라서 우리가 '갈' 때 기독교적 행동을 만들어 내는 이 참여 안으로 들어간다. 워드는 계속해서 이렇게 말한다. "기독교적 행동을 교회라는 관점뿐만 아니라 그리스도에 대한 교회의 참여, 그리스도의 몸으로서의 교회라는 관점에서도 이해해야 한다. 즉, 기독교적 행동은 하나님의 말씀이신 그리스도 안에서, 그분을 통해 창조하신 영역 안에서 삼위일체 하나님의 일하심에 교회가 참여하는 것과 필수적으로 연결되어 있다. 따라서 제자도는 단순히 그리스도의 본보기를 따르는 것이 아니다. 제자도는 그리스도 안에서 형성되어 우리가 그리스도처럼 되는 것이다. 그리고

---

9 Ward, *Politics of Discipleship*, p. 184.
10 같은 책, p. 187.

이 형성의 맥락은 구체적 위치성과 종말론적 중요성을 지닌 교회다."[11]

기독교 예배의 마침/보냄(s/ending)을 강조한다고 해서 예배를 도덕적 형성으로 환원하거나 하나님의 임재를 우리의 자기 개선을 위한 도구로 취급하는 것은 아니다. 오히려 기독교 예배의 원심적인 **마무리**(end)는 기독교 예배 안에서 우리가 예행연습 하는 이야기에 필수적이다. 보냄은 실천의 논리에 필수적이다. 기독교적 행동이 기독교 예배의 목적(end), 즉 텔로스임을 강조하는 것은 예배를 도구화하는 것이 아니며, 오히려 예배의 드라마 안에서 상연된 이야기—우리가 피조물을 가꿈**으로써** 하나님의 형상을 지닌 사람인 우리의 역할을 하도록 부름받은 "온 세상에 관한 참 이야기"[12]—를 '얻는' 것이다. 성령의 은사 때문에 우리가 바로 이 사명을 수행하도록 능력을 받았다는 감각이 이 이야기와 기독교 예배의 실천에 필수적이다(롬 8:1-17). 동시에 성령은 예전적 동물이자 몸을 지닌 행위자인 우리가 있는 곳에서 우리를 만나 주시며, 변화시키고 능력을 주는 은혜의 통로인 훈련과 실천 '모음'으로 우리를 초대하신다. 따라서 기독교 예배와 형성에는 원심적인 텔로스가 존재하지만, 동시에 우리 자신을 다시 그 이야기라는 중심을 향하게 하고 우리의 통합(incorporation)을 계속해서 추구하고 심화시키라는 구심적인 초대도 존재한다.[13] 이것

---

[11] 같은 책, p. 184. 그가 말하듯이, "우리는 기독교적 행동을 구원론적이며 종말론적인 의미를 지닌 하나님의 만들기(*poiesis*)에 참여하는 실천으로 특징짓는다"(p. 201).

[12] Michael Goheen, Craig Bartholomew, *The True Story of the Whole World: Finding Your Place in the Biblical Drama* (Grand Rapids: Faith Alive, 2009)를 보라. 이 책은 N. T. 라이트(Wright)의 주장을 되울린다. "기독교의 핵심은 기독교가 온 세상의 이야기인 한 이야기를 제시한다는 것이다"[*The New Testament and the People of God* (Minneapolis: Fortress, 1992), pp. 41-42]. 『신약성서와 하나님의 백성』(CH북스).

[13] 볼튼은 자세한 각주를 통해, 윌리몬(Willimon)과 하우어워스의 '재세례파적' 교회관이 원심적이기보다 구심적이라는 점에서 그들의 주장이 칼뱅과 다르다고 말한다(*Life in God*, p. 219n8). 여기서 그가 차이를 감지한 것은 옳다고 생각한다. 다만 나는 원심적인 텔로스를 이루고자 한다면 형성을 **위한** 꾸준한 구심적 모임이 필요하다는 점을 분명히 말해 두고 싶다. 다시 말해서, 우리가 말씀과 성례전, 형성적인 기독교적 실천들을 통해 그리스도라는 중심을 향해 구심적으로 재정향될 때만 원심적인 선교가 가

은 예배 **혹은** 선교 중 하나를 선택하는 문제가 아니며, 우리가 교회 **혹은** 세상, 예배당 **혹은** 도시라는 그릇된 이분법에 직면해 있다는 것도 아니다. 그와 반대로, 우리는 선교를 **위해** 예배하고, 보냄받기 **위해** 모이며, 세상을 **위해** 우리 자신을 그리스도의 몸의 실천이라는 중심을 향하게 하고, 하나님의 형상을 지닌 존재로서 도시를 개혁(reform)하라는 우리의 사명을 수행하기 위해 예배당 안에서 재형성된다(reformed).[14] 따라서 형성을 위해 필요한 것은 바로 선교에 대한 폭넓은 감각이다. 이처럼 기독교적 **행동**의 선교적 텔로스는 우리가 지향성을 갖고 기독교적 실천의 형성적 힘을 대하기를 요구한다.

제네바에 대한 칼뱅의 전망을 다루는 매튜 볼튼의 명쾌하고 도발적인 설명은 형성과 행동, 예배와 선교 사이의 이러한 역동적 상호 작용을 탁월하게 예증한다. 개혁에 대한 칼뱅의 전망의 핵심에는 교회뿐만 아니라 도시를 개혁하겠다는 기획을 촉진하는 일상적 삶의 성화가 자리 잡고 있다.[15] 예배의 질서를 바로잡고 예배를 갱신해야 할 뿐만 아니라 문화적 삶 전체가 하나님의 의도와 목적을 반영해야 한다. 하나님은 영혼뿐만 아니라 몸의 주님이시며, 하늘뿐만 아니라 땅의 통치자시다. 복음은 전투 중인 영혼을 구조하는 계획일 뿐만 아니라 **만물**을 구속하시는 하나님이 주시는 말씀이기에 좋은 소식이다(골 1:15-20). 하나님의 은혜는 교회뿐만 아니라 세상 안에서 파급 효과

능하다. 말하자면, 제네바를 위해서 성도들은 규칙적으로 생피에르 대성당(St. Pierre Cathedral)에 모여야 했다.

14 그러므로 지상 도성의 '정치'에 대한 기독교적 참여에 관해 다양하고 복잡한 물음과 문제가 존재한다. 자세한 논의는 3권 *Emboding the Kingdom*에서 서술할 것이다(실제로 문화적 예전 3권은 *Awaiting the King*이라는 제목으로 2017년에 출간되었다 – 편집자).

15 이것이 갖는 사회적 함의에 관한 논의로는 Charles Taylor, *Sources of the Self: The Making of Modern Identity* [Cambridge: Cambridge University Press, 1989, 『자아의 원천들』(새물결)], pp. 211–233와 Taylor, *A Secular Age* (Cambridge, MA: Harvard University Press, 2007), pp. 77–84를 보라. 나는 *Haunting Immanence: Reading Charles Taylor in a Secular Age* (Grand Rapids: Eerdmans, 출간 예정)에서 이를 자세히 논할 것이다[실제로 이 책은 *How (not) to Be Secular*라는 제목으로 2014년에 출간되었다 – 편집자].

를 가지며, 바로 그렇기 때문에 우리의 **보냄**이 이 이야기의 필수 요소다. 따라서 이것은 흔히 칼뱅주의 전통과 연관시키는 '행동주의', 모든 영역에 대한 그리스도의 주권을 주장하는 태도를 떠올리게 한다.[16]

따라서 칼뱅이 정반대의 감수성을 집약해서 보여 주는 중세의 제도인 수도원주의, 즉 일상적 삶의 혼란과 평범함으로부터 물러나는 엘리트주의를 비판한다는 점은 놀랍지 않다. 그러나 볼튼이 그토록 조심스럽게 지적하듯이, 칼뱅이 수도원주의 안에서 거부한 내용은 형성적 훈련에 대한 헌신과 영적 훈련의 규칙적 준수가 **아니다.**[17] 그가 거부한 것은 수도원주의와 관련된 '의례'가 아니라 수도원주의가 담고 있는 엘리트주의와 분리주의다. 말하자면, 칼뱅은 공동체의 훈련을 폐지하기 위해서가 아니라 분리주의적 포로 상태로부터 이러한 형성적 실천을 **해방**시키기 위해 '수도원을 급습한다.' 볼튼은 "칼뱅은 수도사들이 기독교 공동체 안에서 일상적이고 쉬우며 흔해야 하는 것, 즉 시편 부르기부터 날마다 하는 기도, 성만찬을 통한 그리스도와의 친교에 이르기까지 교회의 독특한 훈련의 레퍼토리 안에서, 그것을 통해 형성된 인간의 삶 전체를 엘리트적이고 어려우며 드문 것으로 만들기 때문에 틀렸다고 생각한다"라고 지적한다.[18] 수도원주의에 대한 칼뱅의 비판이 의도하는 바는 탈의례화되고 설교 중심적이며 주지주의적인 경건이 아니라 수도원적 실천의 일반화—"모든 신자의 수도직"—이다.[19]

---

16 종교개혁을 '세계 형성적' 기독교의 발전으로 보는 이 관점을 요약한 고전으로는 Nicholas Wolterstorff, *Until Justice and Peace Embrace* (Grand Rapids: Eerdmans, 1983)를 보라. 『정의와 평화가 입맞출 때까지』(IVP).

17 나는 이미 *Desiring the Kingdom*, p. 209n118에서 "거룩하고 합당한 수도원주의"에 대한 칼뱅의 주장을 지적했다.

18 Boulton, *Life in God*, p. 13.

19 같은 책, p. 22.

여기서 추구하는 바는 수도원적 훈련 안에 암시된 교육적 지혜이며, 이는 다시 영적 형성에 관해 교회가 가진 지혜의 훨씬 더 오래된 유산에 뿌리내리고 있다. 수도원에서 실천하는 영적 훈련 '모음'은 고대의 기독교적 교육(paideia), 즉 "교회의 고대적 훈련 방식"으로부터 물려받은 것이다.[20] 이러한 기독교적 교육의 훈련에 몰입하기 위해 도시의 노동에서 물러나 사막으로 고립될 필요는 없었다. 하지만 도시를 일종의 사막으로 개조해야 했을 것이다. 제네바 컨시스토리(consistory)가 정육업자와 제빵업자, 양초 제조업자들이 하나님의 백성을 위한 하나님의 선물, 성화를 위해 주어진 은혜의 통로인 이러한 형성적 영적 훈련에 몰입할 충분한 기회를 얻을 수 있게 했다면—적어도 칼뱅의 의도가 관철되었다면!—"제네바 전체가 하나의 거대한 수도원(magnum monasterium)이 되었을 것이다."[21] 볼튼의 논평처럼, "칼뱅은 궁극적으로 성전을 교회의 예배 공간이라는 벽뿐만 아니라 그 벽을 넘어서 제네바 도시로—즉, 그리스도인 제자의 삶과 노동의 경계까지, 그런 의미에서 피조물의 경계까지—확장하고자 했다."[22] 칼뱅은 이러한 실천이 모든 직종의 그리스도인에게 접근 가능하고 실천 가능하게 만드는 데 관심을 기울였다.[23] 그들이 하나님의 성령에 의해 바르게 형성되고 빚어져야 문화의 모든 영역에서 그들의 선교적 소명을 수행할 수 있기 때문이다. 그리고 칼뱅은—고대의 기독교 신앙을 따라—그리스도의 덕을 '옷 입는다'는 것(골 3:12-15)을 기도와 예배의

---

20 같은 책, pp. 23-24.
21 같은 책, p. 27.
22 같은 책, p. 43. '신율주의'(theonomist) 기획과 관련된 우려를 피하려면 뒤의 조건이 중요하다. 이와 관련한 문제 역시 3권에서 다룰 것이다.
23 예를 들어, 칼뱅은 매일의 기도 주기, "사실상 모든 그리스도인이 실천하도록 마련된 성무일도"를 제안했다(같은 책, p. 39). 또한 그는 기독교적 형성을 위해 주의 만찬을 더 자주 시행하기를 주장했다(pp. 40-42).

실천에 몰입하는 것(골 3:16-17)으로 이해했다. 교회의 예배 실천과 영적 훈련은 세상 안에서, 세상을 위해 자신들의 사명과 소명을 수행할 수 있는 행위자들을 형성하기 위해 필요한 '교육 레퍼토리'였다.

다시 한번 이 점에서 구심적 역학과 원심적 역학의 상호 작용에 주목하라. 개혁에 대한 칼뱅의 전망은 그 범위에 있어서 피조물 전체를 아우른다. 우리는 그리스도께서 만물을 구속하시는 우주적 구속에 참여하도록 부르심을 받았으며, 그렇기 때문에 도시의 구석구석이 **중요하다**. 따라서 모든 종류의 문화적 활동을 하나님의 선교의 표현으로서 수행할 수 있다. 그러나 "주 예수의 이름으로"(골 3:17)—즉 바르게 질서 잡힌 방식으로—문화적 활동을 수행하기 위해서는 우리의 습관과 욕망을 피조물을 향한 하나님의 욕망과 일치시키기 위해 규칙적으로 훈련해야 한다. 이를 위해서 우리는 그리스도라는 중심을 향해 우리를 다시 방향 짓는 실천과 훈련의 레퍼토리에 규칙적으로 몰입해야 한다. 칼뱅은 수도원적 물러나기와 재세례파적 '대안 사회'를 거부하지만, 여전히 여기서 근본적인 **대립**을 강조한다. 이는 "그의 시대의 관습적인 일상적 삶"이 "기독교 경건의 필요와 심층적으로 모순을 이루고 있었기" 때문이었다.[24] 칼뱅은 이를 바로잡기 위한 대책, 즉 다른 훈련, 다른 예전의 형성적 힘에 맞설 수 있는 대항 형성적인 기독교적 훈련에 규칙적으로 꾸준히 몰입할 기회가 필요하다고 생각했다. 그래서 칼뱅은 '세상'에서 물러나 사막으로 들어가는 것을 지지하지는 않았지만, 여전히 그리스도인의 삶이 분리되어 있음을 강조한다. 볼튼이 잘 요약하듯이, "칼뱅은 그리스도인의 삶에는 수도원으로의 지리적·사회적 물러나기가 아니라 도덕적·실존적 차원에서 '세상'과 '타락된 성향'으로부터 실천적 물러나기를 통한 분리됨이 반드시 필

---

[24] 같은 책, p. 25.

요하다고 생각한다. 즉, 칼뱅은 일상의 삶에 적극적으로 참여하지만 그럼에도 널리 퍼져 있는 유형과 관습을 따르지 않는 개혁된 삶의 방식, 사실상 세상 안에 여전히 자리 잡고 있지만 **세상으로부터 굴절된 성향**을 상상한다."[25]

이제 내 주장의 핵심에 이르렀다. 우리는 보냄받기 위해 모이며, 행하기 위해―하나님의 선교에 참여하는 기독교적 행동을 수행하기 위해―보냄받는다. 따라서 '선교'는 하나님의 영광을 위해, 하나님 나라의 샬롬을 지향하는 방식으로 자신의 소명을 추구하는 그리스도인의 삶을 가리키는 약칭일 뿐이다. 그러나 우리가 강조해 왔듯이, 우리의 행동은 우리의 **성향**, 우리의 아비투스, 세상에 대한 우리의 비의식적이며 열정적인 지향으로부터 흘러나온다. 그렇기 때문에 선교와 소명, 문화 만들기에 대한 기독교적 강조는 언제나 '성향의 굴절'에 대한 더 근본적인 관심에 근거해야 한다. 교회가 하나님이 만드신 선하지만 깨어진 세상 안에서 사명을 수행하도록 하나님의 형상을 지닌 이들을 보내는 원심적 공간이라면, 동시에 성향의 재형성을 위해 구심적으로 보인 실천 공동체이기도 해야 한다. 그리고 다른 선교적 기관―기독교 학교와 대학, 대학교 같은―역시 성향을 굴절시키기 위해 노력해야 한다. 요약하자면, **행동하는 이들**―개혁과 갱신의 이루는 사람들―을 보내는 데 전념하는 모든 선교적·형성적 기독교 기관은 우리의 아비투스를 재형성하는 데 주의를 기울여야 한다.

메를로퐁티의 어휘를 사용해 설명하자면, 갱신을 위해 행동하는 기독교적 행위자를 형성하려는 목표가 있을 때, 성향의 굴절을 위해서는 지각의 성화가 필요하다. 우리가 행동하도록 부르심받은 세상을 **구성하는** 것은 바로 우리의 신체적 **태도**(프락토그노시아)이기 때문이다. 지각을 빚어내는 것은 행동을

---

[25] 같은 책, p. 26, 강조는 추가됨.

변화시키는 것이다. 우리가 속해 있음을 깨달은 '세상'을 우리가 변화시키기 때문이다. 만약 우리가 세상에 대한 우리의 기분을 재조정하고, 따라서 다른 **부르심**에 의한 끌림을 느끼고자 한다면, 세상에 대한 기독교적 '관점'을 갖는 것으로는 충분하지 않다. 우리에게 필요한 것은 바로 기독교적 상상력이다. 상황에 대한 우리의 평가가 상황에 대한 우리의 지각과 결부되어 있기 때문에, 또한 우리의 지각이 우리 경험을 구성하는 신체적 배경에 의해 빚어지기 때문에, 기독교적 행동을 위해서는 육화된 의미라는 신체적 차원에서 이뤄지는 지각의 성화가 반드시 필요하다. 요컨대, 우리가 다가오는 하나님 나라의 행위자가 되어 피조물을 향한 하나님의 욕망을 체현하는 방식으로 **행동**하고자 한다면, 우리의 상상력이 하나님에 의해 징집되어야 한다. 우리의 지성을 설득하는 것으로는 충분하지 않다. 우리의 상상력이 모든 피조물을 회복시키고 화해시키시는 하나님의 은혜의 이야기에 사로잡혀야—그 이야기 안에 갇혀야—한다. 우리가 설득되는 것으로는 충분하지 않다. 우리는 **감동받아야** 한다. 그렇지 않으면 우리는 코스트코에서 웬델 베리의 책을 읽게 될 것이다. 설득은 되었지만 변화되지는 않을 것이다.

뒤에서 나는 이것이 교회에, 특히 교회의 예배 실천에 어떤 의미를 갖는지 생각해 보고자 한다. 하지만 이것이 또 다른 선교적 기관, 즉 기독교 대학에 어떤 의미를 갖는지도 생각해 보자.[26] 기독교 교육이 하나님 나라의 일등 시민을 길러 내는 통전적 형성이라면, 가장 온전한 (메를로퐁티적) 의미에서—즉, 우리가 말로 다 설명할 수 없는 방식으로 세상에 **의미를 부여하는** 가촉적이며 체감적인 방식으로—학생들의 지각을 재형성해야 한다. 그런 교육은 인간 이해의 **미학**에 영향을 미쳐야 한다. 우리의 오장육부를 장악하고 우리의 상

---

26 여기서 내가 말하는 모든 것은 초·중등 수준의 기독교 학교에도 적용되며 캠퍼스 사역, 정신 건강 시설, 여름 캠프 등 교회의 선교적 기관에도 적용될 수 있다.

상력—우리가 세상을 지각하는, 또한 우리의 행동을 추동하거나 '끌어당기는', 의식보다 앞선 감정적 차원—을 사로잡아야 한다. 예배나 교육에서 기독교적 형성은 근본적으로 미학적 차원—단지 그런 형성적 실천이 '아름답다'거나 매력적이라거나 '유쾌하다'는 의미에서가 아니라 그런 실천이 우리의 육화된 의미를 건드리고 세상에 대한 우리의 체현된 기분의 심금을 울려야 한다는 의미에서—에 의해 특징지어져야 한다. 기독교적 형성의 실천이 참으로 우리의 예절을 재형성하고 하나님 나라를 지향하도록 우리의 성향을 구부리고자 한다면, 그런 실천은 우리의 상상력을 갱신하고 다시 방향 지음으로써 바르게 질서 잡힌 에로스적 이해를 만들어 내야 한다.[27]

지각을 성화하기 위해서는 상상력을 회복하고 새로운 이야기 안에 자리 잡게[restor(y)ing] 해야 한다. 이것의 두 측면을 주목하라. 첫째, 상상력의 이러한 변화는 우리의 이해를 새로운 **이야기 안에 자리 잡게** 하는 것이다. 지각을 성화하기 위해서는 상상력과 조화를 이루며 정서적 차원에서, 육화된 의미의 '사이'에서 우리에게 영향을 미치는 미학적 수단이 필요하다. 이야기는 재료에 활기를 부여하는 유쾌한 작은 오락에 그치지 않는다. 이야기는 내용을 '흥미롭게' 만드는 보충적 방식이 아니다. 우리는 이야기에 **의해** 알기 때문에 이야기를 통해서 배운다. 우리는 다른 방식으로 알 수 없는 것들을 이

---

[27] 기독교적 형성에서 미학적인 것의 중요성에 대한 새로운 근거와 자극을 제공하고 싶지만, 이런 주장 자체가 새로운 것은 아니다. 나는 한 세대 전 캘빈 시어벨드의 선언적인 글 "The Fundamental Importance of Imaginativity within Schooling", in *Rainbows for the Fallen World: Aesthetic Life and Artistic Task* (Toronto: Tuppence, 1980), pp. 138–155를 추천한다. 시어벨드는 "한 사람의 기능적 복합체의 성화"라는 관점에서 기독교 교육에서 상상력의 중요성을 설명한다(p. 141). 그의 '작업가설'은 "미학적 삶은 건전한 기독교 교육의 필수 요소이며 교과 과정에서도 마땅히 이에 주의를 기울여야 하고, 이 삶은 학교의 삶이 풍성해지거나 무기력해지게 만드는 수많은 '무형의 요소'에 질서를 부여하는 철학적 자리"라는 것이다(p. 152). 시어벨드의 고백처럼 나 역시 그런 부족함을 느끼고 있다. "이 시점에서 나는 상상력의 기능적 특징을 통합하기 위한 종합 계획을 갖고 있지 않지만, 그것이 중요함을 알고 있다"(p. 152).

생각해 볼 문제: 예절의 재형성 상상하기

제네바에 대한 칼뱅의 전망을 역사적으로 묘사하면서 매튜 볼튼은 칼뱅의 전망이 성직자와 수도사들에게만 해당되었던 형성적 실천을 모든 평신도에게로 확대하여 모든 신자의 제사장직에서 더 나아가 모든 신자의 '수도직'을 추구하는 것이었음을 강조한다. 칼뱅의 바람은 제네바 시 전체가 "실천적 형성의 프로그램에 참여하는 것이었다. 모든 그리스도인이 자신의 특별한 소명과 맥락에 뿌리내린 채 수도원에서 살아가던 전문가들에게만 적용되던 훈련, 즉 성경 읽기, 매일 기도 프로그램, 시편 부르기 등을 통해 형성된 삶을 살아가는 것이다." 흥미롭게도 이것은 "생활 방식의 개혁"으로 묘사되었다.[2]

이 구절이 이상하게 들릴지도 모른다. 마치 제네바가 모든 사람이 예의 바르게 "고맙습니다", "감사합니다"라고 말하는 정중한 공간이 되기를 바랐다는 말처럼 들릴 수도 있다. 하지만 당연히 예절은 우리의 사회적 상호 작용을 지배하는 자세한 규칙 이상의 의미를 담고 있다. **예절과 관습**은 부르디외가 아비투스라고 부르는 것을 지칭하는 일상적인 용어라고 말할 수 있다. 그렇기 때문에 부르디외는 이런 자세한 규칙 안에 우리가 깨닫는 것보다 더 많은 것(예를 들어, "허리를 펴고 똑바로 앉아라"와 "왼손으로 포크를 잡아라"라는 말에 담긴 우주론적 의미)이 담겨 있다고 강조할 것이다. 성향의 굴절을 예절의 재형성으로 볼 때, 우리는 새로운 관심과 새로운 시선으로 라이오넬 트릴링(Lionel Trilling)의 논문 "예절과 도덕, 소설"(Manners, Morals, and the Novel)을 읽게 될 것이다.[3] 트릴링은 '예절'에 주목하면서, 여기서 우리의 기획과 조화를 이루는 방식으로 문학과 상상력의 기능과 예절을 연결시킨다. 트릴링은 우리가 '예절'에 대한 이런 관념을 설명하지는 못해도 이해하고 있다고 주장한다. "한 집단의 사람들이 예술과 종교, 건축, 법률을 통해 행하는 명시적 진술 아래 어딘가에는 지각하기가 대단히 어려운 의도의 희미한 정신적 영역이 존재한다."[4] 예절은 우리가 이 '의도의 영역'을 일컫는 이름이며, 우리가 '예절'의 의미를 이해할 수 있게 해주는 바로 그 영역이다. 그가 요약하듯이, 예절은 "한 문화의 함의가 내는 웅웅거리는 소리"로, "명시적 진술이 행해지는, 금세 사라져 버리는 맥락"이다. "그것은 가치가 반쯤 발화되거나 발화되지 않거나 발화될 수 없는 표현으로 이뤄진 한 문화의 부분이다. 그것은 사소한 행동에 의해, 때로는 옷을 입거나 장식하는 법에 의해, 때로는 어조나 몸짓, 강세, 리듬에 의해, 때로는 특히 자주 사용되거나 특별한 의미를 지닌 단어들에 의해 암시된다."[5] 이 '웅웅거리는 소리'를 존중하고 인식할 수 있을 때 우리는 한 집단의 사람들과 문화를 정말로 지배하는 것과 조화를 이룰 수 있다. 다시 말해서, 이처럼 발화되지 않고 발화될 수 없는 '금세 사라져 버리는 맥락'으로부터 흡수된 강력한 충동을 이해해야만 '예절의 재형성'이 중요한 까닭을 이해할 수 있을 것이다.

그렇기 때문에 우리에겐 소설가가 필요하다. 트릴링에게 문학은 예절의 과학이다. 그는 "위대한 소설가들은 예절이 인간 영혼의 가장 거대한 의도뿐만 아니라 가장 사소한 의도까지도 암시한다는 것을 알고 있으며, 모든 희미하고 암시적인 실마리의 의미를 포착하는 데에 언제나 관심을 기울인다"라고 말한다. 소설은 명백히 진술된 우리의 이상 **아래**에 존재하는 이 웅웅거리는 소리를 인식하는 우리의 상상적 형식이다. "그렇다면 소설은 실재를 향한 항구적 탐구이고, 그 연구 분야는 언제나 사회적 세계이며, 그 분석 자료는 언제나 인간 영혼의 방향성을 암시하는 예절이다."⁶ 트릴링은 "소설에서는 예절이 사람을 만든다"라고 결론 내린다.⁷ 그렇기 때문에 예절의 재형성은 곧 세상에 대한 우리의 자세를 다시 만드는 것과 다름없다.

---

1 Matthew Myer Boulton, *Life in God: John Calvin, Practical Formation, and the Future of Protestant Theology* (Grand Rapids: Eerdmans, 2011), p. 27.
2 같은 책, p. 33.
3 Lionel Trilling, *The Liberal Imagination: Essays on Literature and Society* (1950; repr., New York: NYRB, 2008), pp. 205-222. 성별 특성을 반영한 언어는 트릴링의 것으로, 1950년대의 관행이 반영된 것이다.
4 같은 책, p. 205.
5 같은 책, pp. 206-207.
6 같은 책, p. 212.
7 같은 책, p. 216.

야기 속에서 알게 된다. 번역과 바꿔말하기로는 파악할 수 없는 환원 불가능한 서사적 지식이 존재한다.²⁸ 그리고 그런 이야기는 '옛날 옛적에'라는 식으로 '들려줄' 수가 없다. 이야기는 영화와 광고 안에 압축되고 게임과 드라마로 상연되며 놀이터와 쇼핑몰에서 실천된다. 이야기는 육화된 의미를 전달하는 공통의 언어(lingua franca)다.

구약학자 월터 브루그만(Walter Brueggemann)은 이스라엘 백성의 교육을 논

---

28 대니얼 카너먼(Daniel Kahneman)은 *Thinking, Fast and Slow* (New York: Farrar, Straus & Giroux, 2011)에서 이야기는 우리 의식의 "제1시스템"—세상 안에서 우리 행동의 그토록 많은 부분을 지배하는 자동화되고 '직관적인' 차원—에 의해 이해된다고 지적한다(p. 75).

하면서 이 점을 포착해 낸다. 토라에 관해 한 아이가 질문을 하면 교사는 "이야기를 하나 들려줄게"라고 대답한다. 그는 하나님의 백성에게 이야기는 "가장 원초적이며 특징적인 방식의 지식으로, 우리가 지니고 있다고 주장하는 다른 모든 지식의 토대"라고 말한다.[29] 따라서 기독교 교육과 형성이라는 과업은 반드시 한 이야기 안에—피조물과 그분의 백성에 대한 하나님의 신실하심이라는 성경적 드라마의 서사적 흐름 안에—자리 잡아야 한다.[30] 우리가 분젠 버너 앞에 있든지 야구장에 있든지, 기하학을 배우든지 그저 숫자 세는 법을 배우든지, 세상을 구속하시는 그리스도 안에 계신 하나님의 **이야기**가 우리가 숨 쉬는 공기, 우리를 둘러싼 비계가 되어야 한다. 기독교 학교나 대학에서 행하는 모든 일은 더 큰 이야기 안에 자리 잡고 있어야 한다. 그리고 그 이야기를 들려주고 이야기 **안에서** 가르칠 방법을 계속해서 모색해야 한다. 이야기는 가장 먼저 배우는 사랑의 언어이기 때문이다. 마음이 하나님 나라를 겨냥하기 원한다면 좋은 이야기꾼이 필요할 것이다. 시어벨드는 이 점과 직결된 예를 숙고한다. 서사적 동물인 우리의 본성을 미학적으로 이해한다면 역사 교육은 어떤 모습으로 바뀔까? 그는 "'이야기하기'와 '문화사'에 초점을 맞춘다면 수많은 교실에 만연해 있는 사실 더하기 단편적 일화 식의 세계사 수업을 구해 낼 수 있지 않을까?"라고 묻는다.[31] 하지만 서사적 접근 방

---

[29] Walter Brueggemann, *The Creative Word: Canon as a Model for Biblical Education* (Philadelphia: Fortress, 1982), pp. 22-23. 『(월터 브루그만의 창조적인 말씀을 통한) 기독교 교육』(한들출판사).

[30] 샐리 로이드존스(Sally Lloyd-Jones)의 탁월한 책 *The Jesus Storybook Bible*, illustrated by Jago (Grand Rapids: Zonderkidz, 2007)는 이러한 서사적 직관에 영향을 받았다. 어떤 사람들은 성경을 이런 식으로 변주하는 것에 유보적 입장을 취할지도 모르지만 그렇다고 해서 로이드존스의 직관을 인정하고 지지하는 데 주저할 필요는 없다. "성경은 규칙들에 관한 책 혹은 영웅들에 관한 책이 아니다. 성경은 무엇보다도 하나의 이야기다. 성경은 잃어버린 보물을 되찾기 위해 먼 나라에서 찾아온 젊은 영웅에 관한 모험 이야기다. 성경은 사랑하는 이를 구해 내기 위해 자신의 왕궁, 자신의 왕좌—모든 것—를 떠난 용감한 왕자에 관한 사랑 이야기다. 성경은 현실의 삶에서 실현된 가장 놀라운 동화와 같다!"(p. 17) 『스토리 바이블』(두란노키즈).

[31] Seerveld, *Rainbows*, p. 151.

식은 그저 교사가 좋은 이야기꾼이 되는 것에 관한 문제가 아니다. 어떤 틀로 가르칠 것인가에 관한 더 근본적인 문제다. "연대순으로 서술된 사건에 관한 정보로서 역사를 가르치는 대신 학생의 상상력을 가르치는 데에 초점을 맞춰 역사를 가르치고" "분석보다 앞선 성격"을 지닌 무언가로서 역사적 지식에 접근하는 것에 관한 문제다. 이것은 기독교 교육 자체의 텔로스의 관한 문제를 제기한다. 시어벨드는 "이처럼 미학적으로 설계된 '부드러운 초점'이 부주의한 모호함을 뜻하지는 않는다"라고 경고한다. "이것은 역사 교육에서 전문적이며 분석적인 역사가들을 훈련하는 것을 목표로 삼는 대신, 젊은이들에게 열방과 세상의 시대 속에서 살아가는 하나님의 백성으로서 우리 시대와 양식, 장소에 대한 감각을 심어 주려고 노력한다는 뜻이다."[32]

따라서 지각의 성화를 위해서는 우리의 세계-내-존재를 새로운 이야기 안에 자리 잡게(re-*story*-ing) 해야 한다. 하지만 둘째로, 기독교적 행동을 위한 지각의 성화는 바르게 질서 잡힌 지각의 **회복**(restoring)—우리가 바른 것을 당연히 여기게 만드는 훈련—을 필요로 한다. 따라서 형성과 '성향의 굴절'이 근본적으로 미학적이어야 한다는 데에 그치지 않는다. 여기에는 규범적인 요소도 존재한다. 우리의 '배경'과 상상력이 하나의 규범적 이야기—'온 세상에 대한 참 이야기'—에 의해 동원될 때 비로소 우리의 지각이 성화될 것이다. 우리의 욕망이 경쟁하는 형성에 영향을 받을 뿐만 아니라 우리의 상상력도 그 형성에 영향을 받는다(그리고 어떤 의미에서 우리의 욕망을 훈련시키고 방향 짓는 것은 바로 상상력이다). 우리의 상상력은 서로 빼앗기 위해 다투는 땅처럼 '좋은 삶'에 관한 경쟁하는 이야기들에 의해 유인되고 구애를 받고 빚어진다. 무엇이 '번영'으로 간주되는가에 관한 정서적 그림에 의해 유혹받고 매료된다.

---

[32] 같은 곳.

생각해 볼 문제: 이야기와 풍요의 경제

이야기는 우리에게 계속해서 떠오르고 우리를 불안하게 만들 수 있다. 가장 노련한 이야기꾼들은 정말 얼마 되지 않는 단어만 사용해서도 그런 이야기를 들려줄 수 있다(코맥 매카시를 생각해 보라). 이야기의 상상적 공간은 단어의 양에 달려 있지 않다. 그 길이에 비례하지 않는 미학적 힘을 지닌 단어와 공명, 운율 사이에 어떤 느낌이 존재할 수 있다. 단편 소설과 시는 종종 그런 압축된 서사적 힘을 보여 주는 사례가 된다. 경제적 언어 구사의 대가인 어니스트 헤밍웨이(Ernest Hemingway)가 쓴 여섯 단어 이야기만큼 환기하는 힘을 지닌 것은 아마도 없을 것이다.

판매: 아기 신발, 신은 적 없음.[1]

단 여섯 단어 안에서 이 이야기는 하나의 세계를 만들어 낸다. 그리고 그 안으로 우리를 초대한다. 비슷한 효과를 지닌 또 하나의 짧은 이야기가 떠오를 것이다.

그가 여기 계시지 않고 그가 말씀하시던 대로 살아나셨느니라.

---
[1] 보석 같은 이 작은 이야기를 알려 준 나의 아들 콜슨(Coleson)에게 고마움을 전한다.

우리의 상상력을 통하는 것이 우리 마음에 이르는 길이며, 우리의 상상력에 이르는 통로는 이야기, 이미지, 상징, 노래다. 마이클 버드(Michael Budde)가 지적하듯이, "이야기와 상징, 노래, 본보기, 이런 것들을 우리 시대에 대부분의 사람들에게, 심지어 대부분의 그리스도인들에게 제공하는 곳은 물론 교회가 아니다. 고도로 발전한 자본주의 국가에서(또한 계속해서 확대되는, 부드럽게 말하자면 '개발도상국'에서) 살아가는 사람들에게 그들이 접하는 이야기와 서사, 이미지, 소리 대부분은 집중되어 있으며 영리를 추구하는 초국가적 기업들—이른바 전지구적 문화 산업—로부터 온다."[33] 불행히도 교회는 내용과 '메시지'에만 초점을 맞추기 때문에 이러한 전지구적 문화 산업이 실제로 무엇을 노리고 있는지를 깨닫지 못하고 있다. 그것이 노리는 것은 우리의 상상력이다. 디즈니 채널을 통해 방송되는 친절하고 '안전해' 보이는 내용을 통해 우리의 상상력이 세상에 대해 소비주의적이며 자기중심적인 태도를 갖도록 강력하게 끌어당겨질 수 있다. 하지만 우리가 이야기를 '받아들이는' 정서적·비의식적 방식—그런 이야기가 우리를 무질서한 사회적 공동체 안으로 통합하는 방식—을 놓치고 있기 때문에 우리는 어디서 이 전투가 벌어지고 있는지 보지 못하는 경향이 있다. 버드가 결론 내리길, 아이러니는 "우리의 '관심'을 사로잡기 위해 노력하는 상업적 '조직가들'이…교회 지도자들이 거의 알아차리지도 못하고 있는 싸움에서 승리하고 있다"는 것이다.[34]

하지만 상상력의 핵심적·정향적 성격을 이해한다면, 우리가 마주하는 소비문화의 이야기와 이미지, 움직이는 아이콘이 왜 중요한지 이해할 수 있을 것이다. 거꾸로 말하자면, 우리는 기독교 제자도와 교육에서 상상력의 형성이

---

[33] Michael L. Budde, "Collecting Praise: Global Culture Industries", in Hauerwas and Wells, *Blackwell Companion to Christian Ethics*, p. 124. "현대 자본주의의 마법 같은 능력"을 설명하는 "실천적·미학적 상상력"에 대한 신랄한 분석으로는 Nigel Thrift, "Understanding the Material Practices of Glamour", *The Affect Theory Reader*, ed. Melissa Gregg and Gregory J. Seigworth (Durham, NC: Duke University Press, 2010), pp. 289–308를 보라.

[34] Budde, "Collecting Praise", p. 125.

핵심적임을 새롭게 인식해야 한다. 그러면 다음과 같은 내용을 고민하게 될 것이다.

'기독교 이야기 안에서 내 자리를 배우는 것'은 기독교 제자도의 편리한 정의가 될 수 있다. 이 말은 몇 가지 중요한 점을 우리에게 상기시킨다. 즉, 그리스도인이 된다는 것의 의미를 우리가 만들지 않았으며, 그리스도인이 된다는 것은 학습된(타고나거나 '자연적'이지 않은) 조건이고, 우리가 제자의 역할을 이해하고 체현하도록 다른 이들이 도와주어야만 한다는 것이다. 무엇보다도 이는 진지하게 예수를 따르는 이들은 태어나는 것이 아니라 만들어진다는 불가피한 현실을 주목하게 만든다. 그들은 이야기와 상징, 노래, 그리스도인의 경험의 본보기에 의해 형성된다. 특히 나사렛 예수, 즉 하나님이 어떤 분이시며 우리에게 무엇을 원하시는지를 가장 온전히 계시하신 그분의 우선순위, 정서, 성향을 내면화한다.[35]

그저 교훈을 가르치는 식으로는 문화적 서사의 형성적 힘에 제대로 대응하거나 맞설 수 없다. 대항적 형성을 위해서는 단지 우리의 지성을 설득하는 것이 아니라 우리의 상상력을 사로잡는 대항적 수단이 필요하다. (왜 가장 좋은 이야기들을 악마가 독점해야 하는가?)

한편으로, 이것은 문학의 첫 교훈, 즉 '설명하지 말고 보여 주라'에 근거한 예술 선언문의 토대가 되어야 한다. 우리에게 무엇을 하라고 **말하는** 교사와 설교자, 학자, 교회의 '박사들'만으로는 부족하다. 복음이 상상력을 사로잡고 지각을 성화하고자 한다면, 창조적인 작품을 통해 다른 세상을 **보여 주고** 우리가 다르게 상상할 수 있게 해 주는—따라서 다르게 지각하고 다르게 행동

---

35 같은 글, p. 124.

할 수 있게 해 주는—화가와 소설가, 무용가, 작곡가, 조각가, 시인, 디자이너들이 필요하다.[36]

다른 한편으로, 우리는 '온 세상에 관한 참 이야기' 안에 규칙적으로 몰입해야 한다. 즉, 그리스도 안에서 세상을 자신과 화해시키시는 하나님의 이야기 안에 정서적 몰입함으로써 우리의 상상력을 회복하고 그 눈금을 재조정·재정렬해야 한다.[37] 앞에서 주장했듯이, 이 이야기의 특별한 윤곽이 형성적인 기독교적 실천을 다른 실천과 구별시켜 준다. 기독교적 실천은 단지 그리스도인들이 행하는 실천이 아니다. 그것은 성경 안에 진술된, 그리스도를 중심 삼는 온 세상에 관한 참 이야기를 '담고 있는' 실천이다. 세속적 예전과 기독교의 예전적 실천(그리고 영적 훈련)이 각각 예전적 동물인 우리의 체현된 본성, 피조물로서의 본성의 동일한 양상들을 건드리지만(즉, 세속적 예전과 기독교 예전이 비슷한 방식으로 '작동'되지만), 둘을 근본적으로 구별시켜 주는 것은 그런 실천 안에 담긴 이야기의 구체적인 모습이다.[38] 우리는 '마음으로', 직감 차원에서 이 참된 이야기를 배워야 하며, 그것이 우리의 배경 속으로 스며들어 세상에 대한 우리의 지각을 빚어내도록 해야 한다. 그리고 이는—기독교 예배의 실천이 기독교 이야기의 규범적 모습을 의도적으로 담아내고 구현하고 상연하고 시연**한다면**—일차적으로 그리고 규범적으로 기독교 예배의 실천 안에서 이뤄진다. 이 기회—그리고 요건—를 통해 단순히 우리의 표현을 위한 무대가 아니라 지각을 성화하는 형성적 공간으로서의 기독교 예배의 모습에

---

36 이것은 선전 수단으로 환원된 예술을 뜻하지 않는다. 관련된 비판으로는 Calvin Seerveld, *Bearing Fresh Olive Leaves* (Toronto: Tuppence, 2000), pp. 126-128를 보라.
37 성경과 이야기, 권위 사이의 관계에 관한 논의로는 N. T. Wright, *The New Testament and the People of God* (Minneapolis: Fortress, 1992), pp. 139-143를 보라.
38 다시 말해서, 궁극적인 것에 관한 여러 의례들을 구별시켜 주는 것은 그 안에 '담긴' 좋은 삶에 대한 구체적 전망—그 의례들이 겨냥하는 텔로스—이다.

관한 새로운 지향성과 반성을 추구할 수 있어야 한다. 나의 주장은 예배가 작동하는 방식을 새롭게 성찰해 보기를 요청하는 초대장으로 읽혀야 한다. 이는 예배를 계획하고 이끄는 이들에게 필요한 새로운 지향성과 우리가 예배에 참여할 때 필요한 새로운 의도적 지향을 장려하기 위한 것이다. 더 나아가 기독교 교육을 위해서는 지각의 성화가 필수적이므로, 우리는 기독교 예배와 예전적 형성이 기독교 교육 기획의 '배경'으로 필수적 역할을 담당해야 함을 다시금 논해야 한다.

유대교 아침 기도에 그려진 지각의 성화

스콧마틴 코소프스키(Scott-Martin Kosofsky)는 『습관의 책』(Book of Customs) 첫머리에서 흔히 생각하는 구별에 관해 말한다.

> 습관은 유대인의 삶의 출발점이다. "유대교는 행위(deed)의 종교이며, 기독교는 신조(creed)의 종교다"라는 유명한 표현이 있다.[39] 이는 물론 지나친 단순화지만 그 안에 진실이 담겨 있지 않은 것도 아니다. 유대교에서는 먼저 바른 행동을 하기 시작하면 바른 신념을 갖게 될 것이라고 강조한다. 기독교는 그와 반대로 작동한다. 탈무드에는 유대교 교육의 토대라고 여겨지는 구절이 등장한다. "한 사람의 마음이 거기에 없더라도 그 사람이 계명과 관습을 열심히 준수하게 하라. 그러면 결국 손이 마음을 가르칠 것이다."[40]

---

[39] 나는 이것이 독일 계몽주의와 그 후예들을 통해 기독교가 '주지주의화'된 후 생겨난 후기 계몽주의적 구별이라고 추측한다.

[40] Scott-Martin Kosofsky, *The Book of Customs: A Complete Handbook for the Jewish Year* (San Francisco: HarperOne, 2004), p. 1. 이 자료를 나에게 소개한 리 하디(Lee Hardy)에게 고마움을 전한다.

예상할 수 있듯이 나는 이런 지나친 단순화에 문제를 제기한다. 이 말이 옳다면 내 주장은 기독교의 주지주의에 대한 유대교의 비판인 셈이다. 그러나 이런 풍자가 현대 기독교 유형의 일부에―아마도 북미 복음주의에 대해서는 상당 부분―적용된다고 생각하긴 해도, 기독교 신앙을 그렇게 '주지주의화한' 연출에서는 더 오래된 기독교의 지혜를 망각하고 있다고 생각한다.

의심할 나위 없이 고대 기독교의 지혜는 유대교의 유산에 깊이 빚지고 있다. 따라서 아마도 현대 유대교 철학자 피터 오크스(Peter Ochs)와 대화함으로써 실천의 우선성에 대한 기독교의 주장을 회복할 필요가 있을 것이다. 그는 "성경적 추론"[41]에 관한 글에서 내가 지금까지 복음의 이야기에 의한 지각의 성화라고 부른 것과 심층적으로 조화를 이루는 성경적 형성의 전망을 제시한 바 있다. 성경은 어떤 방식으로, 그리고 어떤 맥락에서 우리 안에 새겨져서 세상에 대한 우리의 지각과 우리의 사고 습관 자체를 변화시키는가? 오크스의 기념비적인 논문 "구속하는 사고로서의 아침 기도"에서는 이렇게 대답한다. **성경적** 추론을 위한 가능성의 조건은 **예전적** 형성이다.[42] 성경은 기도와 묵상, 시편 부르기, 찬양과 같은 실천을 통해 가장 강력하고 형성적으로 흡수된다. 간단히 말해서, 성경적 **추론**을 위한 가능성의 조건은 예배다. 성경적 추론이 아브라함 전통의 '두꺼운' 표현의 회복을 뜻한다면, "예전적으로 축적된 두꺼운 묘사의 회복"을 가리키기도 한다.[43]

어느 부분은 문화기술지, 어느 부분은 자서전, 어느 부분은 철학적 성찰인 이 글에서 오크스는 유대교 아침 기도 의례에서의 몰입이 어떤 점에서 "판단 내리는 방법

---

[41] Peter Ochs, "Philosophic Warrants for Scriptural Reasoning", *Modern Theology* 22 (2006): pp. 465-482를 보라.

[42] Peter Ochs, "Morning Prayers as Redemptive Thinking", in *Liturgy, Time, and the Politics of Redemption*, ed. Randi Rashkover and C. C. Pecknold, Radical Traditions (Grand Rapids: Eerdmans, 2006), pp. 50-87.

[43] Randi Rashkover, "The Future of the Word and the Liturgical Turn", in Rashkover and Pecknold, *Liturgy, Time, and the Politics of Redemption*, p. 1.

을 훈련하는" 방식인지를 자세히 설명한다.[44] 더 구체적으로, 그는 어떻게 유대교 아침 기도에 참여하는 것이 "우리가 일상적으로 세상을 잘못 판단하는 방식을 구속하는" 구속적 사고의 실천—절대화하는 경향이 있으며 따라서 이 세상의 풍부함과 복잡함을 제대로 다루지 못하는, 명제적으로 세상을 판단하는 방식을 취하게 하는 우리의 사회화를 제거하는 방법—인지를 보여 준다. 따라서 유대교 아침 기도는 "이 논리에 지배당하지 않는 실질적이고 일상적인 사고 습관을 길러 내는" 방법이다. 철학자가 이런 사고 습관을 취할 때 그것은 새로운 **철학적** 지향으로 전환된다. 그 철학자의 작업이 회복시키는 작업이 되려면 세속 문화의 다른 형성적 실천에 맞서는 철학 이전의 실천으로부터 자양분을 얻어야 한다. 오크스가 논평하듯이, "서양의 지배적인 정치적·경제적 제도로 '확대'된 식민주의는 현대인들이 세상과 서로에 관해 판단하는 법을 배우는 방식으로 '축소된' 이분법 논리를 드러낸다. 아침 기도는 어떻게 다른 논리들이 우리가 판단하는 법을 배우는 방식으로 '축소'될 수 있으며 어떻게

---

[44] Ochs, "Morning Prayers", p. 50. 아침 기도의 실천이 지닌 '양육' 효과에 대한 오크스의 설명이 다른 점에서는 탁월하지만, 내가 선뜻 동의하지 못하는 점이 하나 있다. 그것은 여전히 '판단'을 우리의 세계-내-존재의 일상적 양상으로서 우선시하는 경향을 띠고 있는 인간론 혹은 인간 모형이다. 즉, 나는 여전히 그러한 '대안적 양육'의 일차적 혹은 핵심적 텔로스를 (비록 구속적이기는 하지만) **사고** 혹은 (비록 성경적이기는 하지만) **추론**의 문제로 생각하고 있음을 우려한다. 여전히 이렇게 판단과 사고, 인지를 강조한다는 것은, 이 기획 전체가 '근대 서양'(p. 86)의 논리적 습관에 이의를 제기하는 것이기는 하지만 기획 내에서는 여전히 데카르트와 칸트의 망령이 출몰함을 암시한다. 비슷한 점에서, 나는 오크스의 설명에 나오는 기도하는 사람이 여전히 일차적으로 협소한 의미에서 지각하는 동물이라고 생각한다. 우리는 날마다 세상을 **지각**하려고 깨어난다. "낮은 피조물이 지각 가능해지는 경험의 영역을 의미한다. 밤의 모호함이라는 안전함을 상실할 때 피조물은 볼 수 있는 것, 따라서 다른 방식이 아니라 특정한 방식으로 받아들일 수 있는 것이 된다.…깨어 있다는 것은 판단한다는 것이다"(p. 54). 오크스는 우리가 깨자마자, 심지어 침대 밖으로 나오기도 전부터 판단을 내리는 지각하는 동물이라고 묘사한다. "오, 내가 숨을 쉬고 있어! 나는 살아 있어. 저게 내 양말이구나. 바닥에 있네." 그리고 우리는 하루를 시작하며 밖으로 나가 "지각하고 인식하고 해석한다"(p. 55). 하지만 우리가 정말 그렇게 하루를 시작하는가? 잠에서 깨자마자 지각하고 판단하는가? 아니, 세상과 구경꾼 같은 관계를 맺은 채 하루 중 **대부분**의 시간을 보내는가? 아니면 세상에 관해 **생각**하지 않은 채 세상 안에 흡수되고 세상에 참여하며 세상 안에서 내 길을 헤쳐 나가는가? 지각하기 전에 우리는 **관심을 기울이지**(care) 않는가? 더 자세한 논의로는 James K. A. Smith, "How Religious Practices Matter: Peter Ochs' 'Alternative Nurturance' of Philosophy of Religion", *Modern Theology* 24 (2008): pp. 469-478를 보라.

기도가 이런 식으로 매일의 훈련이 될 수 있는지를 보여 준다."[45]

　따라서 오크스는 아침 기도와 같은 예전적 실천이 "대안적 양육의 원천"이라고 주장하며, 양육이란 "생각하고 느끼고 상상하는 통합된 습관을 만들어 내는 반복 가능한 실천이며, 따라서 젊은이들을 길러 낼 뿐만 아니라 더 나이 든 사람의 방식을 재형성하기에 적합한 실천"이라고 설명한다.[46] 나는 이러한 설명과 주장이 그리스도인 교사와 학습자들에게 주어진 선물로서, 우리 자신의 성경적 전통으로 형성된 예전적 실천이 어떻게 우리의 판단 습관과 분별 방식, 하나님의 지혜에 대한 개방성을 변화시키고 바로잡을 수 있는가를 상상하게 한다고 생각한다. 요컨대, 아침 기도라는 회복적 실천에 대한 오크스의 설명은 대안적인 철학적 실천을 길러 내는 중요한 방법을 알려 준다.

의례의 구속: 형식이 중요하다

지금까지의 주장을 간략히 요약해 보자. 예배의 목적이 선교라면—우리가 보냄받기 위해 모인다면—기독교 선교 기관(교회와 학교, 대학, 대학교)에서는 **행동하는 이들**을 형성해야 한다. 그리고 우리 행동의 많은 부분이 비의식적 차원에서 작동하는 성향과 습관에 의해 생성된다는 점을 감안할 때, 기독교적 행동을 하는 이들을 형성하기 위해서는 우리의 습관과 성향을 형성—더 나은 경우에는 재형성—해야 한다. 기독교적 형성은 그저 새로운 지식을 제공하는 것에 관한 문제가 아니라 '성향의 굴절', 우리의 욕망과 사랑의 재습관화에 관한

---

[45] Ochs, "Morning Prayers", p. 86.
[46] 같은 곳.

문제다. 하지만 이보다 훨씬 더 깊이 파고들어야 한다. 왜냐하면 지금까지 살펴본 것처럼 내 행동의 많은 부분은 다름 아닌 세상에 대한 나의 지각을 통해 내가 느끼는 **부름**에 대한 응답으로서 생성되기 때문이다. 한 상황에 의미를 부여하자마자 나는 이미 그것을 나에게 특정한 요구와 의무를 부과하는 도덕적 상황, 즉 소명**으로** 평가한다. 그리고 나의 성향은 나로 하여금 많은 경우에 진술되지 않는 그 부름에 응답해 특정한 방식으로 행동하게 만들 것이다. 이것은 에로스적 이해와 육화된 의미의 차원에서 일어난다. 따라서 기독교적 형성(과 기독교 교육)이 하나님 나라를 위한 기독교적 행동을 촉진하고자 한다면, 그런 형성은 곧 지각의 성화여야 한다. 그리고 이를 위해서는 근본적으로 미학적이며 상상적인 형성적 수단이 필요하다. 우리는 단지 설득되는 정도에 그치지 않고 감동을 받아야 한다.

우리의 선조들은 인지과학이나 사회 심리학을 활용할 수 없었지만, 역사적 기독교 신앙에서는 언제나 이를 직관적으로 알고 있었다. 그들에게는 강력한 창조 신학, 성육신의 의미에 대한 이해, 하나님에 참여하는 물질의 본질을 이해하는 성례전적 존재론이 있었다.[47] 기독교적 교육(*paideia*)—"교회의 고대적 훈련 방식"[48]—이라는 역사적 실천은 언제나 철저히 체현된 전인적 훈련으로, 지성에 정보를 제공할 뿐만 아니라 프락토그노시아를 재형성하여 우리가 '느끼며' 세상을 헤쳐 나가게 하고 메를로퐁티가 그저 "지각"이라고 불렀던 육화된 의미에 도달하게 해 준다. 기독교의 예전적 형성은 부르디외가 마침내 명명했던 것을 오래전부터 이해하고 있었다. 즉, 교육은 중요하지 않

---

[47] 이러한 기독교적 직관—그리고 오늘날 이를 회복해야 할 필요성—에 관한 중요한 논의로는 Hans Boersma, *Heavenly Participation: The Weaving of a Sacramental Tapestry* (Grand Rapids: Eerdmans, 2011)를 보라.

[48] Boulton, *Life in God*, p. 24.

아 보이는 것에서 본질적인 것을 끄집어낼 수 있다.

예를 들어, 기독교 예배와 영성 형성은 몸짓이 그저 우리가 행하는 무언가일 뿐만 아니라 그것이 우리에게 무언가를 행한다는 것—죄 고백을 위해 무릎 꿇는 것이 우리 안에 하나님과 이웃에 대한 태도를 새겨 넣는 일종의 우주론적 행위, 우리의 뼛속으로 가라앉고 우리의 오래된 무릎의 우드득거리는 소리를 통해 우리 존재의 핵심으로 스며들게 되는 세계-내에서-존재하는 방식이라는 것—을 **실천을 통해** 오래전부터 알고 주장해 왔다. 우리 몸의 자세는 성전 너머로 흘러넘쳐 세상에 대한 실존적 태도를 담은 자세가 된다. 기독교 예배는 매주 평범한 것—빵, 포도주, 물—을 활용해 '장차 올 왕국'을 무대에 올리고 상연하는 위대한 실천, 우리에게 시간의 완성을 위해 예행연습 할 가촉적 기회를 제공하고, 이로써 다른 배경과 다른 지각의 지평을 지니고 '아직'의 시간 속으로 들어가게 하는—일과 놀이를 함께 촉구하는 주의 영역인 '아직' 안에서 살아가게 하는—실천을 오래전부터 이해해 왔다. 하나님의 구속하시는 사랑 이야기가 운동/감각적인 실천을 통해 우리 상상력의 배경 속으로 가라앉을 때 우리는 세상을 다르게 **지각**하며, 따라서 우리의 환경을 선하지만-깨어진 하나님의 피조물로 구성한다. 전에는 모호한 잡음과 주의를 분산시키는 배경 소음이었던 것이 전혀 다른 것으로 명징해지기 시작할 것이다. 억압받는 이들의 울부짖는 소리와 주변화된 이방인의 침묵, 자녀를 위해 슬피 우는 라헬의 울음이 들릴 것이다. 전에는 '성공'이라는 밝고 빛나는 광택으로 지각했던 것—안락함, 보호막, 축적, 안정—을 새롭게 지각하게 될 것이다. 다른 기대의 지평, 다른 '배경' 속에서 그것에 의미를 부여할 것이기 때문이다. 역으로, 전에는 문제로 지각했을 것을 이제는 소명으로 바라보게 된다. 기독교의 예전적 실천과 영적 훈련은 단순히 개인적 갱신의 수단이 아니다. 그것은 세상을 다시 만든다. 세상 안에서 다르게 살 뿐만 아니라 다른 세상,

하나님의 피조물이라고 여기는 세상 속에서 살아가는 하나님의 백성의 지각을 변화시키기 때문이다.

지금까지 강조한 것처럼, 기독교 예배는 미학적 차원에서 이런 작용을 한다. 지각의 성화는 상상력의 갱신이자 회복이며 상상력을 다른 이야기 안에 자리 잡게 하는 것이다. 즉, 예배는 과학보다 예술에 더 가깝고, 파워포인트로 정리해 낸 '자료'보다 시에 더 가깝다. 하지만 기독교 예배의 실천이 제공하는 형성적 (변화의) 가능성이 '예배'임을 자처하는 모든 것에 적용되지는 않는다. 다시 말해서, '기독교 예배'임을 자처하는 모든 것이 내가 앞에서 설명한 종류의 지각의 성화를 제공하지는 못할 것이다. 여기서 비판적인, 아마도 불편한 논점을 제기할 필요가 있다. **형식이 중요하다.** 전통주의나 보수적 현상 유지를 위해서가 아니라, 부르디외가 설명했듯이 실천에는 진술되지 않지만 그것에 대해 일관된 '감각'을 지닌 논리가 존재하기 때문이다.[49] 형식이 중요한 것은, 이야기를 들려주는 것(혹은 이야기를 *상연하는* 것)이 바로 예배의 형식이기 때문이다.

많은 현대 기독교 분파에서는 형식/내용이라는 그럴듯한 구분을 도입했다. 우리는 기독교가 일차적으로 '메시지'이며 따라서 역사적 형식으로부터 걸러낼 수 있는 '내용'으로 정의된다고 가정한다. 이런 구분에 형식이 기본적으로 메시지를 담는 중립적인 그릇이며 취향과 선호, 문화적 적합성을 기초로 선택된 것이라는 전제가 더해진다. 그런 구분이 자리 잡았기 때문에 (아마 자신도 모르는 사이에) 우리는 기독교 예배의 역사적이며 전수된 형식을 복음 '메시지'라는 알맹이를 유지하는 한 벗겨 낼(그리고 내던져 버릴!) 수 있는 일종의 일회용 껍데기로 취급한다. 이런 구별과 태도가 새로운 것에 대한 우리의 후기 근대적 선호와 결합될 때, 우리는 기독교 예배를 메시지를 유포하기 위한 행

---

[49] 여기서 나는 *Desiring the Kingdom*, pp. 151-154에서 처음 제기했던 경고를 확장하고 있다.

사로 여기기 시작하며, 따라서 참신함, 매력적임, 적절함, 이해하기 쉬움 등을 갖춘 형식을 찾는다. 중요한 것은 내용/'메시지'이며 형식은 메시지를 담는 중립적인 '그릇'이기 때문에, 우리는 실제로 현대의 '청중'에게 더 익숙하고 덜 낯선 형식을 채택할 것이다. 예를 들어, 복음의 '메시지'를 걸러 내 그것을 '쇼핑몰'이라는 그릇이나 '커피숍'이라는 그릇, '록 콘서트'라는 그릇, '광란의 파티'라는 그릇, 혹은 당신이 원하는 그릇 안에 담는다. 그렇게 할 때 우리는 어떤 의미에서 이런 형식을 성화했다고—'선교적' 의도를 가지고 복음을 위해 이런 그릇을 사용한다고—생각한다.[50]

이미 직감했겠지만 이런 전략은 본질적으로 '주지주의적'인 것으로, 복음을 (명제적) '메시지'로 환원하는 **동시에** (그렇기 때문에) 형식 자체가 지닌 형성적 힘을 완전히 놓쳐 버리고 만다. 이러한 '적합성' 패러다임은 부지불식간에 주지주의적이기 때문에[51] 우리가 우리의 인지적 무의식에 작용하는 실천에 의해 형성된 예전적 동물임을 이해하지 못한다. 또한 이런 형식이 중립적이지 않다는 것도 이해하지 못한다. 쇼핑몰이나 커피숍의 형식은 어떤 내용이든 담을 수 있는 무해한 그릇이 아니다. 이런 형식 자체가 이미 무언가를 '겨냥하고' 의미로 '가득 차 있다.' 형식들은 그 나름의 목적론적 지향을 담고 있으며 좋은 삶에 대한 전망을 담고 있는 수많은 의례와 실천으로 가득 차 있다.

---

[50] 빌링스는 이 점에 관한 경고를 담고 있는 이야기를 들려준다. 그는 남아프리카공화국에서 아파르트헤이트(apartheid)를 처음에는 흑인들과 함께 예배를 드리는 것이 '편하지' 않을지도 모르는 백인들에게 다가가기 위한 '선교적' 전략으로 간주했다고 지적한다. "1857년에 시작된 [인종을 분리해 실시한 성만찬을 주장하는] 이런 움직임이 현대의 관심사와는 전혀 무관하다고 생각해서는 안 된다. 많은 점에서 이것은 교회가 엄격히 종교개혁적이기보다 유연하고 복음적이며 '선교적'이었을 때를 보여 주는 사례로 이해할 수 있다"(*Union with Christ*, p. 101).

[51] 이런 회중의 '예배'(즉, 찬양 예배)에서 압도적으로 감정을 강조하는 경우에도 여전히 주지주의적이다. 여기에 흥미로운 아이러니가 존재한다. 문화적 예전 기획 전반에 걸쳐 나는 정서와 감정의 중요성을 강조하고 있지만, 표현주의적이기만 하며 예배의 **형성적** 양상에 대한 강력한 감각을 결여한 정의**주의**(*emotivism*)에 대해서는 비판적이다. 그 이면은 아이러니다. 그토록 철저하게 정의주의적인 예배 형식이 기독교 신앙에 대한 '주지주의적' 이해와 결합되는 경우가 많다는 것이다.

예전의 공통 형식

로마 미사 경본 (1969)	루터교 예배서 (1978)	성공회 기도서 (1977)	감리교 찬송가 (1989)	공동예배서 (1993)
미사 통상문	성만찬	감사성찬례	말씀과 성찬의 예배	주일 예배
입당송	(죄 고백과 사죄 선언)	(찬송, 시편, 성가)	모임	예배로의 부름
기원과 인사		(죄 고백)	인사	오늘의 기도
	입장 찬송	(찬송, 시편, 성가)	찬송	찬송
참회	사도의 인사	인사와 기도	여는 기도	죄 고백과 용서
(구긍경)	(구긍경)	(영광송 혹은 기리에 혹은 거룩하신 하느님)		(평화의 인사)
(대영광송)	(영광송)		(예찬)	영창, 시편, 찬송 혹은 영가
인사와 본기도	인사와 오늘의 기도	인사와 본기도	말씀의 깨달음을 위한 기도	설교 전 기도
제1독서	첫째 봉독	제1독서	성경 봉독	구약성경 낭독
화답송	시편 교독	(시편, 찬송, 성가)	(시편)	시편
제2독서	둘째 봉독	제2독서	성경 봉독	사도서신 낭독
복음 환호송	알렐루야	(시편, 찬송, 성가)	찬양	(성가, 찬송, 시평, 영창 혹은 영가)
복음	복음서 봉독	복음서	복음서 봉독	복음서 낭독
강론	설교	설교	설교	설교
	묵상			
	오늘의 찬송		(필요에 따른 예식)	신앙의 고백
니케아 신조	니케아 신조 혹은 사도신경	니케아 신조	사도신경	(교회의 목회 예전)
전구	교회의 기도	교회와 세상을 위한 기도	중보의 기도	회중의 기도
			성찬에로의 초대	
	(죄 고백)	(죄 고백)	참회와 용서	
	평화의 인사	평화의 인사	평화의 인사	(평화의 인사)
봉헌	봉헌	봉헌	봉헌	봉헌
봉헌 성가	봉헌 영가	봉헌례 순행	(찬송, 시편, 성가)	
봉헌 기도	봉헌 기도			주님의 식탁으로의 초대

로마 미사 경본 (1969)	루터교 예배서 (1978)	성공회 기도서 (1977)	감리교 찬송가 (1989)	공동예배서 (1993)
감사송과 거룩송	서문과 거룩송	감사송과 거룩하시다	성찬 감사 기도	성찬 감사 기도
감사 기도 (아홉 양식)	성찬 기도 (다섯 양식)	축성 기도 (네 양식)		
주의 기도	주의 기도	주의 기도	주의 기도	주의 기도
주의 평화		빵을 뗌	떡을 뗌	떡을 뗌
하느님의 어린양	성찬 분배	영성체	성찬 분급	성찬에의 참여
영성체 (영성체송)	(하나님의 어린양 혹은 다른 찬송가)	(시편, 찬송, 성가)		
감사 침묵 기도	성찬 후 노래		성찬 후 기도	
영성체 후 기도	성찬 후 기도	영성체 후 기도	찬송	찬송, 영가, 영창 혹은 시편
	묵상			
강복과 파견	축도와 파송	축복 기도와 파송	축도와 파송	위탁과 축복
			세상을 향해 나아감	

Frank C. Senn, *Christian Liturgy: Catholic and Evangelical* (Minneapolis: Fortress, 1997), pp. 646–647.

따라서 예배를 쇼핑몰처럼 느껴지도록 재편함으로써 예수를 적합하고 접근하기 쉬운 대상으로 만든다고 생각할 때, 사실 우리는 자신도 모르는 사이에 예배자와 구도자들에게 예수를 그들이 쇼핑몰에서 만나는 다른 모든 상품처럼 취급하라고 가르치는 셈이다. 쇼핑몰의 ('세속적') 예전의 형식 자체가 우리로 하여금 소비자로서 세상과 관계를 맺도록 무의식적으로 우리를 훈련시키기 때문이다.

핵심은 형식과 내용 모두가 중요하다는 것이 아니다. 핵심은 그보다 더 근원적이다. 어떤 중요한 의미에서 우리는 형식/내용의 구분을 피해야 한다.[52]

---

[52] 마셜 매클루언의 유명한 말 "매체가 곧 메시지다"(the medium is the message)라는 말을 환기함으로

예배는 단순히 어떤 내용의 유포나 '내적' 감정의 표현이 아니기 때문에, 예배의 형식 자체가 이야기를 들려준다.[53] 예배의 형식은 실천의 논리다. 예배 자체가 연역적이지 않고 근본적으로 서사적 일관성을 지니고 있다. 기독교 예배의 서사적 흐름은 '의미를 갖는' **방식**이며, 우리가 실천의 암시적인 서사적 논리에 몰입함으로써 기독교 이야기의 '실천 감각'이 우리의 상상력에 스며들어 우리가 의미를 부여하는 배경, 즉 ('구조화된 구조'이자 '구조화하는 구조로서!) 우리의 아비투스를 통제하는 그 이야기의 일부가 된다.[54] 기독교 예배의 환원 불가능한 실천적 논리 안에 몰입하는 것은 마크 트웨인의 말처럼 고양이를 옮기는 것과 같다. 그렇게 함으로써 우리는 다른 어떤 방식으로도 배울 수 없는 무언가를 배운다.

이 말은 우리가 시처럼 예전에 대해서도 '풀어 쓰기 이단'을 경계해야 한다는 뜻이다. 이 개념을 처음 유행시킨 사람은 시의 의미를 핵심 '사상'이나 '메시지'로 추려낼 수 있다고 생각했던 시 비평 방식에 반대했던 클리안스 브

써 비슷한 말을 할 수도 있다. 사실 이것은 우연의 일치가 아니다. 매클루언이 가톨릭으로 개종하고 예전에 몰입했던 것은 그의 이론적 작업에 영향을 미친 '배경'의 중요한 일부가 되었다. 예전에 대한, 그리고 더 일반적인 종교에 대한 그의 성찰로는 Marshall McLuhan, *The Medium and the Light: Reflections on Religion*, ed. Eric McLuhan, Jacek Szklarek (Toronto: Stoddart, 1999)를 보라.

53 여기서 '형식'이 '스타일'을 뜻하지는 않음을 지적할 필요가 있다. 예배의 형식은 실천의 **논리**—실천에 의해 시연되고 상연되는 이야기의 일관성—다. 따라서 예배의 '형식'은 예배의 모습—예배의 서사적 줄거리를 이루는 요소들—과 더 밀접한 관계가 있다. 이러한 형식이 수많은 다른 스타일을 통해 구체화될 수 있다. 따라서 예배의 역사적 '형식'을 강조한다고 해서 밴조나 만돌린 대신 파이프 오르간 사용을 옹호하는 것은 **아니다**.

54 나는 기독교 예배의 이러한 전수된 모습을 시연하지는 않을 것이다. 간략한 설명으로는 *Desiring the Kingdom*, chap. 5를 보라. 또한 이 항에 포함된 "예전의 공통 형식"이라는 표를 보라. 이 표는 *Christian Liturgy: Catholic and Evangelical* (Minneapolis: Fortress, 1997), pp. 646-647에 수록된 기독교 예배의 공통 형식에 대한 프랭크 센(Frank Senn)의 탁월한 개관을 활용해 만든 것이다. 센은 『로마 미사 경본』(*Roman Missal*, 1969), 『루터교 예배서』(*Lutheran Book of Worship*, 1978), 『성공회 기도서』(*Book of Common Prayer*, 1977), 『감리교 찬송가』(*The Methodist Hymnal*, 1989), 장로교의 『공동예배서』(*Book of Common Worship*, 1993)를 나란히 비교함으로써, 기독교 예배의 '서사적 감각'이라고 부를 만한 것에 관해 성령께서 이끄시는 공교회의 축적된 지혜를 상징하는 공통의 '예전 형식'을 보여 준다.

룩스(Cleanth Brooks)다. 짐작할 수 있듯이 브룩스는 이것을 이단으로 간주했다. 그는 시의 의미가 명제적 내용에 관한 문제—마치 시어와 형식, 운율, 그토록 공들여 만들어 낸 요소들이 일단 '메시지'를 얻은 다음에는 버려도 되는 미사여구에 불과한 것처럼—가 아니라고 주장했다. 브룩스는 시의 의미는 그 형식과 뗄 수 없는 방식으로 결합되어 있으며 명제화하거나 풀어 쓸 수 있는 무언가로 환원될 수 없다고 주장했다. 시는 그저 사상을 운반하기 위한 수단이 아니다. 시는 그것 **이상**을 의미하는 동시에 그것과 **다르게** 의미한다. 브룩스는 이렇게 요약한다.

> 물론 전반적인 주장은 시나 드라마가 사상을 전혀 사용하지 않는다는 것도 아니고, 이 둘이 '그저 감정을 자극하는'—**그것**이 무엇이든—것도 아니고, 시나 드라마가 그 구조 안으로 흡수하는 지적 재료와 그 구조 안의 다른 요소 사이에 가장 밀접하고 중요한 관계가 존재하지 않는다는 것도 아니다. 한 시 안에서 지적 요소와 비-지적 요소 사이의 관계는 통상적인 이론에서 설명하는 것보다 훨씬 더 밀접하다. 이 관계는 '감정 안에 포장된' 관념이나 '감각적 이미지에 의해 장식된 산문적 의미'의 관계가 아니다. 시가 움직이는 차원은 관념을 배제하는 차원이 아니라 태도를 아우르는 차원이다. 물론 이 차원에는 사상이 포함된다. 우리는 언제나 시에서 어떤 '사상'을 추출해 낼 수 있다.…그러나 우리가 추출해 내는 사상—그 사상이 무엇인지에 관해 우리 모두가 동의할 수 있다고 가정하면—은 언제나 **추상적**일 것이다. 그것은 언제나 선을 따라 면을 투사한 것이거나 면 위에 원뿔을 투사한 것일 뿐이다.[55]

---

55 Cleanth Brooks, *The Well Wrought Urn: Studies in the Structure of Poetry* (New York: Harcourt, Brace, 1947), pp. 204–205. 앤절라 레이튼은 브룩스의 이론을 재검토하면서 브룩스의 비판 이후 "풀어 쓰기는 한 번도 진지한 비평관으로 복권된 적이 없다"라고 지적한다. Angela Leighton, "About About: On Poetry and Paraphrase", *Midwest Studies in Philosophy* 33 (2009): pp. 167–176 (인

전설 같은 이야기가 브룩스의 주장을 더욱 분명히 예증해 준다. T. S. 엘리엇(Eliot)이 자신의 시 "황무지"(The Wasteland) 전체를 읽었고, 읽기를 마치자마자 누군가가 와서 무모하게도 "그것은 무엇을 뜻합니까?"라고 물었다. 엘리엇은 시를 다시 읽었다. 앤절라 레이튼(Angela Leighton)은 비슷한 주장을 위해 헤더 맥휴(Heather McHugh)의 멋진 시 "747기 안 20-200"(20-200 on 747)을 인용한다.

비행기에서 우연히

만난 이들은 언제나 묻는다. 그래서
당신의 시는 무엇에 관한 것입니까? 시는
그들의 사업, 그들 아버지의 사업, 그들
원숭이의 삼촌에 관한 것입니다. 시는 뭔가에 관한 것이란

없다는 것에 관한 것이고, 뭔가에 관한 것이
아니라는 것에 관한 것입니다. 이렇게 대답할 때마다 그들은
자기네 접이식 탁자로 되돌아간다.[56]

시의 '의미'는 산문 형식으로 간결하게 풀어 쓰고 요약할 수 있는, 정제 가능한 내용이나 관념, 메시지가 아니다. 시가 **무엇을** 의미하는가는 시가 **어떻게**

용문 출처는 p. 168). 브룩스의 이론을 엄밀하게 철학적으로 다듬어 낸 연구로는 Ernie Lepore, "The Heresy of Paraphrase: When the Medium Really Is the Message", *Midwest Studies in Philosophy* 33 (2009): pp. 177-197를 보라.

[56] Leighton, "About About", p. 169.

의미하는가와 밀접하게 연결되어 있다.⁵⁷ 그 의미는 명시하거나 확인할 수 없지만 문학적 작용을 수행하는 바로 그 요소들인 은유적 놀이와 되울림과 결합되어 있다. 시는 박자와 운율, 낭독과 언어유희, 휴지와 줄바꿈을 통해 **의미한다.** 시의 의미는 그 형식과 본질적으로 결합된 방식으로 다른 놀이를 하며 다르게 의미한다. 부르디외를 상기시키며 브룩스는 이렇게 경고한다. "우리는 논리적 일관성이 무관한 곳에서 논리적 일관성을 요구하며, 상상적 일관성과의 관련성이 높은 곳에서 상상적 일관성을 이해하지 못하는 경우가 많다."⁵⁸ 시의 '메시지'를 풀어 쓰려고 할 때 번역 속에 상실된 것은 바로 이 상상력의 일관성이다.

나는 기독교 예배의 의미에 관해서도 똑같이 말할 수 있다고 주장한다. 실천의 논리를 풀어 쓸 수 없는 것은, 정제해 낼 수 없지만 놀랍도록 중요한 '상상적 일관성'이 존재하기 때문이다.⁵⁹ 우리는 예수라는 언약의 정점에 초점을 맞추는, 약속을 지키시는 하나님과의 언약적 관계에 관한 이야기를 의도적으로 시연하는 예배의 형식 안에서 이야기를 '이해한다.' 역사적 기독교 예배의 논리는 오랜 시간에 걸쳐 의도적·공동체적으로 만들어졌지만, 우리의 의식적 전유를 초월하며 회피하는 차원에서 **의미를 지니기도 한다.**⁶⁰ 그렇기 때문

---

57 맥휴의 시에서는, '관해'(about)라는 단어를 사용한 말장난이 시의 핵심을 이룬다.

58 같은 글, p. 202.

59 혹은, 자이더바르트의 "예술-내적" 진리 개념(*Artistic Truth*, pp. 8-9)을 되울리면서, 나는 기독교 예배에는 환원 불가능하며 심지어 명료하게 진술할 수도 없는 일종의 '예전-내적' 지혜가 존재한다고 주장한다. 하지만 우리는 이 지혜가 참되다는 것을 **안다.** 그 진리는 상상력 안에서 공명한다. 우리의 오장육부 안에 흡수된다. 우리는 우리의 오장육부를 신뢰하는 법을 배워야 한다. 예전적 형성으로부터 부풀어 오르는 '직관'을 신뢰하는 법을 배워야 한다. 그런 다음 이 '예전-내적' 지혜를 더불어 살아가는 우리의 삶 전반으로 '확장'할 방법에 관해 생각해야 한다.

60 기독교 예배가 의도적으로 발전되고 계획되었지만 그것을 발전시킨 이들이 의도했던 것보다 **더 많은 것**을 의미할 수 있다는 주장은 전혀 무리한 주장이 아니다. 시도 마찬가지다. 최선의 시는 공들인 창작과 지향성의 결과물이지만, 그 의미는 언제나 저자가 의도한 바를 초월한다. 은유와 형식의 역학이 우리의 통제를 벗어나기 때문이다. 이와 동일한 역학이 성경에도 적용된다. 이에 관한 논의로는 James K. A.

에 예배는 그저 우리가 행하는 무언가가 아니다. 그것이 우리에게 무언가를 행한다. 기독교 예배의 실천은 서사적 양식으로 의미한다. 따라서 예배할 **때** 내가 '생각'하는 것을 초월하는 방식으로 예배를 '이해'한다. 이것이 바로 기독교 예배가 거시적·미시적 차원에서 작동하는 방식이다. 거시적 차원에서, 기독교 예배의 전반적인 서사적 흐름—모임, 고백, 듣기, 순종, 사귐, 보냄—은 그 구조와 체계에 의해 배경 속에서 하나의 이야기를 들려준다. 이 이야기의 운율과 가락은 우리 자신의 배경 일부가 되며, 그 결과 이 이야기는 우리가 인식하지 못하는 방식으로 세상에 대한 우리의 지각을 지배하게 된다. 이렇듯 기독교 신앙은 부르디외의 주장처럼 우리가 몸으로 믿게 되는 무언가다. 우리가 그리스도의 몸인 정치체 안으로 통합될 때 그것이 우리 안에 체내화된다. 우리는 기독교 신앙을 '실천 감각'의 한 양식으로 흡수한다. 이는 일차적으로 내용의 교훈적 보급을 통해서가 아니라 에토스(ethos)와 환경에의 몰입을 통해서 이뤄진다. 그 이야기는 우리가 숨 쉬는 공기와 헤엄치는 물 안에 자리 잡고 있으며, 우리가 항상 인식하지는 못하는 배경에서 작동한다. 설명하기보다 보여 주는 의도적·역사적 기독교 예배는 일종의 웅장한 시와 같다. 그리고 이런 서사적 '보여 주기'는 우리가 지적으로 파악할 수 없는 방식으로 우리의 상상력에 공명한다.

또한 그렇기 때문에 예배의 형식이 미시적 차원에서 우리에게 '작용'한다. 역사적 기독교 예배와 고대의 영적 훈련이 우리의 사회적 상상 안으로 스며드는 이야기를 담고 있다면, 많은 부분에서 이는 예전적 실천이 의도적으로 미학적이며 우리의 상상적 핵심을 건드리기 때문이다. 시편의 시들이 오랫동안 교회의 기도서가 된 것은 우연이 아니며, 하나님의 백성의 예배에 언

Smith, *The Fall of Interpretation: Philosophical Foundations for a Creational Hermeneutic*, 2nd ed. (Grand Rapids: Baker Academic, 2012), pp. 199-221를 보라.

생각해 볼 문제: 기도의 시학

볼튼은 '예절의 재형성'에 대한 칼뱅의 전망이 시편을 향한 그의 평생의 열정과 관계가 있다고 지적한다. 이 열정의 결실인 제네바 시편 찬송가(Genevan Psalter)는 "시편 150편 모두와 십계명, 시므온의 노래를 보격에 맞춰 프랑스어로 번역하고 전문가로 이뤄진 찬양대가 아니라 온 회중을 위해 작곡된 새 곡조를 붙여서" 수록했다.[1] 왜 보격인가? 왜냐하면 그 이전의 기독교 전통과 마찬가지로 칼뱅은 우리가 우리 마음이 하나님을 찬양하도록 조율된 예전적 동물임—그리고 단지 시편의 내용뿐만 아니라 노래의 형식 때문에 시편 부르기가 **형성적 훈련임**—을 직관적으로 알고 있었기 때문이다.[2]

---

[1] Matthew Myer Boulton, *Life in God: John Calvin, Practical Formation, and the Future of Protestant Theology* (Grand Rapids: Eerdmans, 2011), p. 33.
[2] 같은 마음으로 이 기획을 이어받은 찬송가로는 John Witvliet, Joyce Borger, and Martin Tel, eds., *Psalms for All Seasons: A Complete Psalter for Worship* (Grand Rapids: Brazos, 2012)을 보라. 시편과의 규칙적인 만남을 다룬 책으로는 Kevin Adams, *150: Finding Your Story in the Psalms* (Grand Rapids: Square Inch/Faith Alive, 2011)를 보라.

제나 노래가 포함된 것도 그저 우연의 일치가 아니다. 이런 방식, 그리고 셀 수 없이 많은 다른 방식으로 형성적 훈련이라는 전수된 보물은 우리가 말할 수 있는 것보다 더 많은 것을 의미하는 암시와 은유로 특징지어진다. 우리의 압운에는 이유가 있다. 찬송가의 보격(步格)과 우리 몸짓의 형태 안에 담긴 논리가 있다. 이 점에 주의를 기울이지 않는 예배 혁신은 상상력을 형성함으로써 지각을 성화하는 예배의 이런 양상을 몰수하는 형식을 채택하는 결

과를 낳을지도 모른다.⁶¹ 따라서 지혜롭게 예배를 계획하고 인도하는 이들은 내용—노래 가사, 목회 기도 내용, 설교 메시지—에 관심을 기울일 뿐만 아니라 예배 형식의 운동/미학적 의미에도 관심을 기울인다. **무엇**뿐만 아니라 **어떻게**에도 관심을 기울일 것이다. 왜냐하면 기독교 신앙은 **무언가**를 아는 것(knowing-that)일 뿐만 아니라 일종의 **노하우**(know-how), 우리의 육화된 의미의 '사이'에서 흡수되는 '실천 감각'이나 프락토그노시아이기 때문이다. 예를 들어, 보격과 곡조는 각각 환원 불가능한 방식으로 **의미를 지니기** 때문에 노래의 형식은 내용만큼이나 중요하다. 바로 이런 의미에서, 노래하는 것은 두 번 기도하는 것이다.⁶²

예배의 지혜는 우리가 미학적 형식의 실천적 의미에 주의를 기울이기를 요구한다. 그렇게 하지 않으면 우리는 전혀 다른 무언가를 **의미하는** 곡조에 따라 예수가 주님이시라고 고백하는 가사만 노래하게 될 것이다.⁶³ 마찬가지로 우리의 말은 그것의 명제적 내용 이상을 의미하기 때문에—예배는 지성에 정보를 제공하는 것뿐 아니라 상상력의 징집도 의도하기 때문에—우리는 세

---

61 이는 기독교 예배에 혁신이나 변주를 위한 여지가 없다거나 역사적 기독교 예배의 형성적 지혜를 보존하기 위해서는 현재의 형식을 그대로 반복해야 한다는 말이 아니다. 중요한 것은, 예배 **형식**을 변주하거나 혁신하고자 할 때 그 형식의 서사적 흐름과 예배 실천의 독특한 '육화된 의미'에 주의를 기울여야 한다는 것이다. '신실한' 혁신은 서사적 흐름의 구성을 보존하고 예배의 상상적 영향력을 심화할 것이다. 신실하지 않으며 유익하지 않은 혁신은 예배의 상상적 일관성에 유해한 변화가 될 것이다.

62 이 유명한 경구를 풀어서 설명한 Brian Wren, *Praying Twice: The Music and Words of Congregational Song* (Louisville: Westminster John Knox, 2000)을 보라. 특히 찬송가가 어떻게 "신앙의 시"로서 '작동'하는가에 관한 논의(pp. 253-294)를 보라. 이 자료를 나에게 소개해 준 케빈 트윗(Kevin Twit)에게 고마움을 전한다.

63 이 문제에 관한 탁월한 논의로는 Jeremy Begbie, *Resounding Truth: Christian Wisdom in the World of Music* (Grand Rapids: Baker Academic, 2007), part 3를 보라. 관련된 논의로는 Begbie, "Faithful Feelings: Music and Emotion in Worship", in *Resonant Witness: Conversations between Music and Theology*, ed. Jeremy S. Begbie, Steven R. Guthrie (Grand Rapids: Eerdmans, 2011), pp. 323-354와 Steven R. Guthrie, "The Wisdom of Song", in Begbie and Guthrie, *Resonant Witness*, pp. 382-407를 보라.

생각해 볼 문제: 세계(관)를 두고 기도하기

우리가 기독교 세계관을 두고 **기도한다면** 그것은 기독교 교육에 어떤 영향을 미칠까? 기독교 교육의 목적이 세상을 다르게 상상하는—그리고 그에 따라 행동하는—사람들을 만들고 형성하는 것이라면, 우리는 그에 따라 예배해야 할 것이다. 우리는 세상을 바라보기 위해 예배한다. 그리고 우리가 '온 세상에 대한 참된 이야기를' 흡수하고자 한다면 이 진리를 알기 위해 이론적 정보를 습득하는 것으로는 충분하지 않다. 우리에겐 상상력의 회심이 필요하며 이를 통해 우리는 뼛속에서 이 이야기를 '이해' 할 수 있다. 그렇게 하기 위해서는 세계관을 두고 **기도해야** 하지 않을까? 그리고 기도의 **형식** 자체—기도가 유도하고 요구하는 예전적 행동—도 우리와 하나님의 관계, 우리와 그분의 세상의 관계, 우리 서로의 관계에 관해 무언가를 '말하지' 않을까?

이것이 바로 존 위트블릿이 "포괄적 기독교 세계관"을 제공하는 교육을 논하면서 주장하는 바다. 그는 "나의 주장은 4세기에 나타난 성만찬 감사 기도보다 더 나은 모형은 없다는 것이다. 이 기도는 공간과 시간, 선, 악, 인간성, 구원, 창조, 마지막 구속에 대한 신학적 전망을 제시한다. 이 모든 것이 영원을 향해, 하나님의 존재의 신비와 아름다움을 향해 열려 있는 기도 안에 압축되어 있다"라고 말한다.[1] 이에 관해 그가 제시하는 증거 자료 중 하나인 5세기 젤라시오 미사 전례 기도집(Gelasian Sacramentary)에 수록된 전구(轉求, intercessions)를 살펴보라.[2]

연도(부제): 우리 모두 기도합시다. 주님, 우리 기도를 들으시고 자비를 베푸소서. 태어나지 않으신 성부와 태어나셨지만 창조되지 않으신 하나님의 아들, 신자들의 숨이신 하나님의 성령님, 우리가 기도합니다. **키리에 엘레이손**(주여 우리를 불쌍히 여기소서).

- 온 세상에 세워진, 살아 계신 하나님의 흠 없는 교회를 위해 하나님의 풍성한 은사를 간구하나이다. **키리에 엘레이손.**
- 전능하신 하나님의 거룩한 사제들과 목회자들, 참되신 하나님을 예배하는 모든 사람을 위해 우리 주 그리스도께 기도하나이다. **키리에 엘레이손.**
- 특히, 진리의 말씀을, 하나님의 말씀의 온갖 지혜를 바르게 가르치는 모든 사람을 위해 기도하나이다. **키리에 엘레이손.**
- 하늘나라를 위해 마음과 몸을 정결히 하고 영적인 일에 힘쓰는 이들에게 풍성한 영적 은사를 내려 주시기를 간구하나이다. **키리에 엘레이손.**
- 정의와 의로운 판단을 귀하게 여기는 모든 경건한 통치자와 그들의 군사들을 위해 주의 능력을 내려 주시길 간구하나이다. **키리에 엘레이손.**
- 세상의 주님, 좋은 날씨와 적절한 비와 부드러운 바람과 때마다 필요한 번영을 주시기를 기도하나이다. **키리에 엘레이손.**
- 처음으로 '그리스도인'의 이름을 받아 이제 하늘의 은혜를 향한 열망이 불타오르는 이들에게 전능하신 하나님의 자비를 베푸시기를 기도하나이다. **키리에 엘레이손.**
- 인간의 연약함과 질병으로, 영적 악함을 시기함으로, 혹은 세상의 여러 가지 오류로 어려움을 당하는 이들을 위해 구속주의 자비를 간구하나이다. **키리에 엘레이손.**

- 어쩔 수 없이 여행 중이거나 불의의 힘에 억압당하거나 역경 속에서 고통스러워하는 이들을 위해 구원자이신 주님께 기도하나이다. **키리에 엘레이손.**
- 이단이나 미신에 미혹당한 이들을 위해 진리의 주님께 기도하나이다. **키리에 엘레이손.**
- 선한 일을 행하는 이들과 어려운 형제들을 구제하는 일을 돕는 이들에게 주님께서 자비를 베푸시기를 기도하나이다. **키리에 엘레이손.**
- 이 거룩한 주의 집에 속한 모든 이를 거룩한 말씀을 듣고 경건하게 기도하는 이들로 변화시켜 주시기를 영광의 주님께 기도하나이다. **키리에 엘레이손.**
- 우리의 영혼과 몸을 씻어 주시고 죄를 용서해 주시기를 자비로우신 주님께 기도하나이다. **키리에 엘레이손.**
- 이 공교회를 감독하는 충성스러운 영혼들에게, 특별히 거룩하신 주님의 사제들에게 새로운 힘을 주시기를 영이시며 모든 육체의 심판자이신 주님께 기도하나이다. **키리에 엘레이손.**
- 간구하나이다, 주님. 육신의 죄를 죽이고 믿음의 생명을 소생시켜 주시기를 **간구하나이다.**
- 간구하나이다, 주님. 진리에 대한 거룩한 두려움과 사랑을 주시기를 **간구하나이다.**
- 간구하나이다, 주님. 즐거운 삶의 질서와 영광스러운 마지막을 주시기를 **간구하나이다.**
- 간구하나이다, 주님. 평화와 거룩한 위로의 천사를 보내 주시기를 **간구하나이다.**

- 주님, 이것이 보호를 간구하는 당신 가족의 목소리입니다.

위트블릿의 말처럼, 이렇게 **기도로 표현된** "폭넓은 관심사는 인간의 삶과 제도, 피조물 안에서 하나님이 얼마나 폭넓게 일하고 계시는지에 관한 탁월한 이해를 암시한다."[3] 이것이 바로 하나님의 백성이—교회와 대학 모두에서—그리스도께서 "내 것!"이라고 말씀하시지 않은 곳은 단 한 치도 없다고 하는 카이퍼의 핵심 주장을 기도 안에 담아낼 수 있게 해 주는 실천이다. 이것을 기도로 표현하는 것은 다른 종류의 발화 행위다. 이것은 독특한 방식으로 우리를 이야기 안으로 초대한다. 우리는 이 드라마 안에서 배우가 되며 하나님의 구속 활동 무대 위에서 움직이는 등장인물이 된다. 동시에 이것을 **기도로** 말하는 것은 의존의 실천이다. 우리는 묻고 기도하고 간구한다. 이것은 자기 충족적 행동주의를, 또한 현대인의 (미국적) 자신감을 특징짓는 일종의 펠라기우스주의로 설정되어 있는 우리의 성향을 벗어나기 위한 연습이다.

이런 기도가 배움을 둘러싼 예배의 **에토스**의 일부가 된다면 대학이나 학교는 어떤 모습일까?[4] 어떻게 그런 기관의 졸업생들은 다른 상상력을 지닌 채 학교를 떠나게 될까?

---

1 John D. Witvliet, "Embodying the Wisdom of Ancient Liturgical Practices: Some Old-Fashioned Rudimentary Euchology for the Contemporary Church", in *Ancient Faith for the Church's Future*, ed. Mark Husbands and Jeffrey P. Greenman, pp. 189–214 (Downers Grove, IL: InterVarsity, 2008), p. 211.
2 같은 책, pp. 193–194, Marion J. Hatchett, *Seven Pre-Reformation Eucharistic Liturgies: Historic Rites Arranged for Contemporary Celebration* (Sewanee, TN: University of the South, 1973), pp. 48–49에서 재인용.

> 3 Witvliet, "Embodying the Wisdom of Ancient Liturgical Practices", p. 195.
> 4 이 사례를 소개하는 목적은 관심을 촉발하기 위해서다. 이런 유의 '에토스를 만드는' 효과를 지닌 다양한 예배 실천을 생각해 볼 수 있다. 예를 들어, 예배실뿐만 아니라 교실도 교회력에 따라 바뀌는 절기 색(liturgical colors)으로 장식한다면 어떨까? 학습과 놀이의 공간을 '설명하기보다 **보여 주는**' 스테인드글라스나 현수막으로 장식한다면 어떨까? 에토스를 만드는 이런 실천으로부터 기독교 교육이 무언가를 **연역해** 낼 수 있게 해야 한다는 말이 아니다. 내가 주장하는 바는, 예전적으로 빚어진 에토스는 명확히 진술할 수는 없더라도 큰 영향력을 발휘할 수 있는 방식으로 상상력을 빚어내리라는 것이다.

상을 불러내는 말의 시적·은유적 힘에 주의를 기울이고, 그렇게 함으로써 시장의 공리주의적 실용주의에 굴복해 예배의 말을 평평하게 만들려는 유혹에 저항하기를 원할 것이다.[64] 이런 방식, 그리고 다른 수많은 방식으로(몸짓과 건축, 이미지, 아이콘, 색, 복장 등 훨씬 더 많은 것을 논할 수 있다) 기독교 예배는 예배의 내용 **이상**이며 예배에서 말하는 것보다 더 많은 것을 의미한다. 형성적이고자 하는 예배—더 구체적으로, 우리의 상상력을 변화시켜서 우리의 지각을 성화하시는 하나님과의 만남을 촉진하고자 하는 예배—는 인간 이해의 미학에 주의를 기울여야 하며 이에 관해 의도적이어야 한다. 기독교 예배는 상상력을 위한 부화기가 되어 다가오는 왕국의 미학적 올리브 잎사귀를 우리에게 전해 줌으로써 '참 세상'으로 우리를 초대하고, 하나님의 뜻이 하늘에서 이뤄지는 것처럼 땅에서도 이뤄지는 것이 어떤 모습일지를 이제 우리가 상상할 수 있도록 도와주어야 한다. 우리는 인지하기 어려운 방식으로 샬롬에 대한 이러한 종말론적 전망을 흡수할 것이며, 그 이야기는 미학적 차원에서 우리 몸으로 체내화될 것이다. 따라서 기독교 예배 전체는 다층적 방식으로 이 인

---

64 이 문제에 관한 지혜를 담고 있는 책으로는 Debra Rienstra and Ron Rienstra, *Worship Words: Discipling Language for Faithful Ministry* (Grand Rapids: Baker Academic, 2009), 특히 은유에 관한 논의(pp. 115-141)를 보라.

도하는 이야기를 체현해야 하며, 그 결과 이야기는 우리 배경의 일부가 되고 따라서 우리의 지각을 성화할 것이다. 기독교 예배는 새로운 지식과 정보뿐만 아니라 세상에 대한 새로워진 느낌, 변화된 '실천 감각'을 지닌 채 우리를 세상으로 내보내야 한다.

그런 점에서 기독교 제자도가 세계관 습득에 관한 문제가 아니라 감수성의 습관화에 관한 문제라고 말할 수도 있다. 그리스도 안에서 선교적 행동을 **위해** 형성된다는 것은 우리가 생각하는 바 이면에서, 그것을 초월해서 우리를 이끄는 기질을 습득하는 것이다. 데이비드 브룩스의 말처럼, 정의롭고 바르게 행동하기 위해 우리는 먼저 바르게 세상을 지각하는 법을 배워야 한다.[65] 그리고 우리의 지각이 체현된 운동미학적 지향성의 한 양식이라면 세상에 대한 그리스도인의 열정적 지향은 지적 좌표 체계라기보다는 일종의 세상에 대한 태도—우리가 세상 안에서 존재하는 **방식**을 변화시키는 감수성이나 기질—의 **형식**일 것이다. 그렇다면 이 감수성이나 기질은 우리가 세상을 지각하는 방식을, 따라서 우리가 그 안에서 행동하는 방식을 현저하게 빚어낼 것이다. 그리스도의 형상을 지닌 존재로서 형성된다는 것은 하나님의 나라와 조화를 이루는 기질을 습득하는 것이다.

그런 점에서 나는 기독교의 사회적 상상이 "예술가로서의 비평가"(The Critic as Artist)에서 오스카 와일드(Oscar Wilde)가 칭송했던 "예술가적 기질"과 비슷하다고 생각한다. 대화 형식으로 쓴 이 글에서 와일드는 비평의 본질을 다루고 있는데, 그것은 우리가 이제껏 논했던 실천된 판단과 대단히 유사하다. 와일드가 말하는 '비평가'가 문화에 참여하는 사려 깊은 그리스도인에 해당한다고 생각해 보자. 그렇다면 와일드가 '비평'이라고 부르는 것은 기독교적 문

---

[65] David Brooks, *The Social Animal: The Hidden Sources of Love, Character, and Achievement* (New York: Random House, 2011), p. 127.

화-만들기와 유사한 것이 될 것이다. 이런 유비로부터 우리는 무엇을 배울 수 있을까?

그의 논지 핵심에는 "비평 자체가 하나의 예술"이라는 주장이 자리 잡고 있다.[66] 따라서 비평은 그저 수동적 논평이나 단순 관찰이 아니다. 비평가는 예술 작품과 대화함으로써 자신의 창조적인 작품을 만들어 내는 창작자, 제조자이기도 하다. 이 역학이 앞서 '구성'(constitution), 즉 구성의 배경 지평에 기초해 세상을 '종합하는' 방식, 즉 세상을 **만드는** 방식이라고 설명한 것과 비슷하다고 생각해 볼 수 있다. 어떤 의미에서, 비평가가 예술가라고 말하는 것은 비평가가 '구성하는 사람'—제조자, 창작자—**이기도** 하다고 말하는 것과 같다. 예술가만 만드는 것은 아니다. 예술을 판단하는 것—비평가가 되는 것—역시 창조적 구성 작업이다.

하지만 비평도 일종의 구성이라면, 우리는 중요한 물음에 부딪친다. 비평을 위한 적절한 '배경'은 무엇인가? 다시 말해서, 우리는 "참된 비평가에게 필수적인 예술가적 자질"에 대해 주의 깊게 생각해 보아야 한다.[67] 여기서 와일드는 놀라운 주장을 한다. 그는 '참된 비평'을 위해 꼭 필요한 것은 단지 올바른 교과 과정이나 예술에 대한 백과사전적 지식이 아니라고 주장한다. 오히려 와일드는 놀라운 자격 요건을 제시한다. 그는 최선의 비평가가 미학적 **기질**에 의해 특징지어진다고 말한다. "기질—아름다움에 대한 강력하고도 예리한 감수성—은 비평가에게 필요한 일차적 필수 조건이다." 이것은 또 다른 질문으로 이어진다. 어떻게 그런 기질을 습득할 수 있는가? 우리의 유비를 염두에 둔 채 와일드의 대답에 귀를 기울여 보라.

---

66 Oscar Wilde, "The Critic as Artist," in *The Portable Oscar Wilde*, rev. ed., ed. Richard Aldington, Stanley Weintraub (London: Penguin, 1981), p. 81.

67 Wilde, "Critic as Artist", p. 120.

이 감각이 정화되고 완벽해지기 위해서는 세련된 **환경**이 필요하다. 그런 환경이 없다면 이 감각은 고사되거나 무뎌질 것이다. 플라톤(Plato)이 어린 그리스인을 어떻게 교육해야 하는가에 관해 설명하는 아름다운 글에서 환경의 중요성을 얼마나 강조했는지 떠올려 보라. 그는 소년이 아름다운 광경과 소리 가운데서 자라게 해야 하며, 그렇게 함으로써 물질적인 것의 아름다움이 영적인 아름다움을 받아들일 수 있도록 그의 영혼을 훈련시킬 수 있다고 말한다. 강력한 방식으로, **그리고 그 이유를 알지 못한 채**, 그 소년은 플라톤이 지칠 줄 모르고 우리에게 상기시키는 교육의 참된 목적인 아름다움에 대한 진정한 사랑을 품게 될 것이다.[68]

'참된 비평'을 위해 반드시 필요한 이 기질을 습득하는 것은 환경에 달려 있다. 바른 환경은 이런 기질과 감수성을 길러 내는—하지만 이것은 '강력한 방식으로, 그 이유를 알지 못한 채' 이뤄진다—에토스를 만들어 낸다. 다시 말해서, 기질은 우리가 깨닫지 못한 사이에 환경의 '배경 소음'의 일부로서, 오랜 시간에 걸쳐 **우리** 배경의 일부가 되어 변함없이 존재하는 배경으로서 습득된다. 그것은 우리가 흡수한 감수성, 배우기보다는 포착해 낸 좋은 삶에 대한 태도다. 기질은 감정 교육에 의해 빚어진다.

감정 교육은 환경 교육이라고 말할 수도 있다. 충격적이게도, 와일드는 옥스퍼드에서 가장 중요한 것은 교수들이 아닐지도 모른다고 주장한다!

---

[68] 같은 곳, 강조는 추가됨. 이 대화에서 와일드의 목소리를 대변하는 길버트는 이렇게 말한다. "어니스트, 우리가 영국에서 이런 이상과 얼마나 동떨어져 있는 상태인지는 말할 필요도 없을 거야. 누군가가 속물에게 교육의 참된 목적이 아름다움에 대한 사랑이며 바람직한 교육 방식은 기질을 개발하고 취향을 길러 주며 비판적 정신을 만드는 것이라고 주장하는 모험을 감행한다면, 번들거리는 그의 얼굴에 어떤 미소가 번질지 쉽게 상상해 볼 수 있지"(p. 121). 진선미의 일치를 이해하고 그런 전망을 받아들이자는 제안으로는 Stratford Caldecott, *Beauty for Truth's Sake: On the Re-enchantment of Education* (Grand Rapids: Brazos, 2009)을 보라.

[산업화된 영국에서 사는] 우리조차도 아름다운 환경에 어느 정도 영향을 받는다. 모들린(Magdalen, 옥스퍼드 대학교의 칼리지 중 하나—옮긴이)의 회색 회랑을 거닐거나, 웨인플릿(Waynfleete, 모들린 칼리지의 설립자인 웨인플릿의 윌리엄 주교—옮긴이)의 예배당에서 들려오는 플루트 소리 같은 노랫소리를 듣거나, 뱀가죽 무늬를 한 특이한 패모가 피어 있는 푸른 풀밭에 누워 정오의 강렬한 빛이 탑의 금박 풍향기가 더 짙은 금색을 띠게 만드는 것을 바라보거나, 크라이스트 처치 예배당의 계단을 올라 궁륭 천장의 그늘을 드리운 선풍기 아래까지 가 보거나, 세인트존스 칼리지 내 로드 대주교가 세운 건물 입구에 있는 조각상으로 장식된 문을 통과할 때, 따분한 교수들은 거의 중요하지 않게 느껴진다.[69]

이 환경을 이루는 공간들은 상상력을 일구는 효과, 이 감정 교육을 통해 '참된' 비평의 기초가 될 감수성을 들이마시는 신예 비평가의 기질을 길러 주는 효과를 지닌다. 그러나 와일드는 '감성적' 교과 과정이 없다면 옥스퍼드에 입학하는 것으로는 부족할 것이라고 강조한다. 따라서 이어지는 대화에서 와일드는 "장식 예술의 부흥"—특히 윌리엄 모리스(William Morris)와 관련 있는 미술 공예 운동(Arts and Crafts movement)—을 이 감정 교육의 핵심 요소로 칭송한다. "기질을 길러 주기 위해 우리는 장식 예술에, 즉 우리를 가르치는(teach) 예술이 아니라 우리를 건드리는(touch) 예술에 관심을 기울여야 한다."[70] 미학적 감각을 길러 주는 예술은 당신이 바라보는 예술이 아니라 당신이 **더불어 살아가는** 예술이다. 그렇기 때문에 와일드는 **장식** 예술—윌리엄 모리스의 가구나 벽지, 에드워드 번존스(Edward Burne-Jones)의 태피스트리처럼 우리의 배

---

69 Wilde, "Critic as Artist", pp. 121–122.
70 같은 글, p. 122.

경, 우리의 에토스, 우리 분위기의 일부가 된 예술—을 칭송한다.[71] 와일드의 말처럼,

> 노골적으로 장식적인 예술은 우리가 더불어 살아가는 예술이다. 그것은 모든 시각 예술 중에서 우리 안에 분위기와 기질을 만들어 내는 예술이다. 의미에 의해 오염되지 않고 명확한 형식과 연합하지 않은 단순한 색은 수천 가지 방식으로 영혼에 말을 걸 수 있다. 선과 면의 우아한 비율 안에 자리 잡고 있는 조화는 마음 안에 반영된다. 형태의 반복은 우리에게 쉼을 준다. 탁월한 디자인은 상상력을 불러일으킨다. 단순한 재료의 아름다움 속에 문화의 잠재된 요소가 존재한다.[72]

와일드가 얼마나 놀라운 주장을 하고 있는지 주목하라. 그저 예쁜 공간이 배움을 위한 쾌적한 공간이라고 주장하는 게 아니다. 의도적으로 잘 꾸며진 환경은 영혼을 위한 진정한 학교다. 그런 공간은 우리 안에 분위기와 기질을 만들어 낸다.[73] 그런 공간은 체현된 교육(*paideia*), 운동미학적 교육(education)의 일부다. 따라서 올바른 벽지를 바른 집에서 참된 비평가가 길러질 것이다.

그러므로 이 유비에 관해 생각해 보라. 만약 기독교 신앙이 일종의 기질이라면, 이 기질을 형성하기 위해서는 바른 환경이 필요하다. 또한 기독교 교육이 우리의 감수성을 형성하고자 한다면, 기독교 교회와 학교, 대학에는 바른 벽지가 필요하다. 복음 이야기가 그 기관의 에토스 전체에 상상적으로 짜여

---

71 문화적 예전 3부작의 책 표지(원서의 책 표지—편집자)는 윌리엄 모리스와 에드워드 번존스가 협업한 결과물인 태피스트리 연작으로 장식되어 있다.

72 Wilde, "Critic as Artist", p. 124.

73 일종의 '분위기'와 기분으로서의 종교에 관한 더 자세한 논의로는 James K. A. Smith, "Secular Liturgies and the Prospects for a 'Post-Secular' Sociology of Religion", in *The Post-Secular in Question*, ed. Philip Gorski, David Kyuman Kim, John Torpey, and Jonathan VanAntwerpen (New York: New York University Press, 2012), pp. 159–184를 보라.

들어가 있는 환경이 필요하다. 그리고 이를 위해서는 분명 미학적·건축학적 지향성이 필요하지만, 더 중요하게는 기독교적 감정 교육의 '벽지'로서—단순히 경건한 장식이 아니라 하나님의 세상에 대한 우리의 정서적 자세를 빚어내는, 기질을 형성하는 에토스와 환경으로서—기독교 예배라는 통합적인 의도적·역사적 실천이 필요하다. 기독교 예배의 실천이 우리가 가르치고 배우는 환경을 구성하며, 우리를 위해 하나님의 언약적 신실하심이라는 태피스트리를 짜야 하고, '알아차리지 못하는 사이에, 그 이유를 모른 채'로 그것을 흡수하도록 우리를 그 이야기 안에 몰입하게 만들어야 한다.[74]

반복의 구속: 습관화에 관하여

이해의 미학(존슨이 말하는 "몸의 의미")을 바르게 인식하는 예전적 인간론에서는 예배의 **방식**에 관한 새로운 지향성을 장려할 것이다. 그리고 내가 주장했듯이, 특히 이런 모형은 우리로 하여금 상상력에 가장 공명하는(따라서 상상력을 형성하는) 형식에 주목하도록 촉구할 것이다. 마찬가지로, 나는 예전적 인간론은 반복을 새롭게 이해하게 한다고 생각한다. 우리는, 특히 개신교인인 우리는 공부에서 음악, 스포츠, 예술에 이르기까지 거의 모든 삶의 영역에서 반복의 가치를 기꺼이 인정하지만 예배에서 반복되는 것에 대해서는 태생적으로 알레르기 반응을 보인다. 피아노 음계를 배우거나 골프공 치는 법을 배울

---

[74] 다시 한번 우리는 장 칼뱅의 제네바로부터 중요한 교훈을 얻을 수 있다. 예를 들어, 커린 마그(Karin Maag)는 제네바 아카데미(Geneva academy)의 학생들이 매일 한 시간씩 시편을 낭독했던 사실에 주목한다. Karin Maag, "Change and Continuity in Medieval and Early Modern Worship: The Practice of Worship in the Schools", in *Worship in Medieval and Early Modern Europe: Change and Continuity in Religious Practice*, ed. Karin Maag and John D. Witvliet (Notre Dame, IN: University of Notre Dame Press, 2004), p. 123를 보라.

때는 의례적 반복의 가치를 인정하지만, 흥미롭게도 예배와 제자도에서 행하는 반복적 의례에 대해서는 의심을 품는다. 나는 이런 알레르기 반응에는 세 가지 원인이 있다고 생각한다. 첫째는 개신교의 유전적 유산과 관계가 있다. 우리는 반복을 죽은 정통, '공허한 반복', 은혜의 거부, 자기 힘으로 구원을 획득하려는 태도, 하나님께 점수를 얻으려는 노력, 정해진 동작을 그대로 따르는 자세, 그 밖의 다양한 형태의 영적 불성실과 연관시킨다. 의례와 반복은 '행위를 통한 의'에 대한 우리의 의심과 결합되어 있다. 종교적 경건에 관해서 우리는 의례의 준수를 단순히 의무에 대한 복종, 하나님께 점수를 얻고 영적 공로를 획득하는 방식으로 보는 경향이 있다. 우리는 반복적 의례를 아래로부터 위로 올라가려는 노력으로 본다. 그리고 바로 이 '노력'이라는 말은 '행위'처럼 들리기 시작하고, 이내 이 모든 것은 '행위 구원'이라는 정교한 체계의 일부인 것처럼 보인다.

둘째, 종교개혁 이후, 특히 근대성의 결과로 광범위한 분파의 현대 기독교에서는 예배를 찬양의 제사를 올려드리고 성자와 더불어 성령의 능력으로 성부께 그들의 감사와 헌신을 표현하기 위해 모인 하나님의 백성의 '상향적' 행위로만 이해하는 경향이 있다. 물론 이것은 전적으로 성경적인 충동이자 이해다. **우리**가 찬양하지 않으면 돌맹이들이 외칠 것이다. 어떤 의미에서, 우리는 찬양하도록 창조되었다. 역사에 대한 성경적 전망은 요한계시록에서 수많은 예배자가 "주를 찬양하라!"라는 시편 150편의 권면대로 하나님을 찬양하는 모습에서 절정에 이른다. 그러나 예배에 대한 이런 표현주의적 이해는 근대성이 지닌 최악의 양상으로 귀결된다고(그리고 그로부터 기인했다고) 볼 수도 있다. 표현으로서의-예배는 개인주의라는 소용돌이 안으로 쉽게 빨려 들어간다. 그런 경우에는 함께 모여서 드리는 예배조차도 예배자들이 '내적' 경건을 표현하는, 하나님과의 개인적·사적 만남들의 집합인 것처럼 보일 것이

생각해 볼 문제: 사랑의 연도

"삶의 모든 영역에는 사물의 시작이 존재한다." 오스카 와일드가 쓴 대화체의 글 "예술가로서의 비평가"에서 길버트는 이렇게 주장한다.[1] 계속해서 그가 하는 말은 여기서 우리가 논하는 바와 직결되어 있다. "플라톤은 춤의 리드미컬하며 조화로운 몸짓은 리듬과 조화를 마음으로 전달한다고 말한다. 뉴먼은 우리가 그를 존경하고 알게 해 준 위대한 설교에서 형식이 믿음의 양식이라고 외쳤다. 이 말이 얼마나 정확한지 뉴먼 자신은 몰랐을지도 모르지만 그의 말은 옳았다. 신조는 합리적이어서가 아니라 반복되기 때문에 우리는 신조를 믿는다."[2] 우리는 와일드의 주장에 다소 불편함을 느낄지도 모른다. 그러나 그는 반복을 통해 믿음이 몸 안에 새겨진다는 것―반복이 우리의 습관을, 따라서 우리의 신념을 징집하며 그 반대가 아니라는 것―을 뉴먼의 말을 통해 직관적으로 이해한 것처럼 보인다. 연도(litanies)는 단순히 우리가 믿고 사랑하는 바를 표현하는 기도가 아니다. 연도가 믿음과 사랑을 낳는다. 길버트는 "사랑하기를 원하는가?"라고 묻는다. "사랑의 연도를 사용하라. 그러면 세상이 그 말들의 원천이라고 믿는 갈망을 그 말들이 만들어 낼 것이다."[3] 기독교 예배라는 예전은 성령이 우리에게 주신 사랑의 연도다.

---

1 Oscar Wilde, "The Critic as Artist", in *The Portable Oscar Wilde*, rev. ed., ed. Richard Aldington and Stanley Weintraub (London: Penguin, 1981), p. 125.
2 같은 곳.
3 같은 책, p. 126.

다. '진정성'을 그토록 소중히 여기는 것은 바로 이 모형이다. 예배가 그저 표현의 문제일 뿐이라면, 진심을 다하는 것이 최고의 선이며, 우리는 똑같은 것을 두 번 반복하는 행위—계속해서 반복하는 경우는 말할 것도 없이—는 신실하지 않다고 생각하게 된다. 따라서 우리는 매주 참신한 표현 방식을 찾아야 한다고 느낀다.

셋째, 두 번째 원인과 관련해 우리는 24시간 내내 "요즘 너는 나를 위해 무엇을 했니?"라고 묻는, 현대 문화를 지배하는 참신함 숭배를 자신도 모르게 받아들이고 말았다. 우리는 '오래된' 것을 '**벌써** 5분 전'이라며 경멸하는 연대기적 속물근성(chronological snobbery)을 따르며, 따라서 끊임없이 '참신한 표현'을 추구한다. 우리는 그 자체가 (어쩔 수 없이) 폐기 처분의 심성일 수밖에 없는 소비주의 심성—새것을 얻기 위해 옛것을 버리는 태도—에 사로잡히고 말았다.

그러나 역사적 기독교 예배의 지혜는 이 세 전제 모두를 거스른다. 예배를 **표현**(우리가 하나님께 드리는 것)일 뿐만 아니라 **형성**(하나님이 그 만남을 통해 **우리에게** 행하시는 바)으로 보기 때문이다. 사실 반복을 악한 것으로 보면 재습관화를 포기할 수밖에 없다. 습관화는 일종의 인지적 자동화이며, 그런 자동화는 반복을 통해서만 이뤄지기 때문이다. 우리는 똑같은 실천에 반복해서 몰입해야만 우리의 성향을 재편할 '신경 지도'가 우리 안에 새겨지리라고 기대할 수 있다. 간단히 말해서, 반복 없이는 형성도 없다. 실천에 거듭해서 몰입하지 않으면 습관화가 일어나지 않는다. 기독교 예배의 '실천적 논리'를 통해 시연되고 상연된 복음 이야기라는 중심을 향하도록 우리의 상상력이 규칙적·반복적으로 재조정되지 않는다면 우리의 지각은 결코 성화되지 않을 것이다. 따라서 기독교 예배의 대항 형성적 힘을 약화시킨 것은 바로 예배 안의 반복에 대한 우리의 알레르기 반응이다. 모든 종류의 세속적 예전은 노골적으로 반복의 유익을 주장하기 때문이다. 말하자면 우리는 악마가 모든 반복을 가져

가도록 내버려 둔 셈이다. 그리고 예전적 동물인 우리는 기꺼이 그런 반복 안에서 우리 삶의 리듬을 찾으려 한다. 기독교 예배가 참신함 숭배를 피하고 신실한 반복의 유익을 끌어안지 않는다면, 우리는 계속해서 습관화를 세속적 예전에 양도하게 될 것이다.

이것은 반복을 위한 반복에 관한 이야기가 아니다. 우리가 **무엇을** 반복하는가에 따라 모든 것이 달라진다. 또한 **어떻게** 반복하는가도 차이를 만들어 낸다. 따라서 여기서 반복에 관해 제기하는 나의 주장은 앞부분에서 제기한 형식에 관한 주장과 다음 부분에서 다룰 성찰의 중요성에 관한 주장과도 밀접하게 연결되어 있다. 그 이야기가 우리의 지각을 성화하고자 한다면, 예배의 형식이 그 이야기를 규범적으로 상연해야 하며, 미학적 차원에서 그렇게 해야 한다. 하지만 우리가 성경적 이야기를 규범으로 삼는 지혜롭고 의도적인 실천 공동체에 규칙적으로, 끊임없이 재몰입한다면, 우리는 그 이야기가 우리의 배경적 감수성의 일부가 되고, 우리의 '기질'의 일부가 되며, 하나님 나라의 모습을 반영하는 행동을 만들어 낸다는 것을 알아차리기 시작할 것이다. 그리고 이 일은 우리가 깨닫지도 못한 상태에서 일어날 것이다.

중년 남성 알렉스에 대한 사례 연구를 생각해 보자. 그가 속한 교회의 예배는 별로 특별할 게 없다. 화려하거나 혁신적인 것도, '틀을 깨는' 것도 없다. 어떤 이들에게 이 회중의 예배는 엄숙하고 '전통적이며' 심지어 약간 지루해 보일지도 모른다. 하지만 예전적 전통의 지혜를 물려받은 사람들로서, 그들의 예배 형식이 그 지혜를 따르게 함으로써, 이 회중은 매주 모여 온 세상에 대한 참 이야기를 효과적으로 시연한다. 알렉스와 그의 가족은 신실한 예배자들이지만, 솔직히 말하자면 주일에 예배당에 나가기 싫을 때도 있다. 그럼에도 알렉스는 지금껏 우리가 설명했던 핵심적 직관을 흡수했기 때문에 어쨌든 예배에 참석한다. 즉, 예배는 그저 우리가 행하는 무언가가 아니다. 예배는 그것을 통해 하나님이 우리에게 무언가를 행하시는 실천이기도 하다. 따라서 그는 흔히들 말하는 것처럼 '그러고 싶지' 않을 때에도 '정해진 동작을 그대로 다 따르는' 것에 분명 미덕이 존재함을 알고 있다. 마음이 담기지 않은 날에도 그는 하나님이 그분의 약속을 지키시며 이런 실천을 통해 그를 만나 주심을 알고 있다.

이 실천의 '논리'에는 매주 회중이 무릎 꿇고 하나님께 그들의 죄를 고백한 다음 사죄의 확신을 통해 용서라는 복된 소식이 선포되는 것을 듣는 핵심적이며 반복된 순간이 포함된다. 어떤 주일에는 죄를 고백하는 기도가 그의 적극적 인식 없이도 그의 혀를 통해 저절로 나온다. "우리가 생각과 말, 행동으로, 우리가 행함으로써, 우리가 행하지 않음으로써 하나님께 죄를 범했음을 고백합니다. 우리는 온 마음으로 하나님을 사랑하지 않았습니다. 우리는 이웃을 우리 자신처럼 사랑하지 않았습니다.…우리에게 자비를 베푸시고…"[75] 다른 때와 다른 절기에는 이 말들이 그에게 잘 와 닿지 않는다. 그의 입술에 무겁게 느껴진다. 하지만 이것들은 그에게 꼭 필요한 말이다. 이 기도를 낭독하는 것은 마치 방언의 은사를 받는 것과 같으며, 성령께서 알렉스로 하여금 그의 죄책을 탄식하듯 쏟아내도록 도우시는 방식이다. 그런 다음 그는 사죄의 복된 소식을 간절히 기다리며 예수 그리스도의 죽음과 부활을 통해 베푸시는 하나님의 자비를 되새긴다. 하지만 다시 한번 복음의 놀라운 소식도 그에게 별다른 깨달음 없이 다가왔다가 지나치는 경우도 있다. 그럼에도 그는 예배하는 자리에 있다. 그리고 고백 기도와 사죄의 확신이라는 운율이 그의 상상력에 다시 한번('알아차리지 못하는 사이에') 충격을 가한다.

그러나 알렉스는 여러 해가 지나고 나서야 이처럼 지루해 보이며 반복적

---

[75] "Morning Prayer: Rite II", in *The Book of Common Prayer* (New York: Oxford University Press, 1990), p. 79.

인 실천이 얼마나 형성적인지를 깨달았다. 1월의 어느 어두운 밤, 알렉스와 그의 아내는 전화를 한 통 받았다. 10대인 아들에게 문제가 생겼다. 암울함과 불안함이 엄습해 비틀거리며, 그는 도전적이면서도 도와달라고 울부짖는 행동을 하기 시작했다. 지금 알렉스는 한 번도 훈련받은 적 없는 전화를 받았고, 꿈에도 생각하지 못한 방문을 하게 되었으며, 절대로 원하지 않았던 대화를 하게 되었다. 그는 멍하고 당황스럽고 실망스럽고 걱정스러웠다. 아니, 감정과 두려움의 바다에 휩쓸려 자신이 어떤 감정인지도 잘 모를 지경이었다. 무엇을 예상해야 할지 확신하지 못한 채 알렉스는 낯선 방의 문을 열고 들어갔다. 하지만 그때 그는 아들이 어떤 기분일지 상상하기 시작했다. 아들이 무슨 일을 하고 있었든지, 알렉스는 그가 누구인지, 그가 **누구의 아들**인지 알고 있었기 때문이다. 그는 아들을 찾아 나섰다. 사람들이 안내해 준 방으로 들어가 보니 아이는 구석에 웅크리고 앉아 있었다. 알렉스를 보자마자 아들은 무너져 내리며 어린아이처럼 그의 허리를 와락 끌어안았다. 알렉스는 눈물범벅으로 흐느끼던 아들이 울먹이며 하는 말을 들었다. "아빠, 정말 미안해요. 용서해 주세요."

알렉스가 어떻게 용서하지 않을 수 있었겠는가? 이것은 그가 너무나도 잘 아는 장면의 재연이다. 알렉스 자신이 평생 동안 은혜로우신 아버지께 자신의 죄를 고백했으며, 그분은 매주 아무런 조건도 없이 전혀 망설이지 않으시고 우리의 모든 죄에 대한 완전한 용서를 선언하셨다. 따라서 아무런 망설임 없이, 생각해 볼 필요도 없이 알렉스는 무슨 말을 하고 무엇을 해야 할지 알고 있었다. 그는 두 팔로 아들을 일으켜 세우고 "물론 난 널 용서해"라고 속삭였다. 알렉스가 똑같은 일을 해야 할 기회가 더 있을 수도 있다. 이 비통한 순간에는 어떤 특별한 마법도 없었다. 하지만 고백과 사죄의 실천이라는 규칙성과 반복을 통해서 그는 직감 차원에서 자신 역시 규칙적으로 아버지께 나아가—다시—용서를 구하는 탕자라는 것을 이미 배웠다. 그리고 다시. 그리고 또 다시. 그리고 한 번도 빠짐없이 은혜로우신 아버지께서는 이미 그가 도착하기를 기다리셨고, 그 길 끝에서 그를 만나 주시며 동일한 용서와 자비를 선언하셨다. 기독교 예배의 실천에 규칙적·반복적으로 몰입함으로써 알렉스는 우리의 은혜로우신 하늘 아버지의 기질을 흡수했으며, 따라서 그 이야기를 배경 삼아 이 상황을 구성했다. 하지만 이러한 상상력 차원의 이해는 '자동적으로' 이뤄졌다. 실천의 반복이 알렉스를 같은 드라마의 등장인물로 효과적으로 징집해 냈기 때문이다.

기독교 예배가 형성적이려면 반복되어야 한다.[76] 세속적 예전은 이미 이 점을 알고 있다. 그러나 그리스도인들, 특히 개신교인들은 이런 '의례화된' 반복에 의심을 품고 있다. 하지만 그럴 필요가 없다. 하나님은 우리를 습관의 동물로 창조하셨고 우리가 있는 자리에서 우리를 만나 주신다. 성부께서는 반복해서 우리를 삼위일체의 삶 속에 잠기게 하는, 성령으로 충만한 실천을 통해 우리를 그리스도와의 연합 속으로 초대하신다. 바로 이런 반복을 통해서 그 이야기는 우리의 상상력 안으로 잠기기 시작하고, 그리하여 우리의 지각을 성화하며 '하나님 나라를 지향하는' 행동을 만들어 낸다.

성찰의 구속: 예전적 교리 교육과 기독교 교육

나의 핵심 주장은 우리가 세상을 지향하는 비의식적 방식, 따라서 우리의 인지적 무의식에 대해 '작용'하는 형성적 실천—개념화가 불가능하며 우리가 자

---

[76] 물론 이 말은 우리가 매주 정확히 똑같은 것을 해야 한다는 뜻이 아니다. 반복의 거시적 주기와 미시적 주기가 존재한다. 우리는 매주 똑같은 고백 기도를 하고, 해마다 교회력을 반복하고, 3년마다 전례독서(lectionary, '성서정과'로 불렸으나 2018년 『성공회 기도서』에서 용어가 수정되었다—편집자)의 도움을 받아 성경 전체를 읽어 나갈 수도 있다.

각할 수도 없는 방식으로 우리의 배경을 빚어내고 우리의 세계-내-존재를 조율하는—의 중요성을 강조하는 것이었다. 프락토그노시아와 아비투스는 우리의 육화된 의미, 체현된 세계-내-존재의 양상을 설명하기 위해 사용한 개념적 명칭이었다. 나는 이러한 비의식적 지향성의 양식이 우리의 행동을 추동하는 데 중요한 역할을 함을 이해함으로써, 특히 우리의 배경이 형성되고 빚어지며 세상을 지각하도록 훈련되는 방식에 주목하고 우리가 경쟁하는 형성적 실천에 영향을 받고 있음을 인식해야 한다고 촉구했다. 내가 의미의 이러한 비의식적 양식을 강조한 것은 이것이 기독교적 형성과 기독교 고등 교육에 관한 수많은 논의에서 제대로 강조되지 않으며 과소평가되기 때문이다. 그 결과 우리는 하나님의 도성이 아닌 정치체를 위해 우리의 상상력을 징집하는 무질서한 예전에 의해 왜곡되고 변형되기 쉽다.

그러나 나는 이 책을 마무리하면서, 무의식적 습관화와 세상에 대한 체현된 '느낌'을 강조한다고 해서 성찰과 지적 분석의 역할을 부인하거나 무시하려는 것은 아님을 강조하고자 한다. 여기서 나는 실천 **아니면** 성찰이라는 이분법을 주장하지 않는다. 그와 반대로 나의 바람은 실천 **속에서의** 성찰적 몰입을 장려하기 위해 실천**에 대한** 의도적 성찰을 촉진하는 것이다. 이 책 첫머리에서 든 예, 코스트코에서 웬델 베리의 책을 읽는 경우에 대해 생각해 보라. 궁극적으로 우리는 인지적 무의식에 작용하는 습관화(완싱크의 말처럼 '생각 없이' 실천하는 **좋은** 먹기)를 통해 지식과 행동 사이의 간격을 메우지만 여기에는 매우 중요한 성찰의 순간이 존재한다. 즉, 나의 식습관이 얼마나 중요한가를 지적으로 자각하고 다른 실천이 나의 습관을 징집하는 방식을 인식할 때, 나는 새로운 환경과 새로운 실천 공동체를 찾아야 한다고 **확신**하게 될 것이다. 나의 행동을 '자동화'하기 위해서는 실천이 중요함을 확신할 때 나는 다른 텔로스에 맞춰 나의 필요와 욕망을 재습관화하기 위해 다른 리듬에, 습관

형성을 위한 다른 일상적 반복에 자신을 복종시키는 편을 **선택**할 것이다. 어떤 정치체가 내가 인정하기를 원하지 않는 목적을 향해 나의 아비투스를 징집했음을 인식할 때 나는 나의 마음을 재조정하기 위해 대안적 정치체의 실천을 의도적으로 추구할 것이다.

우리는 동일한 원리를 기독교적 형성에 대한 접근 방식―기독교 예배의 실천과 기독교 교육 안에서 작동되는 교육법을 포함해―에도 적용할 수 있다. 지향성은 적어도 두 가지 차원에서 중요하다. 첫째, 기독교 예배의 형태와 형식을 책임지고 있는 이들은 무엇이 실천 **안에서** 지혜로 간주되는가를 알기 위해 실천의 '논리'를 반드시 이해해야 한다.[77] 다시 말해서, 기독교 예배의 인도자들은 어떤 의미에서 스스로 부르디외가 말하는 문화기술지 연구자의 입장에 서 보아야 한다. 실천**으로서의** 실천의 이론을 지닌 채 일하는 기독교 예배 계획자들은 실천의 논리를 진술하고 분석함으로써 예배가 우리를 이끌어야 할 그 이야기와 조화를 이루는 예배 형식을 분별해 내기 위해 성찰할 필요가 있다. 예배 인도자와 계획자들(그리고 둘 모두를 가르치는 이들)은 우리가 이해하지 못하는 실천의 논리를 명민하게 성찰해야 한다. 그렇게 함으로써 그들은 우리가 확신과 신뢰 속에서 아비투스를 형성하는 실천에 임하도록 도와주는 예배를 계획할 수 있다. 왜냐하면 우리 나머지 사람들은 예배를 계획하고 인도하는 일에 참여하는 사람들처럼 '그것을 생각할' 수가 없기 때문이다. 예배를 실제로 수행하는 이들의 공동체를 위해 예배 계획자와 인도자들은 예배의 상상적 일관성이 습관을 통해 우리 안에 자리 잡는 하나님 나라의 전망과 조화를 이룰 수 있도록 우리의 실천을 반성적으로 평가해야 할

---

[77] 이것이 (예배 인도자와 예배자 모두를 위한) 예배 **교육**에 어떤 의미를 갖는가에 관한 탁월한 논의로는 John Witvliet, "Teaching as a Worship Practice", in *For Life Abundant: Practical Theology, Theological Education, and Christian Ministry*, ed. Dorothy C. Bass and Craig Dykstra (Grand Rapids: Eerdmans, 2008), pp. 117-148를 보라.

책임을 수행해야 한다.

둘째, 그리고 더 광범위한 의미에서, 예배가 우리의 의식적 자각을 회피하는 방식으로 우리를 형성한다 하더라도 예배에 대한 완전하고 적극적이며 의식적인 참여가 필요하다. 기독교 예배의 실천에 대한 우리의 몰입이 언제나 그리고 오직 '정해진 동작을 그대로 다 따르는' 것에 관한 문제라면, 우리는 진정한 실천자가 아니다. 우리는 투자나 동일시 없이 환경 안에서 떠다니는 무임 승객에 더 가깝다. 부르디외의 용어를 사용하면, 우리는 그 몸 안에 적절하게 통합될 수 없을 것이다. 그러나 적절한 수준의 의도적 성찰도 존재한다. 아동이나 새 신자, 정신적으로 미약한 성인은 평생 신앙에 몰입해 온 성인보다 실천에 의해 더 많이 '옮겨질' 것이다. 우리가 예배를 위해 모일 때 무엇을 왜 하는가를 하나님의 백성이 이해하도록 돕는 데에 일차적으로 초점을 맞추는 예전적 교리문답이 제자도와 신앙 형성의 핵심이라고 생각해 볼 수도 있다. 이것이 "신비를 가르치는 설교"(mystagogical preaching), 즉 성례전과 입문 의례를 통해 세례 후보자(catechumen)를 그리스도의 몸 안으로 의도적으로 초대하고 그들을 신앙의 '신비' 안으로 '이끄는' 형성적 설교에 영향을 미친 직관이다.[78] 하지만 이런 설교와 교육에서는 교의 체계를 요약하기보다는 예배 실천의 의미를 설명하고 해명한다. 신비를 가르치는 설교는 추상적 교리로 이뤄진 교과 과정이 아니라 하나님의 백성이 매주 예배에서 **행하는** 바를 성찰해 보라는 초대장이다.[79] 예루살렘의 키릴로스(Cyril of Jerusalem)가 했던

---

[78] 고전적인 논의로는 Craig A. Satterlee, *Ambrose of Milan's Method of Mystagogical Preaching* (Collegeville, MN: Liturgical Press, 2002)을 보라. 더 최근의 논의로는 시애틀에 있는 피니 리지 루터교회 (Phinney Ridge Lutheran Church)에 대한 사례 연구를 담고 있는 Paul E. Hoffman, *Faith Forming Faith: Bringing New Christians to Baptism and Beyond* (Eugene, OR: Cascade Books, 2012)를 보라.

[79] 하이델베르크 교리문답도 비슷한 방식으로 이해할 수 있다. 사도신경, 율법, 주의 기도를 중심으로 구성된 이 교리문답은 그리스도인들이 매주 예배에서 암송해 온 바를 활용하고 있다. 회중이 예배 실천의

신비를 가르치는 설교에 대해 논평하면서, 레스터 루스(Lester Ruth)는 "다른 초대교회의 주교들처럼 키릴로스의 관심은 다양한 예식들이 새로 세례받은 이들을 성경의 이야기와 연결시키는 여러 방식을 명명하는 것"이었다고 지적한다.[80] 예전적 교리문답의 목적은, 우리가 예배를 위해 모였을 때 무엇을 행하며 그것을 왜 행하는가를 하나님의 백성들이 더 의식적·의도적으로 지각하도록 돕는 것이다. 그리고 그런 지적 이해는 확신으로 굳어져 우리가 그 실천에 몰입하는 데 전념하게 만들 것이다.[81]

우리는 예배를 성찰하도록 하나님의 백성을 훈련시킴으로써 우리가 예배로 **들어가는** 방식을 바꿀 수 있다. 즉, 예배하는 회중인 실천 공동체 안으로 '진입하는 각도'를 바꿀 수 있다.[82] 예배로 진입하는 각도는 예배의 형성적 힘을 좌우하는 결정적 요인인 것처럼 보인다. 존 위트블릿은 기독교 예배의 '형성적' 전망에 관해 많은 사람이 이런 질문을 던진다고 지적한다. "예전 참여가 우리를 빚어낸다면 왜 평생 예배에 참여한 이들이 더 나은 사람이 되지 못하는가?"[83] 위트블릿은 수많은 요인이 우리를 예배의 형성적 힘에 사실상

이 '골격'을 포기한다면 이 교리문답은 추상적으로, 심지어는 자의적으로 보일 것이다.

[80] Lester Ruth, Carrie Steenwyk, and John D. Witvliet, *Walking Where Jesus Walked: Worship in Fourth-Century Jerusalem*, The Church at Worship: Case Studies from Christian History (Grand Rapids: Eerdmans, 2010), p. 130. 이 책에서는 키릴로스의 신비 설교를 길게 발췌하여 수록했다(pp. 130-137).

[81] 이런 목표는 분명 회중의 삶과 관련이 있다. 그러나 대학 채플 프로그램의 정당한 목적이기도 하다.

[82] '진입하는 각도'와 연관된 정서적 역학에 관한 논의로는 Sara Ahmed, "Happy Objects", in Gregg and Seigworth, *The Affect Theory Reader*, pp. 29-51를 보라. 문학에서도 비슷한 '진입' 지점을 생각해 볼 수 있다. 그것은 소설의 세계 안에서 살기 위해 '선택된' 성향으로서의 불신의 유예다. 관련된 논의로는 James Wood, *The Broken Estate: Essays on Literature and Belief* (New York: Random House, 1999)를 보라.

[83] John D. Witvliet, "The Cumulative Power of Transformation in Public Worship: Cultivating Gratitude and Expectancy for the Holy Spirit's Work", in *Worship That Changes Lives: Multidisciplinary and Congregational Perspectives on Spiritual Transformation*, ed. Alexis Abernathy (Grand Rapids: Baker Academic, 2008), p. 52.

'무감각하게 만든다'고 지적하지만, 여기서는 그중 하나에 주목할 필요가 있다. 그가 주장하길, "예배의 힘에 우리를 무감각하게 만드는 한 요인은"

> 마치 우리가 내기에서 손실 대비를 위해 하나님 쪽에 돈을 거는 것처럼 교회 가는 것을 미신적으로 이해하는 태도다. 만약 우리가 예배에 참석할 때 우리가 거기 갔으니 하나님이 우리에게 복을 주실 것이라고 기대한다면, 우리가 교회 안에서 행하는 것은 사실상 기독교가 아닌 다른 무언가와 다름없다. 우리는 미신 혹은 위선을 행하고 있는 셈이며, 이는 진심이 담기지 않은 말을 하나님께 하는 법을 아주 의도적으로 배우는 것과 같다. 영적으로 말해, 위선이라는 죄는 형성을 해치는 최악의 독약이다. 위선 속에서 우리의 외적 행동은 내적 태도와 분리되어 있다. 우리는 심지어 우리가 말하거나 행하는 바에 진심을 담지 않는 데에 매우 능숙해질 수도 있다.[84]

우리가 '진입'할 때 취하는 자세나 입장은 우리가 실천의 형성적 힘을 받아들이는 데에도 영향을 미치며, 더 나아가 성령의 작용에 대한 우리의 개방성에도 영향을 미친다.

매튜 볼튼은 기독교 예배의 실천을 단지 표현에 집중하여 접근할 때도 우리가 그 형성적 힘에 무감각해질 수 있다고 주장한다. 그는 이렇게 말한다. "칼뱅의 시선을 통해 볼 때, 오늘날 많은 개신교 교회를 괴롭히는 질병을 다음과 같이 묘사할 수 있다. 즉, 수많은 형성적 실천을 물려받았지만 우리는 그것을 여기저기에서 가끔씩만 실천한다. 그러면서도 건강하기를 기대하고 건강한 상태를 유지하고 있다고 주장한다. 혹은 그런 것을 전혀 기대하지 않

---

[84] 같은 글, pp. 52-53.

는다. 그 대신에 우리는 그 소중한 유산을 우리를 형성하는 실천들이 아니라 기독교 신념을 믿는 사람으로서, 기독교 군중에 속한 사람으로서 우리 자신을 표현하거나 입증하거나 상징적으로 확증하기 위한 활동으로 해석한다."[85] 만약 우리가 예배에 진입하는 각도가 사실상 실천의 형성적 힘을 봉쇄하고 있다면, 변화시키며 재습관화하는 기독교 예배의 힘을 보존하기 위해 우리가 할 수 있는 최선의 일 중 하나는 우리가 **무엇을 왜** 하는가에 관한 성찰적 지향성을 촉진하는 것이다. 간단히 말해서, 예전적 교리문답은 바로 예배에 대한 성찰을 장려하며, 이로써 우리는 예배를 성령의 습관화를 위한 훈련 '모음' **으로서** 이해할 것이다. 우리는 예배로 들어가 하나님 나라를 상상하는 법을 배우라고 초대받는다.

나는 '감정 교육'에 주목하는 것이 중요하다고 강조했지만, 그것은 '지적' 교육 대신에 혹은 그것을 희생하고 감정 교육을 해야 한다는 뜻이 아니다. 여기서 그리는 형성의 기획은 이 둘 사이의 이분법을 거부한다. 이는 우리의 합리적 성찰이 정서에 근거하기 때문이며 정서적 실천에 대한 우리의 몰입이 지적 확신에 의해 동기를 부여받는 경우가 종종 있기 때문이다. 우리의 성찰은 언제나 이미 정서적이며, 우리의 정서적 몰입은 우리의 지적인 세계-내-존재와 결코 분리되어 있지 않다. 따라서 참으로 통전적인 기독교 교육은 마음과 정신, 지성과 정서 모두의 형성이 되어야 한다.

앨버트 골드바스(Albert Goldbarth)의 시 "감상"(Sentimental)에서는 지성과 감정의 이러한 상호 작용을 놀라운 방식으로 그려 낸다. 이 시 자체가 그것이 말하는 효과

---

[85] Boulton, *Life in God*, p. 228.

를 발생시킨다. 즉, 이 시는 감상적 정서와 성찰적 질문을 하나로 엮어 낸다. 이 시는 우리가 우리의 개념적 이해와 분석적 기술로 포착해 낼 수 없는 의미에 사로잡혀 있는 동안에 그것에 관해 **생각**해 볼 질문을 던진다. 이 시는 한 작문 교실에서 전위 예술을 추종하는 열정적인 젊은 시인들이 감정과 감상에 호소하는 상투적 과장과 유치한 표현을 경계하는 장면을 그린다. 모더니즘의 신봉자인 이들은 홀마크식 표현을 거만한 태도로 경멸한다. 진지한 시인인 이들은 텔레비전을 위해 만들어진 영화 같은 냄새를 풍기는 모든 것을 경계한다. 용서받을 수 없는 죄는 감상적인 자세를 취하는 것이다.

그러나 그들의 선생은 그들을 밀어붙이면서 우리를 성찰로 이끄는 것이 이 시의 그런 특성이 아닌지 묻는다. 무엇이 감상적인 것으로 간주되는지 당신은 어떻게 아는가? 언제 우리는 그 선을 넘게 되는가? 그리고 시의 정서적 작용에 영향받을 때 그 선에 대한 우리의 확신은 흔들리기 시작하며, 결국 우리는 감상성에 사로잡혔음을—그리고 그것이 **참임**을—깨닫는다.

빛은 상상도 못할 수천 마일을 여행해 응축되고 재충전되어
7월의 위스콘신 북부, 7월의 수액과 파리 떼가 가득한 들판에서,
시골 목사가 이 남녀 앞에 펼쳐 놓은 성경책의
희디흰 페이지 위로 쏟아진다.
이 풍성하고 엄숙한 예식의 시간에
수액처럼 달콤한 그들의 서약은 파리 떼처럼 공중에서 울려 퍼진다.
감상적인가? 이런. 그리고 그 빛은 수도꼭지에서 흘러나오는 물처럼
계속해서 쏟아져 내린다. 엑스 표로 잘라 낸 부분에서는
파이 껍질처럼 쉬 부서지는 냉기도 존재할 것이다.
그리고 그것은 우리가 그리스 올리브를 머금는 것처럼 우리 혀 위에서

보호하듯 굴러가는 아이러니를 음미하기를 원하도록 만드는가?

학생들과 나는 이 이해하기 어려운 현상을 논한다.

'맥락'이 중요한가? '획득된' 의미가 중요한가?

덤불 안에서 뱀들이 보여 주는 혼란스러운 조바심이

냉장고 안에서 사그라든다면 그것은 감상적인가? 아니다.

그렇다, 어쩌면 그럴지도 모른다. 코커스패니얼의 똥은 어떤가?

우리가 그 혹독한 겨울 같은 시에서 그것들을 '강아지'라고 부른다면?

내 아버지가 묻혔을 때, 묘지의 회색 눈은 양철 판이었다.

내가 그렇게 말했다면? 그렇다, 아니다.

과장된 신호만으로도 눈가가 촉촉해질 정도로

가장 가까이에 있는 인간 육체의 팽팽한 신경을 연주하기를 끈질기게 기다리는

할리우드의 통속적 바이올리니스트에게 '어조'나 '역사'는 어떤 작용을 하는가?

우리가 날마다 저장하는 슬픔은 우리 체계의 이 얄팍해진 부분을 이용해

마침내 터져 나오기 시작한다…

그것은 '잘못된' 것인가? 무덤 파는 이들이 기계적으로

허리를 구부렸다가 펴고 구부렸다가 펼 때,

그들의 숨이 공장 굴뚝 연기처럼 뿜어져 나왔다는 말을 내가 했던가?

현명하고 늙은 (이가 다 빠진) 흑인 블루스 가수는

감상적인가? '할머니?' '시골 요리?' 하지만

그것도 그들 나름대로 타당하다. 안 그런가? 그들의

주름 안에 고인 땀. 이 행성 위에서 잠시 살아간

삶의 의미라는 잘 짜여진 편직물에서

반짝이는 것을 골라낸다. 손을 드는 학생들…의견…

질문…태양이 운다는 표현은? 달은?

이런 솔직한 얼굴 앞에서 우리는 왜 이토록 예민해지는가? 불러내라.

다리 저는 소녀와 그녀의 유일한 친구인 경매에 나온 당나귀를.

그리고 피리로 가련한 음악을 연주하게 하라.

화류계 출신의 화려한 여자가 갖은 고생 끝에 구빈원에

가게 된 고아들 이야기를 한다면?

그 이야기를 얼음처럼 차가운 냉소의 인용 부호 사이에 넣어 보라.

그래서?

내가 울었다면? 내가 그저 책을 내려놓고,

팔꿈치 사이에 고개를 묻고, 다른 모든 것을

잊어버리고, 울었다면?

내가 그 페이지의 빛 속으로, 반짝거리는 강렬한 빛 속으로

걸어 들어가, 마지막으로 그의 비석까지 걸어 들어갔다면?

그뿐이고 드라마도 없는데, 비석은 너무나도 차갑고

공기는 너무도 냉담한 금속 버클로 잠긴 떠톱 같은

노래를 내놓는데, 내 안에서부터

아주 오랫동안 부끄러움과 궤변 속에서 상실되었던 그곳에서

내 어린 시절 개심장사상충으로 죽은 강아지들이

마지막 한 마리까지 그 타고난 목소리를 찾는다면?[86]

---

[86] Albert Goldbarth, "Sentimental", in *Across the Layers: Poems Old and New* (Atlanta: University of Georgia Press, 1993), pp. 113–114. 허락받고 사용함.

인명 찾아보기

가촐, 조너선(Jonathan Gottschall)　224주59
거스리, 스티븐(Steven R. Guthrie)　76주5, 296주63
고힌, 마이클(Michael Goheen)　263주12
골드바스, 앨버트(Albert Goldbarth)　320-323
그렉, 멜리사(Melissa Gregg)　73주1
김재권(Jaegwon Kim)　74주3

네루다, 파블로(Pablo Neruda)　203
누녜스, 라파엘(Rafael Núñez)　213주36
뉴먼, 추기경 존 헨리(Cardinal John Henry Newman)　160-161, 309
니콜스, 숀(Shaun Nichols)　54주36

다익스트라, 크레이그(Craig Dykstra)　50주27, 127, 316주77
단토, 아서(Authur Danto)　74주3
더니스, 윌리엄(William Dyrness)　220주44
데스몬드, 윌리엄(William Desmond)　54주35
데프라즈, 나탈리(Natalie Depraz)　56주40
도이어베르트, 헤르만(Herman Dooyeweerd)　219주43
뒤비, 조르주(Georges Duby)　167주30
듀이, 존(John Dewey)　83주14, 155주19
드레이퍼스, 휴버트(Hubert Dreyfus)　48주24, 74주3, 117주41, 163주26, 166주29, 228
드영, 레베카 코닌다익(Rebecca Konyndyk DeYoung)　248주90
들뢰즈, 질(Gilles Deleuze)　221주46
디디언, 조운(Joan Didion)　173, 191-192, 225, 230주72

라이트, 크리스토퍼(Christopher J. H. Wright)　35주7, 260주3
라이트, 톰(N. T. Wright)　220주45, 263주12, 279주37
라코스트, 장이브(Jean-Yves Lacoste)　26주1
래시코버, 랜디(Randi Rashkover)　281주43
랭어, 수전(Suzanne Langer)　198
러니어, 재런(Jaron Lanier)　256주96
레비나스, 에마뉘엘(Emmanuel Levinas)　216주38
레서, 사이먼(Simon Lesser)　228주67
레이코프, 조지(George Lakoff)　204주24, 213주36
레이튼, 앤절라(Anela Leighton)　291주55
레이하르트, 피터(Peter Leithart)　53주32
레커, 조이스(Joyce Recker)　234
렌, 브라이언(Brian Wren)　296주62

인명 찾아보기　325

로빈슨, 제니퍼(Jenefer Robinson) 84주15
로이드존스, 샐리(Sally Lloyd-Jones) 274주30
루스, 레스터(Lester Ruth) 318주80
루이스(C. S. Lewis) 66주52
리베라, 조셉(Joseph Rivera) 26주1
리엔스트라, 데브라(Debra Rienstra) 301주64
리엔스트라, 론(Ron Rienstra) 301주64
리처드슨, 앨런(Alan Richardson) 229주70
리쾨르, 폴(Paul Ricoeur) 205주25, 222-223, 232
리포어, 어니(Ernie Lepore) 292주55
릭스, 크리스토퍼(Christopher Ricks) 98-101
립스키, 데이비드(David Lipsky) 61주46

마그, 커린(Karin Maag) 307주74
매카시, 코맥(Cormac McCarthy) 166주28, 276
매컬러스, 카슨(Carson McCullers) 177-180
매클루언, 마셜(Marshall McLuhan) 141주1, 288주52
매킨타이어, 알래스데어(Alasdair MacIntyre) 53주32, 57주44, 112, 191, 192주12, 197주19, 240
맥길크리스트, 이언(Ian McGilchrist) 21, 45주22, 73주2, 78-80, 92주24, 205주26, 206주30, 207주30, 216주39, 221주47, 230, 231주74
맥라렌, 피터(Peter McLaren) 170
맥스(D. T. Max) 68주54
맥휴, 헤더(Heather McHugh) 292
맬릭, 테렌스(Terrence Malick) 204
머피, 프란체스카(Francesca Murphy) 49주26
멀더, 마크(Mark Mulder) 242주82
메를로퐁티, 모리스(Maurice Merleau-Ponty) 58주44, 88-140, 153, 155, 190-194, 217-219, 222주48, 235, 268, 284
모리스, 윌리엄(William Morris) 305
모슬리, 데이비드(David Moseley) 76주5
믈링코, 앤지(Ange Mlinko) 205주26
미첼, 네이선(Nathan D. Mitchell) 119주42, 207주31
밀리, 알프레드(Alfred R. Mele) 74주3
밀뱅크, 존(John Milbank) 95주27

바그, 존(John A. Bargh) 37주13
바렐라, 프란치스코(Francisco Varela) 56주40
바르톨로뮤, 크레이그(Craig Bartholomew) 263주12
바슐라르, 가스통(Gaston Bachelard) 55
버드, 마이클(Michael Budde) 276-277
번존스, 에드워드(Edward Burne-Jones) 305
베네마, 헨리(Henry Venema) 205주25, 222-223
베리, 웬델(Wendel Berry) 40-44, 157주20, 269, 315
베이커, 니콜슨(Nicholson Baker) 183-190
베일리, 에드워드(Edward Bailey) 26주2
벡비, 제러미(Jeremy Begbie) 76주5, 205-206, 296주63
보들레르, 샤를(Charles Baudelaire) 183주1
보머프레디거, 스티븐(Steven Bouma-Prediger) 216주38
보이드, 브라이언(Brian Boyd) 84주15, 224주59, 225주60
보컴, 토리(Tory K. Baucum) 151주15
보통, 알랭 드(Alain de Botton) 27주2
볼튼, 매튜 마이어(Matthew Myer Boulton) 29주1, 51, 260, 263-273, 284, 295, 319
부르디외, 피에르(Pierre Bourdieu) 76주6, 119주42, 141-180, 191-193,

194, 209 주34, 217, 224 주58, 230, 231, 236, 244-245, 257, 271, 284-286, 293-294, 316, 317
부어스마, 한스(Hans Boersma) 284 주47
브레이디, 캐서린(Catherine Brady) 232 주76
브루그만, 월터(Walter Brueggemann) 273-274
브룩스, 데이비드(David Brooks) 77, 82, 106, 191주9, 253, 302
브룩스, 클리안스(Cleanth Brooks) 290-293
브룬, 마크(Mark J. Bruhn) 229 주70
블로츨, 제프리(Jeffrey Bloechl) 216 주38
빌링스, 토드(J. Todd Billings) 36주10, 37주12, 51주29, 257 주97, 261주8, 287 주50

새털리, 크레이그(Craig A. Satterlee) 317 주78
샬로우, 프랭크(Frank Schalow) 54주35, 56주40
센, 프랭크(Frank Senn) 288-290
소사, 어니스트(Ernest Sosa) 48주25
슈타인가르트, 게리(Gary Shteyngart) 254-255
스미스, 제이디(Zadie Smith) 251, 255
스미스, 제임스(James K. A. Smith) 26주1-2, 33주5, 36주11, 38주15, 39주16, 52주30, 75주5, 76주6, 95주27, 172주34, 186주7, 192주12, 196주16, 209주35, 219주42, 220주44, 236주80, 259 주2, 264주15, 282주44, 293 주60, 306주73
스미스, 크리스천(Christian Smith) 192주12
스미트, 로라(Laura Smit) 51주29
스텀프, 엘러노어(Eleonore Stump) 58주44, 166주27
스틴윅, 캐리(Carrie Steenwyk) 318주80
시그워스, 그레고리(Gregory J. Siegworth) 73주1

시어벨드, 캘빈(Calvin Seerveld) 35주8, 206, 219주43, 231주73, 270주27, 274-275, 279주36
아리스토텔레스(Aristotle) 55주38, 57주44, 112, 149
아우구스티누스(Augustine) 35, 39, 54-55주38, 66주52, 70주55, 119주43, 218, 243주83, 261주7
아이작슨, 월터(Walter Isaacson) 244주84
아흐메드, 새러(Sara Ahmed) 318주82
애덤스, 제이(Jay E. Adams) 125주47
앤더슨, 웨스(Wes Anderson) 99주31
에덜먼, 제럴드(Gerald Edelman) 201-202
오스틴, 제인(Jane Austin) 53주32
오크스, 피터(Peter Ochs) 280-283
와일드, 오스카(Oscar Wilde) 303-307, 309
완싱크, 브라이언(Brian Wansink) 42-44, 315
월쉬, 브라이언(Brian Walsh) 216주38
우드, 제임스(James Wood) 49주26, 318주82
울프, 토머스(Thomas Wolfe) 87
워드, 그레이엄(Graham Ward) 260주4
워즈바, 노먼(Norman Wirzba) 42주18
워커, 진 머리(Jeanne Murray Walker) 210-212
월리스, 데이비드 포스터(David Foster Wallace) 61-70, 183, 190, 225, 251-252
월터스토프, 니콜라스(Nicholas Wolterstorff) 26주1, 265주16
웰스, 새뮤얼(Samuel Wells) 32주3, 49주26, 259주1
위트블릿, 존(John Witvliet) 32주4, 295, 297-301, 316주77, 318
윌슨, 데이비드 슬로언(David Sloan Wilson) 224주59

윌프레드, 토마스(Thomas Wilfred) 204
이글턴, 테리(Terry Eagleton) 160-161

자이더바르트, 램버트(Lambert Zuidervaart) 231, 233-234, 293 주59
잡스, 스티브(Steve Jobs) 244 주84
전샤인, 리사(Lisa Zunshine) 230 주71
존슨, 마크(Mark Johnson) 54 주37, 78, 81-83, 101, 112, 152 주17, 155 주19, 194-216, 221 주46, 307

카너먼, 대니얼(Daniel Kahneman) 37 주13, 125 주48, 273 주28
카라치올로, 마르코(Marco Caracciolo) 230 주71
칸트, 임마누엘(Immanuel Kant) 143, 187, 208, 221 주46, 282 주44
칼뱅, 장(John Calvin) 29, 51, 261-268, 271, 295, 307 주74, 319
캐그, 존(John Kaag) 56
캐럴, 조셉(Joseph Carroll) 224 주59
캐릴, 크리스천(Christian Caryl) 239
캐버너, 윌리엄(William Cavanaugh) 53-54, 58, 238-240
캔리스, 줄리(Julie Canlis) 51 주29
캘런버그, 브래드(Brad J. Kallenberg) 248 주89
캠피언, 제인(Jane Campion) 95-101
케네슨, 필(Phil Kenneson) 56-57
켑니스, 스티븐(Steven Kepnes) 26 주1
코소프스키, 스콧마틴(Scott-Martin Kosofsky) 280
코스미디스, 리다(Leda Cosmides) 226 주62
콜드컷, 스트랫포드(Stratford Caldecott) 304 주68

쿠쉬너, 토니(Tony Kushner) 247 주87
큐니오, 테런스(Terence Cuneo) 26 주1
큐리, 그레고리(Gregory Currie) 54 주36
크라우치, 앤디(Andy Crouch) 35
크램닉, 조너선(Jonathan Kramnick) 226-228
크레티앙, 장루이(Jean-Louis Chrétien) 122 주45
클랩, 로드니(Rodney Clapp) 31 주2
키릴로스, 예루살렘의(Cyril of Jerusalem) 317-318
키츠, 존(John Keats) 95-101

테일러, 찰스(Charles Taylor) 16 주4, 41, 48 주24, 53 주34, 74 주3, 76 주6, 91 주22, 151 주14, 192 주12, 219 주41, 250-252, 264 주15
투비, 존(John Tooby) 226 주62
트릴링, 라이오넬(Lionel Trilling) 271-273
트웨인, 마크(Mark Twain) 51

파이퍼, 존(John Piper) 242 주82
퍼시, 워커(Walker Percy) 62, 91 주21
프루스트, 마르셀(Marcel Proust) 15-17, 86-88, 140, 172
플랜팅가, 코넬리우스(Cornelius Plantinga) 37 주14
플로베르, 귀스타브(Gustave Flaubert) 34, 53 주33
피핀, 로버트(Robert Pippin) 158 주21
필런, 제임스(James Phelan) 225 주61

하우어워스, 스탠리(Stanley Hauerwas) 32 주3, 50 주26, 81 주12, 259 주1, 263 주13
하이데거, 마르틴(Martin Heidegger) 54 주35,

　　　　70주55, 89주18, 103, 184주4, 236주80
허먼, 데이비드(David Herman)　232주76
헤겔(G. W. F. Hegel)　158주21
헤밍웨이, 어니스트(Ernest Hemingway)　276
호건, 패트릭 콤(Patrick Colm Hogan)　84주15,
　　　　85주16
호프먼, 폴(Paul E. Hoffman)　317주78
후설, 에드문트(Edmund Husserl)　89, 90주19,
　　　　113주38, 152주18

주제 찾아보기

가소성 199, 201
감정 74-75, 78-85, 172 주34, 208
감정적으로 미리 초점 맞추기 84
거대한 수도원 266
거룩함 199
구성 103-105, 113 주38, 122-123, 135, 149, 199, 223 주55, 303
기능적 지향성 90 주19
기분 136, 138, 159, 191, 236 주80, 269, 270, 306 주73

낭만주의 54 주35, 95-101, 137, 160, 229 주70
노하우 '프락토그노시아'를 보라.

다운튼 애비 60
대립 220 주44, 267
데카르트주의 102
드론 '무인 항공기'를 보라.

레퍼토리 201-203

무인 항공기 238-240
문학적 다원주의 226-228. 또한 '인지적 서사론'을 보라.
미세한 습관 245

미세한 실천 193, 245

반지성주의 45 주21, 75
벽지 305-307
변주(예배에서의) 296 주61
병아리 성 감별 106
분석 신학 58 주44, 165 주27
브랜트우드 137

사회적 상상(상상계) 53 주34, 170, 174, 219 주41, 238, 246, 253, 255, 256, 294, 302. 또한 '상상력(상상)'을 보라.
상담 심리학 125 주47
상상력(상상) 49-59, 74-75, 81, 85-86, 113, 117, 122, 160, 186, 191-193, 216-257, 270-307. 또한 '사회적 상상(상상계)'을 보라.
성령 31, 32, 36, 37 주12, 50, 52, 59, 76, 95, 127, 182, 196, 199, 235, 257, 261-266, 290 주54, 298, 308, 309, 312, 314, 319, 320
성향의 굴절 268-271, 275, 283
세계관 38-45, 60, 155, 176, 207, 238, 297, 302
세속적 예전 25, 26 주2, 33, 39, 41, 44, 52,

57, 59, 86, 116, 148, 169, 176주35, 182, 183-190, 193, 194, 214, 215, 220주44, 235, 241-243, 279, 310-311, 314
소셜 미디어 247-257
습관 41-44, 47, 76, 80, 85, 114-116, 147-150, 158주21, 217, 228, 237, 248, 249, 283, 309, 314
습관-몸 93, 95, 134, 201, 237
습관화 75, 104, 168, 177, 187, 241, 242, 307-314. 또한 '재습관화'를 보라.
시학(시) 52, 55주39, 58, 59, 101, 182, 193, 204주24, 216-236
신비를 가르치는 설교 317-318

아비투스 147-177, 217-221, 237-240, 268, 271, 290, 315-316
아이폰 244-247
아파르트헤이트 287주50
암묵적 종교 26주2
양립 가능론 154
영 '성령'을 보라.
예술적 진리 231, 235, 293
욕망의 교육 48, 174, 235
운동 지향성 108-113, 117-119, 128
운동미학 52, 58, 59, 182, 193, 217
원심적 공간인 교회 268
유혹 59, 182, 241-244
  의 현상학 241-244
은유 175, 205-236, 293, 295
  개념적 195, 207-209, 214-216
  일차적 207-208
이야기 신학 49주26

이야기의 논리 232
이튼 173
인공 지능 117주41
인지적 서사론 228-229. 또한 '문학적 다원주의'를 보라.
인지주의 54주36, 117주41

자유의지론의 자유 154, 158주21
자의식 248-257
재습관화 107, 126, 128, 283, 310, 315. 또한 '습관화'를 보라.
정서(정동) 73, 78-81, 197-198, 275-277, 287주51, 318주82
정의주의 287주51
제네바 시편 찬송가 295
죄 119주43, 241-242. 또한 '유혹'을 보라.
주지주의 59, 67, 69, 75, 85, 91주22, 104, 111, 116, 145, 148-149, 171
진화 심리학 226

축도(강복) 30, 36, 261, 289

트위터 '소셜 미디어'를 보라.

페이스북 '소셜 미디어'를 보라.
풀어 쓰기 이단 16주4, 290, 166주27, 290-296
프라그마타 104, 185주4
프락토그노시아 113-121, 153, 214, 218, 268, 284, 296, 315

하나님의 선교 34, 35, 259, 261, 267, 268
하나님의 행동 50, 260
혁신(예배에서의) 296주61

옮긴이 박세혁은 서울대학교 서양사학과를 졸업하고 연세대학교와 에모리 대학교에서 신학을 공부했으며, GTU(Graduate Theological Union) 박사과정에서 미국 종교사를 공부했다. 『하나님 나라를 욕망하라』, 『배제와 포용』, 『복음주의자의 불편한 양심』, 『복음주의 지성의 스캔들』, 『복음주의와 세계 기독교의 형성』, 『과학신학』, 『소비사회를 사는 그리스도인』, 『가치란 무엇인가』, 『하나님 편에 서라』, 『하나님 나라의 모략』(이상 IVP), 『목회자란 무엇인가』, 『목회의 기초』(이상 포이에마), 『이렇게 답하라』, 『예수 왕의 복음』(이상 새물결플러스), 『약한 자의 친구』(복있는사람), 『배제의 시대, 포용의 은혜』(아바서원), 『원.라이프』(성서유니온선교회) 등을 우리말로 옮겼다.

하나님 나라를 상상하라

초판 발행_ 2018년 3월 28일
초판 3쇄_ 2024년 8월 5일

지은이_ 제임스 스미스
옮긴이_ 박세혁
펴낸이_ 정모세

펴낸곳_ 한국기독학생회출판부
등록번호_ 제2001-000198호(1978.6.1)
주소_ 04031 서울시 마포구 동교로 156-10
대표 전화_ (02)337-2257 팩스_ (02)337-2258
영업 전화_ (02)338-2282 팩스_ 080-915-1515
홈페이지_ http://www.ivp.co.kr 이메일_ ivp@ivp.co.kr
ISBN 978-89-328-1634-0
ISBN 978-89-328-1636-4 (세트)

ⓒ 한국기독학생회출판부 2018

책값은 뒤표지에 있습니다.
무단 전재와 복제를 금합니다.